U0330527

南岭走廊契约文书汇编（1683—1949年）

主编 杨文炯 骆桂花 唐学情
副主编 李双 沈世明

粤北卷

赵双喜 张菽晖 杨来发 编校

中山大學出版社
SUN YAT-SEN UNIVERSITY PRESS
·广州·

图书在版编目（CIP）数据

南岭走廊契约文书汇编：1683—1949 年．粤北卷 / 赵双喜，张菽晖，杨来发编校；杨文炯，骆桂花，唐学情主编；李双，沈世明副主编．—广州：中山大学出版社，2023.12

ISBN 978－7－306－07928－2

Ⅰ．①南…　Ⅱ．①赵…　②张…　③杨…　④杨…　⑤骆…　⑥唐…　⑦李…　⑧沈…　Ⅲ．①契约—文书—汇编—中国—1683—1949　Ⅳ．① D923.69

中国国家版本馆 CIP 数据核字（2023）第 207968 号

NANLING ZOULANG QIYUE WENSHU HUIBIAN：
1683—1949 NIAN · YUEBEI JUAN

出版人：王天琪
策划编辑：王天琪　嵇春霞
责任编辑：王延红
封面设计：曾　斌
责任校对：蓝若琪
责任技编：靳晓虹
出版发行：中山大学出版社
电　　话：编辑部（〇二〇）八四一一一九〇一
　　　　　发行部（〇二〇）八四一一一一九八
地　　址：广州市新港西路一三五号
邮　　编：五一〇二七五
印 刷 者：广州市友盛彩印有限公司
开　　本：十六　印　张：二九点一二五
字　　数：五七一千字
版次印次：二〇二三年十二月第一版　二〇二三年十二月第一次印刷
定　　价：一二八元

南岭走廊契约文书汇编（1683—1949年）

一、本汇编所收契约文书之时间，上限为一六八三年，下限为一九四九年十月中华人民共和国成立前；按地域分为五卷，分别是粤北卷，郴州卷，贺州卷，桂林、柳州、来宾、贵港卷，衡阳、永州、浏阳、玉林、赣州卷。

二、本汇编所收原件为收藏在广东瑶族博物馆和连山壮族瑶族自治县统战部的契约文书。

三、本汇编所录契约文书皆无名称，均由编者自拟，文书名称包括时间、责任者（立契人或发布人）、事由、文书类别。

四、本汇编每一卷中的契约文书先按地域排列，再以时序编次。若一契写有两个年份者，以初立契约日为序编排；若干支纪年与历史纪年不对应者，按照历史纪年排序；若只知年号不知年份者，排在该年号的最后。

五、本汇编之录文，无版本依据不作按断。简体字以二〇一三年六月国务院公布之通用规范汉字表为准。通假字、生僻字，不改。繁体字、异体字（人名与地名除外）、避讳字，径改。舛误，用（　）标注正确的内容。衍字，用［　］标示。疑讹字，用〔　〕号补上拟正的字。根据上下文或者前后文的意思，需补充的字用〈　〉标示。画押符号均写成『【押】』，印章均写成『【印】』。

六、本汇编凡原文献因年代久远、手写或印刷等因素导致字迹漫漶不清、缺字、纸页残缺者，按照以下方式处理：无法辨认的用『?』标示；据所缺字数用『□』逐一标示，字数难以确定者用『⧄』标示，可以补齐的用〈　〉标示。

七、本汇编中出现的对少数民族的蔑称均根据国家相关民族政策一律改为规范称呼，如『猺』改为『瑶』。其余未规定事项，为保存历史文献原貌，一般从原。

南岭走廊契约文书汇编（1683—1949年）

总序

杨文炯

民间契约文书的发掘、整理、出版和跨学科研究是改革开放四十余年以来中国学术文化苑中最亮丽的风景之一，形成了「东有石仓文书，西有敦煌文献、黑水城文献，南有徽州文书、清水江文书，北有太行山文书的研究格局」[一]。自近代民间契约文书发现以来，作为历史文化现象的民间契约文书遍布西北、华南、华北、华中、西南等广大地区，不仅存在于汉族地区，而且存在于少数民族分布地区。这种文化现象的普遍性及其「大同小异」的丰富内容无疑呈现了「多元一体的中国社会」——一个沉淀在底层社会且呼应着经史子集之大传统的「小传统」的中国社会。如果说作为正史的二十四史是大一统历史的「上层建筑」——王朝国家的话语表达，那么这些浩如烟海的民间契约文书作为「元史料」就是它的「下层建筑」——乡土中国的乡土话语。正如赵世瑜先生所说的清水江文书的研究具有「重建西南乃至中国的历史叙述」[二]之价值，亦如郑振满先生指出的「系统收集和整理、利用民间历史文献，深入揭示民间文化的传承机制，开展多学科结合的综合研究，对于推动中国人文社会科学的发展具有战略性意义。通过深入发掘和研究民间文献，有助于深化对中国基本国情的认识，建构具有中国特色的人文社会科学理论模式与概念体系」[三]。因此，这些民间历史文献的全面发掘、整理和研究，有助于对中国社会历史文化深层结构的探究，有助于深化对中华文明之突出特性的理解与揭示，有助于提升中国式现代化的文化自信，有助于构建中国人文社会科学的话语体系。

每一份民间契约文书都是沉默的全息的历史文本。它们作为乡土中国的乡土话语是老百姓曾经的日常生活实践和生活样态的真实写照，作为今天学术研究的史料又是我们寻找中国文化乡土之根的历史记忆。传统的中国文化是土地里长出来的，正如费孝通先生所言的：「中国基本的社会结构和生活方式都植根于农村这个乡土社会，这

〔一〕鲁书月、顾海燕：邯郸学院藏太行山文书学术研讨会综述，中国史研究动态二〇一五年第三期。

〔二〕赵世瑜：清水江文书在重建中国历史叙述上的意义，原生态民族文化学刊二〇一五年第四期。

〔三〕郑振满：民间历史文献与文化传承研究，东南学术二〇〇四年增刊。

是中国的国情。因此，我认为认识中国社会，认识中国人，首先要认识中国农村社会，认识农村经济，认识农民生活及其社会心态。』[一]差序格局是乡土熟人社会的基本结构，礼制又是生于斯、长于斯的乡土人不言自明的规矩，信用是教化、内化于『礼』中的『规』，又是敬畏、服膺于心的『矩』。所以，『乡土社会的信用并不是对契约的重视，而是发生于对一种行为的规矩熟悉到不假思索时的可靠性』[二]。因此，民间契约文书作为文化记忆是连结过去与未来的生生不息的文脉，对它的学术研究正是对历史的追问与对未来承前启后的理性思考，更是理解『何为中国』的一种全新的学术视角。从学术史的角度看，此类研究也是傅衣凌、梁方仲二位先生所开创的华南学派的学术传统，近些年学术界关于清水江文书的发现和整理研究而形成的『清水江学』就是典型个案。正如张应强先生指出的：『从宏观上看，如果把清水江文书反映的具体社会生活，与大的历史背景、区域的历史建构联系起来，那么，从非常具体而微的个案入手，围绕清水江文书的解读，就不仅可以助益我们对区域社会文化过程的认识和理解，而且还提供了理解和解释明清西南开发历史进程的新途径，乃至通过西南理解和解释中国历史的一把钥匙。』[三]同样，朱荫贵先生从构建中国特色哲学社会科学体系的角度指出：『长期以来，学术界对明清以来中国社会经济各个领域的研究，受史料和文化传承等影响，基本集中在东部、中部和汉族文化地区，这种状况使得已有的研究成果很难说完整地代表了整个中华文明，也成为现有研究成果难以避免的弱点之一。清水江文书的发现和整理研究……也为今后更长期的历史研究和从更广泛的角度研究中国奠定了坚实基础，有可能使中国的社会科学研究在某些领域和课题上具有更加鲜明的中国特色，并大大增强站在世界学术研究前沿的可能性。』[四]同时，作为方法的清水江文书的中国研究又有着『小中见大』的重要意义，即透过地方性『小问题』『小历史』而发现中国性的『大意义』『大历史』。如张新民先生指出的：『我们既要透过中华文明的整体架构来准确地分析复杂多元的地域文明形态，也要以复杂多元的地域形态来客观完整地反映中华文明的整体架构。研究清水江流域乡民生存、生活、交往与劳作的社会性实践模式，当然应该将其置于中华文明变迁发展的整体历史背景中，以「多元一体」即大一统复合型文明共同体的视域来展开多方面的分析，在强调其地方性（个别性）的同时也注意其国家性（共同性），而注意国家性（共同性）则决不意味着可以忽视地方性（个别性）……复线式的叙事学研究方法之所以显得重要，

〔一〕费孝通：《中国乡村考察报告·总序》，《社会》二〇〇五年第一期。
〔二〕费孝通：《乡土中国》，人民出版社二〇一五年版，第七页。
〔三〕张应强：《方法与路径：清水江文书整理研究的实践与反思》，《贵州大学学报》二〇一八年第一期。
〔四〕朱荫贵：《从贵州清水江文书看近代中国的地权转移》，杨军昌主编《清水江学研究》，中央民族大学出版社二〇一六年版，第五十四页。

即在于它能够帮助我们更好地认知多重地理文化空间组合而成的完整意义上的中国。』[一]由此可见，因为民间历史文献学的『下层建筑』视角呈现了被长期遮蔽的中国历史文化之根深叶茂的乡土性，从而与正史的『上层建筑』视角构成了深度理解中国社会多元一体结构的全新视阈，使得以往的中国研究的宏大叙事因为落地生根的乡土性而使『中国故事』更为生动、真实、丰满，使得『何为中国』的自主性知识体系的本土话语更有中国特色、风格、气派。

我们步学界后尘，与广东瑶族博物馆合作出版五卷本南岭走廊契约文书汇编（1683—1949年）。这套民间历史文献具有三大特点：一是时间跨度大，从清朝康熙二十二年（一六八三）到一九四九年，其间虽经『三千年未有之大变局』与改朝换代之巨变，但这些民间契约文书作为一种文化现象却保持了相当的历史连续性与书写风格的一致性。二是这些文献主要分布在南岭走廊，它是历史上多元族群的共生之地，又是不同族群南来北往、东进西出的必经之道。大量契约文书的存在，既反映了这一地区的社会流动性，又说明了契约文书是地方社会之共识性契约与社会制度的设置。三是这些契约文书最大的特点是绝对多数是『白契』，即民契。如果说『红契』作为官契是地方社会正式制度，那么，『白契』就是非正式制度，是传统乡土社会自在的契约文化的载体与物证。如仲伟民、王正华先生指出的：『契约文书揭示了中国历史最真实的样态，从中我们可以看到传统中国尤其是乡土社会所表现出的务实精神、契约精神和法治精神。就契约文书的内容与格式而言，呈现出丰富多彩的面貌，同时又具有极大的相似性，从此出发可以让我们对于中国文化的多样性与统一性有更为深层的理解。』[二]但笔者依然需要追问的是，什么样的意义使得这些作为非正式制度的『白契』在地方社会起着让人信守契约的重要作用？这些『一纸值千金』的『白契』的神圣性何在，即是什么样的神圣性让人们敬畏契约、尊重契约？这就需要我们的研究回归它所在的没有『祛魅』的地方社会中，因为它是这些契约文本被生产的语境，这一语境不仅有显性的归户性、宗族性、地方性的社会结构，更有其隐性的、内嵌于宇宙观之中的神圣价值结构。人是意义的社会存在，亦如马克斯·韦伯所言，人是悬挂在自己编织的意义之网上的动物。这些契约文书是无声的历史话语，我们只有通过分析文本话语，即对意义的追问才能回归对『人』的主体性研究，因为历史研究不是研究『史料』本身，而是通过『史料』认识、理解具体的『人』。笔者在阅读这些契约文书时，发现大量的契约文书在契尾处的『中见人』

〔一〕张新民：寻找中国文化的乡土社会之根，广西民族研究二〇一六年第三期。

〔二〕仲伟民、王正华：契约文书对中国历史研究的重要意义，史学月刊二〇一八年第五期。

『经场人』『代笔人』『保人』『中证人』『族老某某正』等上方明确写有『天理良心』『存乎天理』『存乎天良』『仁心天理』『永年千秋』『天长地久』『长发祺祥』『添丁进业』『永远善业』『风调雨顺』等字样。显而易见，这些字样不是装饰的，它恰似契约文书的『天眼』，是契约文本话语的关键词。透过这些源自文化主体之宇宙观的『心灵话语』，笔者看到了乡土社会无处不在的香火袅袅的土地庙、佛道与民间信仰杂糅的寺院、宗祠乃至家屋墙上的『天地君亲师』，更见到了作为大传统的宋明理学在乡土社会的根植与功能。这些『白契』文书不只是一张张立字为据的契约，更是一张无形的意义之网。在乡土社会，它们不仅是可见的『礼』——工具性的乡规民约，更是人们心灵的『理』——乡土人安身立命的价值之基，正是这种内在的『理』与外在的『礼』构筑了乡土社会『白契』之有效性契约规范的双重价值维度。因此，对这些契约文书的研究让我们找到了中国乡土社会生生不息的文脉，看到了中国社会悠久的契约文化传统和精神，揭橥了源远流长的中华文明之连续性、统一性、稳定性的文化基因。

在本套丛书付梓之际，我们非常感谢中山大学出版社王天琪社长、嵇春霞副总编辑的大力支持和各位编辑付出的艰辛劳动！同时，谨以本套丛书的出版纪念骆桂花教授！

目录

第一部分　乳源瑶族自治县

第二部分　连南瑶族自治县

第三部分　连山壮族瑶族自治县

第一部分　乳源瑶族自治县

雍正元年九月十八日冯亚奴沈就郡德填心卖屋地契

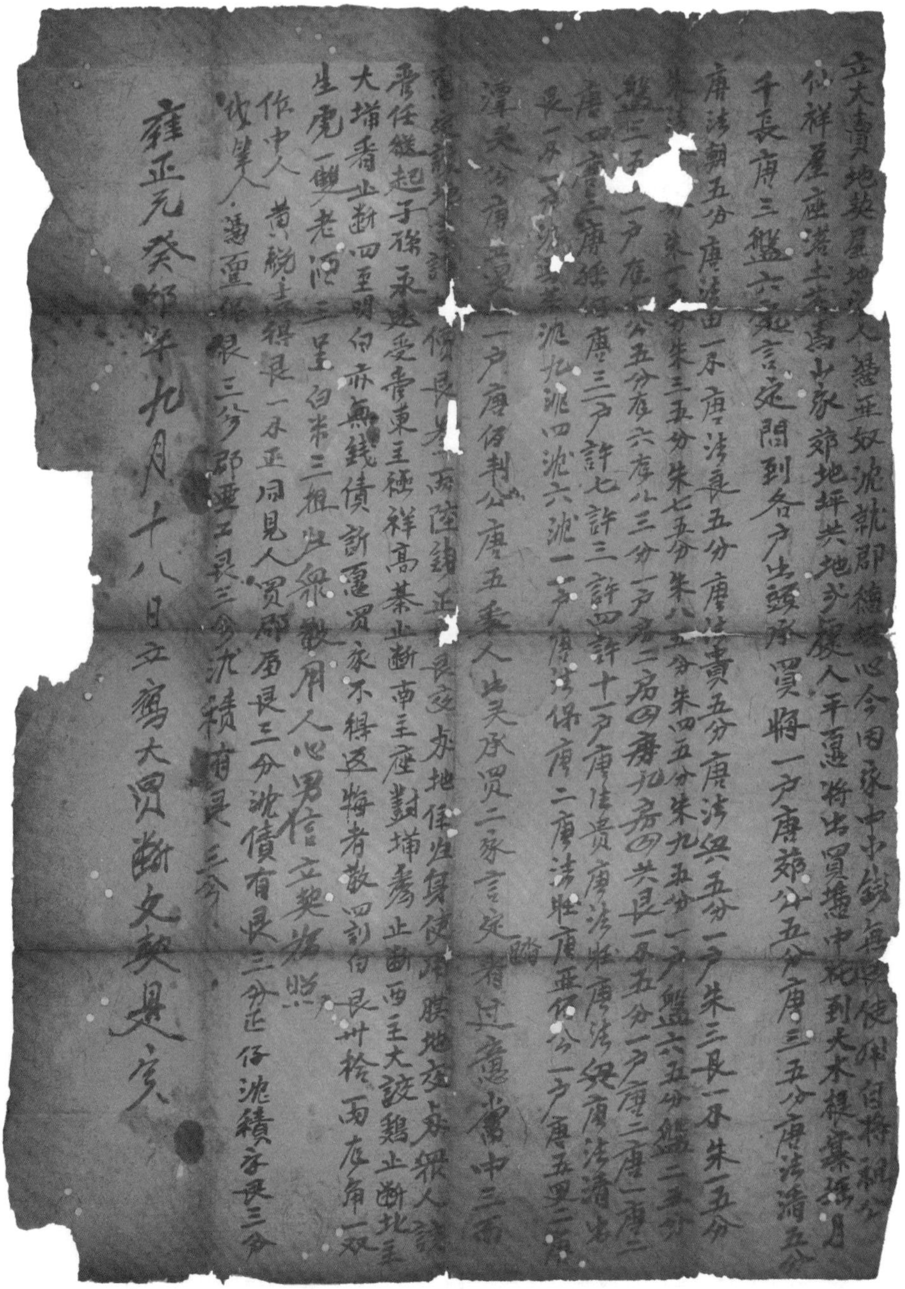

立大卖地契屋地字人冯亚奴沈就郡德填心今因家中少钱无银使用自将祖公仙祥屋座落土名马山家郊地坪共地贰处人平愿将出买（卖）凭中柁（托）到大水根寨瑶月千长唐三盘六处言定问到各户出头承买⍰一户唐郊公五分唐三五分唐法清五分唐法朝五分唐法田一钱唐法良五分唐法贵五分唐法兴五分一户朱三银一钱朱一五分朱法□分朱一五分朱三五分朱七五分朱八五分朱四五分朱九五分一户盘六五分盘二五分盘三五分一户龙木公五分龙六龙八三分一户房二房四房九房四共银一钱五分一户唐二唐一唐二唐四唐三唐瑶何唐三一户许七许三许四许十一户唐法贵唐法旺唐法兴唐法清出银一钱一户沈异蓊沈九沈四沈六沈一一户唐法保唐二唐法旺唐亚俗公一户唐五罗二唐潭头公唐五罗□一户唐佰封公唐五委人出头承买二家言定踏看过意当中三面愿定谈地言诸地价银叁两陆钱正其银交办地住归身使用其地交办众人该管任从起子孙永远受管东主（至）⍰祥高棊止断南主（至）座（坐）对埔为止断西主（至）大詨鸡止断北主（至）大埔香止断四至明白亦无钱债诉（折）愿买〈家〉永不得返悔返悔者教罚白银卅［拾］两龙角一双生虎一双老酒三呈（埕）白米三担归众散用人心男（难）信立契为照

作中人黄统志得银一钱正同见人买郡□银三分沈债有银三分正仔沈积家银三分

代笔人冯亶保银三分郡亚工银三分沈积（债）有银三分

雍正元〈年〉癸卯年九月十八日立写大买（卖）断文契是完

雍正五十八年六月邓承龙卖山岭契

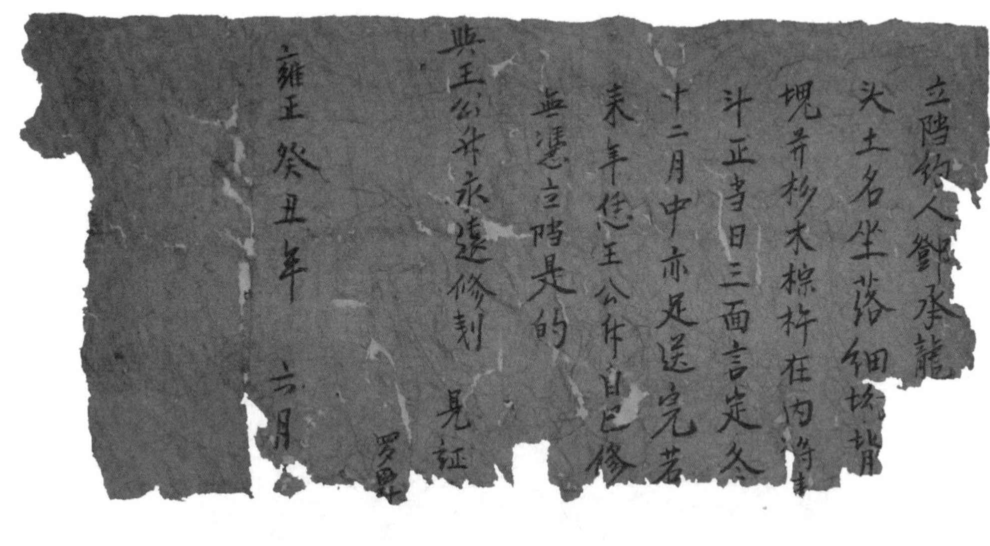

立陷（当）约人邓承龙⧄头土名坐落细坳背⧄块并杉木棕杵在内将来⧄斗正当日三面言定冬⧄十二月中亦足送完若⧄来年凭王公升自己修⧄无凭立陷（当）是的（约）

与王公升永远修划

见证⧄

罗⧄

雍正癸丑年六月⧄

嘉庆十八年五月契尾

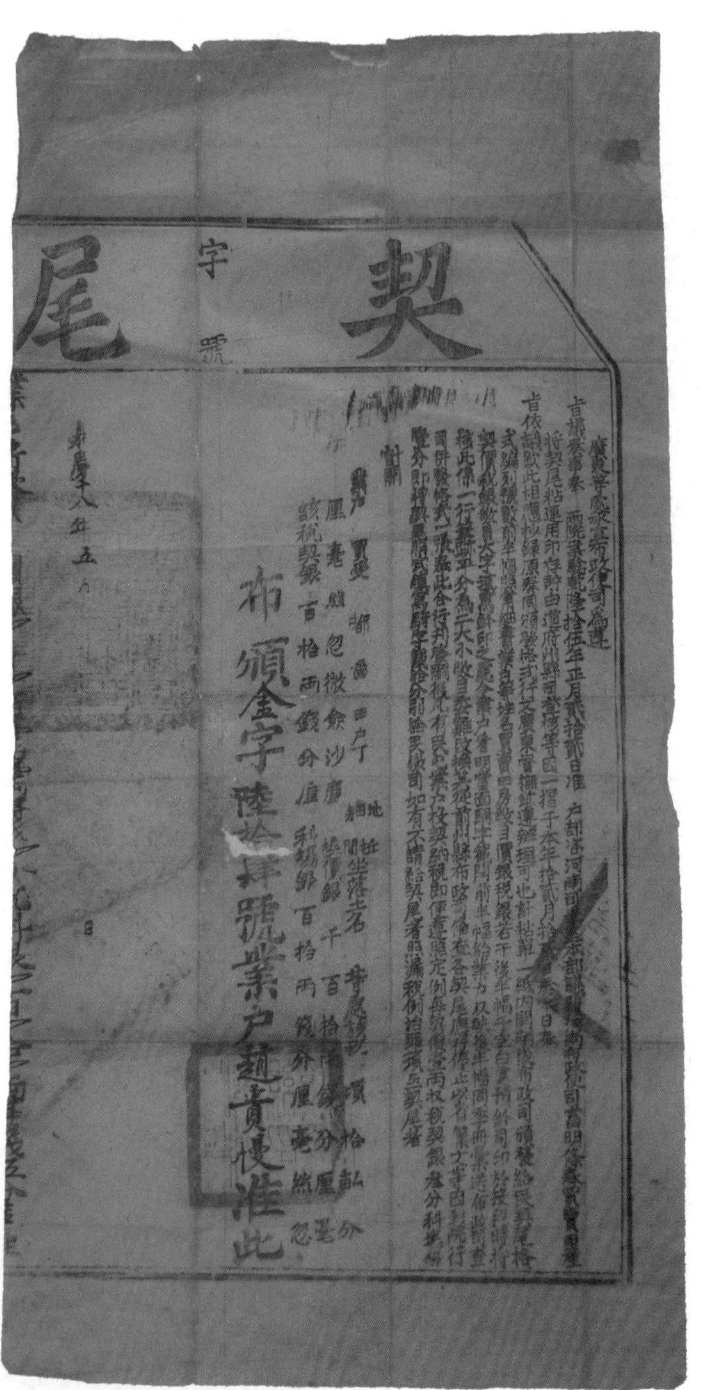

契尾

字 號

布 領金字陸拾肆號業戶趙貴[illegible]准此

契尾

广东等处承宣布政使司为遵

旨议奏事奉　两院业验乾隆拾伍年正月贰拾贰日准　户部咨河南司业至本部议复河南布政使司富明条奏买卖田产将契尾粘连用印存贮由道府州县司查核等因一折于本年拾贰月拾贰日奏本日奉旨依议钦此相应抄录原奏同颁发格式行文广东省督抚钦遵办理可也计粘单一纸内开嗣后布政司颁发给民契尾格式编列号启前半幅照第细书业户等姓名买卖田房数目价银税银若干后半幅于空白处预钤司印于投税时将契价税银数目大字填写钤印之处今业户□明当面骑字截开前半幅给业户收执后半幅同季册汇送布政司查核此系一行笔迹平分为二大小数目委难改换其从前州县布政司备查各契尾应行停止以省繁文等因到院行司并发格式一张奉此合行刊发嗣后凡有民中业户投契纳税即便遵照定例每契价壹两收契税银叁分科场银壹分即将契尾照式填写骑字给□分别给民缴司如有不请给契尾者漏税例治罪须至契尾者

计开

业户买受都图田户丁□地丘间坐落土名等处该税顷拾亩分厘毫丝忽微佥沙尘埃价银千百拾俩钱分厘毫

该税契银百拾两钱分厘科场银百拾两钱分厘毫丝忽

布颁金字陆拾肆号业户赵贵慢准此【印】

嘉庆十八年五月【印】

道光元年六月二十三日赵贵县赵云保卖田契

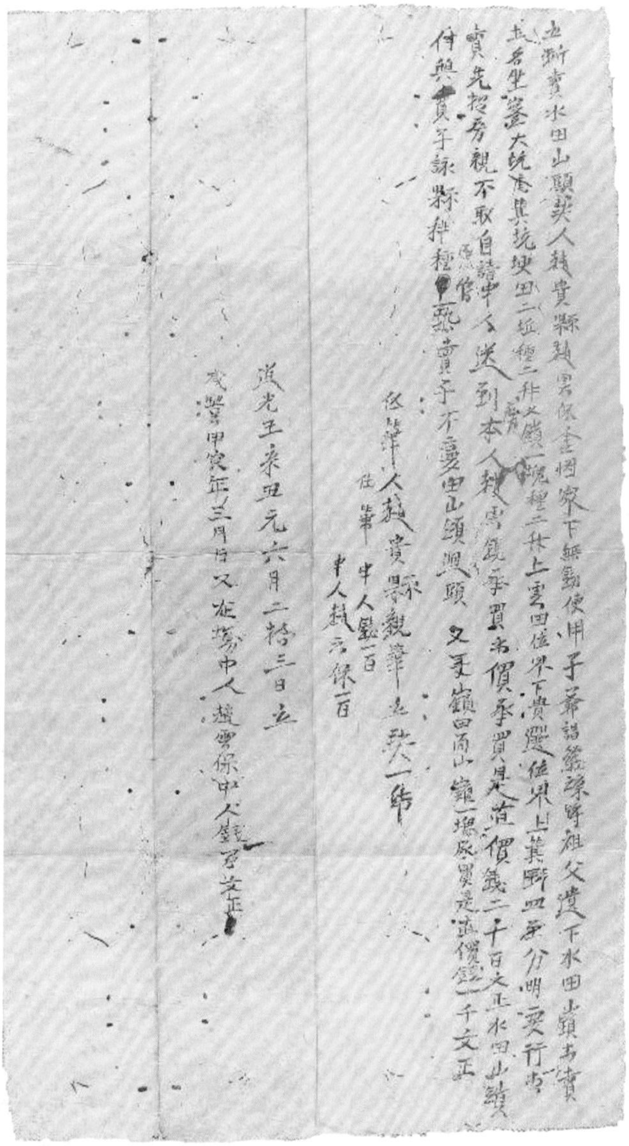

立断卖水田山头契人赵贵县赵云保金（今）因家下无钱使用子爷倡议愿将祖父遗下水田岭出卖土名坐落大坑尾箕坑埂田二丘种二升又岭一块种二升上云田位（为）界下贵选位（为）界上箕断四至分明要行出卖先招房亲不取自请中人送到本房人赵云钱［承买］出价承买是（时）直价钱二千百文正水田山岭付与卖（买）子詠县耕种〈承〉管一熟卖子不⍰田山领（岭）回头又看岭田面山岭一块承买是（时）直价钱一千文正

代笔人赵贵县亲笔立契一纸

代笔中人钱一百

中人赵云保一百

道光王亲（辛）丑元〈年〉六月二拾三日立

咸丰甲寅年三月日又在场中人赵云保中人钱一百文正

道光二年十二月初盘子金卖田契

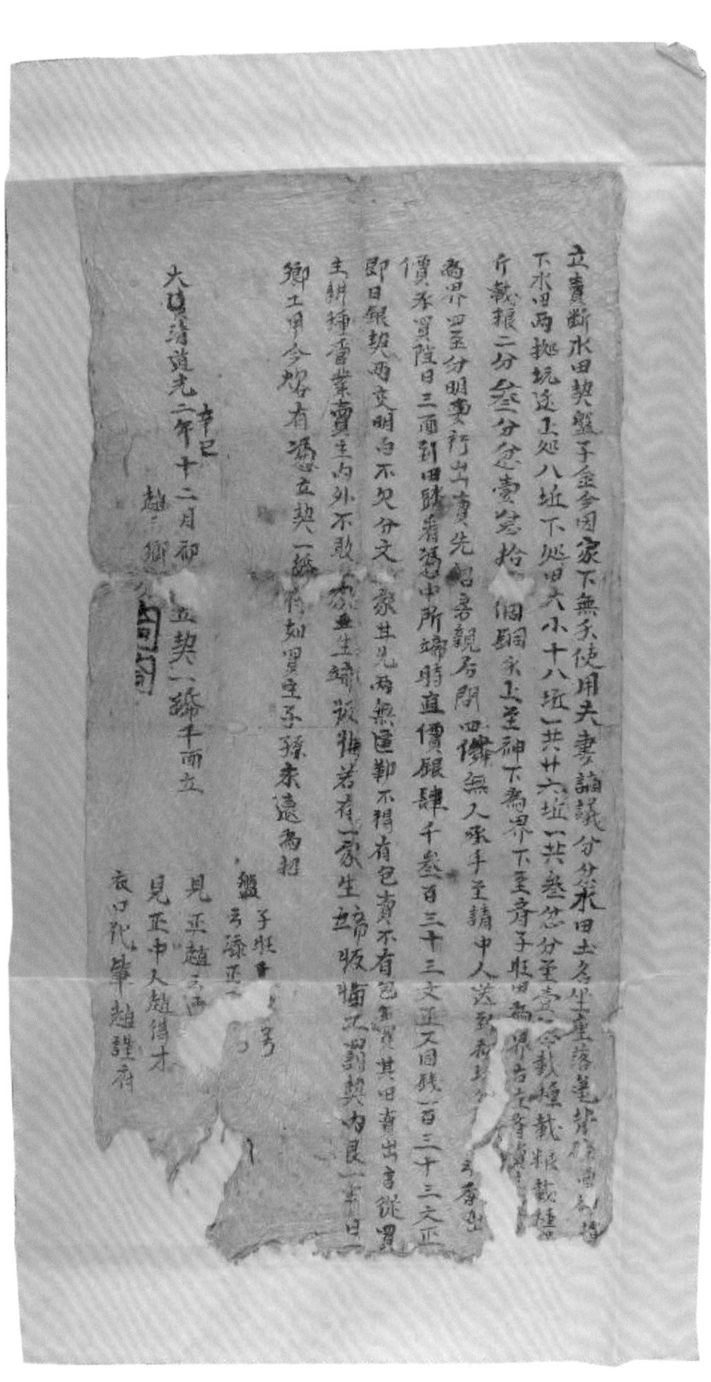

立賣斷水田契盤子金参因家下無手使用夫妻諭議分分水田土名坐落塞背[illegible]
下水田兩拋坑逐上處八坵下處田大小十八坵一共廿六坵一共叁[illegible]分至壹[illegible]載糧載穀[illegible]
斤載糧二分叁分[illegible]壹[illegible]拾[illegible]個踊永上至神下為界下至斉子旺田為界[illegible]
為界四至分明要行出賣先召房親人等[illegible]無人承手至請中人送到[illegible]
價承買陸日三面到田踏看憑中所論時值價銀肆千叁百三十三文正又回錢一百三十三文正
即日銀契兩交明白不欠分文。家生兄弟無阻勤不得有包賣不有[illegible]其田賣出[illegible]買
主耕種管業賣主内外不敢[illegible]生端[illegible]若有家生端[illegible]田契内[illegible]
鄉土甲今[illegible]有憑立契一紙付與買主子孫永遠為據

盤子旺[illegible]
見正趙[illegible]
見正中人趙得才
依口代筆趙[illegible]

大清道光二年辛巳十二月初[illegible]立契一紙手面立

立卖断水田契盘子金今因家下无钱使用夫妻謪（商）议分岔（份）水田土名坐［座］落龟背□面神潭下水田两抛（处）坑边上处八丘下处田大小十八丘一共廿六丘一共叁岔（份）分至壹岔（份）载种载粮载种四斤载粮二分叁分岔（份）壹岔（份）拾□个铜钱上至神下为界下至齐子旺田为界右左齐卖主为界四至分明要行出卖先招房亲后问四邻无人承手至请中人送到初坑▨香出价承买凶（当）日三面到田踏看凭中所端（断）时直价银肆千叁百三十三文正又同（铜）钱一百三十三文正即日银契两交明白不欠分文□家甘允两无逼勒不得有包卖不有包⍰买其田卖出言从买主耕种管业卖主内外不敢□家生端恢（反）悔若有一家生端恢（反）悔工（公）罚契内银一半日（入）乡工（公）用今欲有凭立契一纸付如买主子孙永远为招（照）

盘子旺正银□号

盘云添正银□号

大清道光二年辛巳十二月初□立契一纸千面立

见正赵云连

见正中人赵得才

赵云乡⍰⍰

衣（依）口代笔赵谨府

道光二年十二月二十八日王贵文卖田契

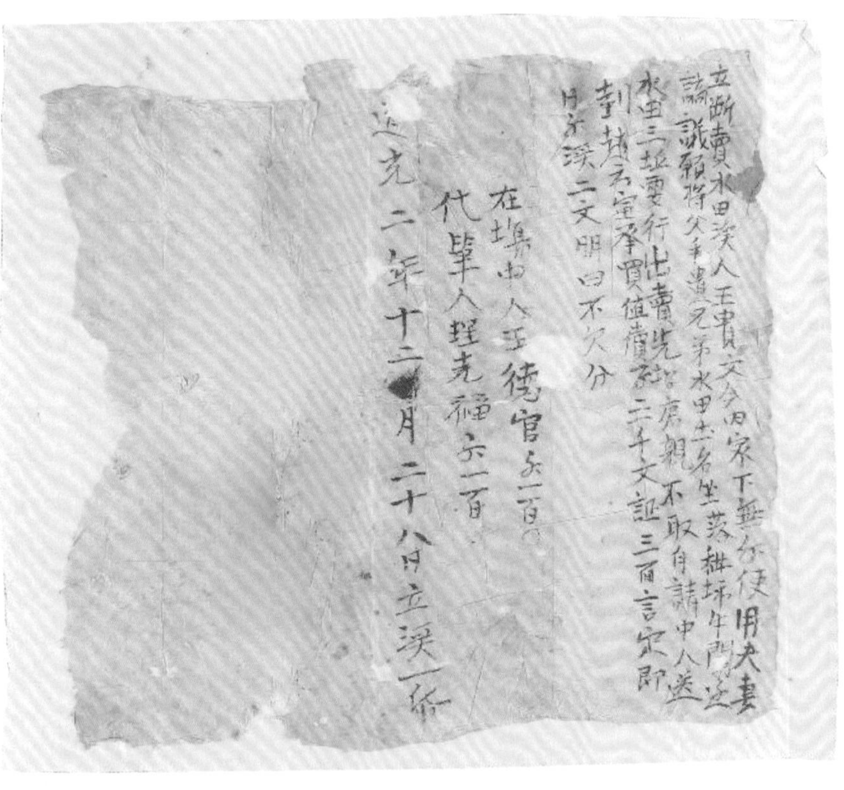

立断卖水田溪（契）人王贵文今因家下无钱使用夫妻謪（商）议愿将父手遗兄弟水田土名坐落耕坪牛兰（栏）边水田三丘要行出卖先招房亲不取自请中人送到赵云富承买值价钱三千文证（正）三面言定即日钱溪（契）二文（交）明白不欠分

在场中人王德官钱一百【押】

代笔人珵光福钱一百

道光二年十二月二十八日立溪（契）一纸

道光六年十一月二十日黄贵文卖山岭契

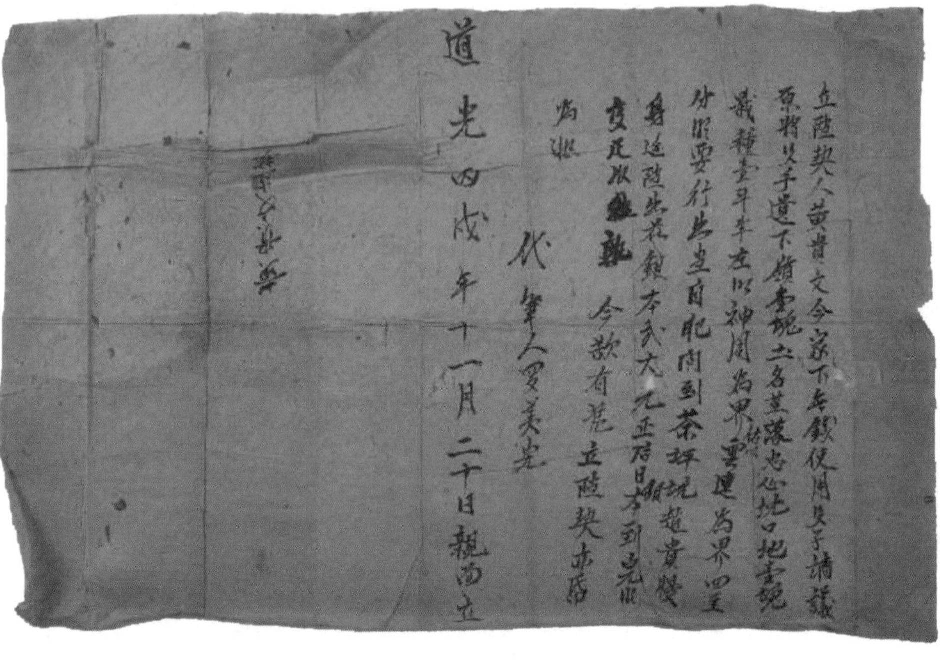

立陷（当）契人黄贵文今家下无钱使用父子謪（商）议原（愿）将父手遗下岭壹块土名坐落忠（中）心坑口地壹块栽种壹斗半左以神周为界佑（右）以云连为界四至分明要行出当自己问到茶坪坑赵贵慢身边陷（当）出花银本贰大元正后日银本到完明交足收孰（赎）今欲有凭立陷（当）契亦纸为执

代笔人罗美光

道光丙戍（戌）年十一月二十日亲面立

黄贵文立契

道光十年六月十七日赵贵福卖田契

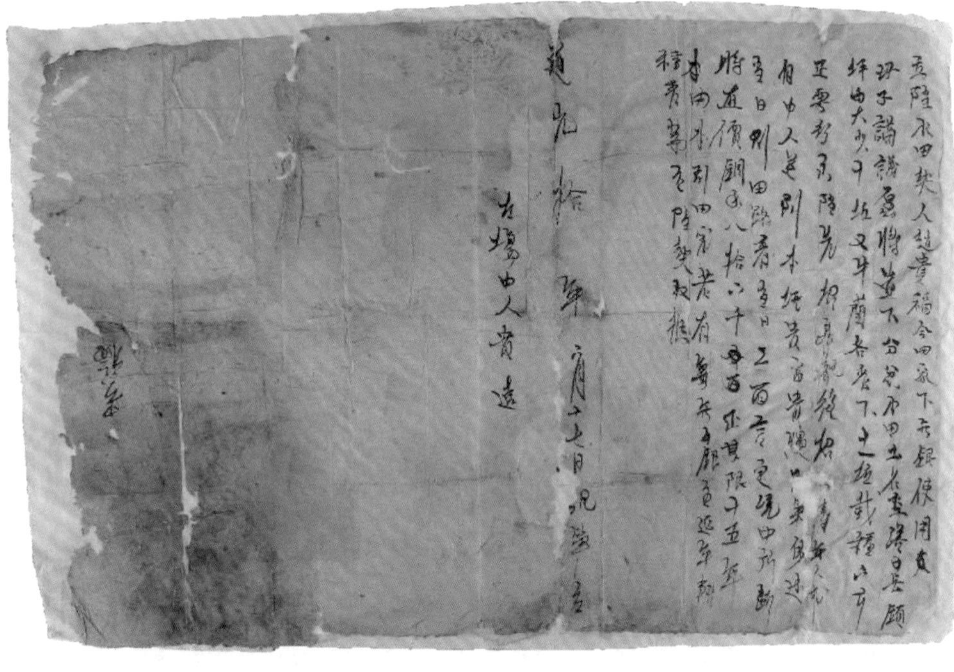

立陷（当）水田契人赵贵福今因家下无银使用母子謪（商）议愿将遗下分忩（份）水田土名坐落日长领（岭）坪西大少（小）十丘又牛兰（栏）各管下十一丘载种六斤正要行出陷（当）先招房亲后招四邻无人应自〈请〉中人送到本坑贵富贵慢兄弟身边当日到田踏看当日三面言定凭中所断时直价铜钱八拾六千五百正其限十五年⍰⍰本到田完若有⍰无银主追年耕种管业立陷（当）契收执

道光拾年六月十七日纪笔立

在场中人贵远

贵福

道光十一年八月初四日赵贵福卖山岭契

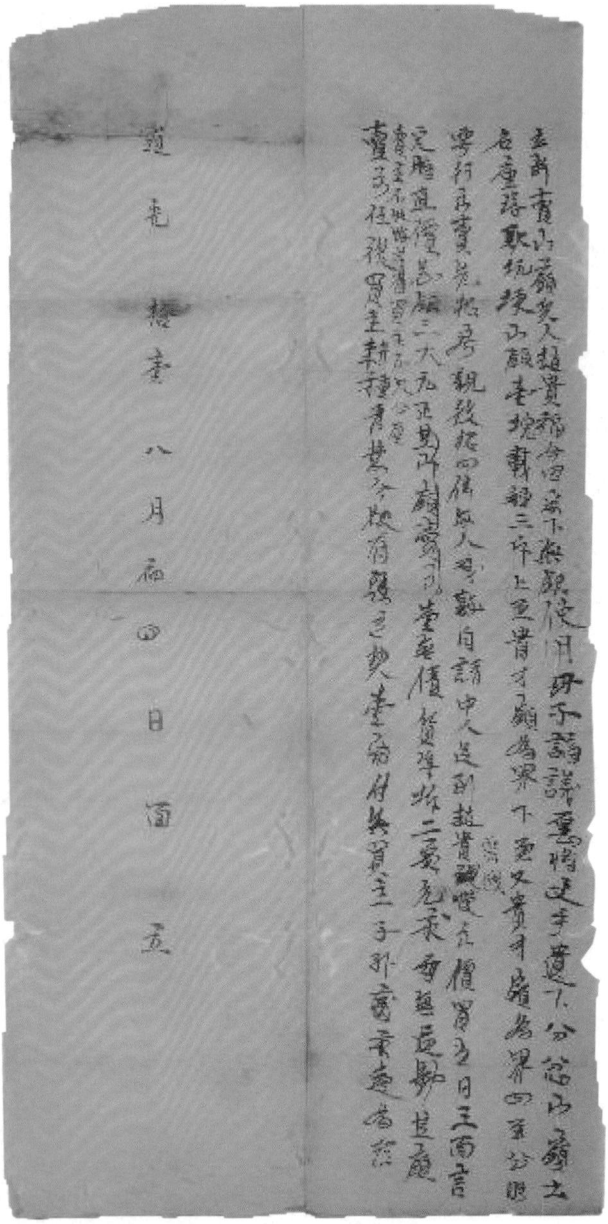

立断卖山岭契人赵贵福今因家下无银使用母子譒（商）议愿将父手遗下分忿（份）山岭土名座落欺（其）坑埂山岭壹坃（块）载种三斤上至贵才岭为界下至又（右）贵才岭为界四至分明要行出卖先招房亲后招四僯（邻）无人成（承）就自请中人送到赵云钱贵慢出价买当日三面言定时直价花银三大元正其山岭卖出壹无债货准折（拆）二家允承两无逼勒其岭卖主不忛（反）悔买主不欠分厘卖主任从买主耕种管业今欲有凭立契壹纸付与买主子孙永远为照

道光拾壹八月初四日面立

道光十一年八月三十日赵贵福卖田契

立𠙚（当）水田契人赵贵福今因家下无银使用自己送到母子谪（商）议原（愿）将父手遗下土名座落蒙董坑口田壹处载种一斗半祈田大小八丘正左边当主为界右边赵雷为界四至分明要行出当先招房亲赵贵慢出价承当当日三面言定时直价花银拾壹大员（元）正即日银契二家（交）明白不欠分文并无债货准其田出当任从银主招契□银到契回今欲有凭立𠙚（当）契一纸为照

见正李獭妹

道光拾一年辛卯岁八月卅日赵贵福亲笔立

道光十二年闰九月二十二日赵贵福卖田契

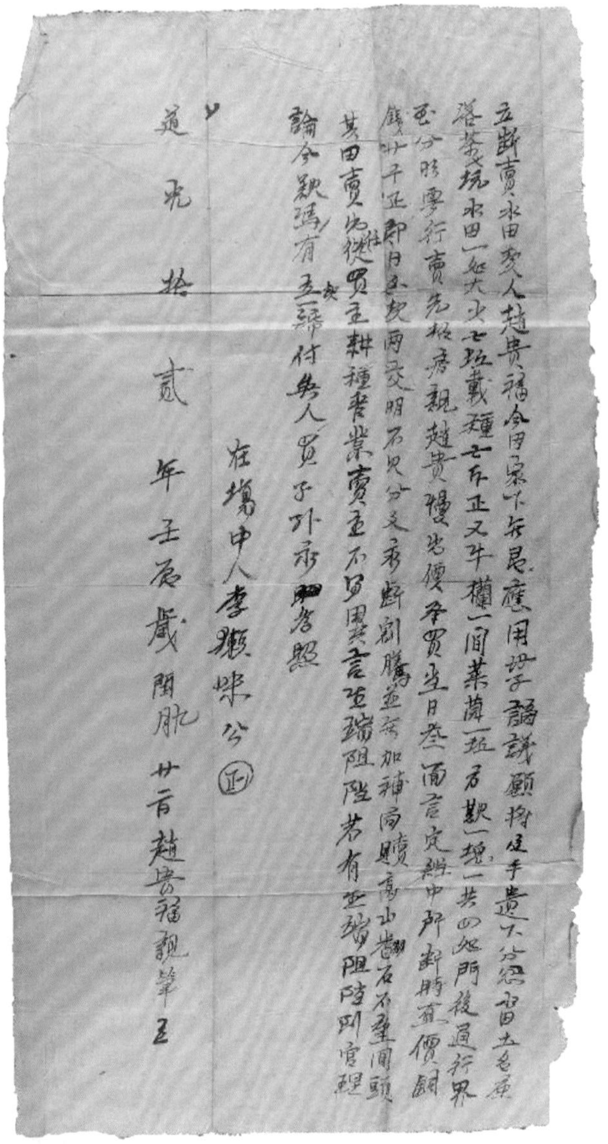

立断卖水田契人赵贵福今因家下无银应用母子謪（商）议愿将父手遗下分忿（份）水田土名座落茶义坑水田一处大小七丘载种七斤正又牛栏一间菜园一丘方基一块一共四处门后通行界至分明要行卖先招房亲赵贵慢出价承买当日叁面言定经中所断时直价铜钱廿千正即日钱契两交明不欠分文永断割腾（藤）并无加补自赎高山翻石不望回头其田卖出任从买主耕种管业卖主不得异言生端阻陷（挡）若有生端阻陷（挡）到官理论今欲有凭立契一纸付与人买子孙永为照

在场中人李獭妹公【押】

道光拾贰年壬辰岁闰九月廿二日赵贵福亲笔立

道光十二年十月十五日赵贵福卖山岭契

立断卖山岭契人赵贵福今因家下无银使用烟（因）为家穷父手遗下面岔（份）土名坐落蒙懂坑长岃山岭一处载种壹斗正右边赵堂众岭为界右边赵堂为界对面贵选为界四至分明要出卖先招房亲赵贵慢出价承买当日经中三面言定到山岭踏看时直价总银伍大元即日银契两交明不欠分文亦无债货准拆（折）二家永愿两无逼勒并无包买包卖高山翻石永不望回头永断割腾（藤）并无翻补自赎其山岭卖出任从银主耕种管业卖主不得异言生端阻呰（挡）若有生端阻呰（挡）到官裡（理）论照契罚银今欲有凭立一纸付与买人子孙永远为照

在场中人李獭妹

道光拾贰年壬辰岁十月十五日赵贵福亲笔立公【押】

道光十二年十一月初五日赵贵福卖山岭契

立断卖山岭契人赵贵福今因家下无钱应用烟（因）位（为）家穷父手遗下面岔（份）山岭土名座洛（落）整坑尾众岭二处赞坑二处蒙懂坑尾一处田菜坑一处鸡皮坑梨树坪一处色岀一处善梨岀一处王南岀一处烈竹坳一处壹共拾一处栽种一斗半界处分明要行出卖先招房亲赵贵慢出价承买当日经中三面言定到山岭踏看时直总银拾四元正即日银契交明白不欠分文并货所卖并无债货［拆］准二家心愿两无逼勒并无包买包卖高山翻石不望回头永断割腾（藤）并无翻补捍［找］价其岭卖出任从买主耕种管业卖主不得异言生端阻挡（挡）若有生端阻挡（挡）招契内罚银到官究治今欲有凭立契一纸付与买人子孙永远为照

赵贵福亲笔立【押】

道光拾贰年壬辰岁十一月初五日

道光十五年五月二十五日贵行卖田契

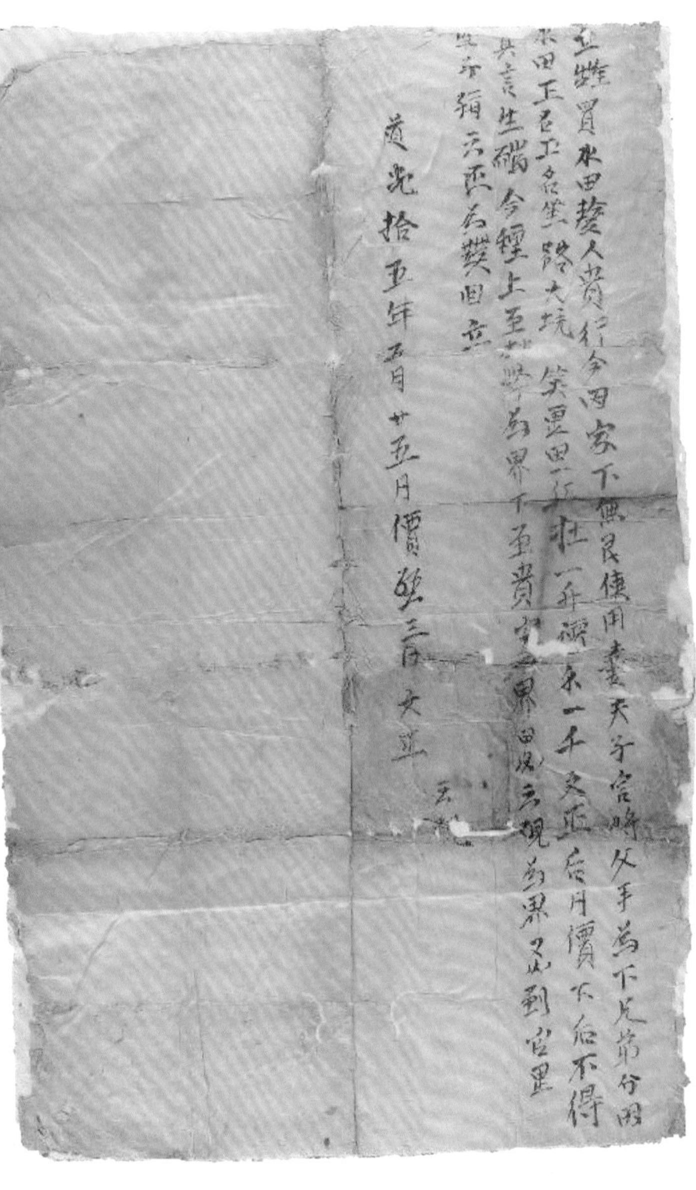

立断买（卖）水田契人贵行今因家下无银使用夫妻夫（父）子言将父手为下兄弟分因水田正名土名坐路（落）大坑笑豆田一丘在一升价钱一千文正后日价下后不得异言生端今种上至敬学为界下至贵安为界□以云观为界又⍰以到官里（理）论子孙云（永）还为契回立

云观

道光拾五年五月二十五日价钱三百文正

道光十九年正月初三日赵贵远卖田契

立当水田契人赵贵远今因家下无钱使
用母子謪（商）议愿将遗下水田当出
土名坐落长岭水田大小十二丘载种五
升要行出当送到赵云钱出价承当铜钱
五千文正当主管业为照今欲有凭立当
契为处（据）后日钱本到田反
道光拾九己亥年正月初三日

道光十九年十二月十八日赵云良卖田契

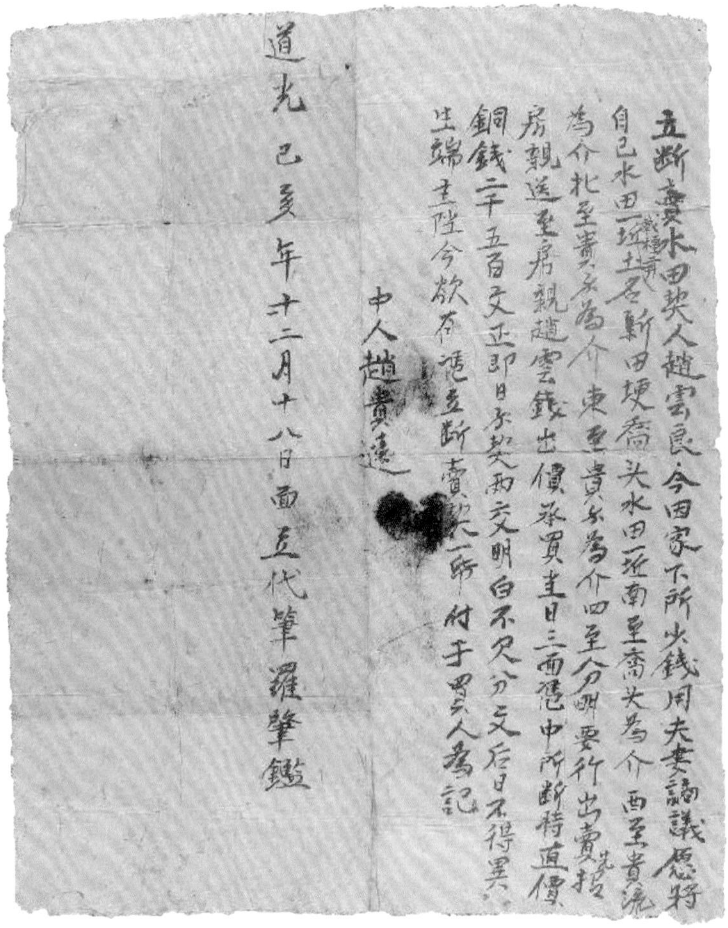

立断卖水田契人赵云良今因家下所少钱用夫妻谪（商）议愿将自己水田一丘载种二升土名新田埂乔头水田一丘南至乔头为介（界）西至贵流为介（界）东至贵钱为介（界）北至贵钱为介（界）四至分明要行出卖先招房亲送至房亲赵云钱出价承买当日三面凭中所断时直价铜钱二千五百文正即日钱契两交明白不欠分文后日不得异生端主（阻）陷（挡）今欲有凭立断卖契一纸付于买人为记

中人赵贵远【押】

道光己亥年十二月十八日面立

代笔罗肇鑑

道光二十二年二月初十日赵云山卖田契

立断永远卖水田契人赵云山今因家下无钱使用，父母谪议，愿将祖手遗下田租一处，坐落土名锭山脚下水田大小六坵，载种六升，上丈（至）齐田为界，下丈（至）赵水为界，左边贵明为界，左边贵吾为界。四分明要行出卖，先招房亲，后招四邻，俱各不能承受，自请中人送到本坑赵堂三子爷出价承受。当日三面言定值价钱壹拾千文正，又当出回钱一通，共壹拾贰千文正，即日钱契两交明白，中间并无短少不足分文。亦无债货准折，二家心愿，两无逼勒。自卖之后，交于赵堂三子爷过手永远耕管为业，不得反悔生端番（翻）价找补等情。一卖千秋，永断割藤，高山番石，永不回头。今欲有凭，立杜卖契一纸，付执为照。

得

代笔赵云山用钱一百文

在场中人 赵贵望钱二百文
贵流德钱一百文
贵连钱一百文
贵千钱一百文
信钱一百文

道光廿二年二月初十日立田契一纸

立断永远卖水田契人赵云山今因家下无钱使用父母謫（商）议愿将祖手遗下田租一处坐落土名萁山脚下水田大小六丘载种六升上边贵田为界下边赵永为界左边贵明为界友（右）左边贵至为界四向分明要行出卖先招房亲后招四僯(邻)俱各不能承领自请中人送到本坑赵堂三子爷出价承买当日三面言定值价钱壹拾千文正又番(反)出同(铜)钱一通共壹拾贰千文正即日钱契两交明白中间并无短少不欠分文亦无债货准折二家心愿两无逼勒自卖之后交于赵堂三子爷过手永远耕管为业不得反悔生端番（翻）价找补等情一卖千秋永断割腾（藤）高山番（翻）石永不回头今欲有凭立杜卖契一纸付执为照

得

代笔赵云山用钱一百文【押】

在场中人赵贵流德（得）钱一百文【押】赵贵连钱一百文赵贵至钱一百文【押】赵贵千钱一百文【押】赵贵在钱一百文【押】赵贵信钱一百文【押】

道光廿二年二月初十日立田契一纸

道光二十二年冬月十五日赵贵钱赵云其赵云里卖田契

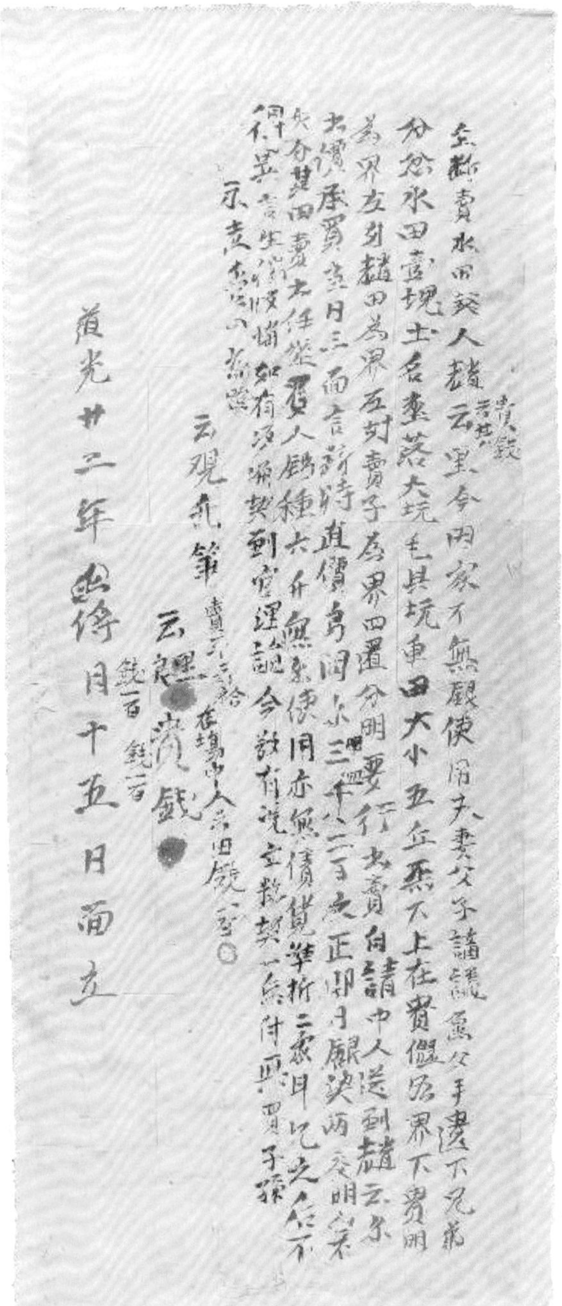

立断卖水田契人赵贵钱赵云其赵云里今因家下无银使用夫妻父子謪（商）议愿父手遗下兄弟分岔（份）水田壹块
土名座落大坑毛具坑重（众）田大小五丘⍰⍰上在贵⍰为界下贵明为界左边赵田为界左（右）□卖子为界四置（至）
分明要行出卖自请中人送到赵云钱出价承买当日三面言断时直价银同（铜）钱三四千八二百文正即日银契两交明
白不欠分其田卖出任从买人□种六升无钱使用亦无债货准折二家甘允之后不得异言生端恢（反）悔如有恢（反）
悔契到官理论今欲有凭立断契一纸付与买子孙永远管业为照

云观代笔卖平云袷

在场中人云田钱一百【押】

云里云良【押】钱一百贵钱钱一百【押】

道光廿二年□冬月十五日面立

道光二十三年正月十八日赵贵远卖山岭契

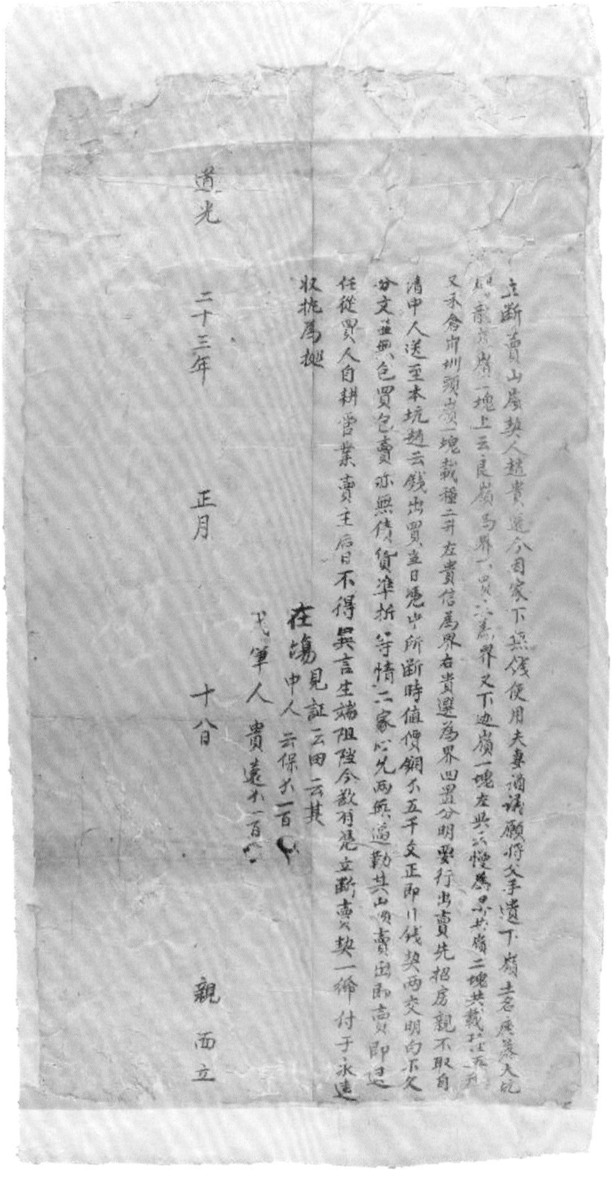

立断卖山岭契人赵贵远今因家下无钱使用夫妻謪（商）议愿将父手遗下岭土名座落大坑□龙□岭一块上云良岭为界下买主为界又下边岭一块左与云慢为界共岭二块共载种五升又禾仓岃圳头岭一块载种二升左贵信为界右贵选为界四置（至）分明要行出卖先招房亲不取自请中人送至本坑赵云钱出买当日凭中所断时值价铜钱五千文正即日钱契两交明白不欠分文并无包买包卖亦无债货准折等情二家心允两无逼勒其岭卖出即卖即退 任从买人自耕管业卖主后日不得异言生端阻陷（挡）今欲有凭立断卖契一纸付于永远收执为据

在场见证云田云

其中人云保钱一百【押】

代笔人贵远钱一百【押】

道光二十三年正月十八日亲面立

道光二十三年三月初一日赵云良卖田契

立断卖水田契人赵云良今因家下无银使用兄弟謪（商）议愿将祖手遗下水田土名坐落长领（岭）对面水田大小四丘又田菜坑口水田壹大丘共载种壹斗载谷叁石正水路分明上至贵刘为介(界)下至贵钱为介(界)四止分明要行出卖先招房亲不取自请中人送到黄才昌名下出价承买当日三面言定凭中所断时值价铜钱壹拾伍千伍百文正即日银契两交明白并无包买包卖亦无债货准折二家心允两无逼勒其田卖出任买主管业卖出（主）后日不得异言生端滋事今欲有凭立断卖水田契一纸付与买主子孙永远为照契酒钱三百文

中人赵贵刘赵云周钱一百【押】

在场赵云礼【押】

代笔朱宠兴钱一百

道光廿三年三月初一日亲面立

道光二十三年六月初三日黄法昌黄细昌收据

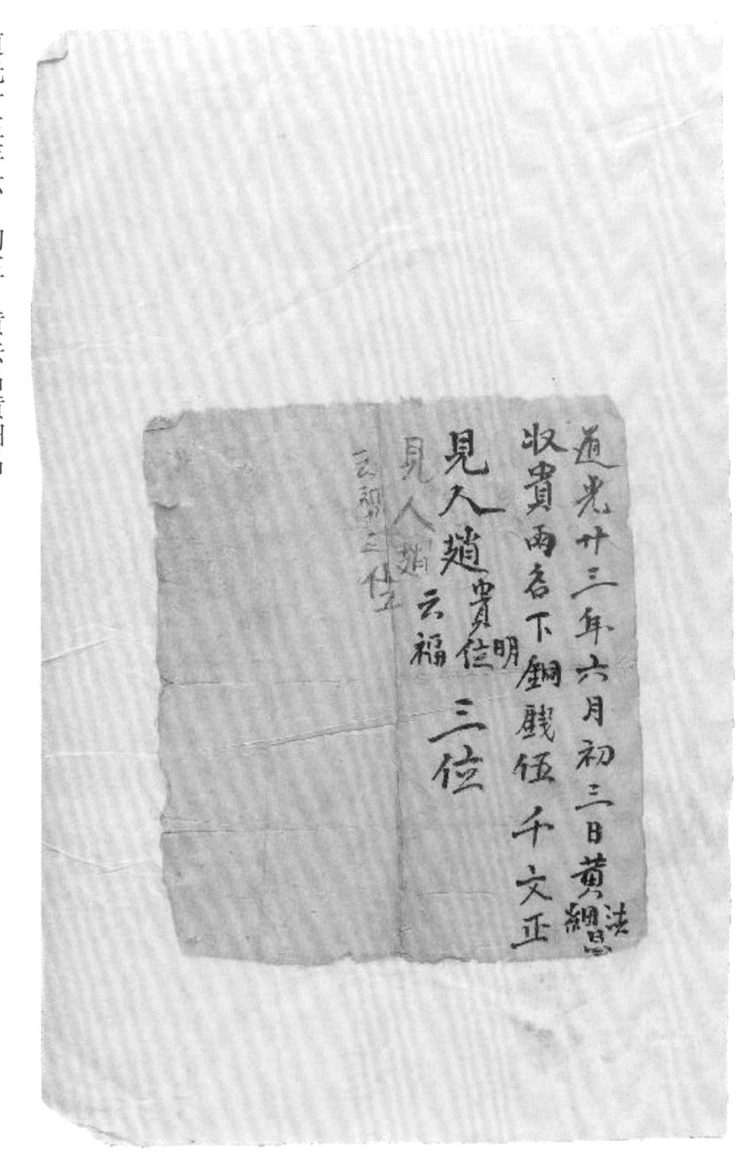

道光廿三年六月初三日黄法昌黄细昌
收贵雨名下铜钱伍千文正
见人赵贵明赵贵位赵云福三位

道光二十三年十月十二日赵贵杜卖水田竹岭契

立断卖水田竹岭契人赵贵杜今因家下所少钱用夫妻譮（商）议愿将自己水田三节土名长岭右与贵千水田为界左与贵远水田为界上与贵信水田为界下与贵选水田为界又竹岭土名悳岃壹块左与贵信领（岭）为界右与赵永领（岭）为界下与赵学领（岭）为界四至分明要行出卖先招房亲不取自请中人送至赵云钱出价承买当日三面凭中所断时值价铜钱叁千文正即日钱契两交明白不欠分文并无包买包卖亦无债货准拆（折）二家心允两无逼勒其田载种二升其岭载种二升即卖即退任从买人自耕管业后日不得收赎藩（翻）价今欲有凭立断卖契一纸付异（与）买人永远为记

引至中人赵贵信【押】

道光癸卯年十月十二日亲面立代笔人罗肇鑑【押】

道光二十四年十二月二十二日赵贵章卖山岭契

立断永远杜卖山岭契人赵贵章今因无钱使用父子謫（商）议愿将山岭一块坐落土名长岭尾岭一块上与赵桥岭为界下与云德岭为界要行出卖先招房亲不要后问四僯（邻）不取自请中人送于本坑赵云钱出价承买凭中三面言定时值价钱壹千五百文正即日钱契两交明白并无短少不欠分文亦无债货准折等情二家心愿两无逼勒自卖之后交于买人过手管业不得异言生端一卖千秋高山番（翻）石永不回头恐口无凭立断契一纸付执为照

在场中人

代笔冯孙元【押】

道光二十四年十二月二十二日立断契赵贵章【押】

道光二十五年十二月十一日赵神流卖山岭契

立当山岭契人计竹园赵神流今因家下无钱使用父子商（商）议即将山岭一处坐落土名何罗岺岭一块左边神贵岭为界又（右）磁坑尾众岭一块三分开自己名下一分要行出当自己亲到茶坪赵云钱名下共当出铜钱贰千贰百文正即日钱契两交明白不欠分文自当之后交于买人过手耕管为业恐口无凭立字为据

道光二十五年十二月十一日立

道光二十六年十一月十九日赵贵凤卖山岭契

立断賣山嶺契人趙貴鳳今家中不便用夫妻商議愿將父手遺下山嶺壹塊載種壹斗嶺一所土名恭埠坑大坑屯藍猪坑嶺中任月上右至中嶺為界下至中嶺為界坑水為界對面趙學顯為界四至分明要行出賣先盡房親不敢自請中人送到本坑趙雲錢雲偈接手承買出價不當日經中言定時值價銅錢三千文正即日錢兩交明白並無逼買逼賣主耕種管業賣主不得異言生端此係今欲有憑立契一紙付與買主子孫永遠為照

在場中人趙雲安 錢一百

趙雲定 錢二百

趙貴鳳親筆 錢一百

道光丙午年十一月十九日立契

同治伍年丙寅歲八月初一日補去銅錢叁千文

在場趙雲水 錢乙百

中人趙雲喬 錢乙百

代筆張[illegible]甲 錢乙百

粤北卷

第一部分 乳源瑶族自治县

立断买（卖）山岭契人赵贵凤今因少钱使用夫妻商仪（议）愿将父手遗下山岭壹块载种壹斗正岭一并土名茶坪坑大坑尾蓝檫坑岭中在身上右边中岭为界下边中岭为界坑水为界对面赵学岭为界四至分明要行出卖言先招房亲不取自请中人送到本坑赵云钱云福接手青（亲）出价钱当日经中言定时值价铜钱三千文正即日钱两交明白并无包买包卖主耕种管业卖主不得里（异）言生端阻挡（当）今欲有凭立契一纸付与买主收执子孙永远为照

在长（场）中人赵云安钱一百【押】　赵云定钱一百【押】

赵贵凤代笔钱一百

道光丙午年十一一十九日立契

同治伍年丙寅岁八月初一日补去铜钱叁千文

在场赵云水钱一百【押】

中人赵云乔钱一百【押】

代笔张开甲钱一百【押】

道光二十七年十二月二十日赵贵保卖田契

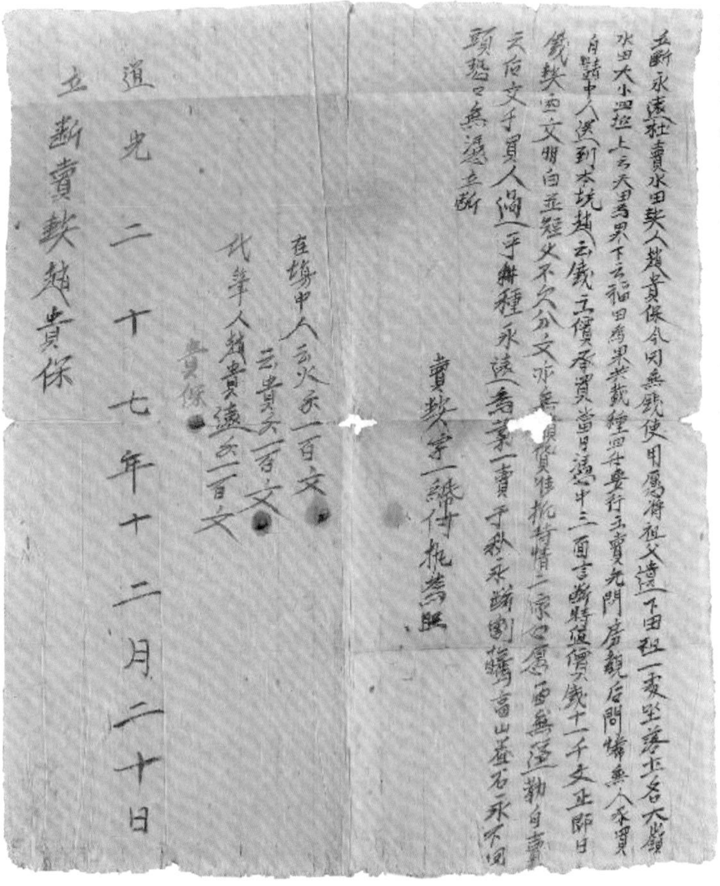

立断永远杜卖水田契人赵贵保今因无钱使用愿将祖父遗下田租一处坐落土名大岭水田大小四丘上云天田为界下云福田为界共载种四升要行出卖先问房亲后问憐（邻）无人承买自请中人送到本坑赵云钱出价承买当日凭中三面言断时值价钱十一千文正即日钱契两交明白并短少不欠分文亦无债货准折等情二家心愿两无逼勒自卖之后交于买人过手耕种永远为业一卖千秋永断割藤（藤）高山番（翻）石永不回头恐口无凭立断卖契字一纸付执为照

在场中人云火钱一百文【押】云贵钱一百文【押】

代笔人赵贵远钱一百文赵贵保【押】

道光二十七年十二月二十日

立断卖契赵贵保

道光三十年二月二十日冯孙元卖山岭契

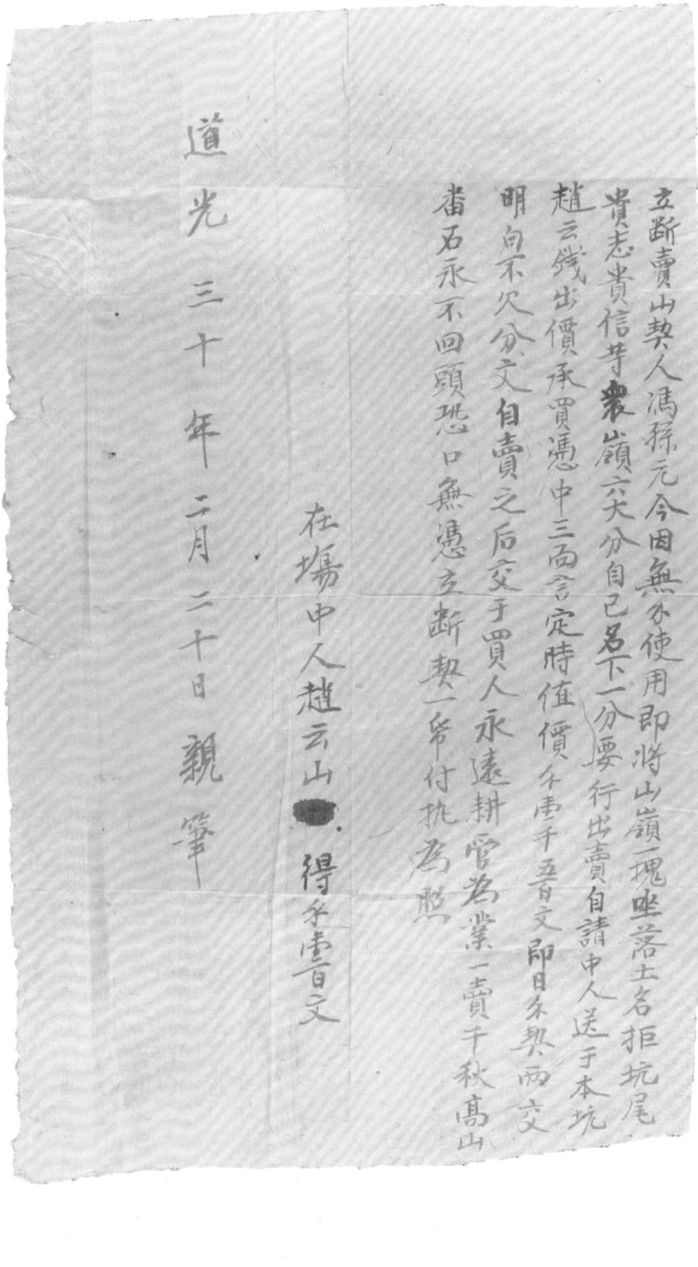

立断卖山岭契人冯孙元今因无钱使用即将山岭一块坐落土名拒坑尾贵志贵信等众岭六大分自己名下一分要行出卖自请中人送于本坑赵云钱出价承买凭中三面言定时值价钱壹千五百文即日钱契两交明白不欠分文自卖之后交于买人永远耕管为业一卖千秋高山番（翻）石永不回头恐口无凭立断卖契一纸付执为照

在场中人赵云山【押】得钱壹百文

道光三十年二月二十日亲笔

道光三十年二月二十日赵云山卖山岭契

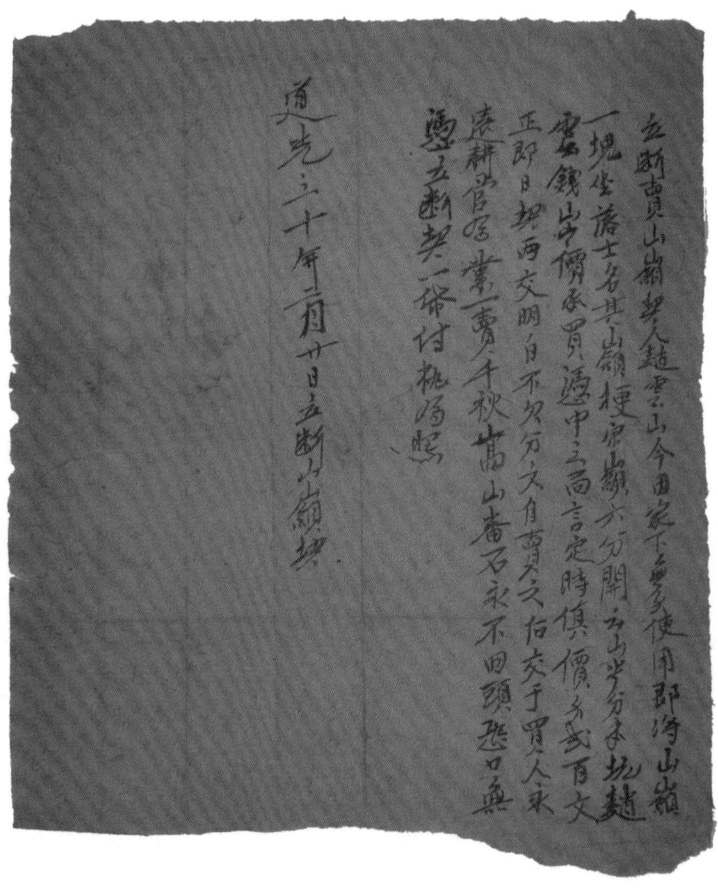

立断卖山岭契人赵云山今因家下无钱使用即将山岭一块坐落士（土）名其岭埂宗岭六分开云山半分本坑赵云钱出价承买凭中三面言定时慎（值）价钱贰百文正即日契两交明白不欠分文自卖之后交于买人永远耕管为业一卖千秋高山番（翻）石永不回头恐口无凭立断契一纸付执为照

道光三十年二月廿日立断山岭契

道光三十年十一月初七日王贵选卖山岭契

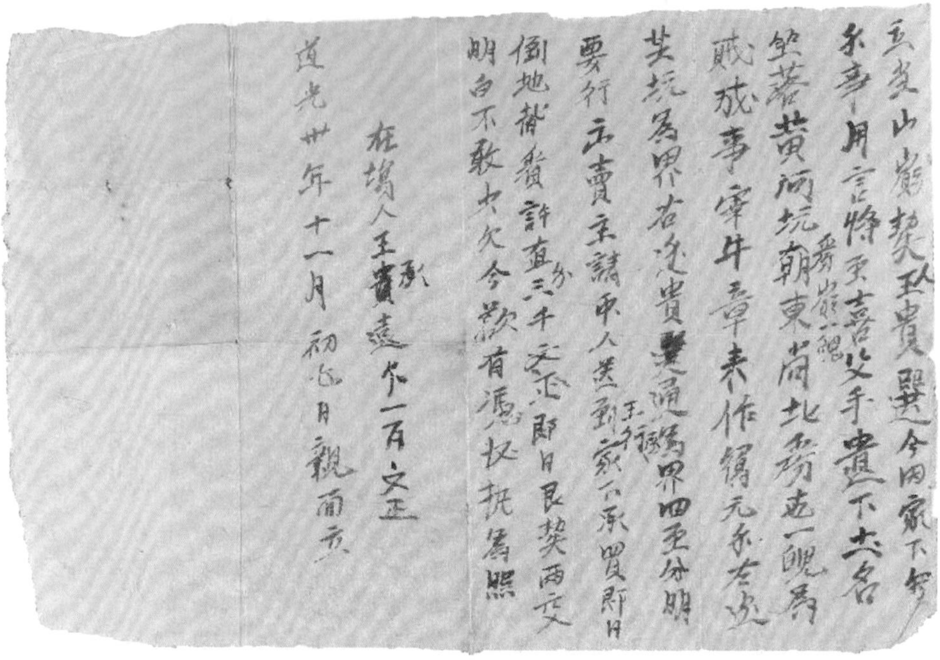

立当山岭契人王贵选今因家下无钱事用言将亚喜父手遗下土名坐落黄坷坑旁岭一块朝东尚北旁边一块□贼成事宰牛章来作写元钱左边其坑为界右边贵选通为界四至分明要行出卖主请中人送到王承行家下承买即日倒（到）地皆（踏）看许直钱三千文正即日银契两交明白不敢少欠今欲有凭收执为照

在场人王承远王贵远钱一百文正

道光卅年十一月初七日亲面立

道光三十年十一月二十三日赵云漫卖田契

立断卖水田契人赵云漫今因家下无钱使用夫妻讁（商）议愿将叔父遗下水田土名座落长岭水田一处大小十五丘载种十八斤上云田田为界下贵远田为界四置（至）分明要行出卖先招房亲不取自请中人送至本坑赵贵远云钱出价承买当日凭中三面言定时值价钱贰拾千文正即日钱契两交明白不欠分文并无包买包卖亦无债货准折等情二家甘允两无逼勒其田卖出即卖即退任买人自耕管业自卖之后永不收赎今欲有凭立断卖契一纸付于买人收执为据另有牛栏二间岭一块

在场中人赵云德钱一百

代笔人冯孙元钱一百

道光三十年十一月二十三日亲面立

道光□八年二月十一日赵贵慢赵贵福二家分水田契

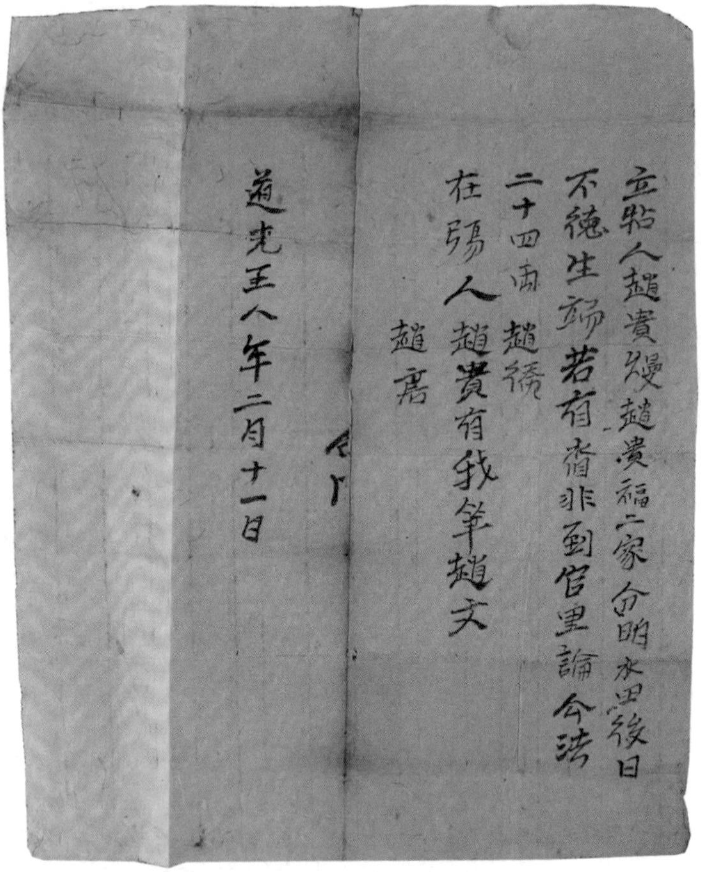

立帖人赵贵慢赵贵福二家分贻（明）水田后日不德（得）生端若有沓（踏）非到官里（理）论公法（罚）二十四两

在场人赵僑赵贵赵唐有我〔代〕笔赵文

□□

道光壬八年二月十一日

道光年间赵云钱收山岭契

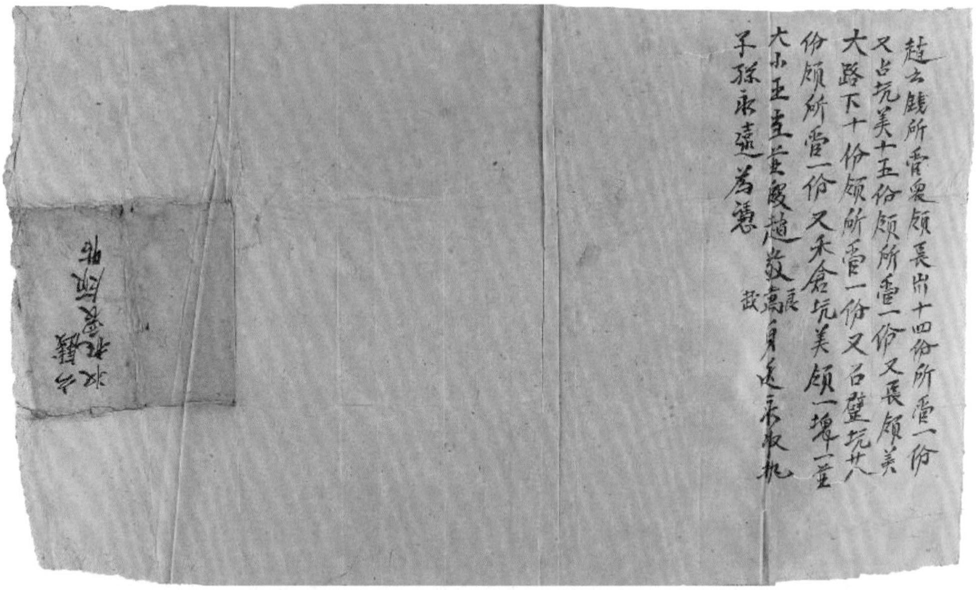

赵云钱所管众领（岭）长岃十四份所管一份又占坑美十五份领（岭）所管一份又长岭美大路下十份领（岭）所管一份又石壁坑廿八份领（岭）所管一份又禾仓坑美领（岭）一块一并大小五当并□赵敬良赵敬万赵敬武身边永收执子孙永远为凭

云钱

收执众领（岭）帖

咸丰元年赵贵远卖田契

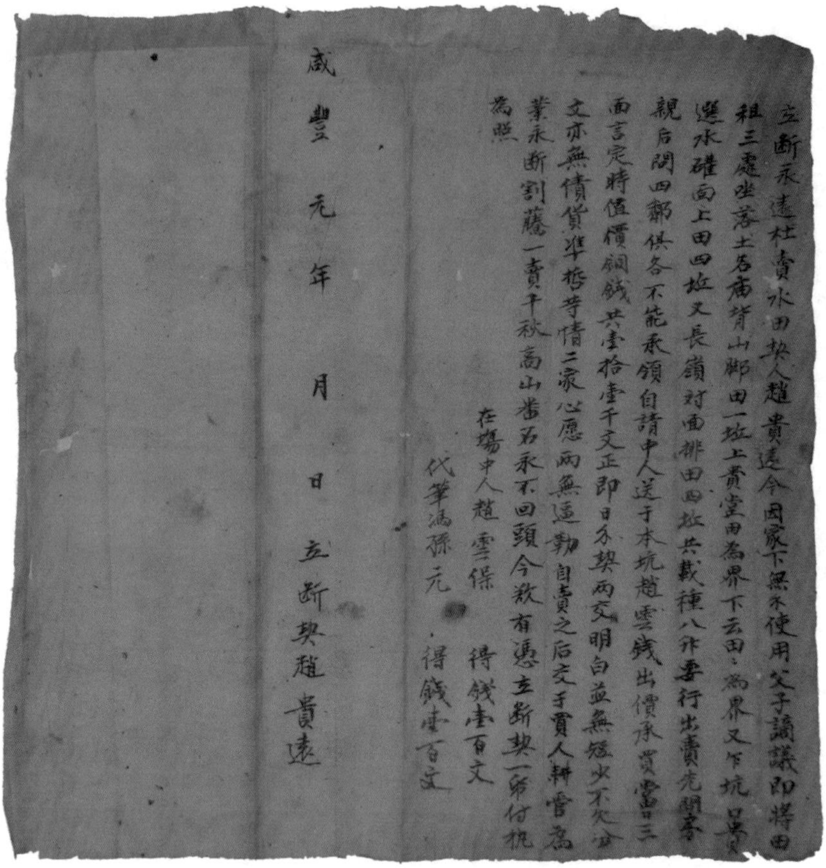

立断永远杜卖水田契人赵贵远今因家下无钱使用父子谪（商）议即将田租三处坐落土名庙背山脚田一丘上贵堂田为界下云田田为界又乍坑口贵选水确面上田四丘又长岭对面排田四丘共载种八升要行出卖先问房亲后问四邻俱各不能承领自请中人送于本坑赵云钱出价承买当日三面言定时值价铜钱共壹拾壹千文正即日钱契两交明白并无短少不欠分文亦无债货准哲（折）等情二家心愿两无逼勒自卖之后交于买人耕管为业永断割藤（藤）一卖千秋高山番（翻）石永不回头今欲有凭立断卖契一纸付执为照

在场中人赵云保得钱壹百文

代笔冯孙元得钱壹百文

咸丰元年月日立断契赵贵远

咸丰四年三月初一日黄贵选德山卖山岭契

立断卖山领（岭）契人黄贵选德山今因家下无钱使用父子謫（商）议即将山岭一块坐洛（落）土名中心坑毛安何坑山岭一块左边黄神府山岭为界中心照岭上其头为界下岭口黄神明山岭为界栽种一斗四至分明［要］要行出卖先招房亲后问四邻俱不能承领［人］自请中人送至到茶平（坪）坑赵云钱出价承买当日凭中两面言定时值价铜钱五千五百文正即日钱契两交明白不欠分文亦无债货准圻（折）等情二家心愿两无逼勒自卖之后交干（于）买人过手耕管为业承（永）断割腾（藤）高山番（翻）石不永回头一卖千秋今欲有凭立断契一纸付执为照

咸丰甲寅年三月初一日立断契一纸付与买主永远子孙为照买岭人赵云钱

在唱（场）在长（场）中人卖山岭人黄贵选【押】

黄贵孝黄德山【押】印契大比合钱一百

代笔人赵贵凤钱一百

咸丰四年五月初一日赵才卖山岭契

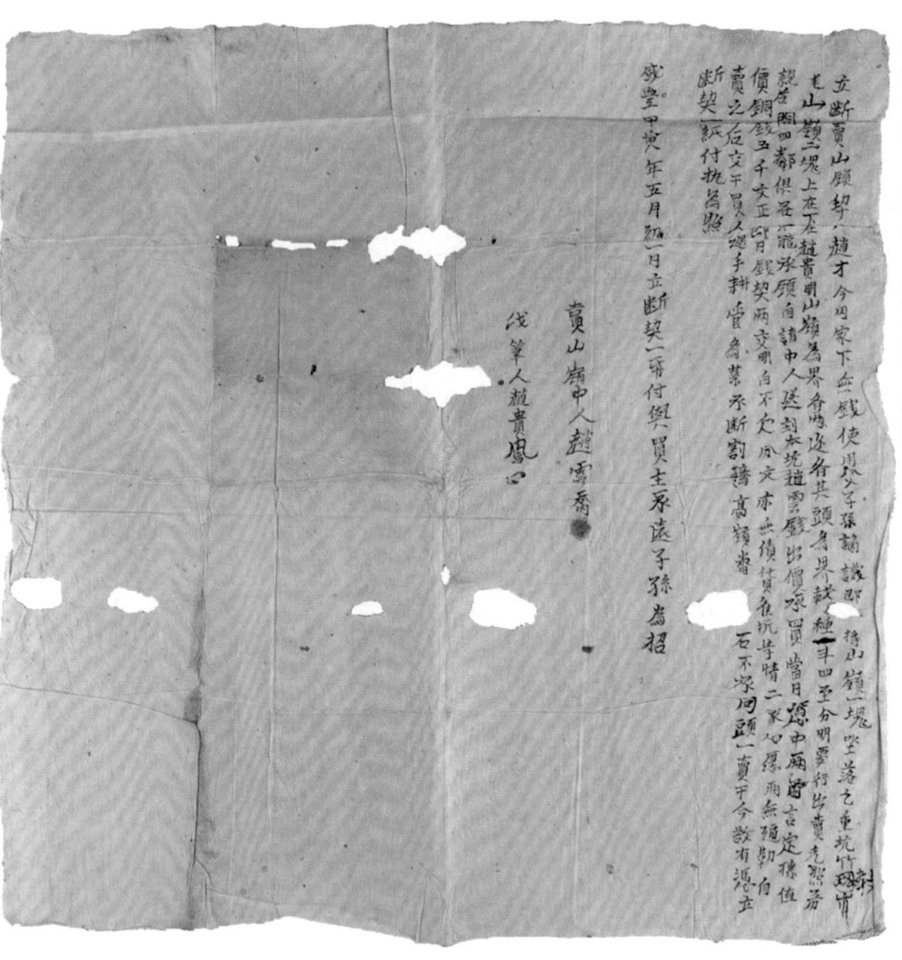

立断卖山岭契人赵才今因家下无钱使用父子孙謫（商）议即将山岭一块坐落乙重坑竹教岗毛山岭二块上在下在赵贵明山岭为界各两边各其头为界载种一斗四至分明要行出卖先照（招）房亲后问四邻俱各不能承领自请中人送到本坑赵云钱出价承买当日凭中两面言定时值价铜钱五千文正即日钱契两交明白不欠分文亦无债货准折等情二家心愿两无逼勒自卖之后交于买人过手耕管为业永断割腾（藤）高岭番（翻）石不永回头一卖千今欲有凭立断契一纸付执为照

咸丰甲寅年五月初一日立断契一纸付与买主永远子孙为招（照）

卖山岭中人赵云乔【押】

代笔人赵贵凤【押】

咸丰四年六月三十日赵云学借钱契

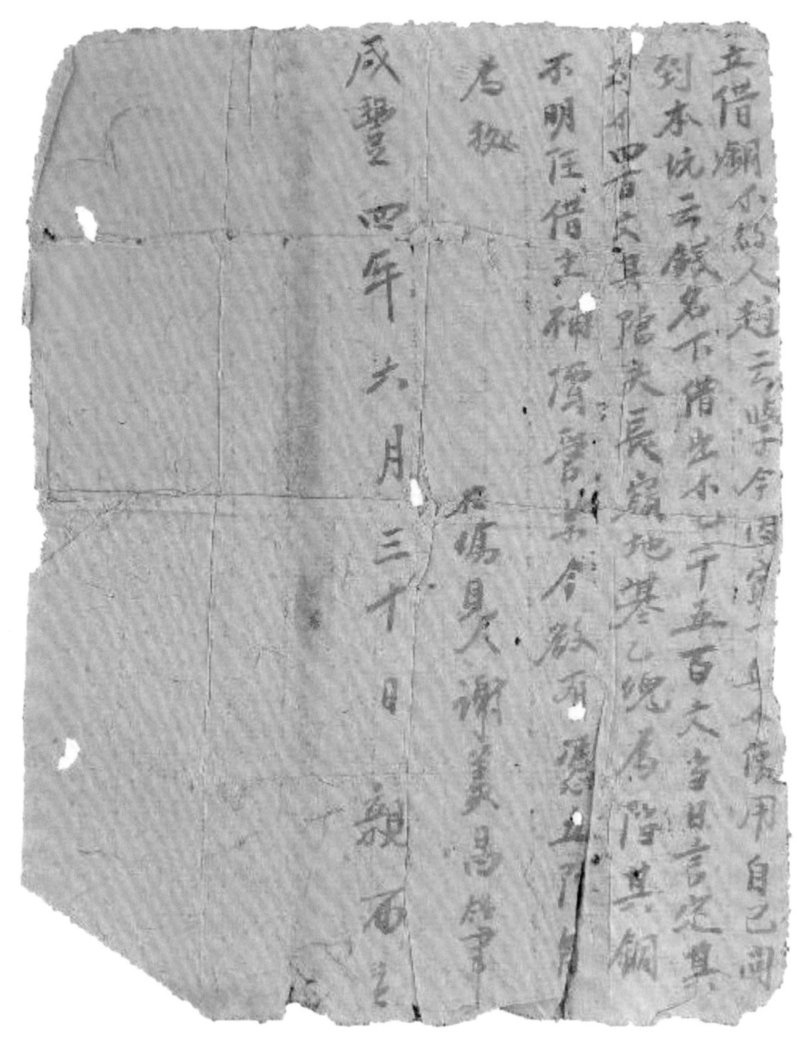

立借铜钱约人赵云学今因家下无钱使用自己问到本坑云钱名下借出钱一千五百文当日言定其利钱四百文其凼（当）头长岭地基一块为凼（当）其铜不明任借主补价管业今欲有凭立当契为据

在场见人谢美昌笔

咸丰四年六月三十日亲面立

咸丰四年十一月初三日赵云学云明兄弟卖山岭契

立断賣山嶺契人趙雲學雲明兄弟今因家下無錢使用兄弟諳議即將
山嶺四止坐落王明其嶺茶坪肖山嶺一塊左逐趙貴神山嶺為界右逐貴連山嶺
為界下貴神傳四爲界一又坐落土明其坑使肖山中嶺一止肖口山嶺一止右逐雲
福山嶺為界右逐雲德山嶺為界又使肖又山嶺一塊上左雲才山嶺為
界下逐雲福山嶺為界栽種四中四至分明要行出賣先盡房親有問四鄰
俱各不能承領自請中人送到本坑趙雲錢出價承買當日憑中兩面言定價值
價銅錢五千五百文正即日錢契兩交明白不欠分文亦無債貨准折等情二家心言
兩無逼勒自賣之后交下買人耕種管為業永斷劉蘇高嶺曹石不乙
回頭今欲有憑立斷契一紙付執為照

咸豐甲寅年十一月初三日立斷契一張付與買主永遠子孫為招

賣山嶺中人趙雲明 ● 錢一百

代筆人趙貴鳳 [illegible] [illegible]

又番高山嶺坑內銅錢一共七千五百文正

又 乞重坑也碾肖口對面山嶺一塊

銅錢二千文正

立断卖山岭契人赵云学云明兄弟今因家下无钱使用兄弟謫（商）义（议）即将山岭四止坐落王明长领（岭）茶坪
岃山岭一块左边赵贵神山岭为界右边贵连山岭为界下贵神传田为界又坐落土明（名）其坑便（边）岃山中岭一止
岃口山岭一止右边云福山岭为界右边云德山岭为界又使岃□山岭一块上在云才山岭为界下边云福山岭为界载种四
申（升）四至分明要行出卖先照（招）房亲后问四邻俱各不能承领自请中人送到本坑赵云钱出价承买当日凭中两
面言定时值价铜钱五千五百文正即日钱契两交明白不欠分文亦无债货准折等情二家心言（愿）两无逼勒自卖之
后交于买人过手耕管为业承（永）断割腾（藤）高岭番（翻）石不亡（望）回头今欲有凭立断契（契）一纸付执
为照

咸丰甲寅年十一月初三日立断卖契（契）一纸付与买主永远子孙为招（照）

卖山岭中人赵云明【押】钱一百文

代笔人赵贵凤【押】钱一百文

又番出山岭契内铜钱一共七千五百文正

又乙重坑也尾岃口对面山岭一块

铜钱二千文正

咸丰五年二月二十七日赵贵山卖田契

立断卖水田契人赵贵山今因家下无钱使用夫妻父子谪（商）议愿将父手遗下兄弟分岔（份）水田土名坐落⍰坑口田一大丘载种二升左便（边）买子为界友（右）便（边）卖子为界四至分明要行出卖先招房亲不取后招邻无人成（承）就自请中人送到本坑赵贵永赵贵喜二兄弟出价承买当日三面言定凭中所断时值价铜钱一千文正即钱契两交明白不欠分文并无包买包卖亦无债货准折二家心两无逼勒其田卖出即退任从买人自耕管业卖人及房亲不得异言生端滋事翻价找补等情又无养膳祭尝另凿（当）永不收赎今欲有凭立契一纸付与买人永远收执为据

在场代笔在场人赵贵远种（中）人钱一百文正

咸丰五年二月二十七日亲面契一纸

咸丰五年十月十九日赵云学云明卖田契

立断卖水田契人赵云学云明今因家下无钱使用兄弟分忿（份）谪（商）议愿将父手遗下水田土明（名）又望东坑山岭一块左边云钱山岭为界右与贵志山岭为界又犬皮坑⍰中山岭三块到山岭踏看水田山岭一块水田大小五丘载种五升土名坐长领（岭）其左至下至云钱贵里田为界即日同中到田踏看水路四址分明要行出卖先招房亲不取无人成（承）就后招其四邻自请中人送到本坑赵云钱出价承买当日三面言定凭中所断时值价铜钱十五千三百文正即日钱契两交明白不欠分文并无包买包卖亦无债货准折二家心允两无逼勒其田卖出即卖即退任从买人自耕管业另批收租管业卖人及房亲不得异言生端滋事翻价找补等情并无养膳祭尝另凶（当）如有另凶（当）执契理论永不收赎今欲有凭立契一纸承断高岭番（翻）石不承（永）回头付与买人永远收执为据

在场中人赵贵水中人钱一百【押】赵云明

中人钱一百【押】赵贵神中人钱一百【押】

依口代笔人赵贵凤

咸丰乙卯年十月十九日亲面立

咸丰六年十一月二十一日赵云聪卖田契及赵德明兄弟卖山岭契

立断卖田岭契人赵云聪今因家下无钱使用愿将父手遗下兄弟分忿（份）水田土名坐落大岭田圳壹横坵又计皮坑尾岭壹块上至齐眉下至齐石一并黄竹坑岭为界左至边云天弟（第）二子岭四至分明要行出卖先招房亲不取自请中人送至赵云钱名下出价承买当日平（凭）中所断时值价铜钱田价钱二千四百岭价钱三千又七粉（份）众岭自己名下半忿（份）又七忿（份）众田三丘自已名下半忿（份）共钱七千文正四共田岭共价铜钱壹十二千四百文正即日钱契两交明白不欠分文并无包买包卖亦无债货准折二家甘允两务（无）逼勒自卖知（之）后不得收赎番（翻）补高岭缵石恐口无凭立断卖契一纸付与买主子孙永远收执管业为照

在场中人德明钱一百文【押】

立断卖山岭契人赵德明兄弟二人今因母死无钱并（殡）藏（葬）兄弟讁（商）议愿将长岭山岭一块上至齐眉下至齐圳右贵缵为界载种三升四至分明又七忿（份）众岭自已名下半忿（份）又七忿（份）众田三丘自已名下半忿（份）田岭出卖先招房亲不取自请中人送至赵云钱名下出价承买当日平（凭）中所断时值价铜钱田岭共价钱壹十四千贰百文正即日钱契两交明白不欠分文并无包买包卖亦无载（债）货准拆（折）二家愿（心）允两无逼勒自卖知（之）后不得收赎番（翻）补滋事等情水打柴头永不回恐口无凭立断卖契一纸付与买主子孙永远收执管业为照

在场中人云财文云当钱一百文【押】

代笔张开甲钱一百文

又长岭对面岭一处右边贵替为界番出铜钱一千五百文

咸丰六年十一月廿一日亲面立

咸丰七年二月三十日王神远谢美昌赵云良等纠纷调解契

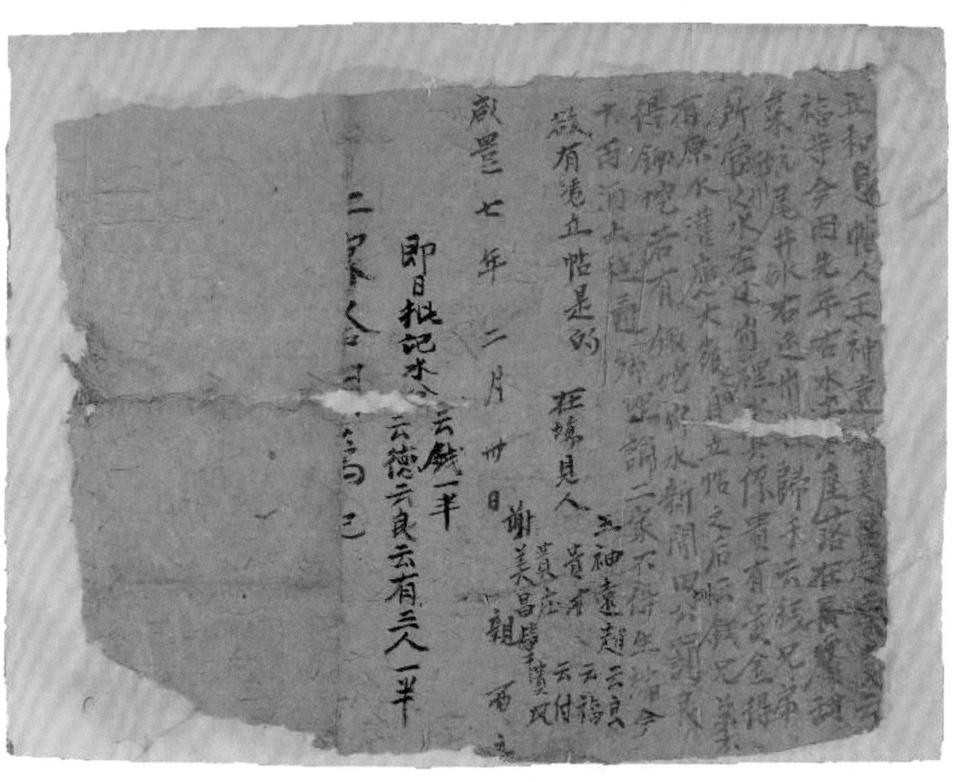

立和息帖人王神远谢美昌赵云良云福等今因先年古水土名座落在长岭甜菜坑尾井水右边岗口归于云钱兄弟所管田用之水左边岴里水具系贵有贵金得（德）有原水灌应大岭是田自立帖之后云钱兄弟不得锄挖若有锄挖岴水新开田圳公罚银十两酒六程（埕）通乡理论二家不得生端今欲有凭立帖是的［约］

在场见人王神远王贵才王贵庄赵云良赵云福赵云付赵贵凤

谢美昌笔

咸丰七年二月卅日亲面立

即日批记水分云钱一半云德云良云有三人一半

〈二家合同为记〉

咸丰七年二月三十日赵贵有赵贵金赵德有卖水路契

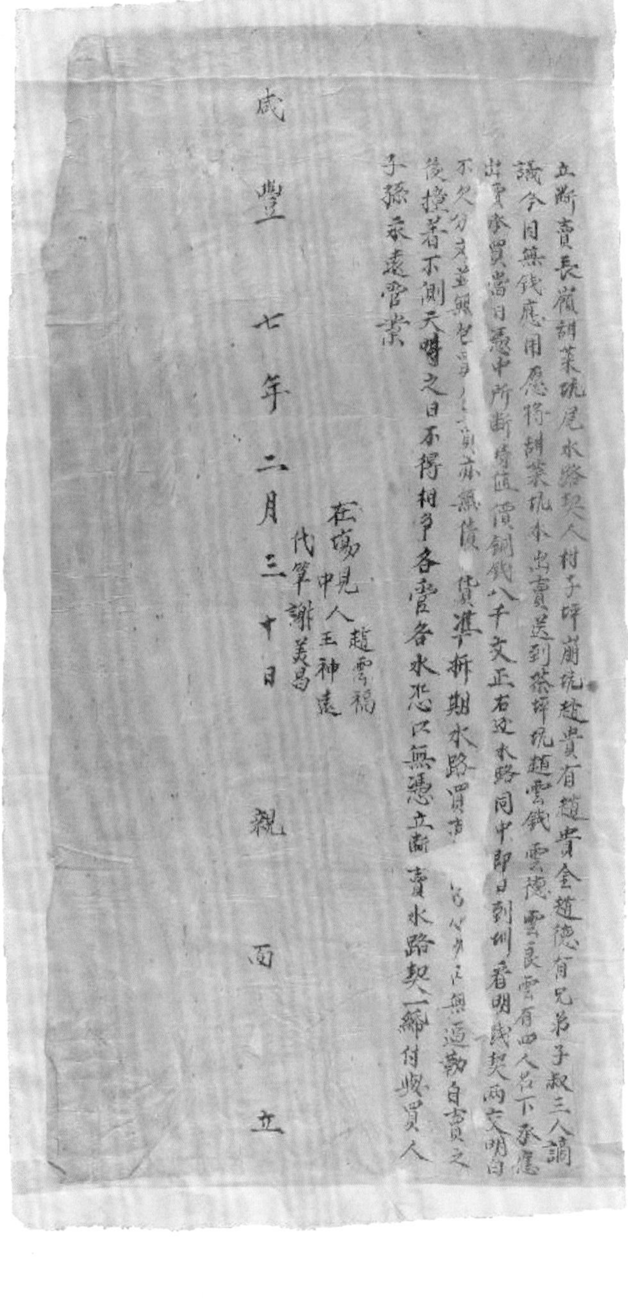

立断卖长岭甜菜坑尾水路契人柑子坪崩坑赵贵有赵贵金赵德有兄弟子叔三人謪（商）议今因无钱应用愿将甜菜坑水出卖送到茶坪坑赵云钱云德云良云有四人名下承应出价承买当日凭中所断时值价铜钱八千文正右边水路同中即日到圳看明钱契两交明白不欠分文并无包买包卖亦无债货准拆（折）期水路买卖两家心允两无逼勒自卖之后撞着不侧天时之日不得相争各管各水恐口无凭立断卖水路契一纸付与买人子孙永远管业

在场见中人赵云福王神远

代笔谢美昌

咸丰七年二月三十日亲面立

咸丰八年六月初一日王贵流卖山岭契及借铜钱约

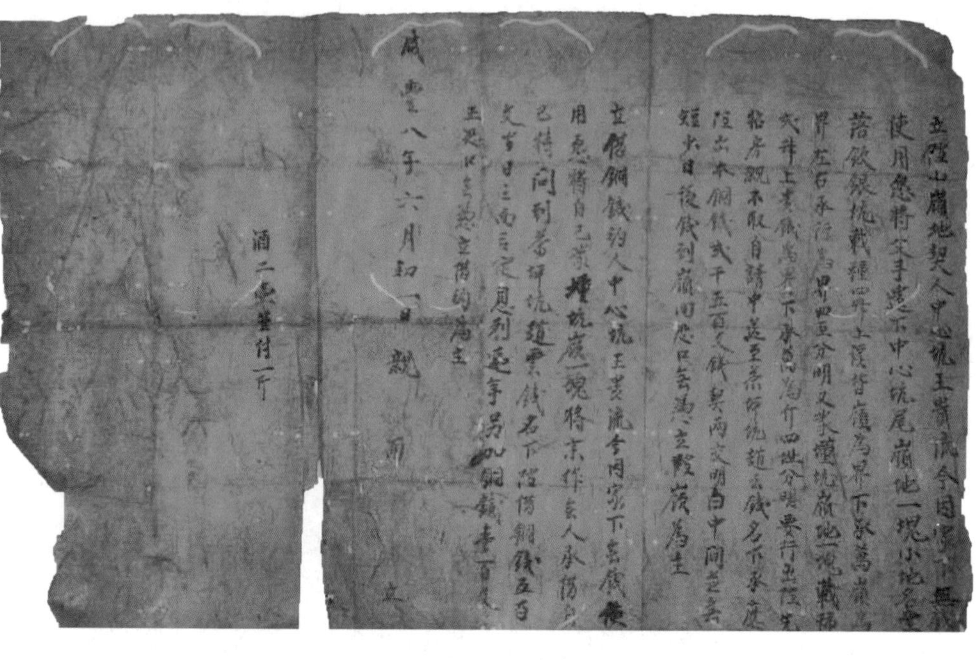

立⿰阝当（当）山岭地契人中心坑王贵流今因家下无钱使用愿将父手遗下中心坑尾岭地一块小地名坐落钦银坑载种四升上溪背岭为界下承万岭为界左右承行为界四至分明又墐坑岭地一块载种二升上贵钱为界下承万为介（界）四址分明要行出⿰阝当（当）先招房亲不取自请中送至茶坪坑赵云钱名下承应⿰阝当（当）出本铜钱贰千五百文钱契两交明白中间并无短少日后钱到岭回恐口无凭立⿰阝当（当）岭为主

立借铜钱约人中心坑王贵流今因家下无钱使用愿将自己蒙墐坑岭一块将来作无人承借自己特问到茶坪坑赵云钱名下⿰阝当（当）借铜钱五百文当日三面言定息利递手另加铜钱一百文正恐口无凭立借约为主

咸丰八年六月初一日亲面立

酒二壶☐付一斤

咸丰八年十二月二十日柑子坪王德财王德有卖山岭契

立断卖岭地契人柑子坪王德财王德有今因家下无钱使用父子母子兄弟謪（商）议愿将自己众岭地一块地名坐落瘦埂尾塘里岿岭地一块上齐眉下王贵连为界左右两边埂为界当日同中到岭沓（踏）看载种五升界至分明要行出卖先招房不取自请中人送到茶坪坑赵云钱赵云福兄弟二人出价承买当日平（凭）中所断时值价铜钱叁千伍百文正即日钱契两交明白不欠分文并无包买包卖亦无载（债）货准债（折）二家心允两无逼勒自卖知（之）后不得收赎番（翻）补找价等情滋事生端高岭番（翻）石永不回头如有番（翻）找公罚送官究治恐口无凭立断卖契一纸付与买主子孙永远耕种管业为据

在场中人王德漫钱一百文【押】王德田钱一百文【押】

代笔张开甲钱一百文

咸丰八年十二月二十日亲面立

同治元年五月二十七日王贵志当田契

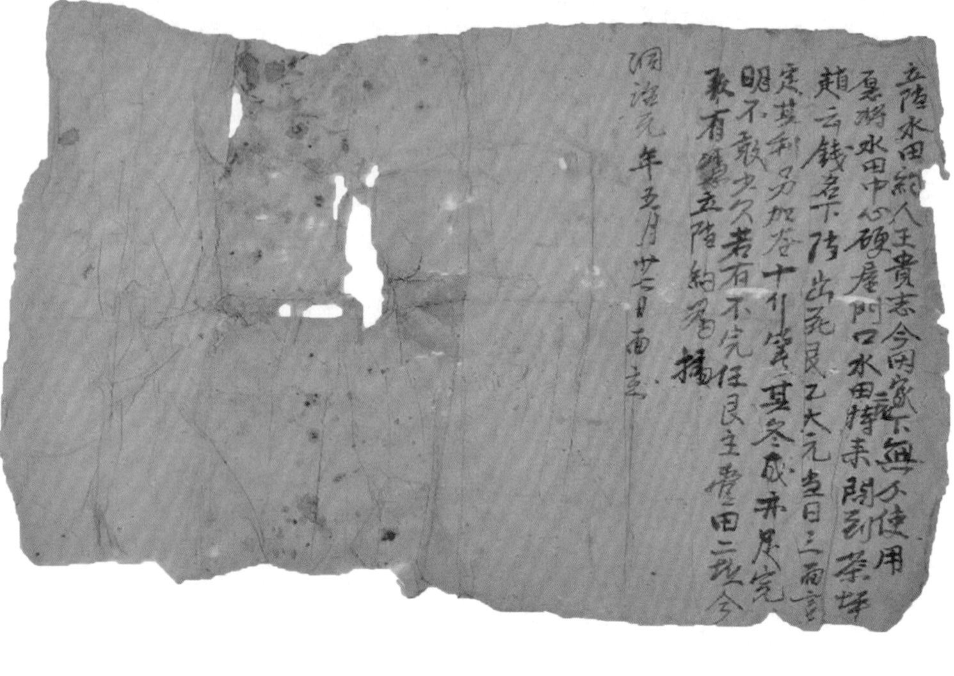

立陷（当）水田契人王贵志今因家下无钱使用愿将水田中心硬（埂）屋门口水田二块持来问到茶坪赵云钱名下陷（当）出死银一大元当日三面言定其利另加谷十斤算其冬成亦足完明不敢少欠若有不完任银主管田二丘今欲有凭立陷（当）约为据

洞（同）治元年五月廿七日面立

同治元年八月初二日赵贵礼卖山岭契

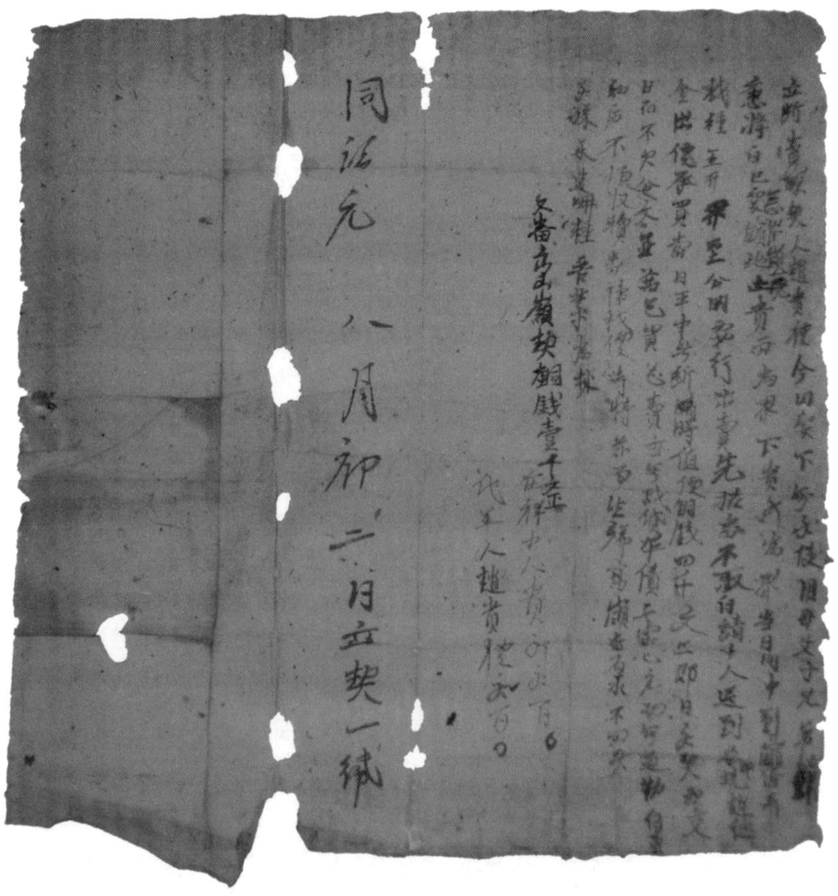

立断卖岭契人赵贵礼今因家下无钱使用母父子兄弟商意（议）愿将自己忿（份）岗岭一块众岭地止上贵田为界下贵齐为界当日同中到岭沓（踏）看载种五升界至分明要行出卖先招房不取自请中人送到茶平（坪）坑赵德金出价承买当日平（凭）中所断时值价铜钱四仟文正即日钱契两交日（明）白不欠分文并无包买包卖亦无载（债）货准债（折）二家心允两无逼勒自卖知（之）后不得收赎番（翻）补找债等情滋事生端高岭番（翻）石永不回头子孙永远耕种管业为据

又番出山岭契铜钱壹千文正

在详（场）中人贵齐钱一百【押】

代笔人赵贵礼钱一百【押】

同治元八月初二日立契一纸

同治四年十一月二十五日王贵孪卖山岭契

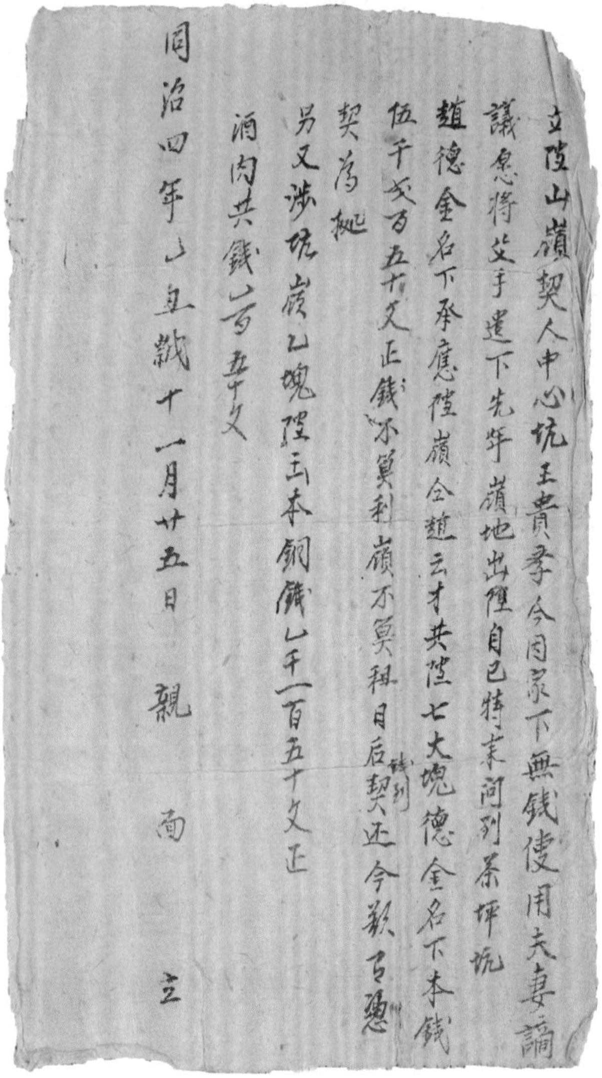

立陷（当）山岭契人中心坑王贵孪今因家下无钱使用夫妻譎（商）议愿将父手遗下先年岭地出陷（当）自己特来问到茶坪坑赵德金名下承应陷（当）岭仝赵云才共陷（当）七大块德金名下本钱伍千贰百五十文正钱不算利岭不算租日后钱到契还今欲有凭契为据

另又涉坑岭一块陷（当）出本铜钱一千一百五十文正

酒肉共钱一百五十文

同治四年乙丑岁十一月廿五日亲面立

同治六年正月十二日赵云凤卖水田岭地茶叶棕皮竹木契

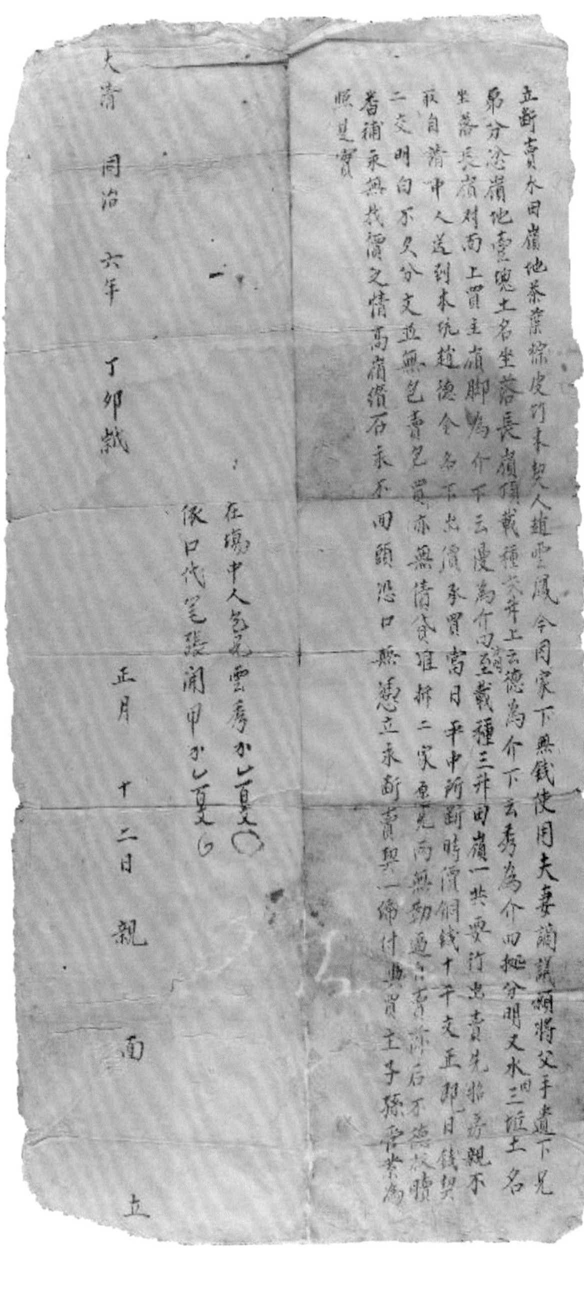

立断卖水田岭地茶叶棕皮竹木契人赵云凤今因家下无钱使用夫妻謪（商）议愿将父手遗下兄弟分岔（份）岭地壹块土名坐落长岭顶载种贰升上云德为介（界）下云秀为介（界）四拋（处）分明又水田三丘土名坐落长岭对面上买主岭脚为介（界）下云漫为介（界）四至分明载种三升田岭一共要行出卖先招房亲不取自请中人送到本坑赵德金名下出价承买当日平（凭）中所断时价铜钱十千文正即日钱契二交明白不欠分文并无包买包卖亦无债贷（货）准拆（折）二家愿允两无勒逼自卖前后不德（得）收赎番（翻）补永无找价之情高岭缵石永不回头恐口无凭立断卖契一纸付与买主子孙管业为照是实

在场中人包兄云秀钱一百文【押】

依口代笔张开甲钱一百文【押】

大清同治六年丁卯岁正月十二日亲面立

同治八年十月十五日赵得富卖山岭契

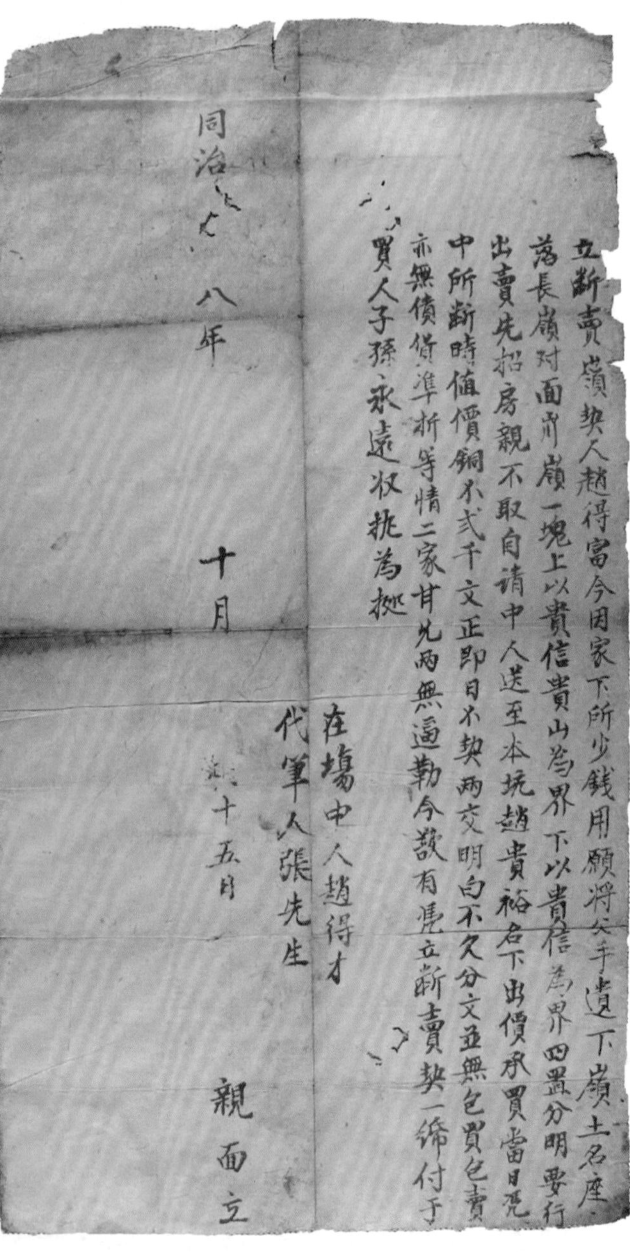

立断卖岭契人赵得富今因家下所少钱用愿将父手遗下岭土名座落长岭对面岗岭一块上以贵信贵山为界下以贵信为界四置（至）分明要行出卖先招房亲不取自请中人送至本坑赵贵裕名下出价承买当日凭中所断时值价铜钱贰千文正即日钱契两交明白不欠分文并无包买包卖亦无债货准折等情二家甘允两无逼勒今欲有凭立断卖契一纸付于买人子孙永远收执为据

在场中人赵得才

代笔人张先生

同治八年十月十五日亲面立

同治八年十一月二十二日王神远卖山岭等契

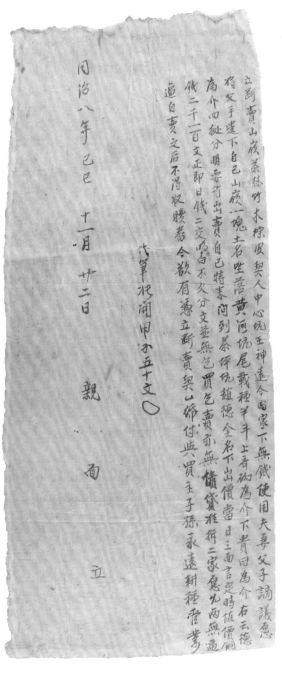

立断卖山岭茶林竹木棕皮契人中心坑王神远今因家下无钱使用夫妻父子謪（商）议愿将父手遗下自己山岭一块土名坐落黄河坑尾载种半斗上齐砌为介（界）下贵田为介（界）右云德为介（界）四扻（处）分明要行出卖自己特来问到茶坪坑赵德金名下出价当日三面言定时值价铜钱二千一百文正即日钱二交明白不欠分文并无包买包卖亦无债贷（货）准拆（折）二家愿允两无逼［逼］自卖之后不得收赎番（翻）今欲有凭立断卖契一纸付与买主子孙永远耕种管业

代笔张开甲钱五十文【押】

同治八年己巳十一月廿二日亲面立

同治八年十二月十六日赵云良卖山岭等契

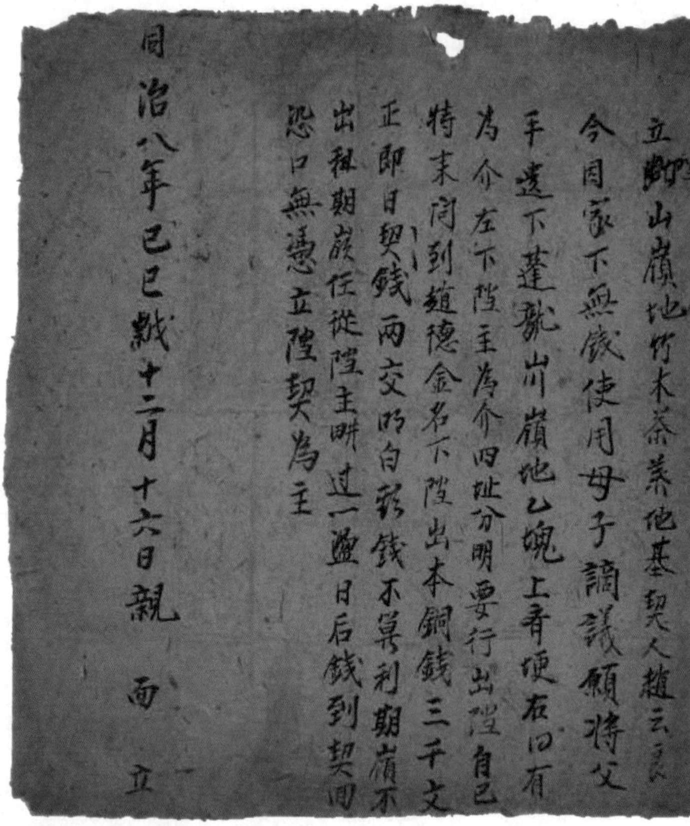

立峃（当）山岭地竹木茶叶地基契人赵云良今因家下无钱使用母子謪（商）议愿将父手遗下蓬龙岃岭地一块上齐埂右四有为介（界）左下峃（当）主为介（界）四址分明要行出峃（当）自己特来问到赵德金名下峃（当）出本铜钱三千文正即日契钱两交明白☐钱不算利期岭不出租期岭任从峃（当）主耕过一滥日后钱到契回恐口无凭立当契为主

同治八年己巳岁十二月十六日亲面立

同治九年三月初七日赵云信借钱契

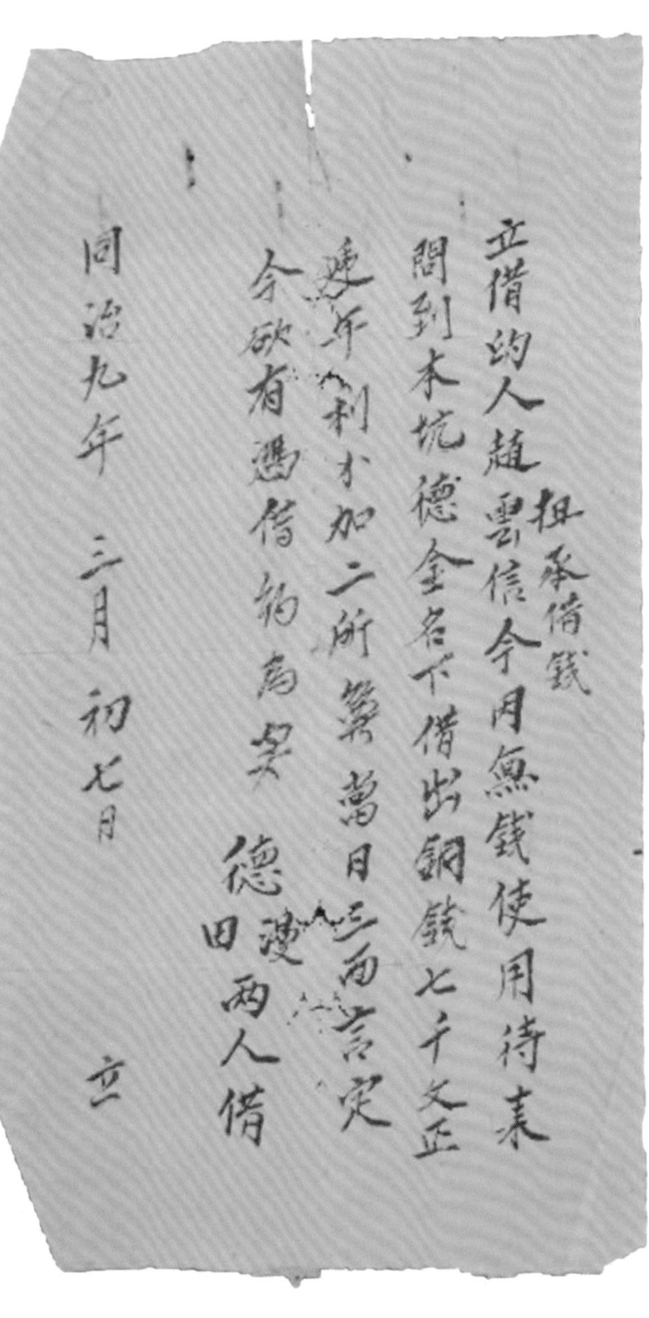

担承借钱

立借约人赵云信今因无钱使用待来问到本坑德金名下借出铜钱七千文正递年利钱加二所算当日三面言定

今欲有凭借约为实德漫德田两人借

同治九年三月初七日立

同治十三年十二月初五日赵云府卖屋地契

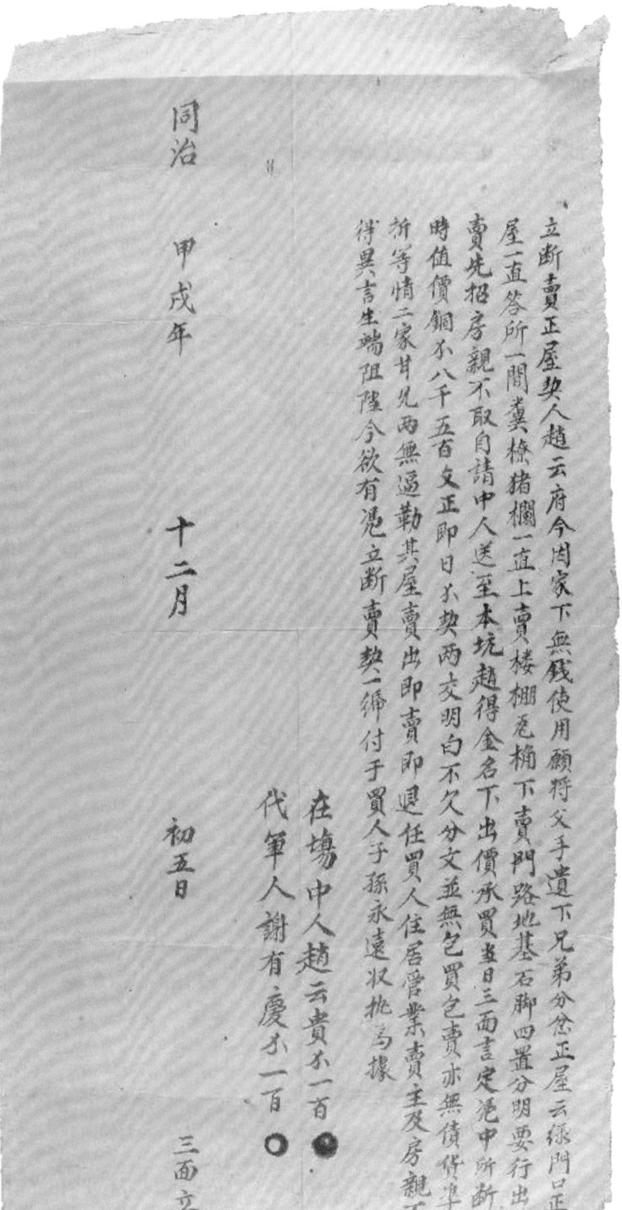

立断卖正屋契人赵云府今因家下无钱使用愿将父手遗下兄弟分忿（份）正屋云绿门口正屋一直答所一间粪檫猪栏一直上卖楼棚瓦桷下卖门路地基石脚四置（至）分明要行出卖先招房亲不取自请中人送至本坑赵得金名下出价承买当日三面言定凭中所断时值价铜钱八千五百文正即日钱契两交明白不欠分文并无包买包卖亦无债货准折等情二家甘允两无逼勒其屋卖出即卖即退任买人住居管业卖主及房亲不得异言生端阻陷（挡）今欲有凭立断卖契一纸付于买人子孙永远收执为据

在场中人赵云贵钱一百【押】

代笔人谢有庆钱一百【押】

同治甲戌年十二月初五日三面立

同治十三年十二月二十四日唐何白公卖田契

立写大撰（卖）田人郊坑寨唐何白公今因家下无银吏（使）用无路出计将出手田坐落土名爷猪银田三丘割和（禾）三十把将来出卖前照（招）房亲后照（招）四僯（邻）兄弟子孙无人承就请中门到瑶龙寨房四一公处出头承买二家到田踏看其田中意当中三面言定合直银价三十千文正日银人粮相交不到明白亦无前倩（债）析（折）准其田明买明买（卖）买田不明田主得明井水流出永无归源日后不得收价亦无日后兄弟子孙敹〔从〕姪□伦其银交如何白公新（亲）手接岭（领）回家使用其田交如房四一公子孙耕管二家还（反）悔不得还口如有一家还（反）悔者公罚白银三十六两正白米担老酒三捏（埕）龙角一双生⿱雨龙（皂）一只丁天竹一条归众散用是实

作中人法海唐三⿱夂正〔爷〕得钱一百二十文

见买人白陀沙沈七⿱夂正〔爷〕得钱六十文

在相人沙房四⿱夂正〔爷〕得钱六十文正

代人笔莫间沙一公得钱一百二十文

押字法海沙唐一⿱夂正〔爷〕沙唐二⿱夂正〔爷〕唐六哥得钱六十文

洞（同）治十三岁甲戌年十二月二十四日立写也

光绪元年八月二十九日赵云通借钱契

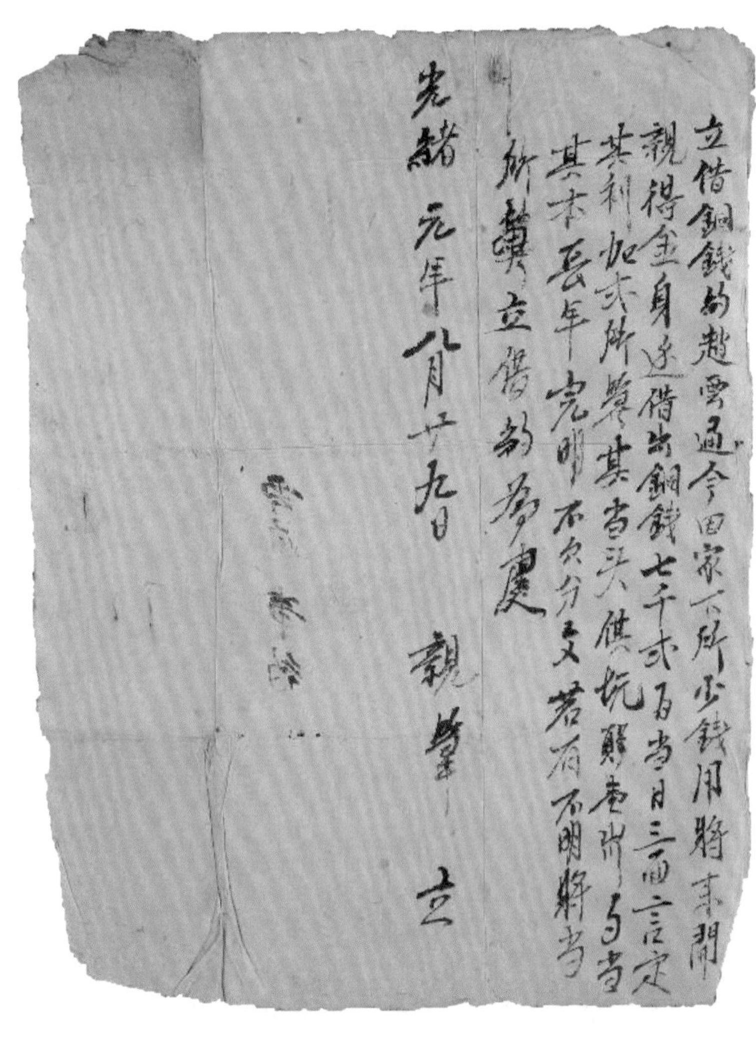

立借铜钱约赵云通今因家下所少钱用将来开（问）亲得金身边借出铜钱七千贰百当日三面言定其利加贰所算其当头俱坑▢壹岸与当其本长年完明不欠分文若有不明将当所算立借约为据

光绪元年八月廿九日亲笔立

光绪二年正月二十一日赵云良卖田契

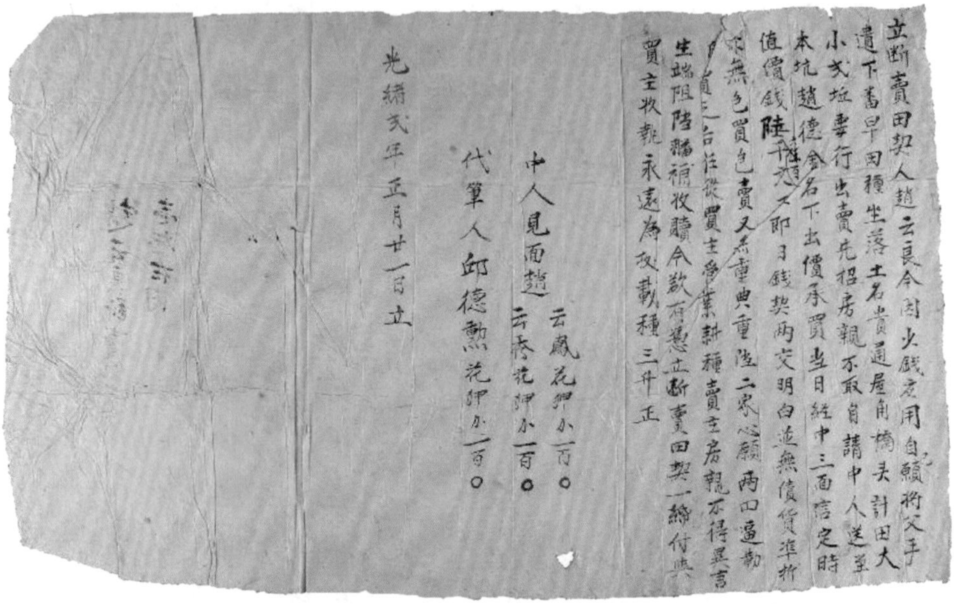

立断卖田契人赵云良今因少钱应用自己愿将父手遗下番早田种坐落土名贵通屋角桥头计田大小贰丘要行出卖先招房亲不取自请中人送至本坑赵德金名下出价承买当日经中三面言定时值价钱陆千伍佰文正即日银契两交明白并无债货准折亦无包买包卖又无重典重陷（挡）二家心愿两无逼勒自卖之后任从买主管业耕种卖主房亲不得异言生端阻陷（挡）翻补收赎今欲有凭立断卖田契一纸付与买主收执永远为据载种三升正

中人见面赵云凤花押钱一百【押】赵云秀花押钱一百【押】

代笔人邱德勋花押钱一百【押】

光绪贰年正月廿一日立

光绪三年五月二十七日瑶龙寨房一爷四人兄弟卖山岭契

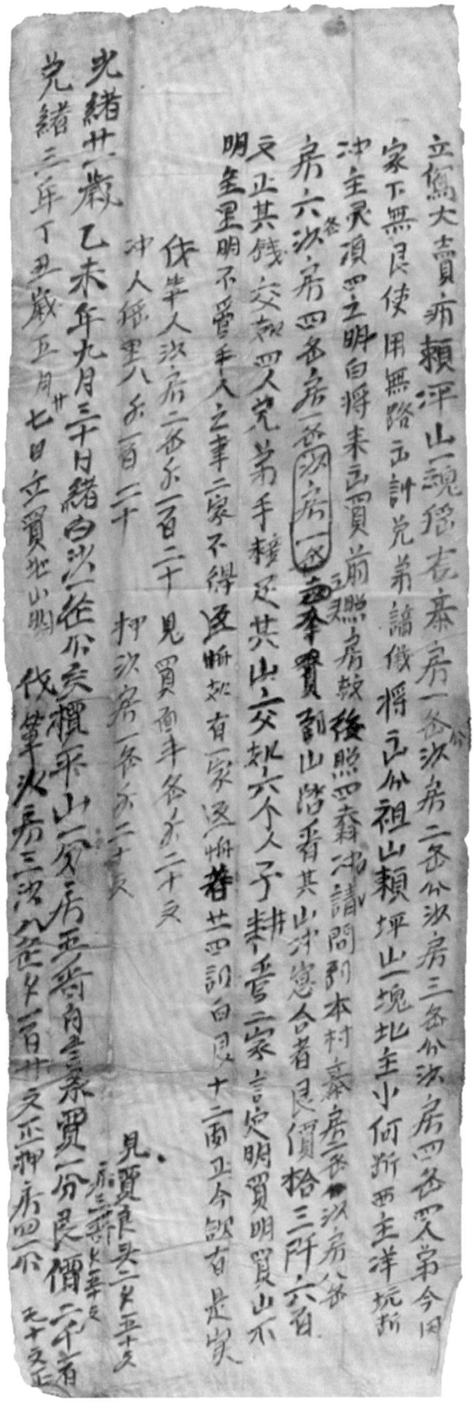

立写大卖疠赖泙（坪）山一块瑶龙寨房一岙〔爷〕公沙房二岙〔爷〕公沙房三岙〔爷〕公沙房四岙〔爷〕四人弟今因家下无银使用无路出计兑（兄）弟讁（商）仪（议）将出公祖山赖坪山一块北主（至）小何断西主（至）洋坑断冲（中）主（至）灵岭四之（至）明白将来出买（卖）前照（招）房亲后照（招）四粦（邻）冲（中）请问到本村寨房二岙〔爷〕沙房八岙〔爷〕房六岙〔爷〕沙房四岙〔爷〕房一岙〔爷〕主头承买到山踏看其山冲意合者银价柗（拾）三阡（仟）六百文正其钱交如四人兄弟手接足其山交如六个人子耕管二家言定明买明买（卖）山不明☐里明不管手人之事二家不得返悔如有一家返悔者共罚白银十二两正今欲有是实

代笔人沙房二岙〔爷〕钱一百二十　见买面丰岙〔爷〕钱二十文

冲（中）人瑶里八钱一百二十押沙房一岙〔爷〕钱二十文

见买良（银）头二钱五十文房三哥钱五十文

光绪廿一岁乙未年九月三十日绪白沙一岙〔爷〕公交价平山一分房五哥自言承买一分银价二千一百

兑（光）绪三年丁丑岁五月廿七日立买北山明〔约〕

代笔沙房三沙八岙〔爷〕钱一百廿文正押房四一公七十文正

光绪五年三月二十九日赵得信当屋地契

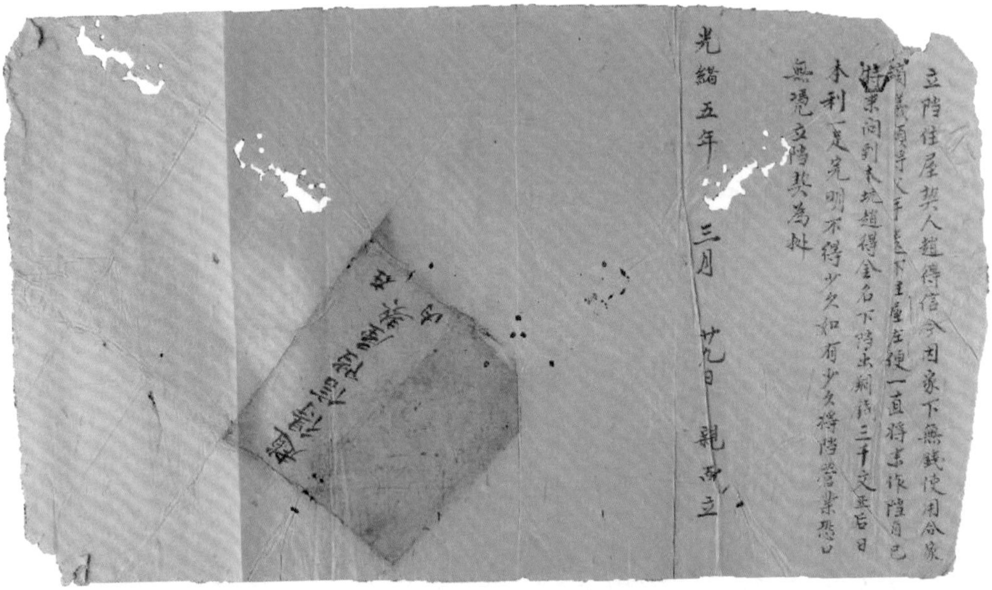

立⿰阝当（当）住屋契人赵得信今因家下无钱使用合家謪（商）议愿将父手遗下主屋左便（边）一直（间）将来作⿰阝当（当）自己特来问到本坑赵得金名下⿰阝当（当）出铜钱三千文正后日本利一足完明不得少欠如有少欠将当管业恐口无凭立⿰阝当（当）契为据

光绪五年三月廿九日亲面立

赵得信当屋契在内

光绪五年十一月十日章神抱借银契

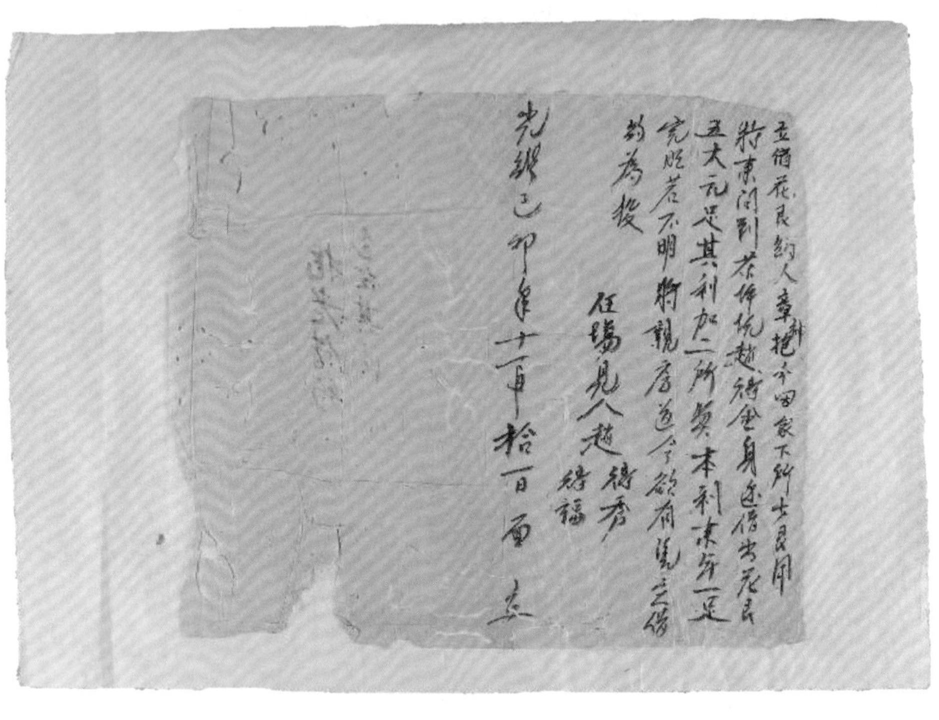

立借花银约人章神抱今因家下所少银用特来问到茶坪坑赵得金身边借出花银五大元足其利加二所算本利来年一足完明若不明将亲房道今欲有凭立借约为据

在场见人赵得秀赵得福

光绪己卯年十一月拾一日面立

光绪六年正月十一日赵贵信卖山岭契

立断卖㟖〔山〕岭契人赵贵信金（今）因家下无钱使用夫妻謪（商）议愿将父手遗下兄弟分忿（份）㟖〔山〕岭土名长利面领（岭）领（岭）三块载一升正上左云慢为界四至分明要行出卖先招房亲不取自请中人送到本坑赵云信出价承买当日三面言定凭中所时值价同（铜）钱二千又八百文正即日钱契两交明白不欠分文并无包买包卖勒其卖主及房亲后日不得异言生端翻价钱补箸〈等〉情自卖之永不取（收）赎今欲有凭立断卖一纸于买人永远取（收）执为据

代笔人赵云堂钱一百文正

在场中人赵云至钱一百文正

光绪六年正月十一日立契一纸

光绪六年正月十三日谢命昌纠纷调解契

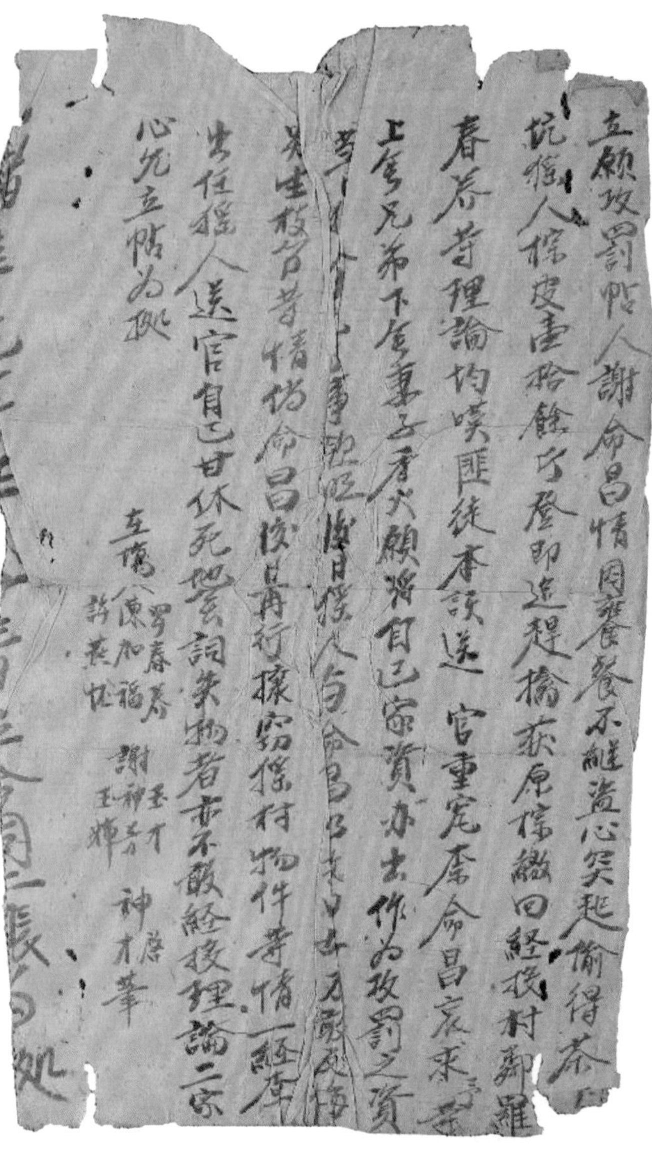

立愿攻（公）罚帖人谢命昌情因饔餐不继盗心突起偷得茶坪坑瑶人棕皮壹拾余斤登即追赶擒获原棕缴回经接村邻罗春养等理论均叹匪徒本该送官重究奈命昌哀求予等上无兄弟下无妻子香火愿将自己家资办出作为攻（公）罚之资当日瑶人甘允了事验明后日瑶人与命昌以仍敦旧好不敢反悔另生枝节等情倘命昌后日再行攘窃瑶村物件等情一经查出任瑶人送官自己甘休死地会词失物者亦不敢经接理论二家心允立帖为据

在场人罗春养陈加福许燕怀谢玉才谢神养谢玉辉谢神启谢神才笔

〈光绪辛巳年正月十三日立合同二张为据〉

光绪六年七月十五日赵安流卖山岭契

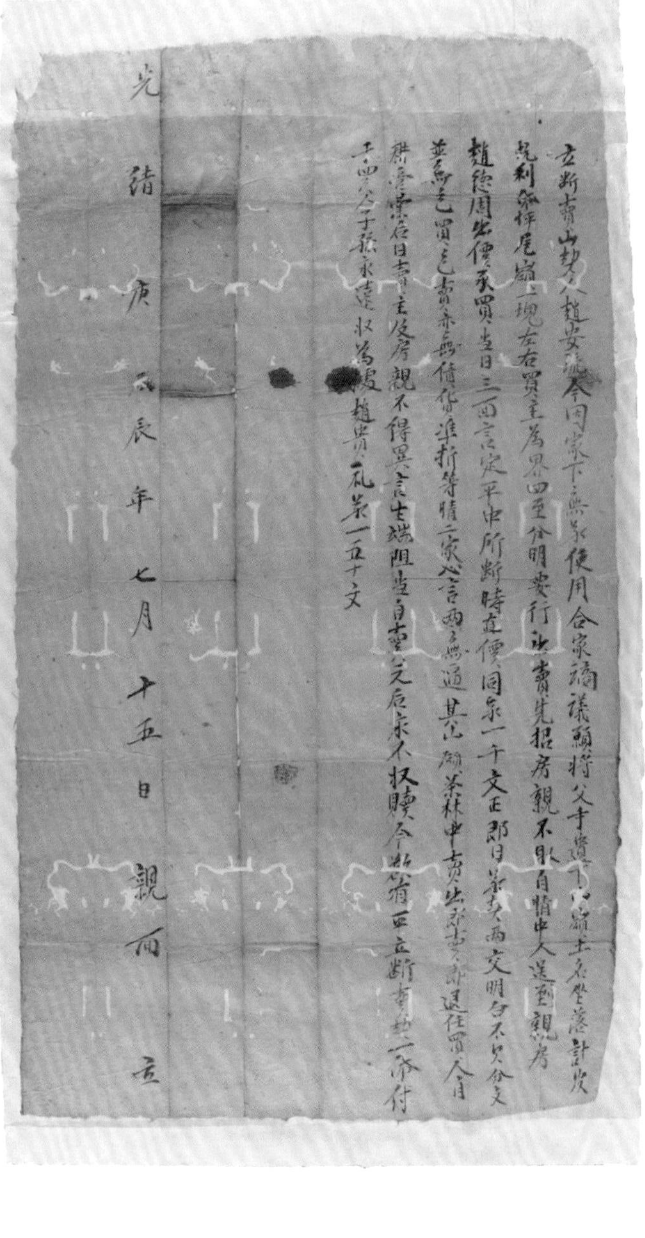

立断卖山契人赵安流今因家下无钱使用合家谪（商）议愿将父手遗下山岭土名坐落计皮坑利纸坪尾岭一块左右买主为界四至分明要行出卖先招房亲不取自情（请）中人送到亲房赵德周出价承买当日三面言定平（凭）中所断时直价同（铜）钱一千文正即日钱契两交明白不欠分文并无包买包卖亦无债货准折等情二家心言（愿）两无逼其山领（岭）茶林中卖出即卖即退任买人自耕管业后日卖主及房亲不得异言生端阻当（挡）自卖之后永不收赎今欲有平（凭）立断卖契一纸付于买人子孙永远收为据赵贵礼钱一五十文

光绪庚辰年七月十五日亲面立

光绪七年十二月初三日计面良堂卖山岭契

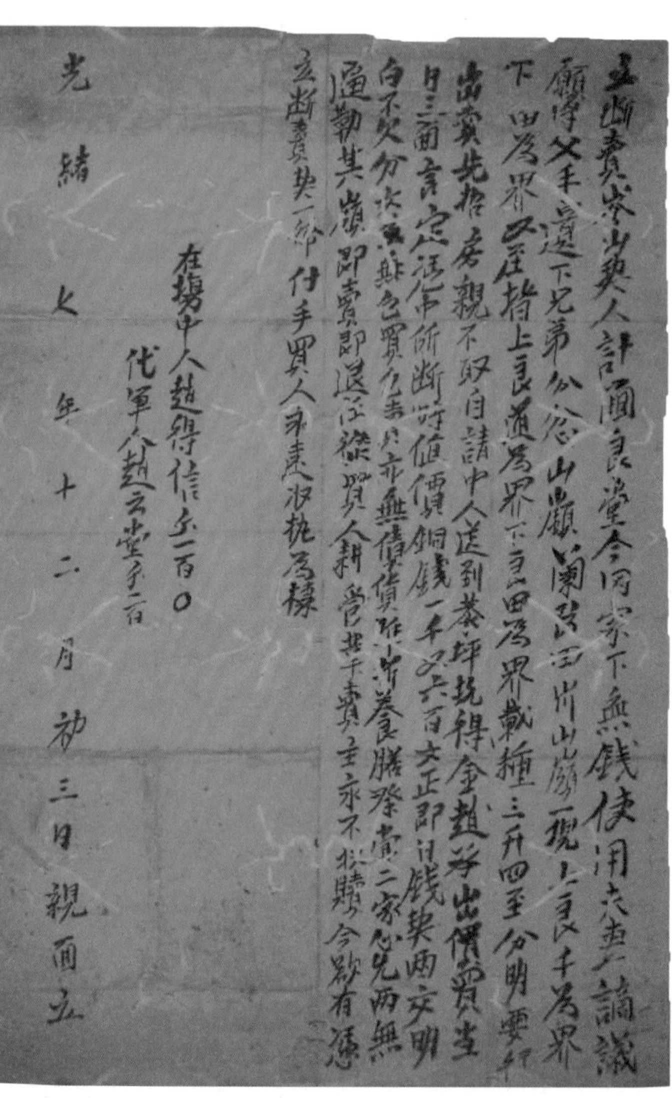

立断卖岭山契人计面良堂今因家下无钱使用夫妻謪（商）议愿将父手遗下兄弟分忿（份）山岭阑防田岃山岭一块上良千为界下田为界又屋背上良道为界下良田为界载种三升四至分明要行出卖先招房亲不取自请中人送到茶坪坑得金赵承出价买当日三面言定凭中所断时值价铜钱一千又六百文正即日钱契两交明白不欠分文并无包买包卖亦无债货准折养膳祭尝二家心允两无逼勒其岭即卖即退任从买人耕管业卖主永不收赎今欲有凭立断卖契一纸付手（于）买人永远收执为据

在场中人赵得信钱一百【押】

代笔人赵云堂钱一百【押】

光绪七年十二月初三日亲面立

光绪七年十二月十八日赵云付卖田契

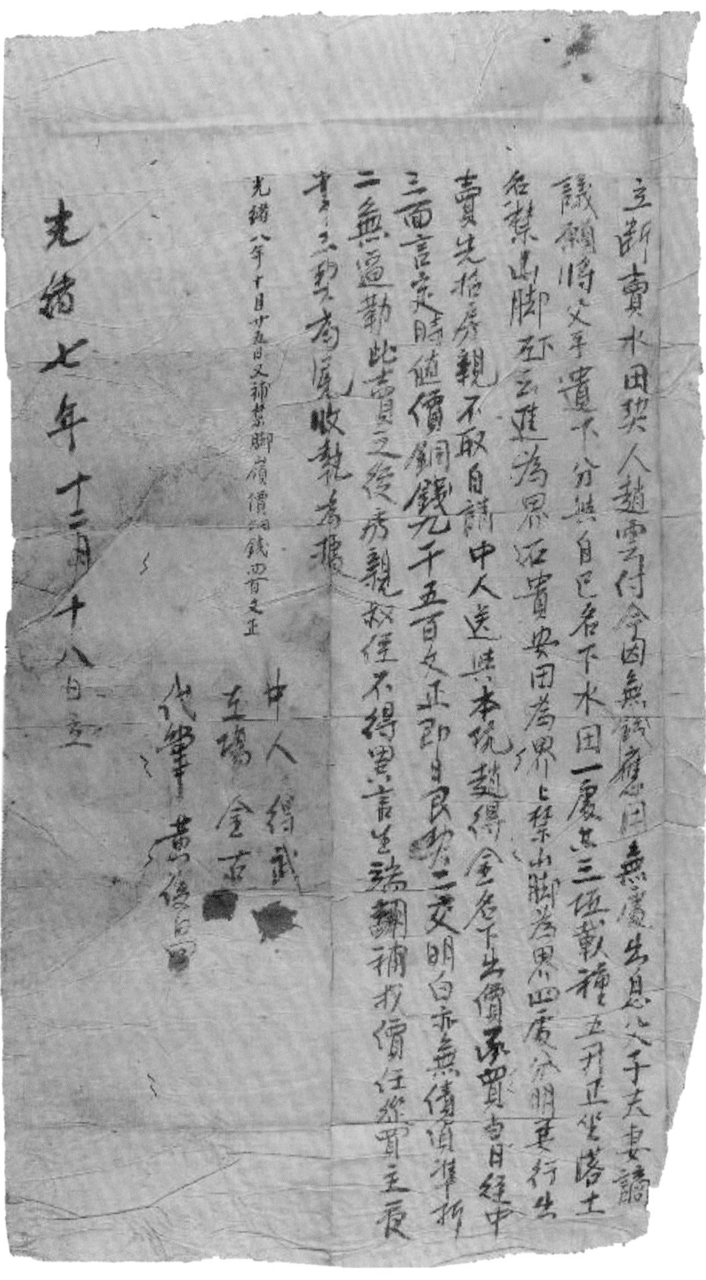
立斷賣水田契人趙雲付今因無錢應用無處出息父子夫妻商
議願將父手遺下分與自己名下水田一處土名三伍載種五升正坐落土
名禁山腳左至蓮為界右至安田為界上禁山腳為界四處分明要行出
賣先招房親不敢自請中人送與本院趙得金名下出價承買當日經中
三面言定時值價銅錢九千五百文正即日良錢二交明白亦無債貨準折
二無逼勒此賣之後房親叔侄不得異言生端翻補找價任從買主耕
業立契為憑收執為據

光緒八年十月廿五日又補禁腳嶺價銅錢四百文正

中人　得武
在場　金古
代筆　黃[illegible]

光緒七年十二月十八日立

立断卖水田契人赵云付今因无钱应用无处出息父子夫妻謪（商）议愿将父手遗下分与自己名下水田一处共三丘载种五升正坐落土名禁山脚下左云进为界右贵安田为界上禁山脚为界四处分明要行出卖先招房亲不取自请中人送与本坑赵得金名下出价承买当日经中三面言定时值价铜钱九千五百文正即日银契二交明白亦无债货准折二无逼勒此卖之后房亲叔侄不得异言生端翻补找价任从买主管业立契为凭收执为据

光绪八年十月廿五日又补禁脚岭价铜钱四百文正

中人得武【押】

在场金右【押】

代笔黄俊日回【押】

光绪七年十二月十八日立

光绪八年二月李恩培卖田契

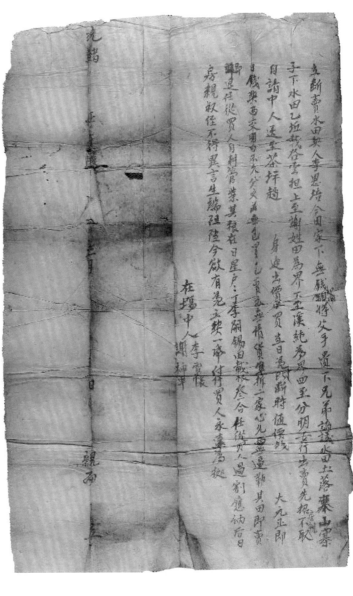

立断卖水田契人李恩培今因家下无钱使用愿将父手遗下兄弟谪（商）议水田土落东山寨子下水田一丘载谷壹担上至谢姓田为界下至溪纯为界四至分明要行出卖先招房亲不取自请中人送至茶坪赵　身边出价承买当日凭中所断时值价钱　　大元正即日钱契两交明白不欠分文并无包买包卖亦无债货准拆（折）二家心允两无逼勒其田即卖即退任从买人自耕管业其粮在日星户户丁李嗣锡田载粮叁合任从买人过割应纳后日房亲叔侄不得异言生端阻挡（挡）今欲有凭立契一纸付仔（于）买人永远为据

在场中人李雪怀谢神军

光绪壬午年二月日亲面立

光绪十年十月二十二日赵云保卖田契

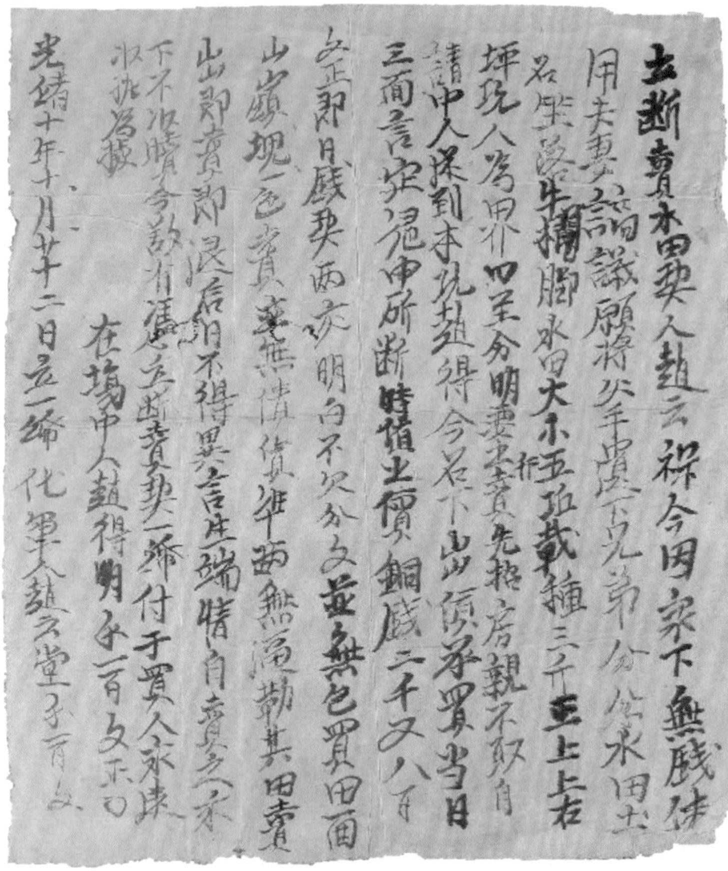

立断卖水田契人赵云祼〔保〕今因家下无钱使用夫妻謪（商）议愿将父手遗下兄弟分忿（份）水田土名坐落牛栏脚水田大小五丘载种三升正上上右坪坑人为界四至分明要行出卖先招房亲不取自请中人送到本坑赵得今名下出价承买当日三面言定凭中所断时值⍰价铜钱二千又八百文正即日钱契两交明白不欠分文并无包买田面山岭块一包出卖并无债货准两无逼勒其田卖出即卖即退后日不得异言生端情自卖之永〔下〕不收赎今欲有凭立断卖契一纸付于买人永远收执为据

在场中人赵得明钱一百文正【押】

光绪十年十月廿〔十〕二日立一纸

代笔人赵云堂钱一百文

光绪十年十二月二日赵云保借钱契

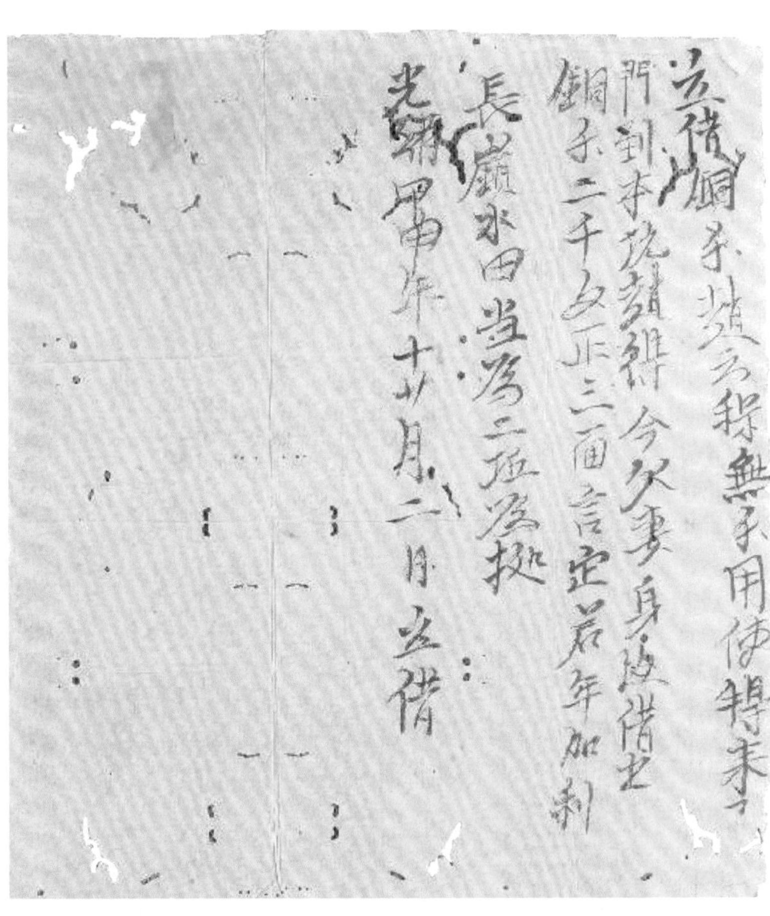

立借铜钱赵云稞〔保〕无钱用使得来门（问）到本坑赵得今外妻身边借出铜钱二千文正三面言定若年加利长岭水田当为二丘为据

光绪甲申年十廿〔二〕月二日立借

光绪十一年正月二十五日赵敬旺卖山岭契

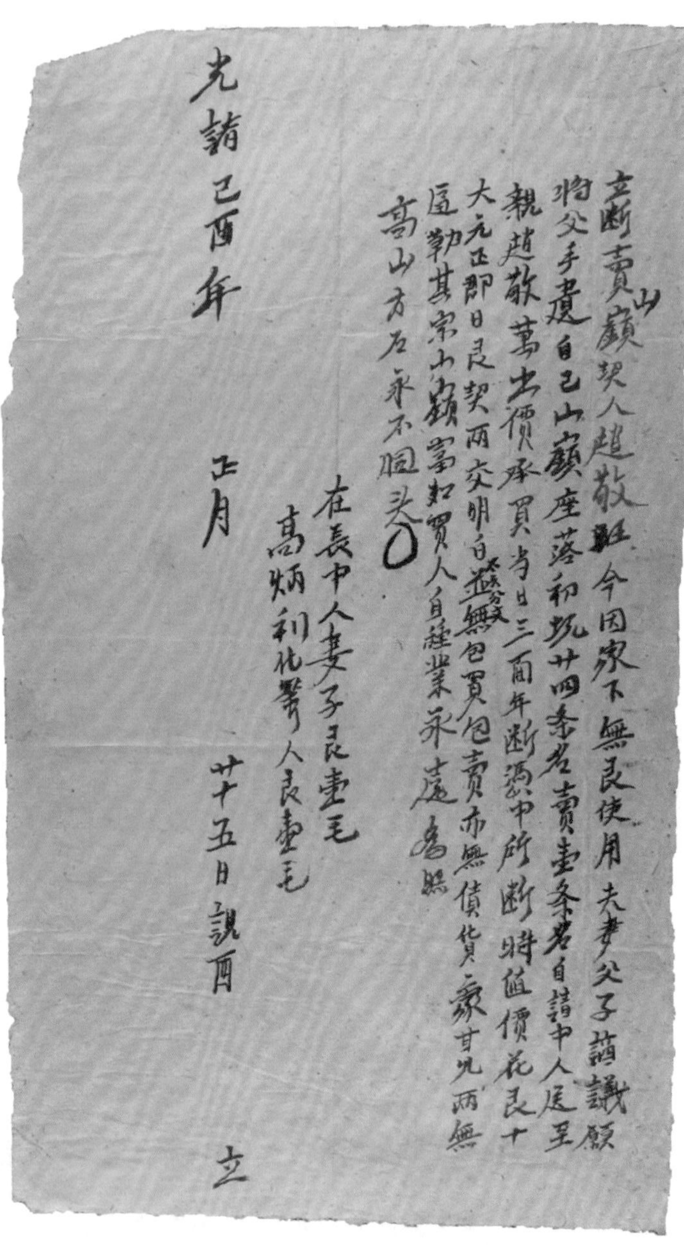

立断卖山岭契人赵敬旺今因家下无银使用夫妻父子謪（商）议愿将父手遗自己山岭座落初坑廿四条名卖壹条名自请中人送至亲赵敬万出价承买当日三面年（言）断凭中所断时值价花银十大元正即日银契两交明白不欠分文并无包买包卖亦无债货二家甘允两无逼勒其宗山岭富（付）如买人自种业永远为照

高山方（放）石永不回头

在长（场）中人妻子银壹毛

高炳利代笔人银壹毛

光绪己（乙）酉年正月廿［十］五日親（亲）面立

光绪十二年正月初八日赵云保卖山岭契

立断卖山岭契人赵云保今因家下无钱使用夫妻父子譪（商）议愿将父手遗下众岭半岔（份）土名座落黄坭岃共十五岔（份）愿将自己半岔（份）出卖先招房亲后问四邻无人承应自请中人送到本坑赵敬万名下出价承买当日三面言定时值价铜钱八百文正即日钱契两交明白不欠分文并无包买包卖亦无债货准拆（折）二家原（愿）允两无逼勒自卖之后不得收赎番（翻）补任从买主自耕管业后日卖主与及房亲不得异言生端阻陷（挡）高山番（翻）石永不回头等情恐口无凭立断卖契一纸付与买主子孙永远耕种发批管业为据

在场中人得明钱壹百文【押】

【押】代笔人张新炳钱一百文

光绪十二年正月初八日亲面立

光绪十二年三月初八日赵云保卖田契

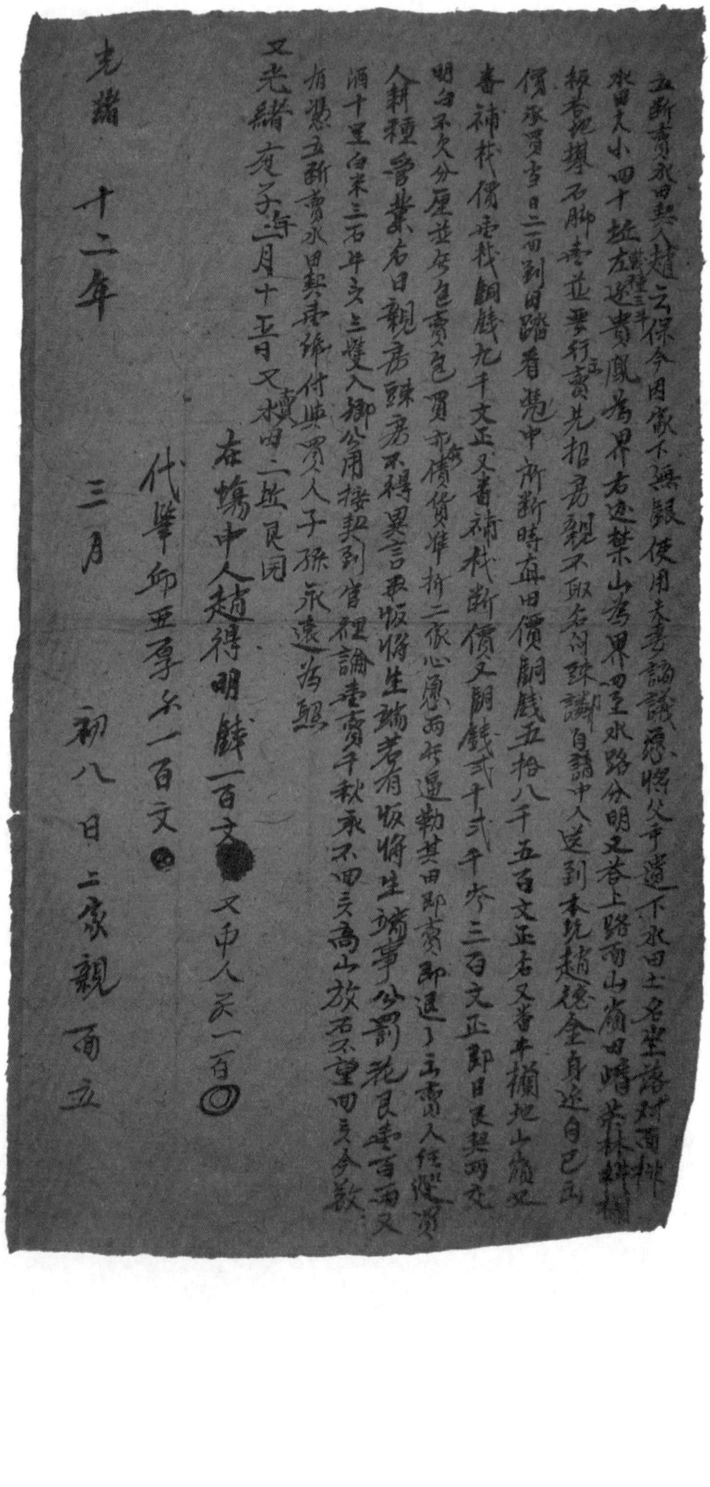

立断卖水田契人赵云保今因家下无银使用夫妻谪（商）议愿将父手遗下水田土名坐落对面排水田大小四十丘载种三斗左边贵凤为界右边禁山为界四至水路分明又荅上路面山岭田将茶林牛栏板荅地基石脚壹并要行出卖先招房亲不取后问竦（四）邻自请中人送到本坑赵德金身边自己出价承买当日二面到田踏看凭中所断时直田价铜钱五拾八千五百文正后又番牛栏地山岭又番（翻）补找价壹找铜钱九千文正又番（翻）补找断价又铜钱贰十贰千叁百文正即日银契两交明白不欠分厘并无包卖包买亦无债货准折二家心愿两无逼勒其田即卖即退退出卖人任从买人耕种管业后日亲房竦（四）房不得异言饭（反）悔生端若有饭（反）悔生端事公罚花银一百两又酒十呈（埕）白米三石（担）牛头三只入乡公用接契到官理论一卖千秋永不回头高山放石不望回头今欲有凭立断卖水田契壹纸付与买人子孙永远为照

又光绪庚子年二月十五日又卖水田二丘银园（圆）

在场中人赵得明钱一百文【押】又中人钱一百【押】

代笔邱亚厚钱一百文【押】

光绪十二年三月初八日二家亲面立

光绪十二年七月二十四日赵得贵卖山岭契

立断卖山岭契人赵得贵今因家下无钱使用夫妻譪（商）议愿将父手遗下山头一拡（处）土名座落粗坑众山岭廿四分开愿将自己半忩（份）出卖特来问到包（胞）兄赵得周名下出价承买当日三面言定时值价铜钱三千文正即日钱契两交明白不欠分文并无包买包卖亦无债货准拆（折）二家愿允两无逼勒自卖之后不得收赎番（翻）补即卖即退任从买主自耕发批管业后日卖主并兄弟叔姪不得异言生端反悔永断葛藤高山番（翻）石不望回头等情今欲有凭立断卖山头契一纸付与买主子孙永远管业为据【押】

代笔人张心炳

光绪十二年七月廿四日亲面立

光绪十二年十一月十三日赵德贵卖屋地契

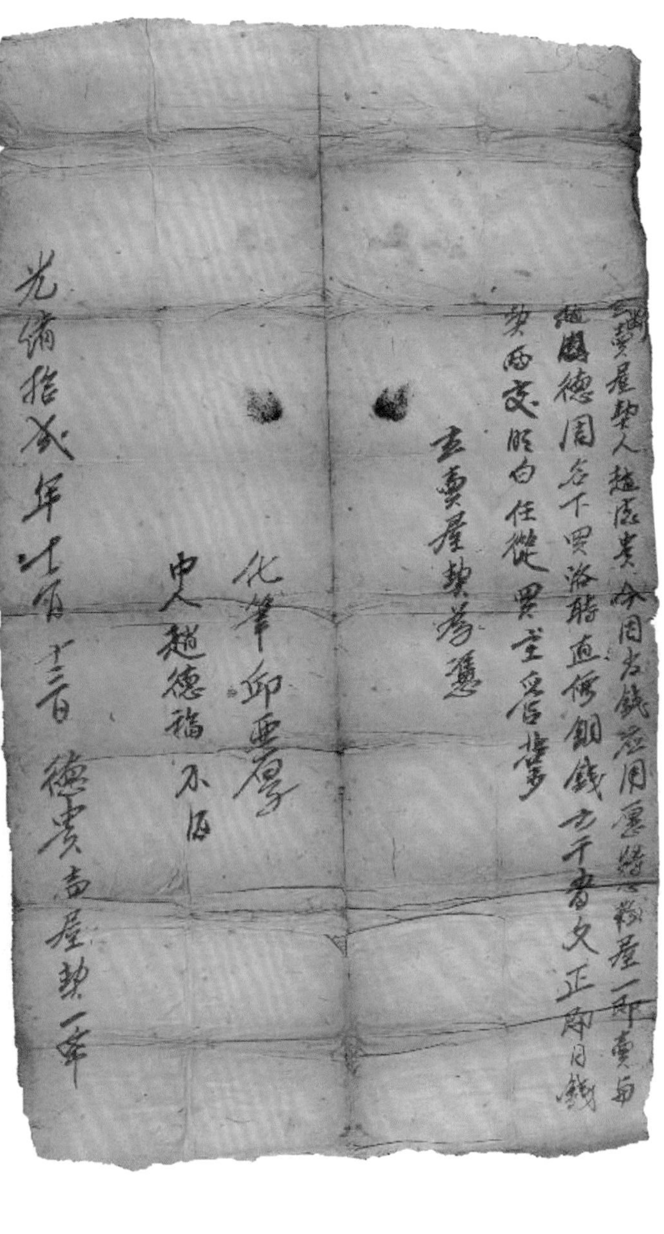

立断卖屋契人赵德贵今因少钱应用愿将心粉屋一即卖与赵德周名下买洛时直价铜钱七千五百文正即日钱契两交明白任从买主管业

立卖屋契为凭

代笔邱亚厚

中人赵德福钱一百

光绪拾贰年十一月十三日德贵卖屋契一纸

光绪十二年十一月二十三日云千借钱契

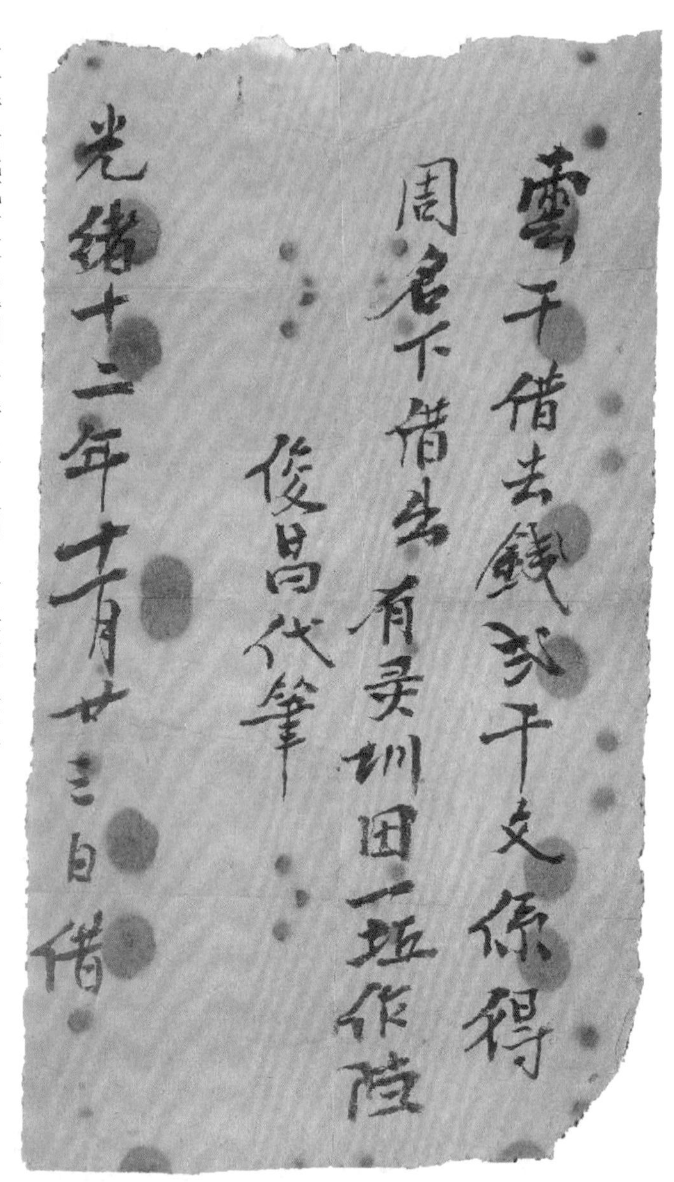
雲千借去錢弍千文係得
周名下借出有𤲅圳田一坵作陞
俊昌代筆
光绪十二年十一月廿三日借

云千借去钱贰千文系得周名下借出有灵圳田一丘作陞（当）
俊昌代笔
光绪十二年十一月廿三日借

光绪十四年二月二十六日赵云保卖田契

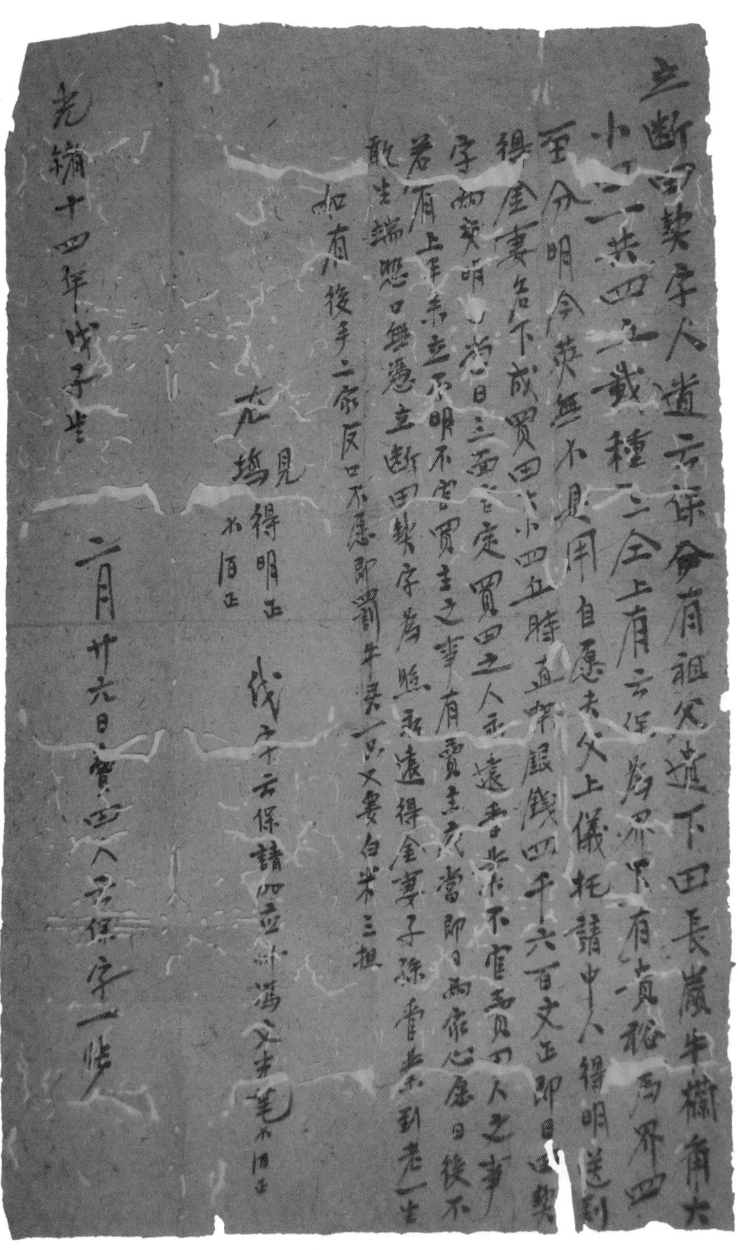

立斷田契字人道云保承有祖父遺下田長嵗牛欄角大
小二一共四丘載種二全上有云保為界下有貴稔為界四
至分明今莊無不便用自愿夫父上儀托請中人得明送到
禄金妻名下成買田大小四丘時直價銀錢四千六百文正即日立契
字兩交明白當日三面言定買田之人永遠耕作不宜另見外人之事
若有上手未立不明不害買主之事有賣主承當即日兩家心愿日後不
敢生端悔口無憑立斷田契字為照永遠得金妻子孫管業到老一生
如有八後手二家反口不愿即罰牛一只又要白米三担
在塲見得明正 禾酒正
代字云保請[illegible]文寺筆 禾酒正
光緒十四年戊子歲
二月廿六日賣田人云保字一帖

立断田契字人赵云保今有祖父遗下田长岭牛栏角大小田一共四丘载种三仝上有云保为界下有贵裕为界四至分明今英（因）无钱是（使）用自愿夫父（妇）上（商）仪（议）托请中人得明送到得金妻名下成（承）买田大小四丘时直架（价）银钱四千六百文正即日田契字两交明白当日三面言定买田之人永远管业不官（关）卖田人之事若有上年未立不明不官（关）买主之事有卖主承当即日两家心愿日后不敢生端恐口无凭立断田契字为照永远得金妻子孙管业到老一生如有后年手二家反口不愿即罚牛头一只又要白米三担

在场见得明钱一百正

代字云保请加应州冯文先笔钱一百正

光绪十四年戊子岁二月廿六日卖田人云保字一张

光绪十五年十二月赵云保卖山岭契

立断卖山岭契人赵云保今因钱欠无银使用夫妻父子謪（商）议原（愿）将遗下山岭土名坐落茶坪坑尾牛为脚山岭一块要行出卖先问房亲不取自请中人送到得金妻身边出价承买当日凭中所断直价铜钱二千文正即日银两交明白不欠分文林茶竹木棕作债货准折二家心愿两无逼勒其即卖即退卖人任从买人耕种管业一卖千秋永不回头今欲有凭立断卖断契一纸付与买人子孙永远为照

在场中人赵得明钱一百文正【押】

光绪十五年十二月亲面立

光绪十六年十二月赵云保卖山岭契

立断卖山岭契人赵云保今因家下无银使用夫妻謫（商）议愿将父手遗下山岭土名坐落黄坭岍十五岔（份）千岭云保名下一半岔（份）要行出卖先问房亲不取后问四邻自请中人送到本坑赵得金妻身边自己出价承买当日二面凭中所断时直山岭价铜钱二千文正即日银契两交明白欠分厘并无包卖包买亦无债货茶林竹木棕作一并所管准折二家心愿两无逼勒其岭即卖即退卖人任从买人耕种管业后日亲房竦（四）房不德（得）饭（反）悔生端若有饭（反）悔生端公罚契内银一半入乡公用接契礼（理）伦（论）今欲有凭立断卖山岭契壹纸付与买人子孙永远为据

在场中人赵德明钱一百文【押】

光绪十六年十二月二面立

光绪十六年十二月初三日赵安得卖山岭契

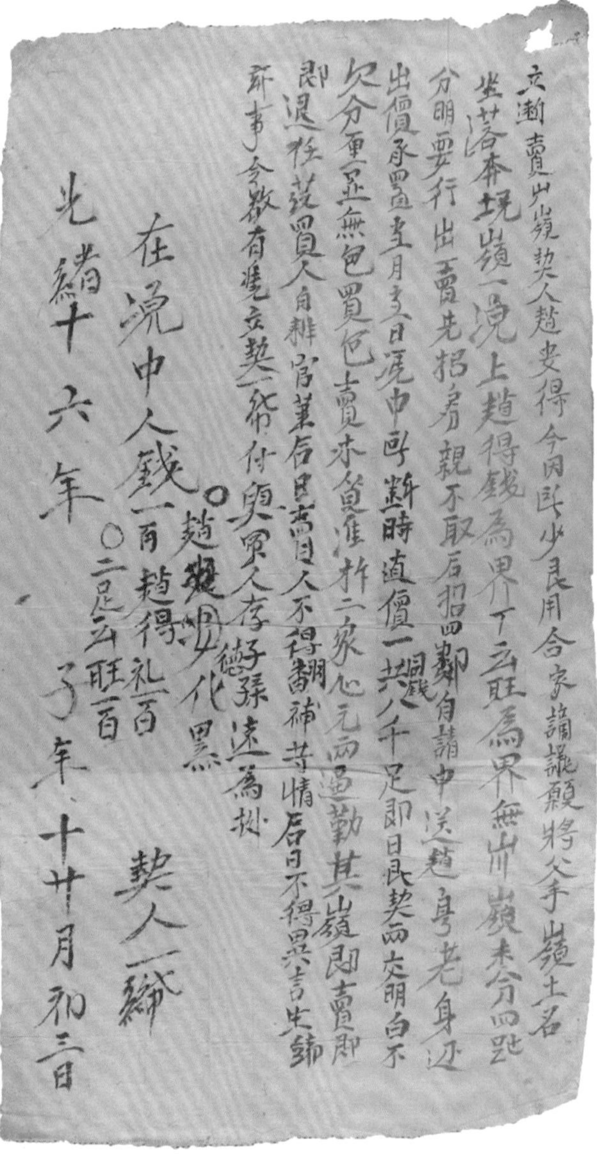

立断卖山岭契人赵安得今因?少银用合家谪（商）议愿将父手岭土名坐落奔坑岭一块上赵得钱为界下云旺为界无⿱山川岭未分四址分明要行出卖先招房亲不取后招四邻自请中人送赵亨老身边出价承买当月当日凭中?断时直价同（铜）钱一共八千足即日银契两交明白不欠分厘并无包买包卖亦货准拆（折）二家心允两逼勤（勒）其岭即卖即［即］退任从买人自耕官（管）业后日卖人不得翻补等情后日不得异言生端滋事今欲有凭立契一纸付与买人存子孙远为据

在场中人【押】赵??德化黑钱一百赵得礼一百【押】二足云旺一百契人一纸

光绪十六年子年十廿［二］月初三日

光绪十七年十二月王神远王神选卖山岭契

立斷賣山嶺地基契人王神遠今因家下無艮使用夫妻論議願將父手置下山嶺土名坐
落中心坑尾黄河坑神遠名下山嶺價钱五千文神選名下價钱五千文正一共壹拾千文正对面二条
岃崩岃串嶺二人名下立賣先問房親各閉四鄰無人承就自請中人送到茶坪坑趙得金妻
身边自己出價承買當日二面憑中所斷定價即日艮契兩交明白不欠分厘並無包賣包
買亦無債貨杂林竹木綵作一並所會準折二家心願兩無逼勒其即賣即退賣人任從買
人耕種會業右日親房録房不法恢悔生端若有恢悔生端事今罰契内艮一半白米三石入鄉
公用接契礼倫今欲有憑立斷賣山嶺契一紙付與買人子孫永遠為據

在場中人 賣主 包

光緒十七年十二月 親面立

立断卖山岭地基契人王神远王神选今因家下无银使用夫妻謪（商）议愿将父手遗下山岭土名坐落中心坑尾黄河坑神远名下山岭价钱五千文神选名下价钱五千文正一共钱十千文正对面二条岃崩岃重岭二人名下出卖先问房亲后问四邻无钱承就自请中人送到茶坪坑赵得金妻身边自己出价承买当日二面凭中所断直价即日银契两交明白不欠分厘并无包卖包买亦无债货茶林竹木棕作一并所管准折二家心愿两无逼勒其岭即卖即退卖人任从买人耕种管业后日亲房竦（四）房不德（得）饭（反）悔生端若有饭（反）悔生端事公罚契内银一半白米三石入乡公用接契礼（理）伦（论）今欲有凭立断卖山岭契一纸付与买人子孙永远为据

在场中人卖主包

光绪十七年十二月亲面立

光绪十八年二月十七日赵得贵卖山岭契

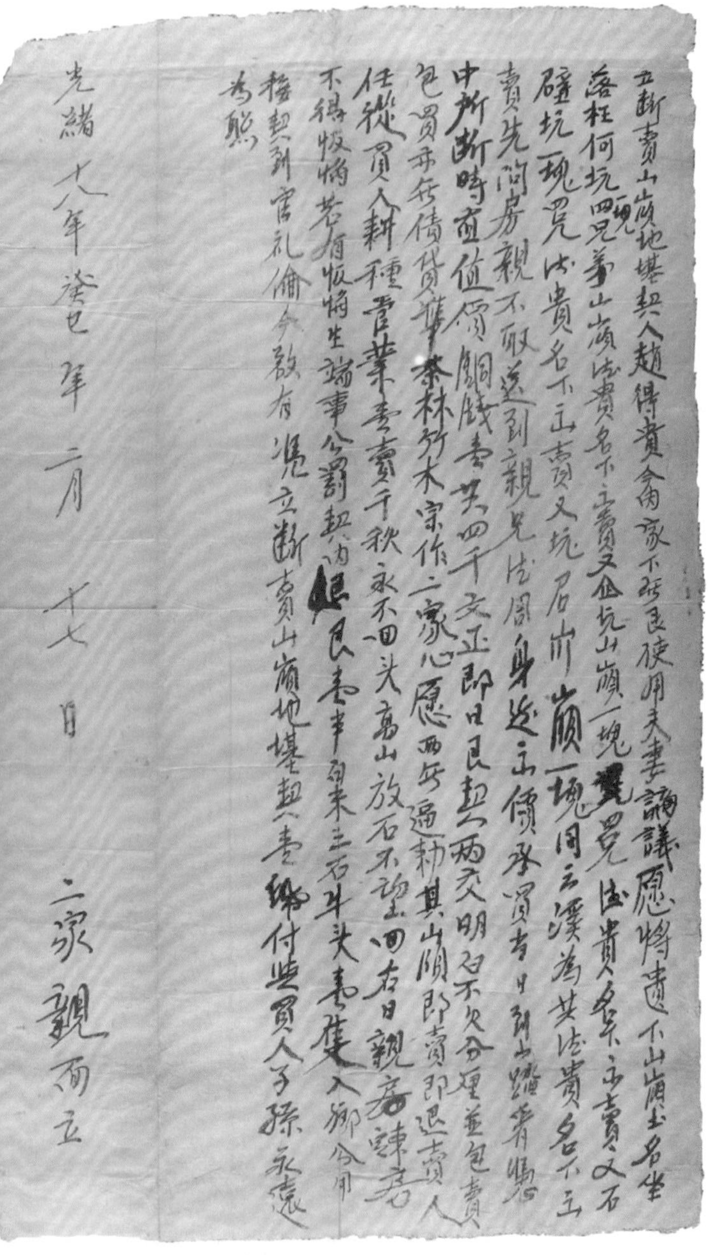

立断卖山岭地堪（基）契人赵得贵今因家下无银使用夫妻謪（商）议愿将遗下山岭土名坐落枉何坑一块四兄弟山岭德贵名下出卖又企坑山岭一块四兄德贵名下出卖又石壁坑一块四兄德贵名下出卖又坑启岃岭一块同云溪为共德贵名下出卖先问房亲不取送到亲兄德周身边出价承买当日到山踏看凭中所断时直［值］价铜钱一共四千文正即日银契两交明白不欠分厘并包卖包买亦无债货准茶林竹木宗作二家心愿两无逼勒其岭即卖即退卖人任从买人耕种管业一卖千秋永不回头高山放石不望回后日亲房竦（四）房不得饭（反）悔若有饭（反）悔生端事公罚契内银壹半白米三石牛头一只入乡公用接契到官礼（理）伦（论）今欲有凭立断卖山岭地堪（基）契壹纸付与买人子孙永远为照

光绪十八年癸巳年二月十七日二家亲面立

光绪十八年二月十七日赵圳卖山岭水田契

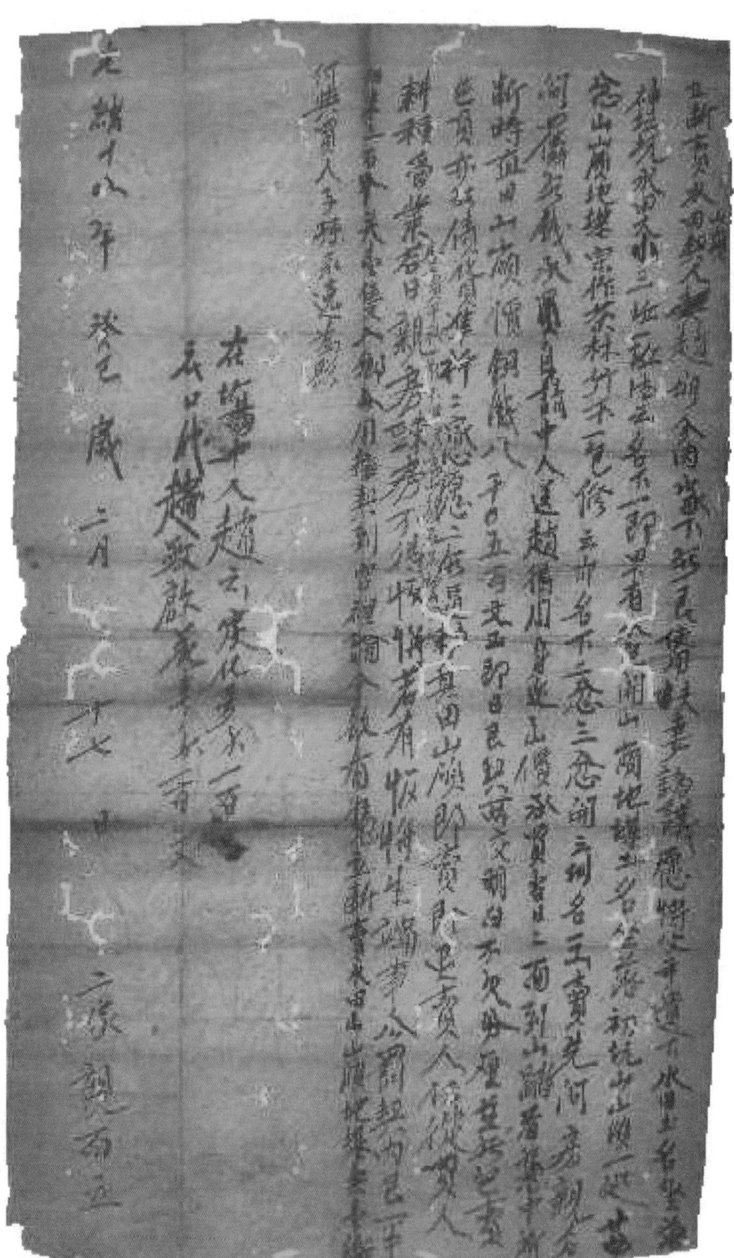

立断卖水田山岭契人赵圳今因家下无银使用夫妻謪（商）议愿将父手遗下水田土名坐落神坛坑水田大小三丘一丘德云名下一即田下有□□开山岭地堪（基）土名坐落初坑山岭一处廿四忿（份）山岭地堪（基）宗作茶林竹木一包修云岀名下二忿（份）三忿（份）开云圳名出卖先问房亲后问四僯（邻）无钱承买自请中人送赵得周身边出价承买当日二面到山踏看凭中所断时直田山岭价铜钱八千〇五百文正即日银契两交明白不欠分厘并无包卖包买亦无债货准折二家心愿二无逼勒其田岭即卖即退卖人任从买人耕种管业一卖千秋永不回头高山放石不望回头后日亲房竦（四）房不得恢（反）悔若有恢（反）悔生端事公罚契内银一半白米三石牛头壹只入乡公用接契到官裡（理）论今欲有凭立断卖水田山岭地堪（基）契壹纸付与买人子孙永远为照

在场中人赵云定化（花）号钱一百文

衣（依）口代赵敬啟化（花）号钱一百文

光绪十八年癸己（巳）岁二月十七日二家亲面立

光绪十八年四月初五日白头李房六房四借契

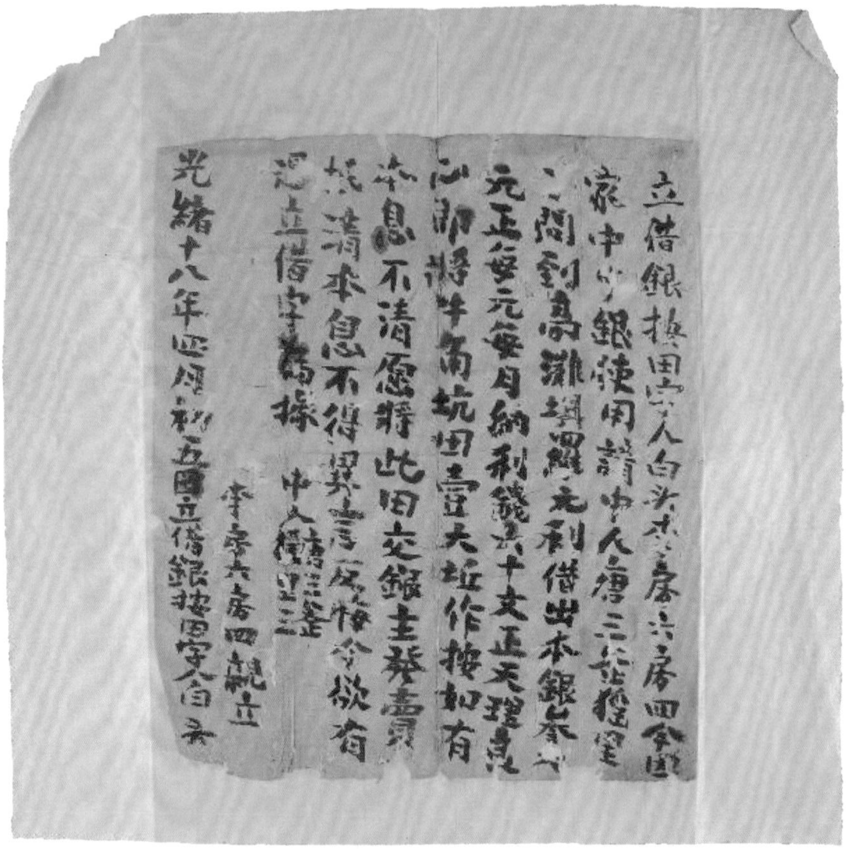

立借银按田字人白头李房六房四今因家中少银使用请中人唐三釜〔爷〕瑶里三问到高滩圳罗元利借出本银叁大元正每元每月纳利钱六十文正天理良心即将牛角坑田壹大丘作按如有本息不清愿将此田交银主发卖抵清本息不得异言反悔今欲有凭立借字为据

中人唐三釜〔爷〕瑶里三

李房六房四亲立

光绪十八年四月初五日立借银按田字人白头

光绪十八年十二月二十二日敬千当田契

立凷（当）田契人敬千今因家下无钱使用兄弟謪（商）议愿将遗下粮田一处土名坐落鹿子谭大滩橑门口田一丘将来凷（当）到中心洞志钱名下凷（当）出花银二大元

以限来年还足田回不敢阻凷（当）恐口无凭

光绪十八年壬辰岁十二月廿二日立凷（当）田契人

赵敬千

光绪十九年二月十七日赵云保卖山岭契

立断卖山岭地堪（基）契人赵云保今因家下无银使用夫妻謪（商）议愿将父手遗下山岭土名坐落班（斑）竹岃山岭地堪（基）壹块左边买主为界右边埂为界上齐微下齐坑四至分明要行出卖先问房亲后问四邻无钱承买自请中人送到赵得周身边出价承买当日二面到山踏看凭中所断时直岭价铜钱三千〇廿文正即日钱契两交明白不欠分厘并无包买包卖亦无债货准茶林竹木崇作二家心愿两无逼勒其岭即卖即退卖人任从买人耕种管业一卖千秋永不回头高山放石不望回头后日亲房竦（四）房不得饭（反）悔若有饭（反）悔生端事公罚契内契银壹半白米三石牛一集（只）入乡公用接契到官裡（理）伦（论）今欲有凭立断卖山岭契壹纸付买人子孙永远为照

在场中人赵得明花号一百文正

光绪癸巳年二月十七日二家亲面立

光绪二十年十一月初七日赵敬贱卖田契

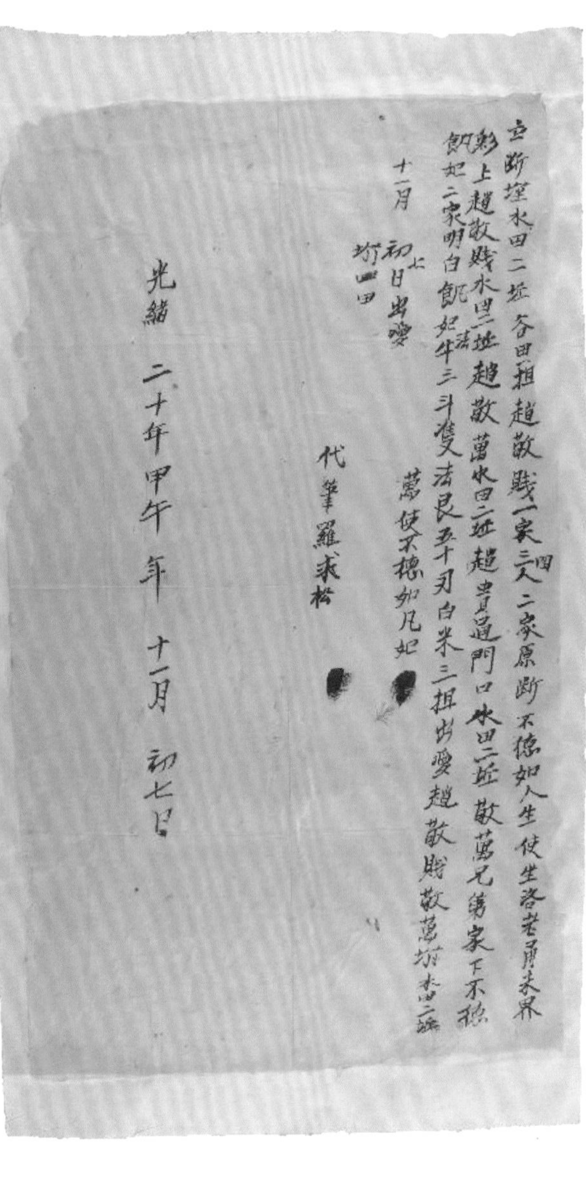

立断埋（卖）水田二丘谷田一担赵敬贱一家三四人二家原（愿）断不德（得）如人生使坐洛（落）老甬未界彩上
赵敬贱水田二丘赵敬万水田二丘赵贵通门口水田二丘敬万兄弟家下不德（得）飢（反）妃（悔）二家明白飢（反）
妃（悔）法（罚）牛三斗（头）只法（罚）银五十两白米三担出愛（受）赵敬贱敬万圿水田二丘
万使不德（得）如凡（反）妃（悔）【押】
十一月初七日出?圿?田
代笔罗求松【押】
光绪二十年甲午年十一月初七日

光绪十九年七月十七日赵安德卖山岭契

立断卖山岭契人赵安德今因无银少（使）用合家譪（商）议愿将父手岭土名坐落⍰坭岭一块上敬天为界下云位为界四址分明要行出卖先招房亲不取后招四邻自请中人送本坑亭老身边出价承买当日当月凭中人所断时直价花银一共四大元足即月即契人两交明白不欠分厘并无包买包卖亦货准拆（折）二家心元（愿）两逼勤（勒）其岭即买（卖）即退任从买人自耕官（管）［官］业后下有人反补公发（罚）白米三但（担）牛一界（只）等情后日不得异言生端滋事今欲有凭立契一纸付与⍰买人存子孙永远收为据

在长（场）中人赵安得契人纸

代笔赵得礼钱一百

光绪十九年七月十七日亲面立

光绪二十一年十一月二十日盘二爷卖田契

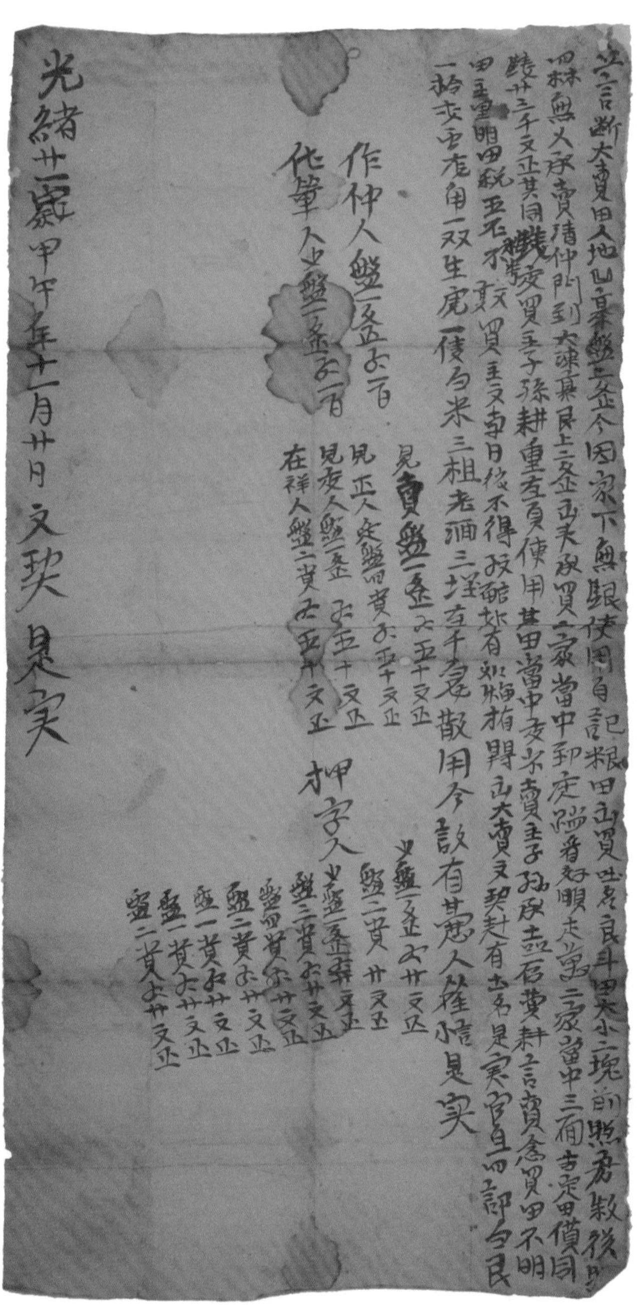

立言断大卖田人地凹寨盘二条〔爷〕今因家下无银使用自记（己）粮田出买（卖）吐（土）名良斗田大小二块前照（招）房亲后照（招）四林（邻）无人承卖（买）清（请）仲（中）门（问）到大冻寨银上二釜〔爷〕出头承买二家当中到□踏看好□赵敬万二家当中三面言定田价同（铜）钱廿三千文正其同（铜）钱交买主子孙耕重（种）左（管）页（业）使用其田当中交□卖（买）主子孙承□后费耕言卖念（言）买田不明田主里明田税五石□□不敢买主文孛日后不得恢（反）悔如有恢（反）悔□出大卖文契赵有土名是实官且罚白银一拾贰两龙角一双生虎（皂）一只白米三担老酒三埕□千皂散用今欲有凭人□□是实

作仲（中）人盘一釜〔爷〕钱一百

代笔人中盘一条〔爷〕钱一百

见卖盘一釜〔爷〕钱五十文正

见正人从盘四贵钱五十文正

见交人盘一釜〔爷〕钱五十文正

在祥人盘二贵钱五十文正

押字人中盘一条〔爷〕钱廿文正盘二贵廿文正中盘一条〔爷〕钱廿文正盘三贵钱廿文正盘四贵钱廿文正盘二贵钱廿文正盘一贵钱廿文正盘一贵钱廿文正盘二贵钱廿文正

光绪廿一岁甲午年十一月廿日文契是实

光绪二十五年十月十四日赵云保卖田契

立断卖水田契人赵云保今因家中所少银用夫妻父子謪（商）仪（议）愿将父手遗下水田土名坐落长领（岭）当水田大小四丘载谷壹担正上至得禄田为界下至亨老为界四至分明要行出卖先招房亲不取自请中人送至赵敬万家下出价承买当日三面言定凭中所断时值价花银食（十）大元正即日银契两交明白不欠分文并无包买包卖亦无载（债）货准二家心先（允）两无逼勒其田即卖即退任从买人自耕管业后不日得异言生端祖（阻）陷（挡）今欲有凭立断卖契壹纸付与买人子孙永远为据

在场中人赵德明

代笔人罗求双

光绪廿五年己亥岁十月十四日立契壹纸

光绪二十五年十月十四日王德龙卖山岭契

立断卖山岭契人王德龙今因家下所少银用夫妻父子謪（商）仪（议）愿将父手遗下山岭土名坐落转竹崩（岗）壹块重岭十六粉（份）敬万名下二粉（份）中心坑水口重岭一块十六粉（份）敬万二粉（份）算钱三千要行出卖先招房亲不取自请中人送至

□赵敬万家下出价承买当日三面言定凭中所断时直价银三大正即日银契两交明白不欠分文并无包买包卖亦无载（债）货准二家心允两无逼勒其岭即卖即退任从买人重（种）自管业时卖至后日不得异言生端祖（阻）陷（挡）今欲有凭立断卖契壹纸付与买人子孙永远为据

中人包在卖祖

代笔人求双钱一百

光绪己亥年十月十四日立

光绪二十五年卖田契

立断卖水田契人今因所少银用合家謪（商）议愿将父手遗下水田土名坐落槫共水田六丘敬万上为界下云慢为界四路分明要行敬官要行出卖先招房亲不取后招四邻自请中人送到得归得周出价承买当日凭中所断三面言定时直价花银十五大元正即日银契两交明白不欠分文并无包买包卖亦无债货准拆（折）二甘心允两无逼勒其田即卖即退任从买人自种管业后日不得异言生端滋事今欲有凭立契一纸付与买人存远子孙为据【押】

赵敬万完必（笔）【押】

光绪廿［十］五年

光绪二十六年正月初四日王头唐二贵卖田契

立写大卖丘田人王头唐二贵今因家下无钱使用鱼（无）路出伦计请中门（问）到本村寨白头唐六沙唐一釡〔爷〕二家言卖（买）言卖出头承卖（买）当中山踏看过□将来出买（卖）前照（招）房亲后照（招）四林（邻）叔佰二家言卖田牛[纟+角]坑田大小二块□一归束至鸡里断西主（至）大断□北主（至）家束断钱价廿一千文正与银交如买致归自使用欺（其）田交如子孙耕管□远子孙□营□耕重（种）二家不得返如不得口如有老者大老小老将出大买文契身罚白银壹拾七两白米三担老酒三埕老鸡三只归众散用龙[纟+角]一双生凫一只为照是实

钅乍（作）中人王头唐一釡〔爷〕钱一百二

代笔人沙唐一釡〔爷〕钱一百二

见卖人唐十钱六十

见交人唐一哥廿文

光绪廿六岁庚子年正月初四日立写

光绪二十六年正月二十初一日赵得云卖田契

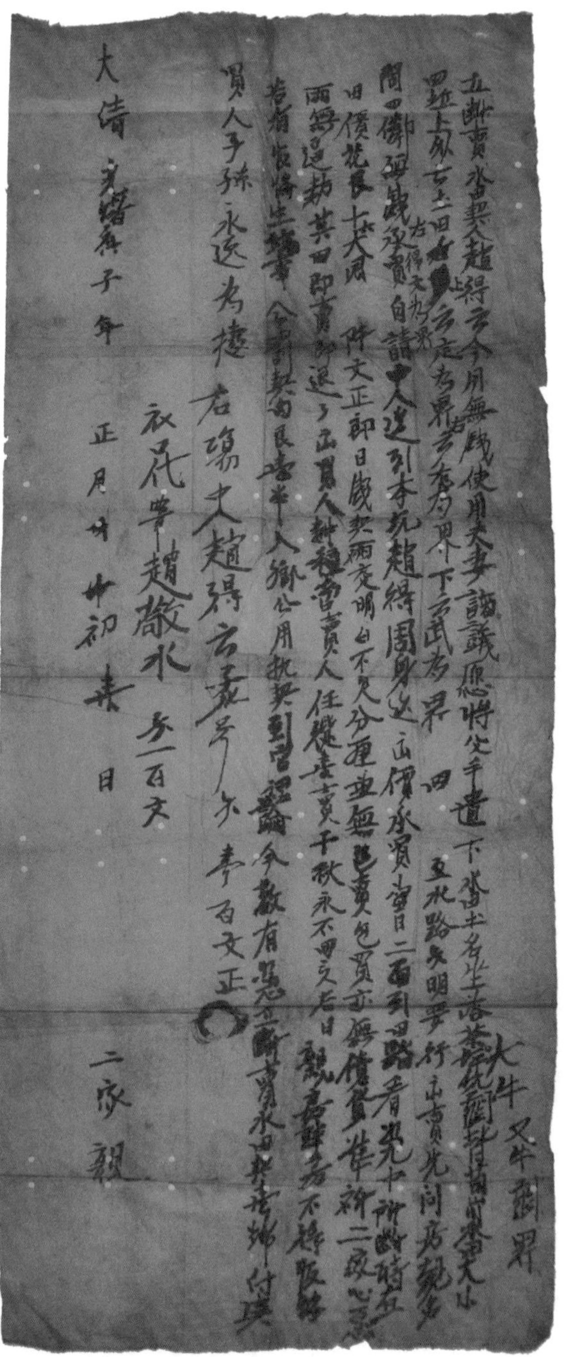

立断卖水田契人赵得云今用（因）无钱使用夫妻謪（商）议愿将父手遗下水田土名坐落茶坪坑大牛又牛□界阙背苗岗水田大小四丘上外□土田左得文为界上云定为界右云龙为界下云武为界 四 至水路分明要行出卖先问房亲后问四邻无钱□承买自请中人送到本坑赵得周身边出价承买当日二面到田踏看凭中所断时直田价花银十六大员（元） 仟文正即日钱契两交明白不欠分厘并无包卖包买亦无债货准折二家心愿两无逼勒其田即卖即退退出买人耕种管卖人任从一卖千秋永不回头后日亲房竦（四）房不得恢（反）悔若有恢（反）悔生端事公罚契内银壹半入乡公用执契到官裡（理）论今欲有凭立断卖水田契一纸付与买人子孙永远为据

右（在）场中人赵得云化（花）号钱 一百文正【押】

衣（依）口代笔赵敬水钱 一百文

大清光绪庚子年正月廿初壹日二家亲

光绪二十六年四月二十五日得通女卖山岭契

立断買山嶺契人得通女今因家中所少錢用子叔誼儀願將父
手遺下山領土名坐大落鈴岃嶺壹塊右至選為界右得福為界上至敬天
為界上下四至分明另又牛畨岃嶺壹塊上至穩云為界下至敬天為界
右右四至分明另又耕水岃嶺壹塊上至敬天為界下至敬天為界右右
四至分明長岃口嶺壹塊左敬明為界右敬天為界上下四至分明另又長嶺
山嶺壹塊上至云士為界下至云士為界上下四分明另又云士敬天山嶺粉左貴通
為界上下四至分明要行出賣先招房親不取自請中人送至本坑趙敬萬兄弟出價
承買當日三面言定憑中所斷時值價花錢十四大元足一共五塊畢即日艮契兩
交明白不欠分文並無包買包賣亦無債貨準二家心沆兩無逼勒其山嶺即
賣即退任從買人自重管業后日不得異言生端祖嘗今欲有憑立斷賣
契壹紙付與買人子孫永遠為據 親包
得流又番部駕錢艮六大元正 棕鈴 在場中人趙得流 中人錢 佰
親方不反不得異言 端辰代筆人朱利歸 錢佰

光緒 庚子年 四月 廿五日 立契

立断买（卖）山岭契人得通女今因家中所少钱用子叔謫（商）仪（议）愿将父手遗下山岭土名坐落大竹岃岭壹块左云选为界右得福为界上至敬天为界上下四至分明另又牛番岃岭壹块上至德云为界下至敬天为界左右四至分明另又耕水岃岭壹块上至敬天为界下至敬天为界左右四至分明长岃口岭壹块左敬明为界右敬天为界上下四至分明另又长岭岃岭壹块上至云士为界下至云士为界左至贵通为界上下四分明另又云士敬天岭粉（份）左贵通为界上下四至分明要行出卖先招房亲不取自请中人送至本坑赵敬万兄弟出价承买当日三面言定凭中所断时值价花钱十四大元足一共岭五块半即日银契两交明白不欠分文并无包买包卖亦无载（债）货准二家心允两无逼勒其岭即卖即退任从买人自重（种）管业后日不得异言生端祖（阻）挡（挡）今欲有凭立断卖契壹纸付与买人子孙永远为据

得充又番（反）部（补）驾（价）钱六大元正棕竹亲包

在场中人赵得充中人钱一百

亲方不反不得异言端反代笔人永利号钱二百

光绪庚子年四月廿五日立契

光绪二十六年六月二十二日德云借钱契

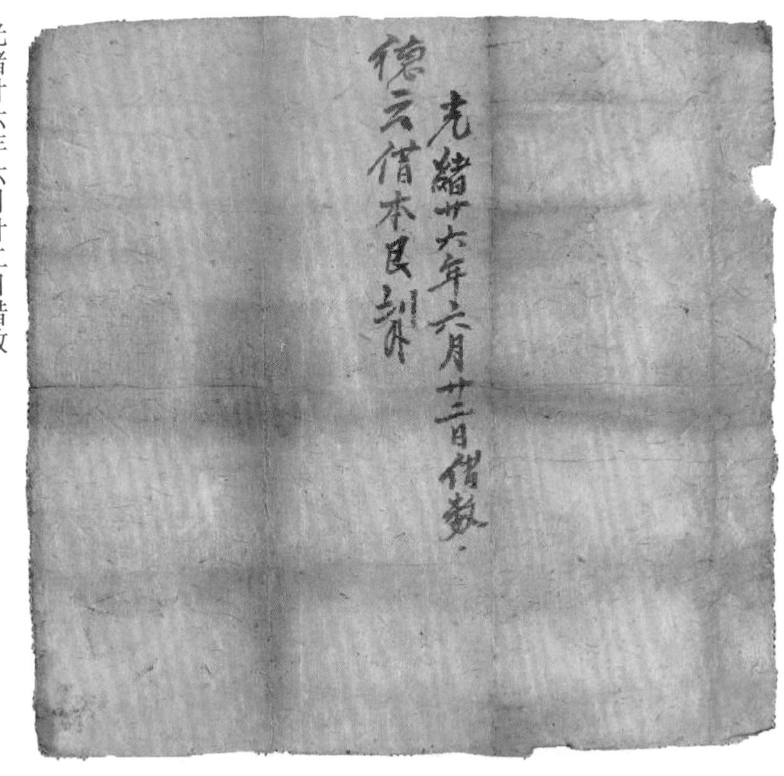

光绪廿六年六月廿二日借数
德云借本银七十二两

光绪二十六年七月二十日陈相文立粮票收据

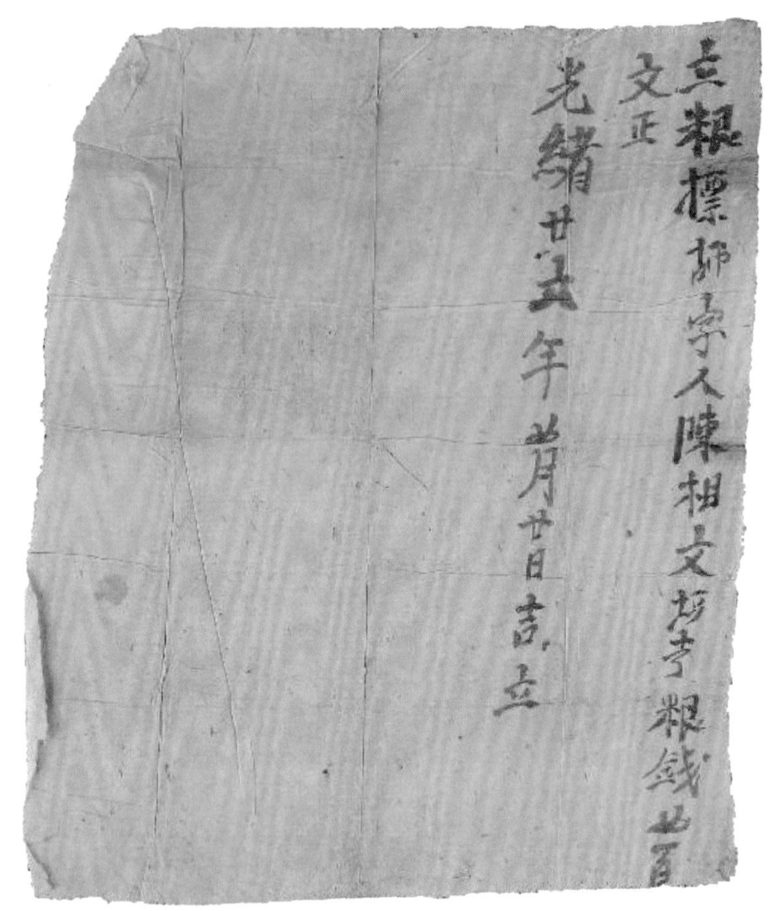

立粮標（票）据字人陈相文⃞去粮钱七百文正

光绪廿六年七月廿日吉立

光绪二十七年三月二十日卖田契

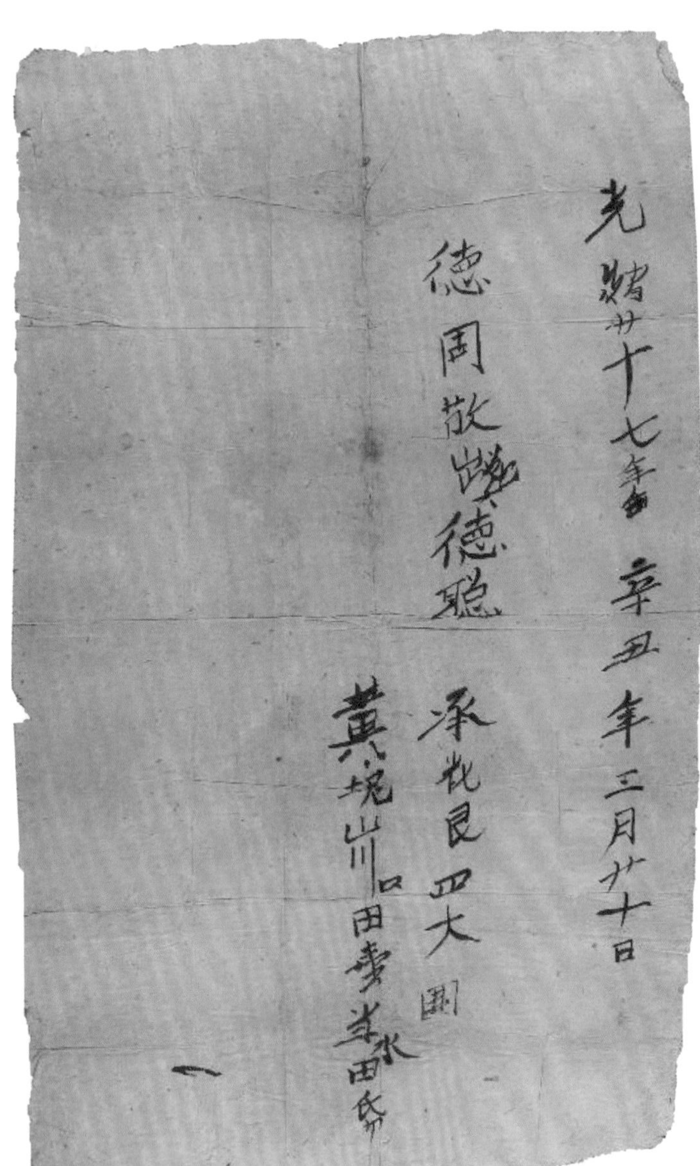

光绪廿［十］七年辛丑年三月廿［十］日
德周敬⃞德聪承花银四大圆
黄泥岃口田壹当水田纸

光绪二十七年五月初六日米弟等卖田契

立写大卖田契人米弟沈三你沈初一⿱夂正〔爷〕今因家下无银食（使）用无路出计自己请仲（中）问到兄弟前照（招）房亲候（后）照（招）四林（邻）莫人承手问到本到肖寨房法耕房六自言自意言卖（买）言卖到田踏看到田重（中）意言定承卖（买）当仲（中）?言银价廿六千文正坐落长岭名田牛角坑东田大小一丘将出粮税六元正卖田不明田之利明卖不明山之里明卖不归之水出田不归?二家莫□如返口如有二家一家□出龙角一双生凫一□白米三但（担）落（老）酒三呈（埕）□□竹一头敬用是实

作中房六一⿱夂正〔爷〕□□一百

□笔人米羔弟一⿱夂正〔爷〕得钱一百

见正人沙沈一⿱夂正〔爷〕钱□

见卖人沈二⿱夂正〔爷〕□升

见交人沈一哥升

在场人补□⿱夂正〔爷〕升

押字人沈初一哥钱二十沈二哥钱二十沈三哥钱二十沈二哥钱二十沈四哥□钱二十沈二哥钱二十

沈二哥得钱二十沈二哥得钱二十沈三哥得钱二十沈二哥得钱二十沈一哥得钱二十

古人分钱二十

光绪辛丑年五月初六日?写为□是实

光绪二十七年十月初二日赵云保卖山岭契

立断卖山岭契人赵云保今因家下所少银用夫（父）子謫（商）仪（议）愿将父手遗下山岭土名坐落退（对）面歪山岭壹块又平（坪）三块上至德福田为界左至贵凤为界右至德慢田为界下至敬山为界上下四至分明要行出卖先招房亲不取自请中人送到赵敬万兄第（弟）出价承买当日三面言定凭中所断时值价花银叁元〇钱三百正即日银契两交明白不欠分文并无包买包卖亦无载（债）货准折二家心允两无逼勒其岭即卖即退任从买人自耕管业后日不得异言生端祖（阻）陷（挡）今欲有凭立断卖契一纸付与买人子孙永远为据又祯玉明内壹半粉（份）同卖

在场中人赵得明钱一百【押】

代笔见人求双钱一百

光绪庚子廿七年十月初二日

光绪二十八年十月初十日谢神佐谢明纯二家卖田契

立断卖离耕脱叶水田契人谢神佐谢明纯二家今因家下无银应用合家謪（商）议愿将先年买得水田土名座落老虎岃水田大小壹共六丘载谷壹石正额载粮银铜钱四拾文正自请中人送至茶坪坑赵敬香身边出价承买当日三面言定说断持（时）值价花银五拾贰毛又⍰纯七钱又拾五毛即日银契二交明白不欠分文并无包买包卖亦无债货准折二家心允两无逼勒其田即卖即退任从买人自耕管业高岭番（翻）石永不回头后日房亲叔姪翻价罚牛头三界（只）白米三担罚银十两水路照旧通行今欲有凭立契一纸付与人子孙永远为据

在伤（场）中人谢神养钱一毛谢家有钱一毛代笔神仙钱一毛

光绪廿捌年壬寅岁十月初十日亲笔立

光绪二十八年十一月三十日得周卖田契

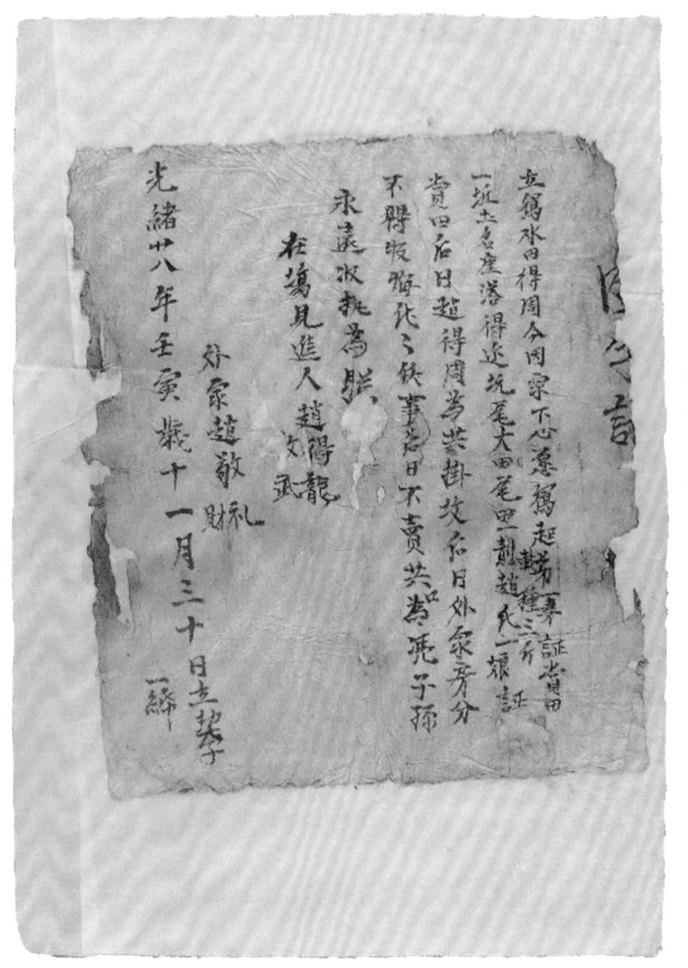

立写水田得周今因家下心愿写起弟一妻证（蒸）赏（尝）田一丘土名座落得远坑尾大田尾田一剌载种三斤赵氏一娘证（蒸）赏（尝）田后日赵得周为共挂坟后日外家房分不得饭（反）悔代代后事后日不卖共（空）口为（无）凭子孙永远收执为胀（账）

在场见进人赵得龙赵文武

外家赵敬礼赵敬财

光绪廿八年壬寅岁十一月三十日立契字一纸

光绪三十一年正月十二日赵敬香卖山岭契

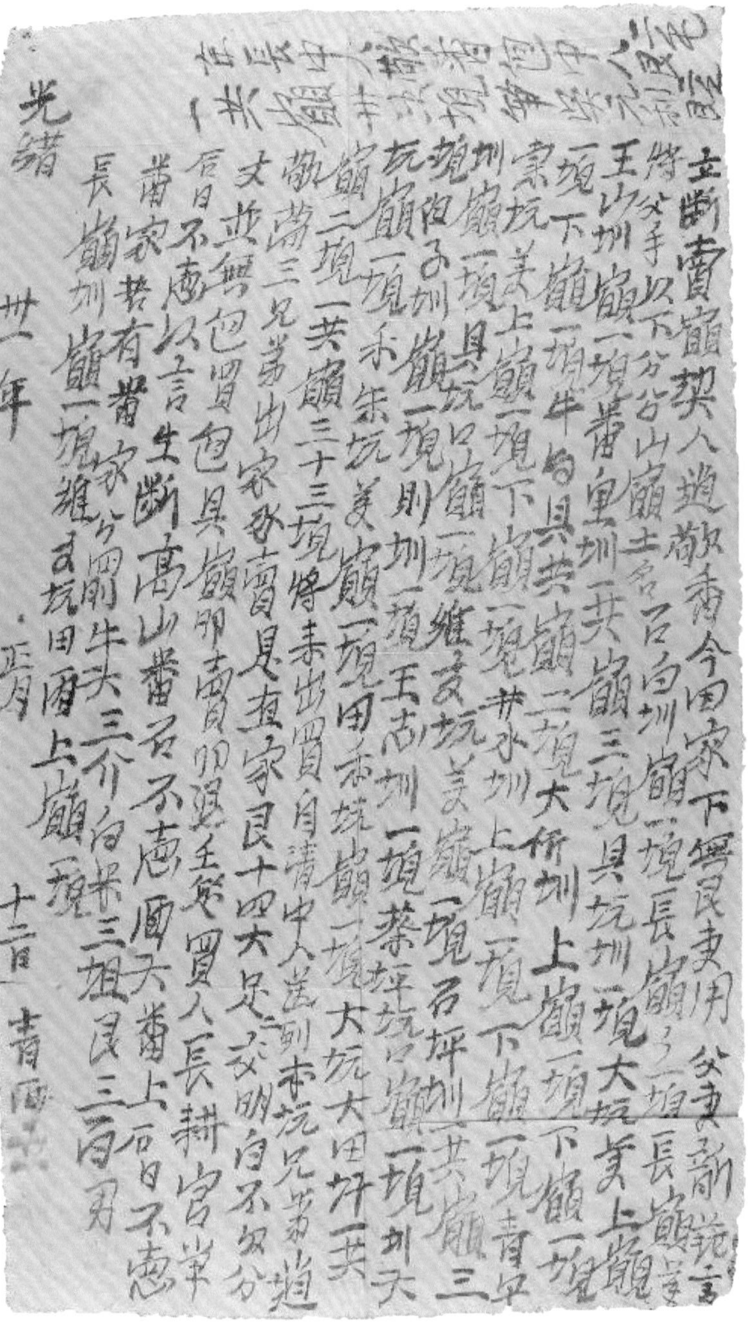

立断卖岭契人赵敬香今因家下无银吏（使）用父（夫）妻蔏（商）议言将父手以（遗）下分岔（份）山岭土名石白圳岭一块长岭岭一块长岭美王山圳岭一块番里圳一共岭三块具坑圳一块大坑美上岭一块下岭一块牛⿰具共岭二块大忻圳上岭一块下岭一块□坑美上岭一块下岭一块井水圳上岭一块下岭一块一块青平圳岭一块具坑口岭一块维交坑美岭一块石坪圳一共岭三块⿰子圳岭一块则圳一块王志圳一块蔡（菜）坪坑口岭一块圳头坑岭一块禾朱坑美岭一块田禾坑岭一块大坑大田坪一共岭二块一共岭三十三块将来出买（卖）自请中人送到本坑兄弟赵敬万三兄弟出家（价）豕（承）卖（买）是（时）直家（价）银十四大足二交明白不欠分文并无包买包具（其）岭即卖即退壬（任）从买人长耕官（管）业后日不德（得）以（异）言生断（端）高山番（翻）石不德（得）回头番上后日不德（得）番（翻）家（价）若有番（翻）家（价）公罚牛头三介（只）白米三担银三百两长岭圳岭一块维交坑田两上岭一块

在长（场）中人敬香包中人银二毛

一共岭卅五块笔吴元利银二毛

光绪卅一年正月十二日青（亲）面立

光绪三十一年正月十三日赵敬香卖山岭契

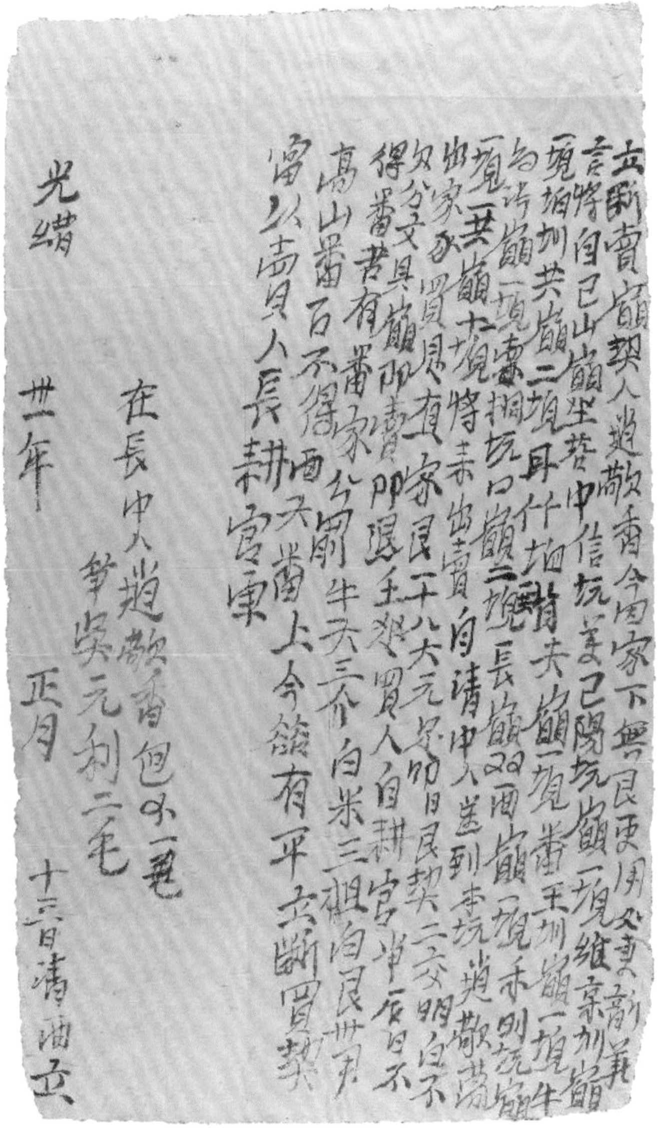

立断卖岭契人赵敬香今因家下无银吏（使）用夫妻蔏（商）义（议）言将自已山岭坐落中信坑美已阳坑岭一块维京圳岭一块垍圳共岭二块耳竹埊背夫岭一块番王圳岭一块牛刍⍰岭一块卖桐坑口岭一共二块长岭双面岭一块禾⍰坑岭一块一共岭十一块将来出卖自请中人送到本坑赵敬万出家（价）豕（承）买是（时）直家（价）银一十八大元足即日银契二交明白不欠分文具岭即卖即退壬（任）从买人自耕官（管）业后日不得番（翻）若有番（翻）家（价）公罚牛头三介（只）白米三担白银卅两高山番（翻）石不得回头番（翻）上今欲有平（凭）立断买（卖）契当以卖（买）人长耕官（管）业

在长（场）中人赵敬香包钱一毛

笔吴元利二毛

光绪卅一年正月十三日清（亲）面立

光绪三十一年三月初七日赵敬香卖山岭契

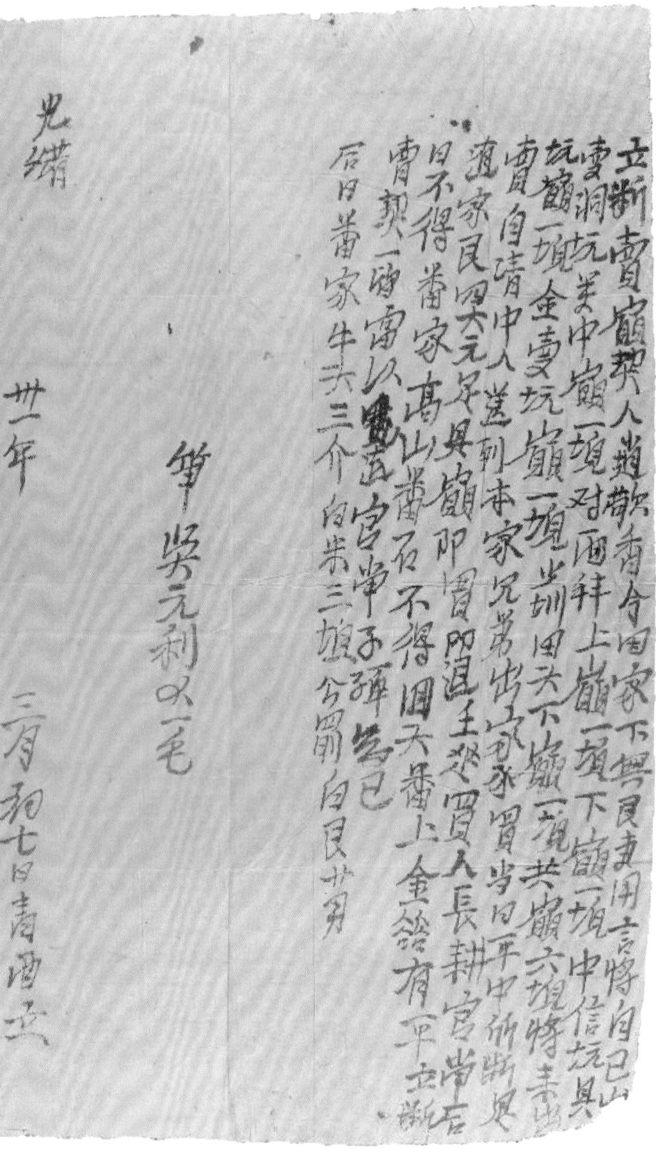

立断卖岭契人赵敬香今因家下无银吏（使）用言将自已山叓洞坑美中岭一块对面拜上岭一块下岭一块中信坑具坑岭一块金叓坑岭一块少圳田头下岭一块共岭六块将来出卖自清（请）中人送到本家兄弟出家（价）豕（承）买当日平（凭）中所断是（时）直家（价）银四大元足具（其）岭即买（卖）即退壬（任）从买人长耕官（管）业后日不得番（翻）家（价）高山番（翻）石不得回头番（返）上金（今）欲有平（凭）立断卖契一纸当以买人运（远）官（管）业子孙为已（据）后日番（翻）家（价）牛头三介（只）白米三坦（担）公罚白银廿两

笔吴元利钱一毛

光绪卅一年三月初七日青（亲）酉（面）立

光绪三十一年八月初一日赵敬万三兄弟卖田契

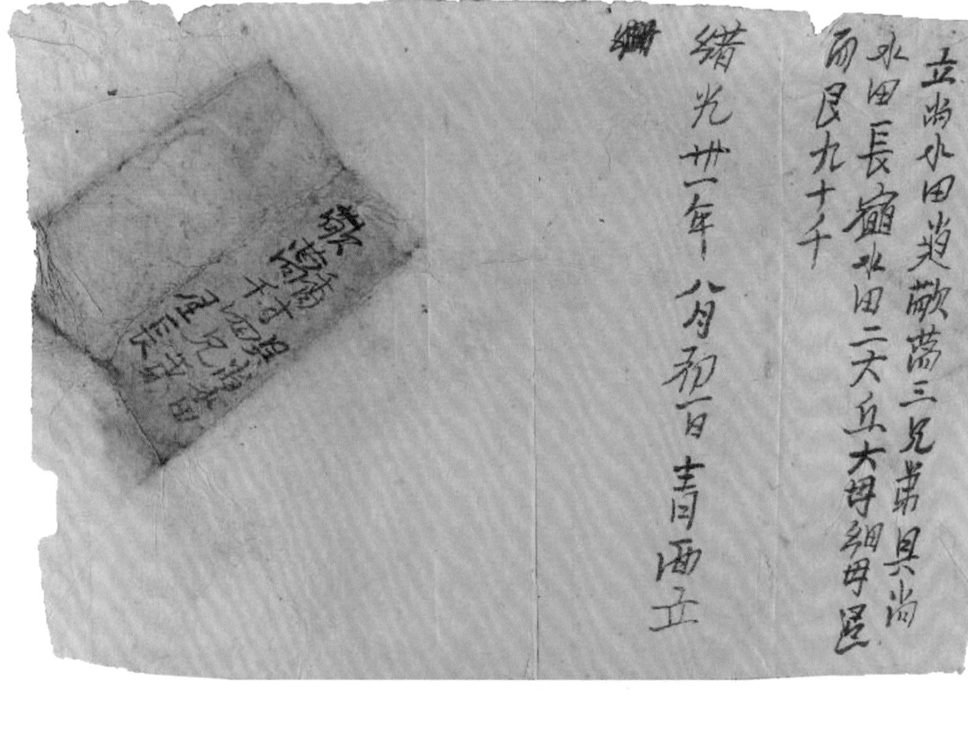

立当水田赵敬万三兄弟具尚（当）
水田长岭水田二大丘大母细母过
而银九十千
绪（光）光（绪）卅一年八月初一日青（亲）
面立
具当水田敬香敬万敬寸敬千四兄弟屋长

光绪三十一年八月初一日赵敬香卖屋地契

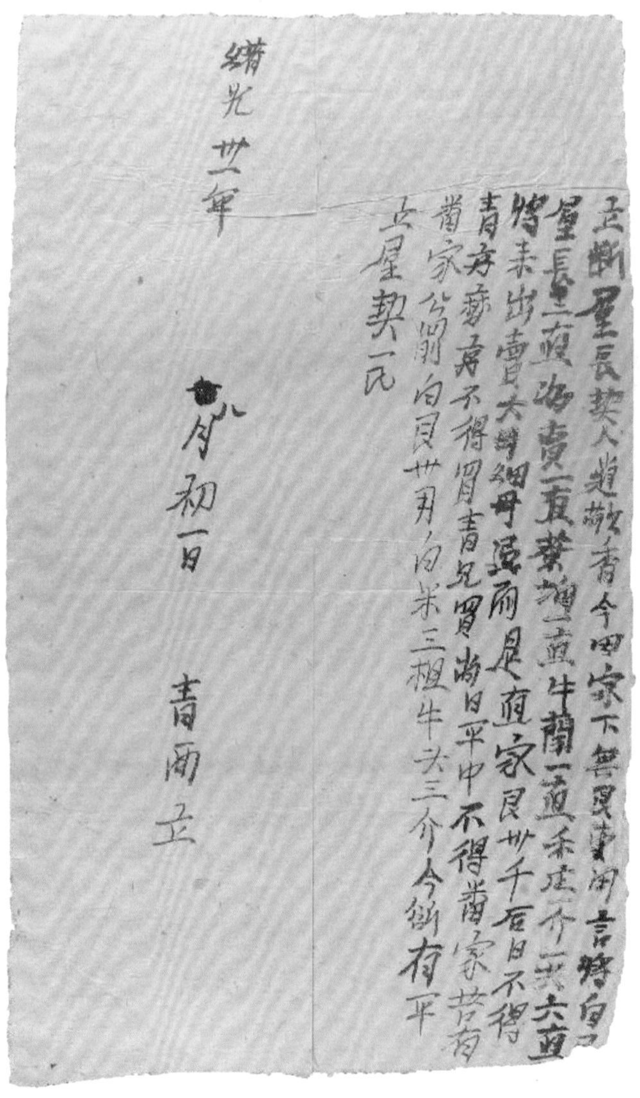

立断屋长契人赵敬香今因家下无银吏（使）用言将自己屋长二直□卖一直茶坑一直牛栏一直禾庄一介（只）一共六直将来出卖大母细母过而（尔）是（时）直家（价）银卅千后日不得青（轻）□□□不得买青兄买尚（当）日平（凭）中不得番（翻）家（价）若有番（翻）家（价）公罚白银卅两白米三相（担）牛头三介（只）今欲有平（凭）立屋契一氏（纸）

绪（光）光（绪）卅一年八月初一日青（亲）面立

光绪三十一年九月二十七日赵敬香卖田契

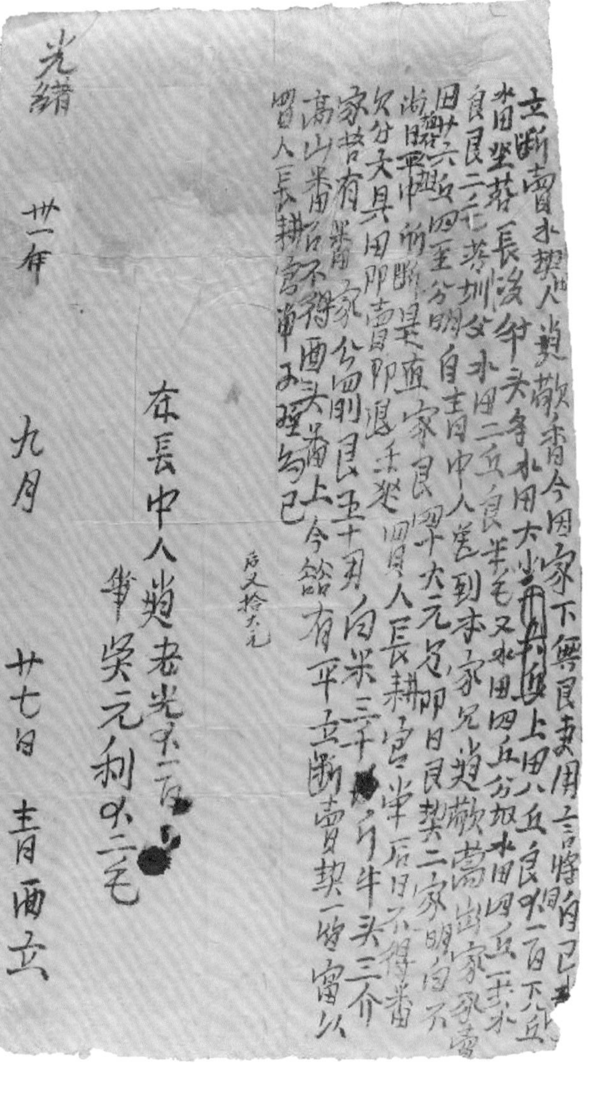

立断卖水契田人赵敬香今因家下无银吏（使）用言将自己□水田坐落长浚节头条水田大小上田八丘良同（铜）钱一百下八丘良银二毛落圳父水田二丘良（银）半毛又水田四丘分丘水田四丘一共水田廿六丘四至分明自青（请）中人送到本家兄赵敬万出家（价）豖（承）卖（买）尚（当）日平（凭）中所断是（时）直家（价）银四十大元足即日银契二家（交）明白不欠分文具（其）田即卖即退壬（任）从买人长耕官（管）业后日不得番（翻）家（价）若有番（翻）家（价）公罚银五十两白米三千斤牛头三介（只）高山番（翻）石不得回头番（返）上今欲有平（凭）立断卖契一纸当以买人长耕官（管）业子孙为已

后又拾大元

在长（场）中人赵老光钱一百【押】

笔吴元利钱二毛

光绪卅一年九月廿七日青（亲）面立

光绪三十一年十一月二十二日赵敬香卖屋契

立斷賣屋契人趙敬香今因家下無錢使用父子商議願將父手遺下分念房屋
中間屋一值听堂四念敬香名下一念尽賣菜園一塊又坎下水田中心田一節又猪欄一
間又糞缸一間又禾倉一只四址界限分明要行出賣先招房親自請中人送至胞
兄趙敬萬敬武三兄弟身边出價承買當日三面現中所斷時值房屋听堂菜園猪欄糞缸
禾倉價銀三十六大元正即日銀契兩交明白不欠分文並無包買包賣亦債貨準折之二家心願兩
無逼勒其屋听堂菜園猪欄糞缸禾倉即賣即退任從買人自耕管業自賣之后二家父子並不
異言生端阻陸又無翻补取贖自斷之后永不得恢悔若有恢悔罰花銀一百兩中郡二徙入
白米三担歃廣鎮石永不回头今欲有凭立斷賣契一紙付與買人收執為據

在場中人 趙老康 艮一毛〇
依口代筆 廖茂昌 艮一毛

光緒三十一年 乙巳 歲 十一月 廿二日 親筆立

立断卖屋契人赵敬香今因家下无银使用父子謪（商）议愿将父手遗下分忿（份）房屋中间屋一值听堂四忿（份）敬香名下一忿（份）尽卖菜园一块又坎下水田中心田一节又猪栏一间又粪寮一间又禾仓一只四址界限分明要行出卖先招房亲自请中人送至胞兄赵敬万敬武敬千三兄弟身边出价承买当日三面凭中所断时值房屋听堂菜园猪栏粪寮禾仓价银三十六大元正即日银契两交明白不欠分文并无包买包卖亦无债货准哲（折）二家心愿两无逼勒其屋听堂菜园猪栏粪寮禾仓即卖即退任从买人自耕管业自卖之后后日父子并不异言生端阻陷（挡）又无翻补收赎自断之后后不得恢（反）悔若有恢（反）悔公罚花银一百两牛头三只白米三担⍰岭锁石永不回头今欲有凭立断卖契一纸付与买人收执为据

在场中人赵老康【押】银一毛【押】

依口代笔廖茂昌银一毛

光绪三十一年乙巳岁十一月廿二日亲面立

光绪三十二年五月二十三日赵敬卿卖屋地契

立断卖子契人赵敬卿今因家下要文伏用夫妻商議請憑兄弟
随下四至分明要行出賣[illegible]祖屋親房叔四人[illegible]請親屋趙敬爵三兄[illegible]
送到王貴手承出價[illegible]家實子即日兩交明白不欠分文二家心愿兩無異言
良十二毛
后日[illegible]不得[illegible]留[illegible]若有留[illegible]工罰良三十[illegible]午[illegible]三[illegible]白米三[illegible]

趙□文良一毛
趙敬千良一毛
趙敬萬良一毛
趙敬貴良一毛
王德斑良一毛
王德選良一毛
王德富良一毛
王貴周良一毛

代筆人王貴有良一毛

光緒三十二年五月二十三日

□□□

立断卖子契人赵敬卿今因家下无钱使用夫妻议謪（商）愿将父手遗下四至分明要行出卖先招房亲后亲四兄自请亲房赵敬千赵敬万三兄弟送到王贵千□出价家银十二毛承买于即日两交明白不欠分文二家心愿两无□逼后日不得番（翻）价若有番（翻）价工（公）罚银三十两罚牛头三介（只）白米三担

代笔人王贵有银一毛

赵志文银一毛

赵敬千银一毛

赵敬万银一毛

赵敬盛银一毛

王德迫银一毛

王德远银一毛

王德富银一毛

王贵同银一毛

光绪三十二丙午年五月二十三日

光绪三十二年十一月十三日赵敬田卖牛栏地契

立断卖长岭牛栏地契人赵敬田今因家下无应用夫妻謪（商）议愿将自己遗下牛栏地二直土名坐落长岭中心牛栏地右敬万为界左敬才为界四祉（至）分明要行出卖先招房亲不取自请中人送至赵敬万出价承买当日三面言定说断特（时）值价花银二大元半即日银契二交明白不欠分文并无包买包卖亦无债货准拆（折）二家甘允两无逼勒其牛栏地即卖即退任从买人管业自卖至（之）后高岭番（翻）石永不回头如有自事翻价罚牛头三只罚银十两白米三担今欲有凭立契一纸付与买人子孙永远为据

在伤（场）中人子［钱］钱一毛

代笔义然一毛

光绪丙午年十一月十三日三面立

光绪三十三年二月初六日林尚忠卖田契

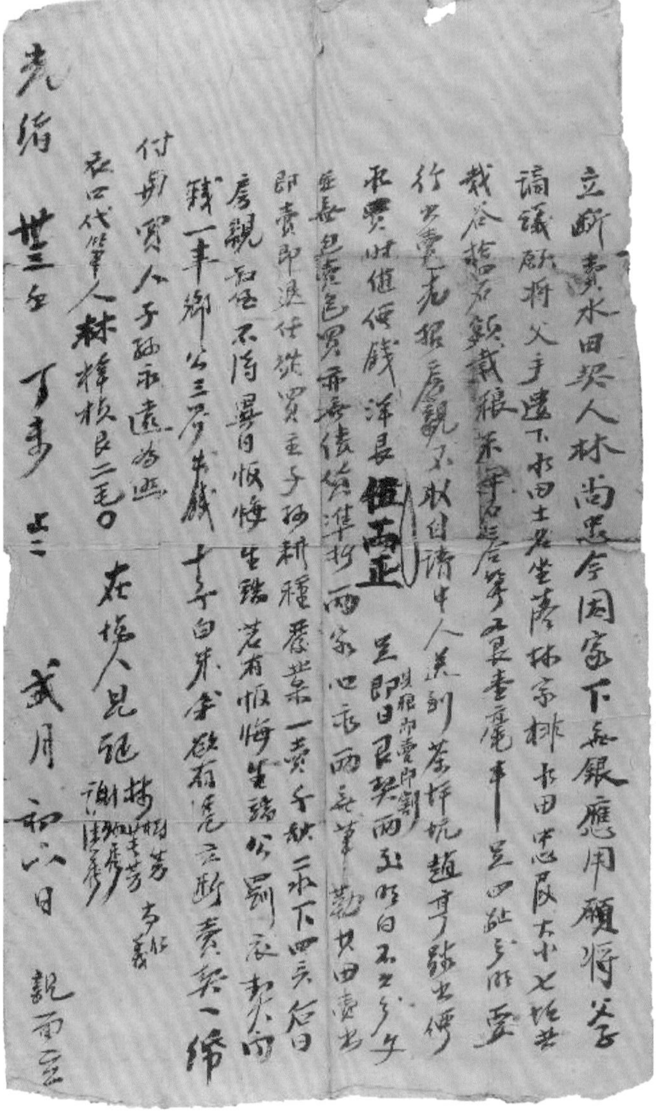

立断卖水田契人林尚忠今因家下无银应用［愿将］父子谪（商）议愿将父手遗下水田土名坐落林家排水田中心⍰大小七丘共栽谷拾四石［领（岭）］栽粮米⍰石三合（拾）等又银壹毫半足四址分明要行出卖先招房亲不取自请中人送到茶坪坑赵亨⍰出价承买时值价钱洋银伍两正足其粮即卖即割即日银契两交明白不欠分文并无包买包卖亦无债货准折两家心允两无笔（逼）勒其田卖出即卖即退任从买主子孙耕种管业一卖千秋永下（不）回头后日房亲叔侄不得异言饭（反）悔生端若有饭（反）悔生端公罚衣（依）契两钱一半乡公三界（只）出钱十千白米今欲有凭立断卖契一纸付与买人子孙永远为照

衣（依）口代笔人林梓桢银二毛【押】

在场人见证林树芳林菁芳谢⍰秀谢清秀当⍰义

光绪卅三年丁未岁贰月初六日亲面立

光绪三十四年十一月十日断卖契

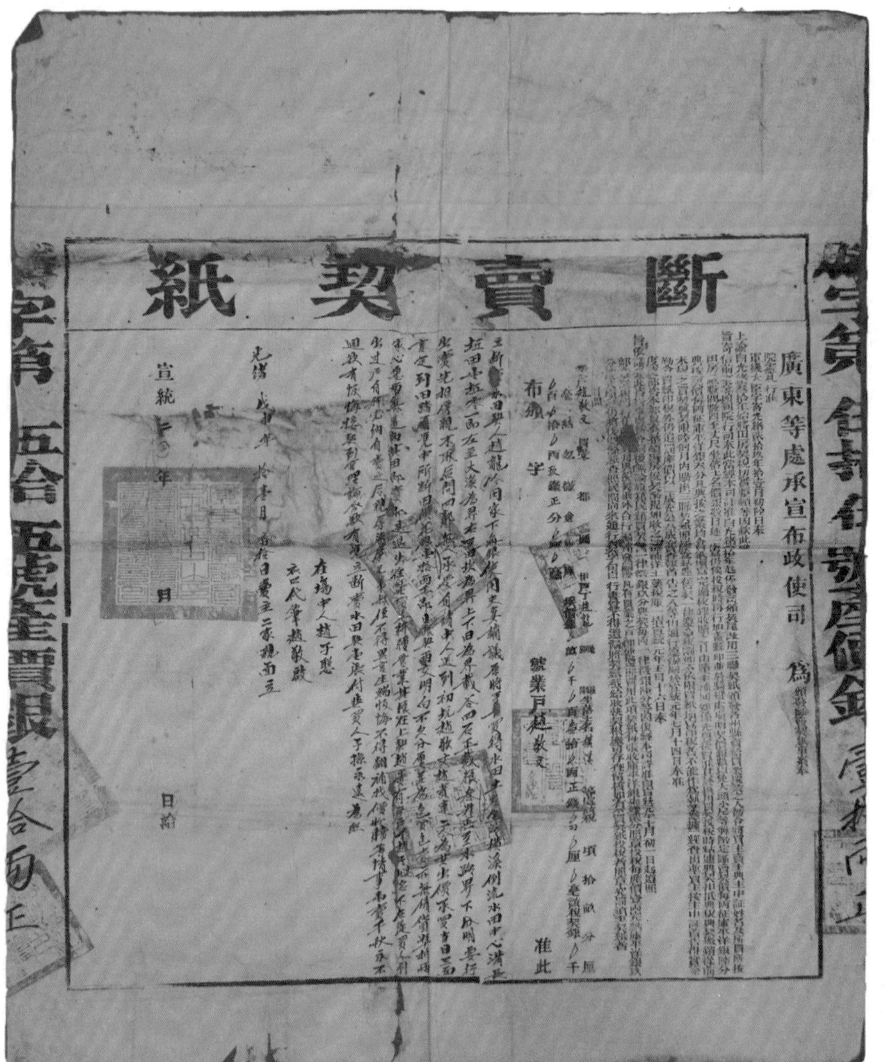

断卖契纸

广东等处承宣布政使司为颁发断卖契专案奉院宪札行准军机大臣字寄光绪贰拾玖年拾壹月初陆日奉上谕自光绪三十年始将田房契税切实整顿等因钦此遵自寄信前来等因到院行司奉此当经本司详准自光绪拾年起停发司颁契尾改用三联契纸颁发各州县卖给买业按业之人□令将买主卖主典主中证姓名及所买所按田房亩数间数四至丈尺坐落土名价银数目逐一誊写仍俟投税时再行加盖县印并于骑缝处填明契价银数以免大头小尾等弊酌定断卖契价每两征库平洋银陆分典按契大价每两征库平洋银叁分凡典按之业均含纸填写完过税银收赎之日由赎主补回如系先典后买准其于换用买□投税时粘连典契扣抵典税典契缴销从前未税之买契典契限陆个月内购换三联契纸照样写黏连旧契一律遵章税割如不依限买纸填写印税者不能作为执业凭据一经查出并买主按主中证首告得实余勒含买纸印税外仍追罚产价以二成充公八成充实查报首告之人等由通行遵办嗣于宣统元年七月十四日奉准旨依议钦此咨行□粤饬令嗣后无论旗籍民籍买契者一律徵银玖分典契每两一律徵银陆分等因复经本司详准自宣统元年十月初一日起遵照部章徽税通行在□□刊典按契纸外合行编□发嗣后凡有买业之户即便遵照买用此项契纸每张收库平洋银柒拾贰分照章投税每产价壹两完纳库平洋银玖分钱□式填□仍将后开余纸查照民间向来通行契字句自行书写不得遗漏将契纸截给收执契根缴司存查留核如有买纸投税者照章究罚须至契纸者

计开

业户赵敬文买受都图甲户丁赵龙地段田坵房间坐落土名横溪等处□访视税顷拾亩分厘毫丝忽微佥□□尘埃价银○万○千○百壹拾○两正钱○分○厘○毫该税契银○千○百○拾○两玖钱正分○钱○毫布颁字号业户赵敬文准此【印】

立断卖水田契人赵龙今因家下无银使用夫妻謪（商）议原（愿）将手下买得水田土名坐落横溪倒流水田中心沟长坵田壹丘零一即左至大溪为界右至田坎为界上下田为界载谷四担石正载粮叁升正至水路界下分明要行出卖先招房亲不取后问四邻无人承受自请中人送到初坑赵敬文赵贵达二人为共出价承买当日三面言定到田踏看凭中所断田价花银壹拾两正即日银契两交明白不欠分厘并为包买包卖亦无债货准折两家心愿两无逼勒其田即卖即退退出任从买人耕种为业其粮在上契赵贵有户户丁赵子远名下任从买人自出过户自秤完纳自买之后亲房远房兄弟叔侄不得异言生端恢（反）悔不得翻补找价收赎等情事一卖千秋永不回若有恢（反）悔接契到官理论今欲有凭立断卖水田契壹张付与买人子孙永远为照

在场中人赵子聪

衣（依）口代笔赵敬啟

光绪戊申年十一月壹拾日卖主二家亲面立

宣统二年【印】月日给

民国元年正月房五房九爷卖田契

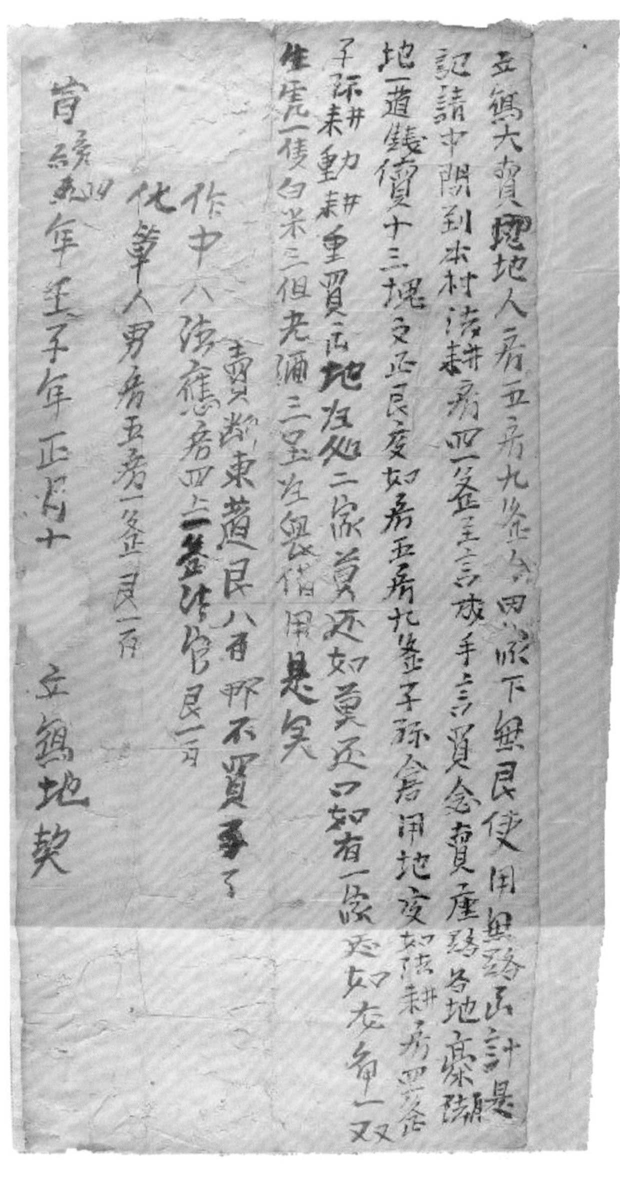

立写大卖田地人房五房九釜〔爷〕今因家下无银使用无路出计是记请中问到本村法耕房四一釜〔爷〕至言成（承）手言买念（言）卖座路各地寨脚地一道钱价十三块文正银交如房五房九釜〔爷〕子孙仓用地交如法耕房四一釜〔爷〕子孙耕动耕重〔种〕买（卖）出地归处二家莫还（反）［如莫还（反）口］如有一家还（反）如龙角一双生虎一只白米三但（担）老酒三呈（埕）归众借用是实

卖断东道银八百□不买□事

作中人法应房四上一釜〔爷〕法官银一百

化（代）笔人男房五房一釜〔爷〕银一百

宣统四年壬子年正月十□立写地契

民国元年三月十二日谢神先卖田契

立断卖水田契人谢神先今因家下无银使用合家商议愿将自己水田土名座落石马衷水田大小四丘共载谷五担共载粮银壹毛半四至分明要行出卖先招房亲不取自请中人送至茶坪坑赵敬万身边出价承买当日凭中说断时值价花银三拾大元足其田即卖即退任从买人自耕管业田岭水路照旧灌应自卖之后房亲兄弟不得异言生端滋事今欲有凭立断卖水田契付于买人永远存执为据

在场见人谢神养谢祐泰谢吉犹谢神才谢锦宏谢家才人各名下银壹毛

宣统四年三月十二日亲笔面立

民国元年七月十七日赵敬行卖山岭契

立断卖岭契人赵敬行今因家下无银使用合家商议愿将自己众岭壹块土名座落麦铜坑同油坪岭一坑八吻卖一吻四至分明要行出卖自请中人送至本坑赵敬万身边出价承买当日凭中说断时值价银二大元正其岭即卖即退任从买人自耕管业自卖之后房亲兄弟不得异言生端滋士（事）今欲有凭立断卖岭契付于买人永远为据

在场中子隆银壹毛【押】

代笔高炳利银壹毛

宣统四年壬子七月十七日三面立

民国元年九月初三日赵敬行卖山岭契

立断卖山领（岭）契人赵敬行今因家下无银是（使）用夫妻夫（父）子与下土名坐落鸡陂坑美（每）分忿（份）山岭三十六忿（份）买（卖）一忿（份）当日三面不敢（取）自请中人先召（招）房无人承就白（自）请中人送到大坑赵敬栽出价承买当日到领（岭）香（踏）看其领（岭）作价时直价花银三大元正当日银契二交明白不欠分文包买包卖并无粮货隼折后日当日出卖上到美下香古为界左领（岭）古为四至分明要行出卖问到敬武承买一卖千秋永不回头高山放石不望回头后日亲兄亲弟无要不可饭(反)悔借字生端入(如)有饭(反)悔立公罚银十两一平(半)入乡公用一平（半）接契到官里（理）论今欲有品（凭）立断一张【押】

中人赵志龙钱一毛

代笔敬贵钱一毛

宣统辛壬子年九月初三日三面立断

民国元年十二月初八日赵德云卖田契

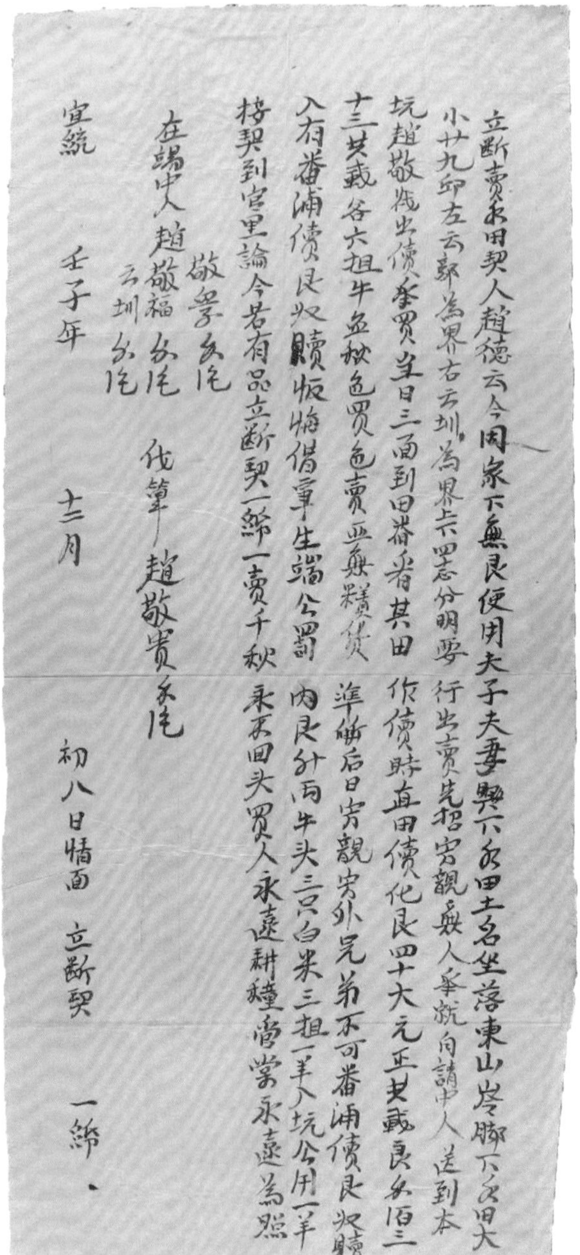

立断卖水田契人赵德云今因家下无银使用夫（父）子夫妻与下水田土名坐落东山岭脚下水田大小廿九邱（丘）左云部为界右云圳为界上下四志（至）分明要行出卖先招旁亲无人承就自请中人送到本坑赵敬武出价承买当日三面到田沓（踏）看其田作价时直田价化（花）银四十大元正共载良（银）钱一百三十三共载谷六担牛□秋包买包卖并无粮货准拆（折）后日旁亲旁外兄弟不可番（翻）浦（补）债银收赎入（如）有番（翻）浦（补）债银收赎恢（反）悔借事生端公罚内银什两牛头三只白米三担一羊（半）入坑公用一羊（半）接契到官里（理）论今若（欲）有品（凭）立断契一纸一卖千秋永不回头买人永远耕种管业永远为照

在场中人赵敬学钱一毛赵敬福钱一毛赵云圳钱一毛

代笔赵敬贵钱一毛

宣统壬子年十二月初八日情（亲）面立断契一纸

民国二年二月十八日赵敬行卖山岭契

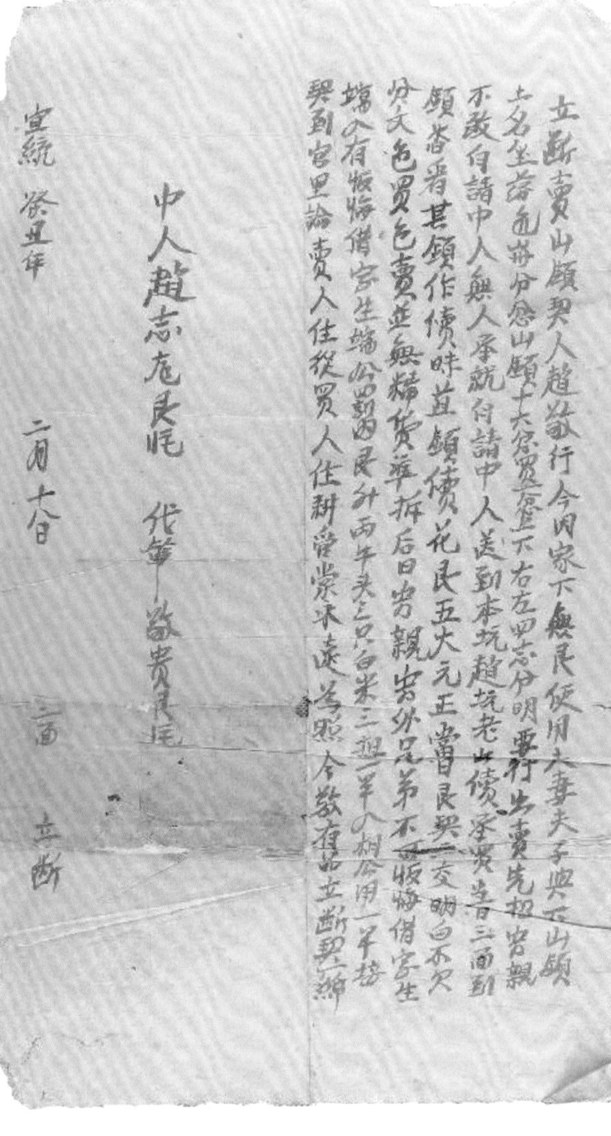
立断卖山领契人赵敬行今因家下无银使用夫妻夫子与下山岭土名坐落包⿱山井分岔山领十六岔买卖一岔上下右左四志分明要行出卖先招旁亲不敢自请中人无人承就自请中人送到本坑赵坑老出价承买当日三面到领沓看其领作价时直领价花银五大元正当日银契二交明白不欠分文包买包卖并无债货准拆后日旁亲旁外兄弟不可饭悔借字生端入有饭悔借字生端公罚内银什两牛头三只白米三担一半入相公用一半接契到官里论卖人住从买人住耕管业永远为照今欲有品立断契一纸
中人赵志龙银二毛　代笔敬贵银二毛
宣统癸丑年二月十八日二面立断

立断卖山领（岭）契人赵敬行今因家下无银使用夫妻夫（父）子与下山岭土名坐落包⿱山井（岃）分岔（份）山岭十六岔（份）买（卖）一岔（份）上下右左四志（至）分明要行出卖先招旁亲不取［自请中人］无人承就自请中人送到本坑赵坑老出价承买当日三面到领（岭）沓（踏）看其岭作价时直岭价花银五大元正当日银契二交明白不欠分文包买包卖并无债货准拆（折）后日旁亲旁外兄弟不可饭（反）悔借字生端入（如）有饭（反）悔借字生端公罚内银什两牛头三只白米三担一半入相（乡）公用一半接契到官里（理）论卖人住（任）从买人住（任）耕管业永远为照今欲有品（凭）立断契一纸

中人赵志龙银二毛

代笔人敬贵银一毛

宣统癸丑年二月十八日二面立断

民国二年二月十八日赵德云卖山岭契

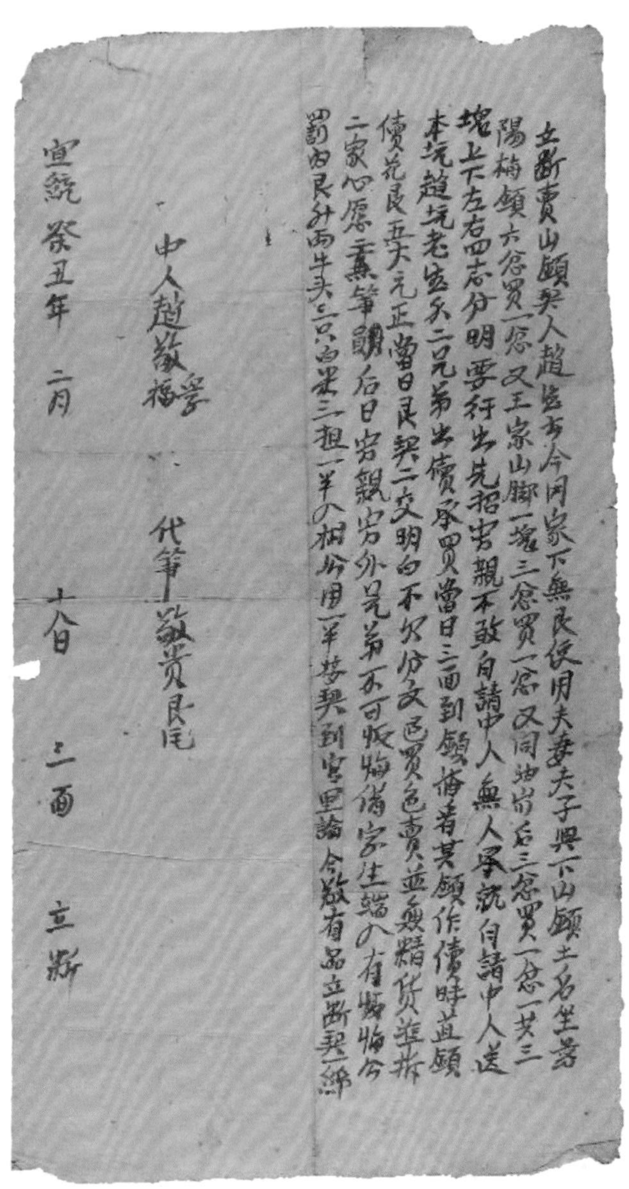

立断卖山领（岭）契人赵德云今因家下无银使用夫妻夫（父）子与下山领（岭）土名坐落阳梅领（岭）六岔（份）买（卖）一岔（份）又王家山脚一块三岔（份）买（卖）一岔（份）又同油岃后三岔（份）买（卖）一岔（份）一共三块上下左右四志（至）分明要行出先招旁亲不敢（取）［自请中人］无人承就自请中人送本坑赵坑老德钱二兄弟出价承买当日三面到领（岭）沓（踏）看其领（岭）作价时直领（岭）价花银五大元正当日银契二交明白不欠分文包买包卖并无精（债）货准拆（折）二家心愿二无笔（逼）勒后日旁亲旁外兄弟不可恢（反）悔借字生端入（如）有恢（反）悔公罚内银什两牛头三只白米三担一半入相（乡）公用一半接契到官里（理）论今欲有品（凭）立断契一纸

中人赵敬学赵敬福

代笔敬贵银一毛

宣统癸丑年二月十八日三面立断

民国二年八月二十四日王敬才卖山岭契

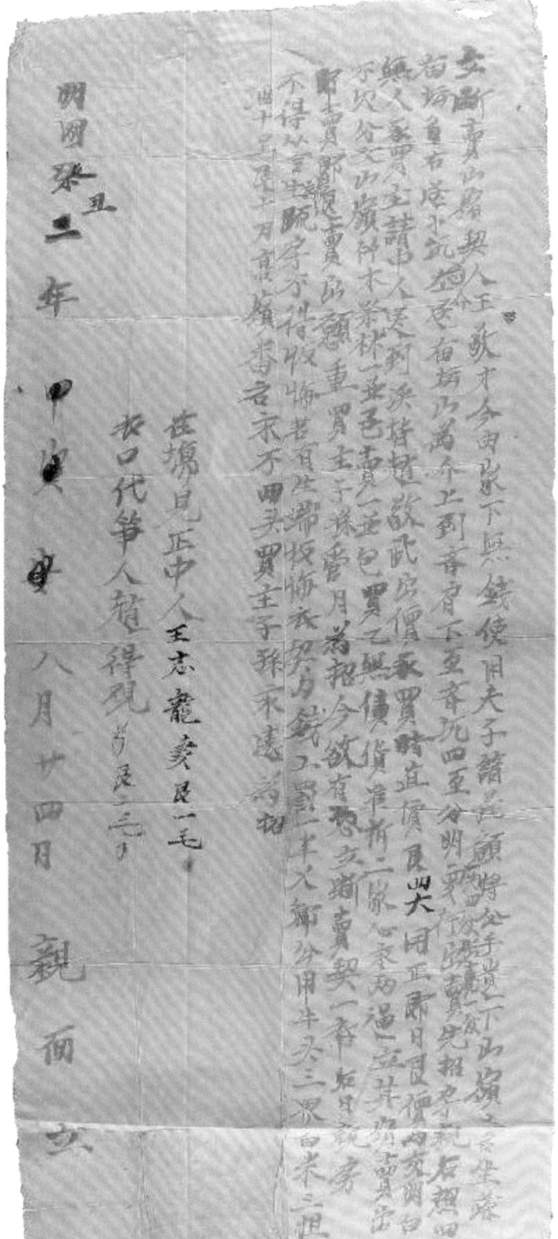

立断卖山岭契人王敬才今因家下无钱使用夫（父）子謫（商）义（议）愿将父手遗下山岭土名坐落庙坛角右边小坑为介（界）左边庙坛山为介（界）上到齐肩下至齐坑四至分明一共四忿（份）出卖一分要行出卖先招房亲后照（招）四林（邻）无人承买主请中人送到溪背赵敬武出价承买时直价银四大园（元）正即日银价两交明白不欠分文山岭竹木茶林一并包卖一并包买一无债货准拆（折）二家心永（愿）两逼立其岭卖出即卖即退卖出（主）愿（任）重（从）买主子孙管月（业）为招（照）今欲有凭立断卖契一纸后日亲房不得从言生端疏房不得恢（反）悔若有生端恢（反）悔衣（依）契内钱工（公）罚一半入乡公用牛头三界（只）白米三担酒十呈（埕）银十两高岭番（翻）石永不回头买主子孙永远为招（照）

在场见正中人王志龙妻银一毛【押】

衣（依）口代笔人赵得观号银二毛【押】

明（民）国癸丑二年八月廿四日亲面立

民国二年十月二十五日赵德周分家契

□
立去分家劝息帖人赵德周今因家下立分之事山领（岭）水田一共三忿（份）对分当日自请中人来到本家当面说明当日房亲房内瑶甲劝息田地山领（岭）人各所管耕种管业当日德周分富说脱（服）新甫已过赵志钱单名（明）后日房亲房内不可饭（反）悔借事生端入（如）有饭（反）悔借字（事）生端公罚内银什两牛头三只白米三担酒一百二斤一半入村公用一半接契到官裡（理）论今欲有凭立去分家字三纸一归各栊一账（张）合同为记当日分富栏禄坑口水田一丘长岗口山领（岭）一块先日价大新甫银六十大元后日包房德周二公凄（承）就不干敬田之字

瑶甲云圳敬天德□德保

亲房敬才敬富老庚敬万志文敬武大回志云敬秀敬贵美（每）人二毛

在场中人敬官

代笔赵敬贵银一毛

中华民国癸五年十月廿五日立三面吉立

□

民国三年二月初二日赵敬才卖田契

立当水田契人赵敬才今因家下无银使用夫妻夫（父）子与下水田土名落不竹岃一大丘又一当落崔岃口大小二丘一共二当三丘右左上下四丘分明要行出卖先招旁亲不取自请中人送到赵德周出价承买当日到田香（相）看其田作價（价）时直田價（价）花银一丘四十五大元一丘十八大元一共六十三大元当日银契二交明白不欠分文包买包卖一无债货准拆（折）后日旁亲旁内不可恢（反）悔番（翻）浦（补）價（价）银入（如）有恢番浦（补）银招（照）字公罚后日银到契回有赎无番今若（欲）有品（凭）立当契一纸

在场中人赵敬官银一毛赵敬富银一毛

代笔赵敬贵银一毛酒吃银十五毛

民国甲寅年二月刀（初）二日三面吉立

民国四年正月初八日赵志料当田契

〈合同〉⍰⍰
立当水田契人赵志料今因家下无钱使用父子
兄第（弟）謫（商）义（议）愿将父手遗下
水田土名坐落志料屋角田一丘四止分明要行
出当将来问到本眷赵敬武出价承当即日三面
言定时直当价契银十二毛两交明白不欠分文
其限作当四年银完田回银不完水田永远长耕
为招（照）今欲有凭立当契一纸
十酒一胡
十肉半斤
十米同
衣（依）口代笔人赵得观
乙卯正月初八日立当

民国四年七月十八日赵敬官卖田契

立断卖水田契人赵敬官今因家下所少银用合家謪（商）议原（愿）将祖手遗下兄弟分忩（份）水田土名坐落本坑对面卒水（田）一丘载谷贰拾斤上下为界四至分明要行出卖先问房亲不取自请中人送至本坑赵敬万身边出价承买当日凭中所断时直价花银四伍大正即日银契两交明白不欠分厘其田即卖即退任从买人自耕管业房亲内外不得异言生端并无包买包卖自系二家甘允两无逼勒今欲有凭立断卖契一纸付以买人永远为照

民国四年乙卯岁七月十八日三面立

在场中人赵敬官自卖

代笔人陈声桂福字【押】

民国四年十一月十七日赵子龙卖田契

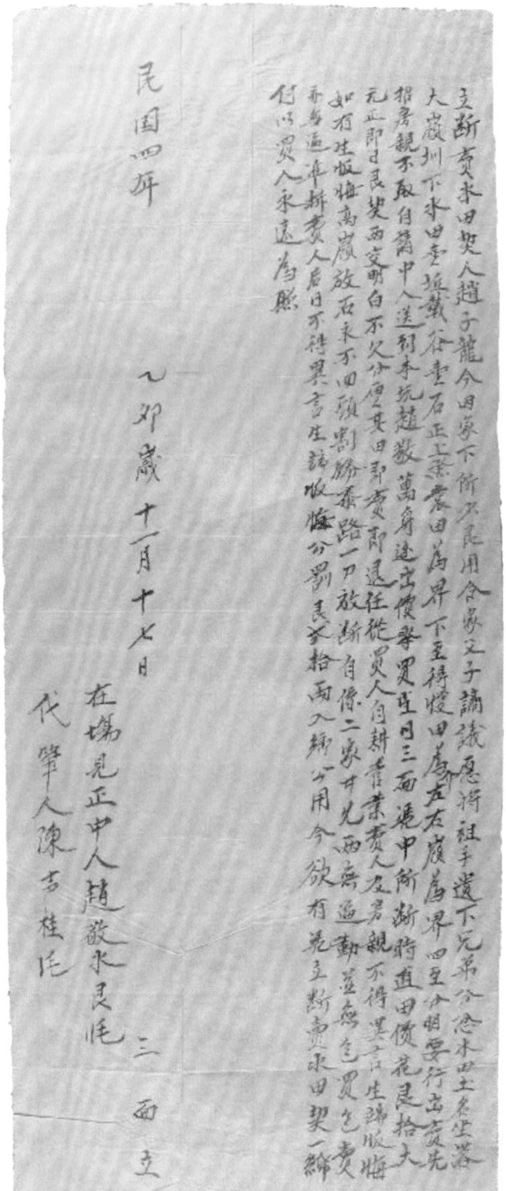

立断卖水田契人赵子龙今因家下所少银用合家父子謪（商）议愿将祖手遗下兄弟分忿（份）水田土名坐落大岭圳下水田壹丘载谷壹石正上烝（蒸）裳（尝）田为界下至得慢田为介（界）左右岭为界四至分明要行出卖先招房亲不取自请中人送到本坑赵敬万身边出价承买当日三面凭中所断时直田价花银拾大元正即日银契两交明白不欠分厘其田即卖即退任从买人自耕管业卖人及房亲不得异言生端恢（反）悔如有生恢（反）悔高岭放石永不回头割胜（藤）泰路一刀放断自系二家甘允两无逼勒并无包买包卖亦无逼准拆（折）卖人后日不得异言生端恢（反）悔公罚银贰拾两入乡公用今欲有凭立断卖水田契一纸付以买人永远为照

民国四年乙卯岁十一月十七日三面立

在场见正中人赵敬水银二毛

代笔人陈声桂一毛

民国四年十二月十六日赵志其卖山岭契

立断卖山领（岭）契人赵志其今因家下无银使用夫妻夫（父）子商义（议）愿将父手遗下山领（岭）土名坐落今竹岀领（岭）一块上敬富为界下敬万为界四住（至）分明要行出卖先招旁亲不取自请中人送到本屋赵敬万身边出价承买当日三面到领（岭）香（踏）看其领（岭）作価（价）时直领価（价）花银廿二大元正当日银契二交明白不欠分文（并无）包买包卖一无债货准拆（折）后日旁亲旁外兄弟不德（得）与愿生端恢（反）悔入（如）有借字生端恢（反）悔公罚内银什两一半入村公用一半接契到官里（理）论一卖千秋永远不回高山放石永不回头卖住（主）住（任）从买住（主）住耕管当今若（欲）有凭立卖山领（岭）契一纸

衣（依）口代笔敬贵银一毛

在场中人赵德明银一毛赵大回银一毛

民国乙卯年十二月十六日三面立断

民国四年十二月十六日赵志卖山岭契

立断卖山领（岭）契人赵志今因家下无银使用夫妻夫（父）子相女（议）遗下山领（岭）土名坐落败坑圳头领（岭）一共二块右边德钱为界左边德保为界上到美为界下齐坑四住（至）分明要行出卖先招旁不取自请中人送到本屋赵敬万身边出價（价）承买当日三面愿定到领（岭）香（踏）看其领（岭）作價（价）时直價（价）银十大元正当日银契二交明白不欠分里（厘）包买包卖一无债货准拆（折）二家心愿二无笔（逼）勒后日旁亲旁内兄弟不德（得）与愿生端饭（反）悔入（如）有借字生端饭（反）悔公罚内银什两一半入村公用一半接契到官里（理）论一卖千秋永远不回高山放石永不回头卖住（主）从买人住耕管业今若（欲）有凭立断领（岭）契一纸

在场中人赵大回银一毛赵德明银一毛

代笔赵敬贵银一毛

民国乙卯年十二月十六日三面立断

民国五年正月初十日德溪卖山岭契

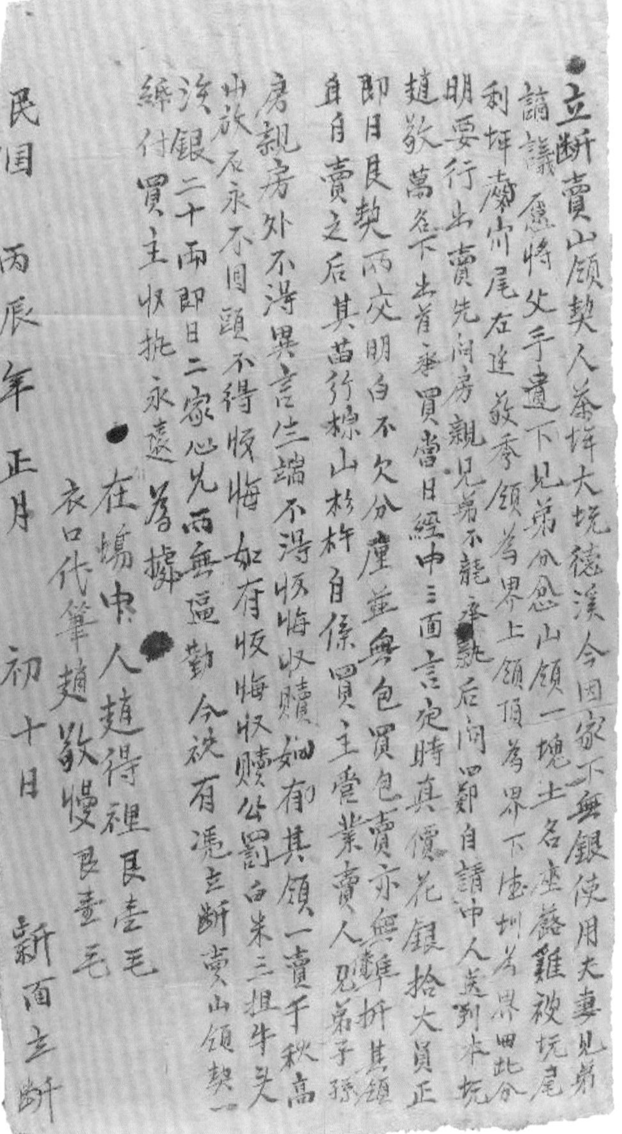

立断卖山领（岭）契人茶坪大坑德溪今因家下无银使用夫妻见（兄）弟謪（商）议愿将父手遗下兄弟分忿（份）山领（岭）一块土名座落鸡被（皮）坑尾利坪□岃尾右边敬秀领（岭）为界上领（岭）顶为界下德圳为界四此（至）分明要行出卖先问房亲兄弟不龙（能）承就后问四邻自请中人送到本坑赵敬万名下出首承买当日经中三面言定时真（直）价花银拾大员（元）正即日银契两交明白不欠分厘并无包买包卖亦无债（货）准折其领（岭）〔自〕自卖之后其苗竹棕山杉杵自系买主管业卖人兄弟子孙房亲房外不得异言生端不得饭（反）悔收赎如有其领（岭）一卖千秋高山放石永不回头不得饭（反）悔如有饭（反）悔收赎公罚白米三担牛头□银二十两即日二家心允两无逼勤（勒）今欲有凭立断卖山领（岭）契一纸付买主收执永远为据

在场中人赵得礼银一毛

衣（依）口代笔赵敬慢银一毛

民国丙辰年正月初十日新（亲）面立断

民国五年正月十二日得礼卖山岭契

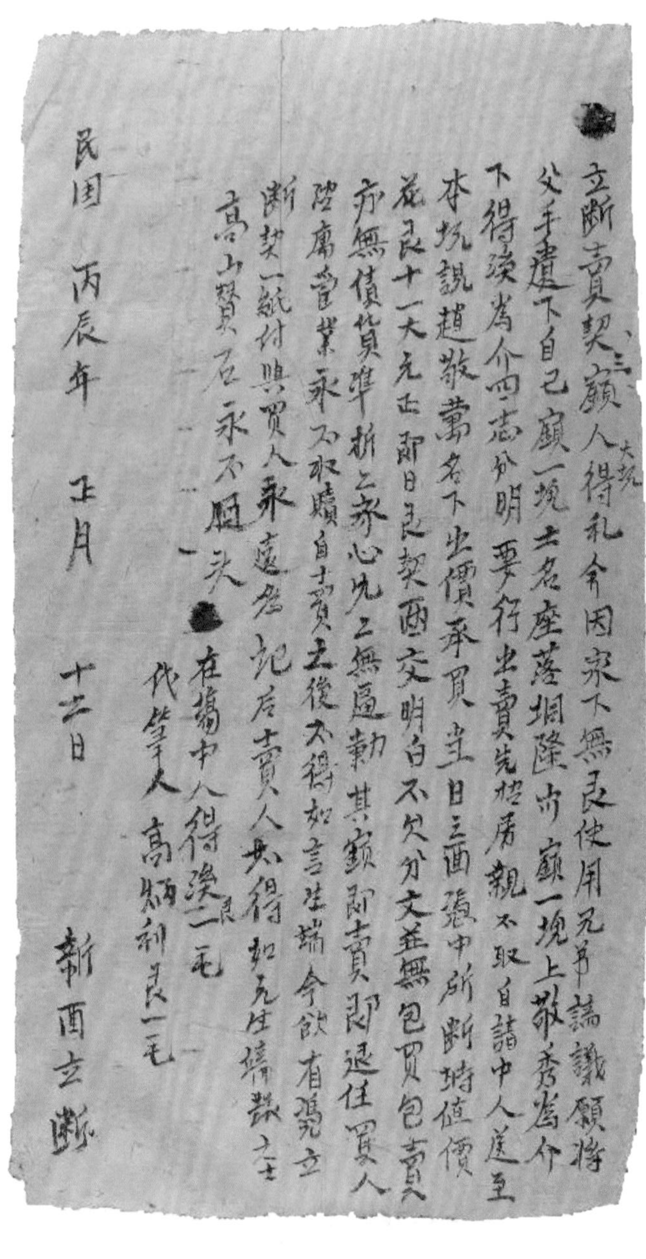

立断卖契三（山）岭人大坑得礼今因家下无银使用兄弟謪（商）议愿将父手遗下自己岭一块上敬秀为介（界）下得溪为介（界）四志（至）分明要行出卖先招房亲不取自请中人送至本坑覞（亲）赵敬万名下出价承买当日三面凭中所断时值价花银十一大元正即日银契两交明白不欠分文并无包买包卖亦无债货准折二家心允二无逼勒其岭即卖即退任买人⍰寓管业永不收赎自卖之后不得如（异）言生端今欲有凭立断契一纸付与买人永远为记后卖人不得如元（愿）生端□之（滋）士（事）高山赞（缵）石永不回头

在场中人得溪银一毛

代笔人高炳利银一毛

民国丙辰年正月十二日新（亲）面立断

民国五年三月十四日林天昌卖田契

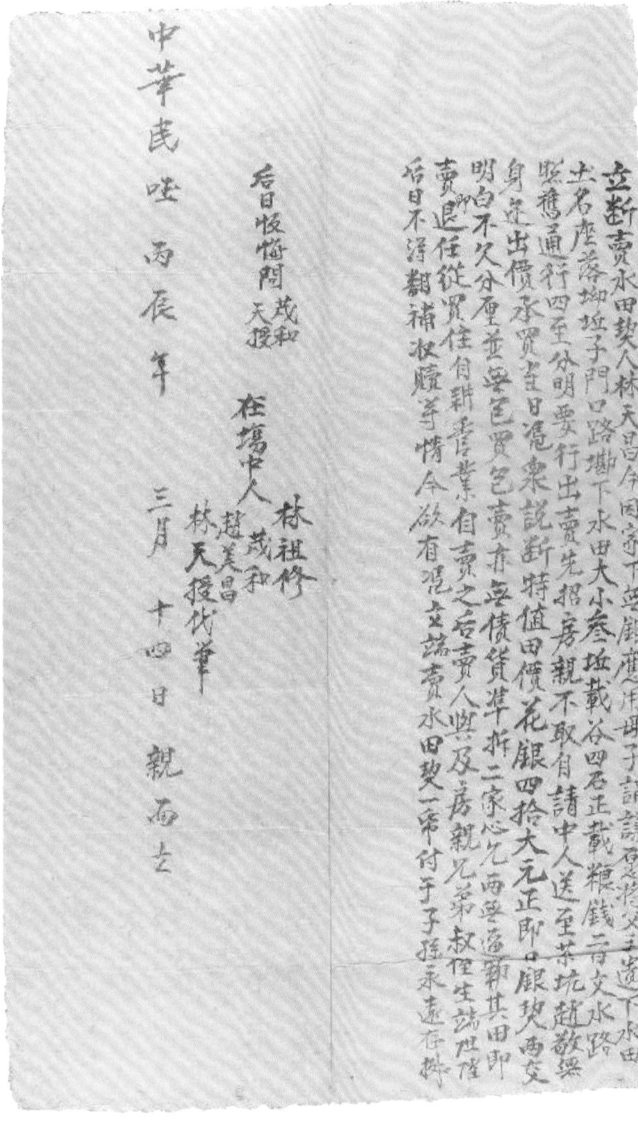

立断卖水田契人林天昌今因家下无银应用母子謪（商）议愿将父手遗下水田土名座落坳垭子门口路墈下水田大小叁丘载谷四石正载粮钱二百文水路照旧通行四至分明要行出卖先招房亲不取自请中人送至茶坑赵敬无身边出价承买当日凭众（中）说断时值田价花银四拾大元正即日银契两交明白不欠分厘并无包买包卖亦无债货准拆（折）二家心允两无逼勒其田即卖即退任从买住（主）自耕管业自卖之后卖人与及房亲兄弟叔侄〈不得〉生端阻陷（挡）后日不得翻补收赎等情今欲有凭立端（断）卖水田契一纸付于子孙永远存据

后日饭（反）悔问茂和天授

在场中人林祖修茂和赵美昌林天授代笔

中华民国丙辰年三月十四日亲面立

民国五年五月十三日赵敬行卖田契

立断卖水田契人赵敬行今因家下无银使用夫妻父子遗下水田土名座落对面排水田二丘左边德福为界右边买人为界上下水路招（照）通行四至明分要行出卖先招旁亲不取后〈问〉四临（邻）自请中人送到赵敬万身边出价（价）承买当日三面到田香（踏）看其田作价（价）时直田价（价）花银十八大元正当日银契二交明白不欠分文并无包买包卖一无债货准拆（折）后日旁亲旁内不德（得）如愿生端恢（反）悔入（如）有借字生端恢（反）悔公罚内银什两牛头三只白米三担一半入村公用一半接契到官里（理）论二家心愿二无笔（逼）勒卖人任从买人住耕管业一卖千秋永不回头当日绩（即）卖绩（即）退买人永远为招（照）今若（欲）有凭立断契一纸永远为记

在肠（场）中人赵敬福银一毛

代笔赵敬贵银一毛

民国丙辰年五月十三日三面立断

民国五年六月初八日廖则能纠纷调解契

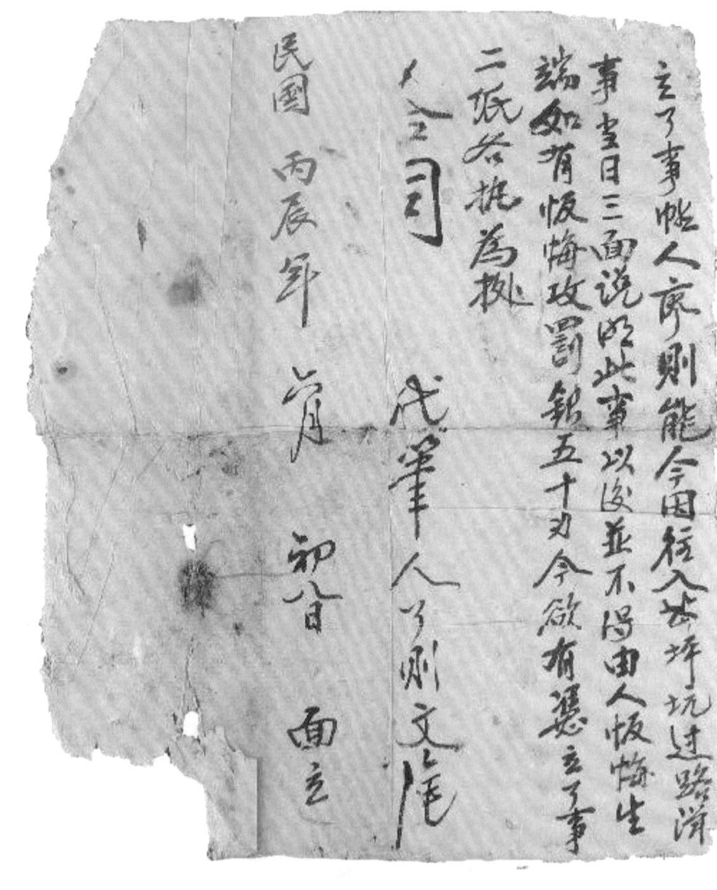

立了事帖人廖则能今因往入茶坪坑过路滋事当日三面说明此事以后并不得由人饭（反）悔生端如有饭（反）悔攻（公）罚银五十两今欲有凭立了事二纸各执为据

〈合同〉

代笔人了〔廖〕则文钱一毛

民国丙辰年六月初八日面立

民国五年七月初九日赵敬贵卖山岭契

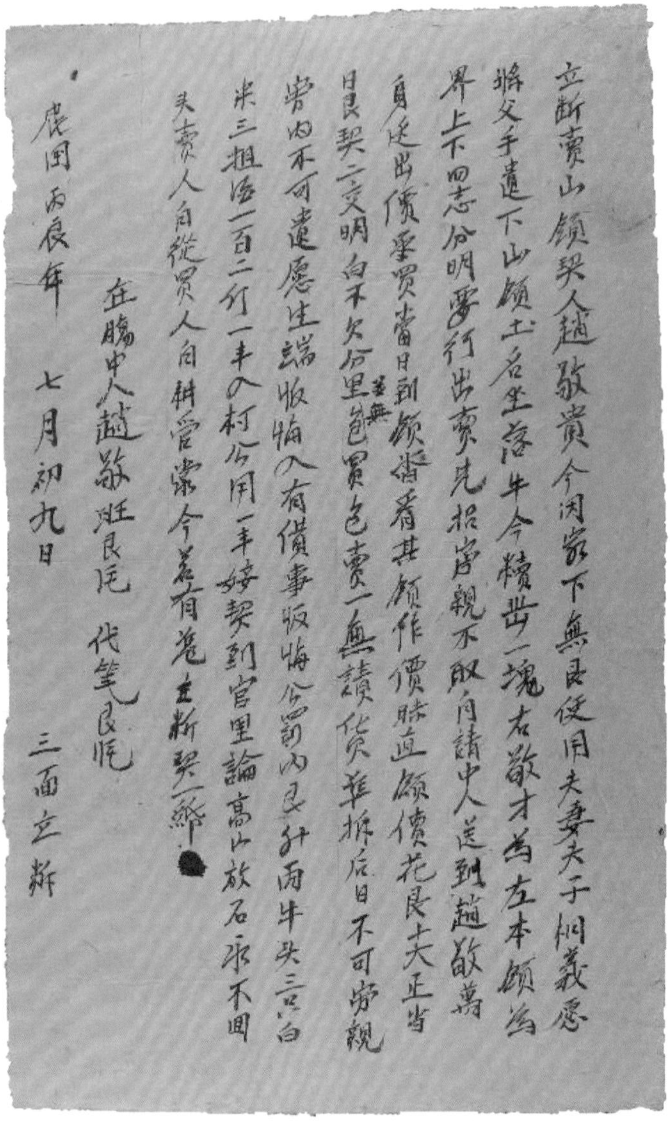

立断卖山领（岭）契人赵敬贵今因家下无银使用夫妻夫（父）子相义（议）愿将父手遗下山领（岭）土名坐落牛今糟出［出］一块右敬才为〈界〉左本领（岭）为界上下四志（至）分明要行出卖先招房亲不取自请中人送到赵敬万身边出价承买当日到领（岭）沓（踏）看其领（岭）作价时直领（岭）价花银十大〈元〉正当日银契二交明白不欠分里（厘）并无包买包卖一无讀（债）货准拆（折）后日［不可］旁亲旁内不可遗愿生端恢（反）悔入（如）有借事恢（反）悔公罚内银什两牛头三只白米三担酒一百二斤一半入村公用一半婈（接）契到官里（理）论高山放石永不回头卖人白（自）从买人自耕管业今若有凭立断契一纸【押】

在肠（场）中人赵敬旺银一毛

代笔银一毛

民国丙辰年七月初九日三面立断

民国五年十二月初六日赵得溪卖山岭契

立断卖山岭契人赵得溪今因承（家）下无银使用夫（父）子⍰义（议）原（愿）持（将）父手遗下山岭土名坐落明隆岗岭壹块下敬秀为介（界）上本岭为介（界）四志（至）分明要行出卖先招家亲不取自请中人送到本坑赵敬万身边出价承买先招房亲不取当日坪（凭）中所断士（时）价银八大元正即日银契二交明白不欠分里（厘）并无包买包卖一无讀（债）货准⍰后日家亲不得遗愿生端饭（反）悔若有〈反悔〉公罚牛头三只白米三担双酒三百斤高山族（放）〈石〉水（永）不回头自从买人白（自）耕管月（业）水（永）为记

代笔人高炳钱一毛

在肠（场）中得礼钱二毛

民国丙辰年十二月初六日三面立

民国五年十二月十二日得府卖山岭契

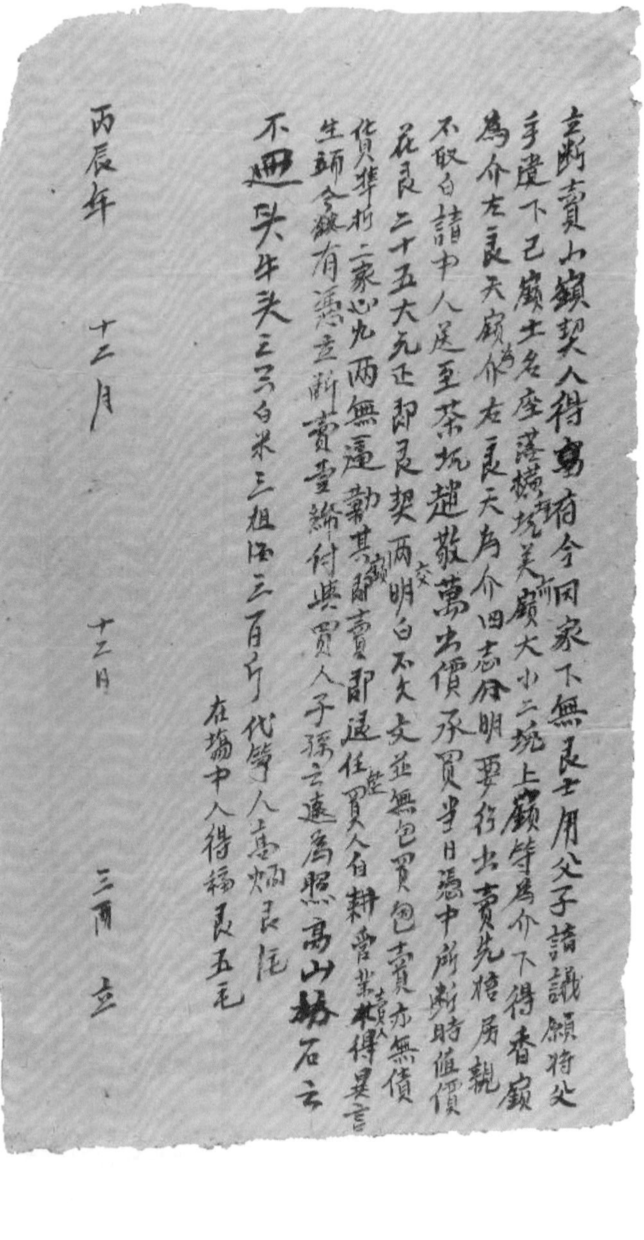

立断卖山岭契人得府今因家下无银士（使）用父子謪（商）议愿将父手遗下已岭土名座落横坪坑美岃岭大小二块上岭等为介（界）下得香岭为介（界）左良天岭为介（界）右良天为介（界）四志（至）分明要行出卖先招房亲不取白（自）请中人送至茶坑赵敬万出价承买当日凭中所断时值价花银二十五大元正即〈日〉银契两交明白不欠〈分〉文并无包买包卖亦无债货准折二家心九（允）两无逼勒其岭即卖即退任从买人自耕管业卖人不得异言生端今欲有凭立断卖壹纸付与买人子孙云（永）远为照高山放石云（永）不回头牛头三只白米三担酒三百斤

代笔人高炳银一毛

在场中人得福银五毛

丙辰年十二月十二日三面立

民国五年十二月二十三日敬先敬幔卖田契

立断卖水田契人敬先敬幔今因家下无银使用夫妻谪（商）议愿将父手遗下自己水田土名座落大岭水田壹陕（丘）上本田为介（界）下本田为介（界）四至分明要行出卖先招房亲不取白（自）请中人送至本坑赵敬万出价承买当日三面凭中所断时值价银五大元〇银二毛正即日银契两交明白不欠分厘并无包买包卖亦无债货［集］准拆（折）二家心允两无逼勒其田即卖即退任从买人自耕管业后日不得翻补收價（价）后日不得异言〈生〉端之（滋）事今欲有〈凭〉先立契一纸付与买人存执为据高山赞（缵）石永不回头牛头三只白米三担酒三佰斤

代笔人高炳利银一毛

在场中人敬簧银一毛

民国丙辰年十二月廿三日三面立

民国六年正月初九日赵得明卖田契

立断卖水田契人赵得明今因家下无银使用夫妻𧩙（商）议愿将父手遗下自己水田土名座落东山水田大小廿三丘载谷六担债良（银）钱壹百壹十四文上敬凤为介（界）下得钱为介（界）四至分明要行出卖先招房諗（亲）不取自请中人送至本坑赵武出价承买当日三面凭中所断时值价银四十大〈元〉正即日银契二交明白不欠分厘并无包买包卖亦无债货准折二家心允两无逼勒其田即卖即退任从买人自井（耕）管业后日不得翻〈补〉收赎后日不得异言生端今欲有凭立契一纸付与买人执为据高山赞（缵）石永不回头牛头三只白〈米〉三担酒三百斤牛栏一亦二⍰

在场中人德如钱二毛德孝钱一毛

代笔人高炳利钱一毛

民国丁己（巳）年正月初九日三面立

民国六年十月初六日赵敬今卖山岭契

立断賣山嶺契人趙敬今𠄌因家下无艮使用夫妻夫子相義愿將夫手遺下山嶺土名坐落㙇崗嶺一塲左敬謝為界右敬宦為界上本嶺為界下各坑為界四志分明要行出賣先招房親不敢自請中人送到趙敬萬身近出價承買當日三面到嶺看其嶺作價時直嶺價化艮四大元正當日艮契二交明白不欠分文色買色賣一无債貨準右日房親房内兄弟不生遺惡生端悔恨有借事生端悔招契里論二家心愿債賣債退高山放石永遠不回一賣千秋永不回头債賣之后不生取贖有悔口取贖公罰内艮廿四牛头三只白米三担一年四村公用一年接契到官論今敬有凭立契一紙

在塲中人敬今老妹艮𠯋

代笔趙敬貴艮𠯋

民国丁巳年十月初六日三面立断

立断卖山领（岭）契人赵敬今今因家下无银使用夫妻夫（父）子相义（议）愿将夫（父）手遗下山领（岭）土名
坐落⍰旁岀领（岭）一块左敬谢为界右敬官为界上本领（岭）为界下斉［齐］坑为界四志（至）分明要行出卖先
招旁亲不取自请中人送到赵敬万身边出儥（价）承买当日三面到领（岭）香（踏）〈看〉其领（岭）作儥（价）
时直领（岭）儥（价）化（花）银四大元正当日银契二交明白不欠分文包买包卖一无愦（债）货准〈折〉后日旁
亲旁内兄弟不德（得）遗愿生端恢（反）悔入（如）有借事生端恢（反）悔招契里（理）论二家心愿愦（即）卖
愦（即）退高山放石永远不回〈头〉一卖千秋永不回头愦（即）卖之后不德（得）收赎入（如）有恢（反）口收
赎公罚内银什两牛头三只白米三担一半入村公用一半接契到官〈理〉论今欲有凭立契一纸
在塲（场）中人敬今老妹银一毛
代笔赵敬贵银一毛
民国丁己（巳）年十月初六日三面立断

民国六年十月初六日赵德孛卖山岭契

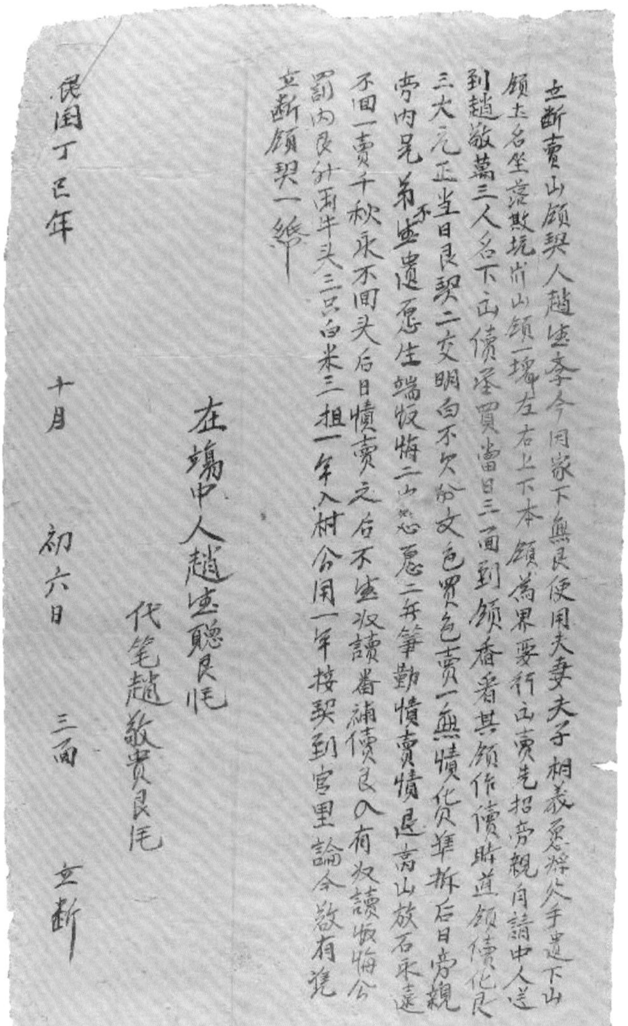

立断卖山领（岭）契人赵德孛今因家下无银使用夫妻夫（父）子相义（议）愿将父手遗下山领（岭）土名坐落欺坑岃山领（岭）一块左右上下本领（岭）为界要行出卖先招旁亲自请中人送到赵敬万三人名下出债（价）承买当日三面到领（岭）香（踏）看其领（岭）作债（价）时道（值）领（岭）债（价）化（花）银三大元正当日银契二交明白不欠分文包买包卖一无慎（债）货准拆（折）后日旁亲旁内兄弟不德（得）遗愿生端饭（反）悔二家心愿二无笔（逼）勤（勒）慎（即）卖慎（即）退高山放石永远不回〈头〉一卖千秋永不回头日后慎（即）卖之后不德（得）收读（赎）番（翻）补债（价）银入（如）有收读（赎）饭（反）悔公罚内银什两牛头三只白米三担一半入村公用一半接契到官里（理）论今欲有凭立断领（岭）契一纸

在塲（场）中人赵德聪银二毛

代笔赵敬贵银一毛

民国丁己（巳）年十月初六日三面立断

民国六年十月初六日赵敬田卖田契

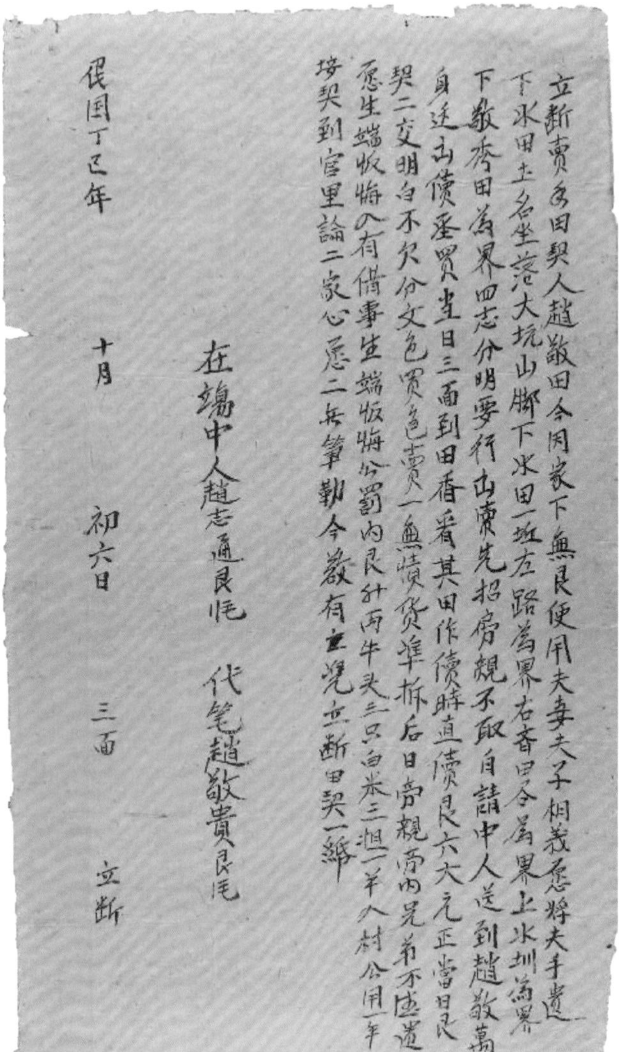

立断卖水田契人赵敬田今因家下无银使用夫妻夫（父）子相义（议）愿将夫（父）手遗下水田土名坐落大坑山脚下水田一丘左路为界右吝〔齐〕田各为界上水圳为界下敬秀田为界四志（至）分明要行出卖先招房亲不取自请中人送到赵敬万身边出債（价）承买当日三面到田香（踏）看其田作債（价）时直債（价）银六大元正当日银契二交明白不欠分文包买包卖一无愦（债）货准拆（折）后日旁亲旁内兄弟不德（得）遗愿生端饭（反）悔入（如）有借事生端饭（反）悔公罚内银十两牛头三只白米三担一半入村公用一半接契到官里（理）论二家心愿二无笔（逼）勒今欲有立凭立断田契一纸

在蕩（场）中人赵志通银二毛

代笔赵敬贵银一毛

民国丁已（巳）年十月初六日三面立断

民国六年十一月初八日赵敬明赵敬凤交换地帖

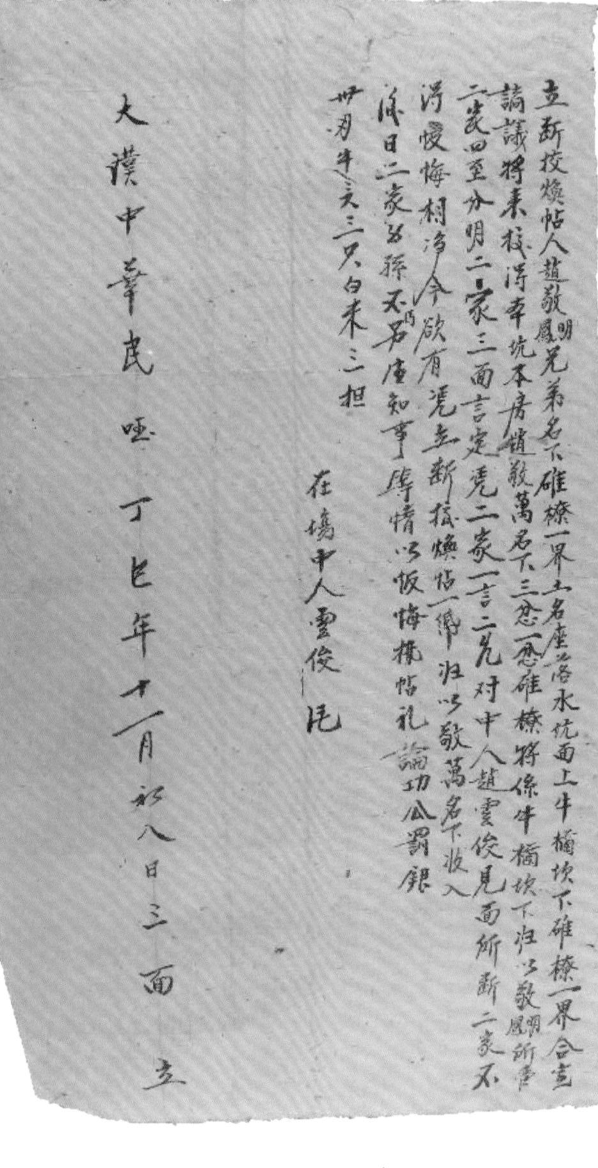

立断校（交）焕（换）帖人赵敬明赵敬凤兄弟名下碓橑一界土名座落水坑面上牛栏坎下碓橑一界合家謪（商）议将来校（交）得本坑本房赵敬万名下三忿（份）〈卖〉一忿（份）碓橑将係牛栏坎下归以敬明敬凤所管［二家］四至分明二家三面言定凭二家一言二允对中人赵云俊见面所断二家不得恢（反）悔相争今欲有凭立断校（交）焕（换）帖一纸归以敬万名下收入后日二家子孙不得另生知（滋）事等情以（若）恢（反）悔执帖礼（理）论［功］公罚银卅两牛头三只白米三担

在场中人云俊一毛

大汉中华民国丁巳年十一月初八日三面立

民国六年十一月二十八日敬龙卖田契

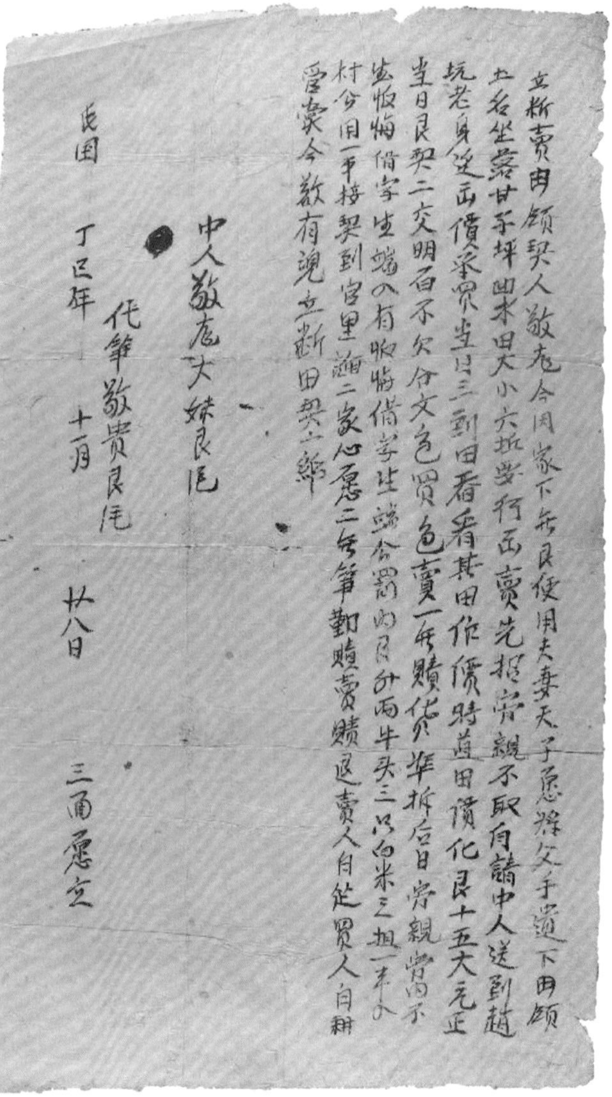

立断卖田领（岭）契人敬龙今因家下无银使用夫妻天（父）子愿将父手遗下田领（岭）土名坐落甘子坪凹水田大小六丘要行出卖先招旁亲不取自请中人送到赵坑老身边出价承买当日三（面）到田香（踏）看其田作价时直田价化（花）银十五大元正当日银契二交明白不欠分文包买包卖一无賷（债）货准拆（折）后日旁亲旁内不德（得）饭（反）悔借字生端入（如）有饭（反）悔借字生端公罚内银什两牛头三只白米三担一半入村公用一半接契到官里（理）论二家心愿二无笔（逼）勒賷（即）卖賷（即）退卖人白（自）从买人白（自）耕管业今欲有凭立断田契一纸

中人敬龙大妹银一毛

代笔敬贵银一毛

民国丁巳年十一月廿八日三面愿立

民国六年十一月二十八日赵敬漫卖田契

立断卖水田契人赵敬漫今因家下无银使用夫妻夫（父）子愿将父手遗下水田土名坐〈落〉大领（岭）吏（埂）水田大小二丘左右四志（至）分明要行出卖先招旁亲不取自请中人送到赵坑老身边出价承买当日三面到田香（踏）看其田作价时真（直）田价化（花）银廿二大元正当日银契二交明白不欠分文包买包卖一无赎（债）货准拆（折）后日旁亲旁内不德（得）饭（反）悔借字生端入（如）有饭（反）悔借字生端公罚内银什两牛头三只白米三担一半入村公用一半接契到官里（理）论二家心愿二无笔（逼）勒（勒）赎（即）卖赎（即）退卖人自从买人自耕管业今欲有凭立断田契一纸

中人赵敬孝银一毛【押】

代笔敬贵银一毛

民国丁已（巳）年十一月廿八日三面愿立

民国六年十二月初十日盘得稞卖田契

立断卖水田契人盘得稞今因家下无银使用父子兄□□议愿将祖手遗下分得水田坐落土名牛讳𡵓口神坛对面大小八丘载谷百五载粮同（铜）钱十五□□界朋（明）百田丘水路分明将来出卖先问亲房侯（后）问四邻各称无价不取自请终（中）人□□□盘敬天出价承买当日二面言定田价花银十八太（大）元正即日银契两相交讫朋（明）白不欠分厘□粮愿在公甲公股任从银主推出收入公都公甲公股奏（凑）粮完约其田任从买人自耕另批另发□□不得异言生端等情若有滋事生端其系卖者之当不干买人之事又不得翻补收赎若有翻补□□恢（反）悔攻（公）罚契内〈银〉一半一原（愿）二允两无逼勒今欲有凭立有断卖水田契一纸付与买人子孙永远收□为照

在场中人盘得田

代笔时金

民国［王］丁己（巳）年十二月初十日三面立

民国六年十二月二十日赵敬慢卖田契

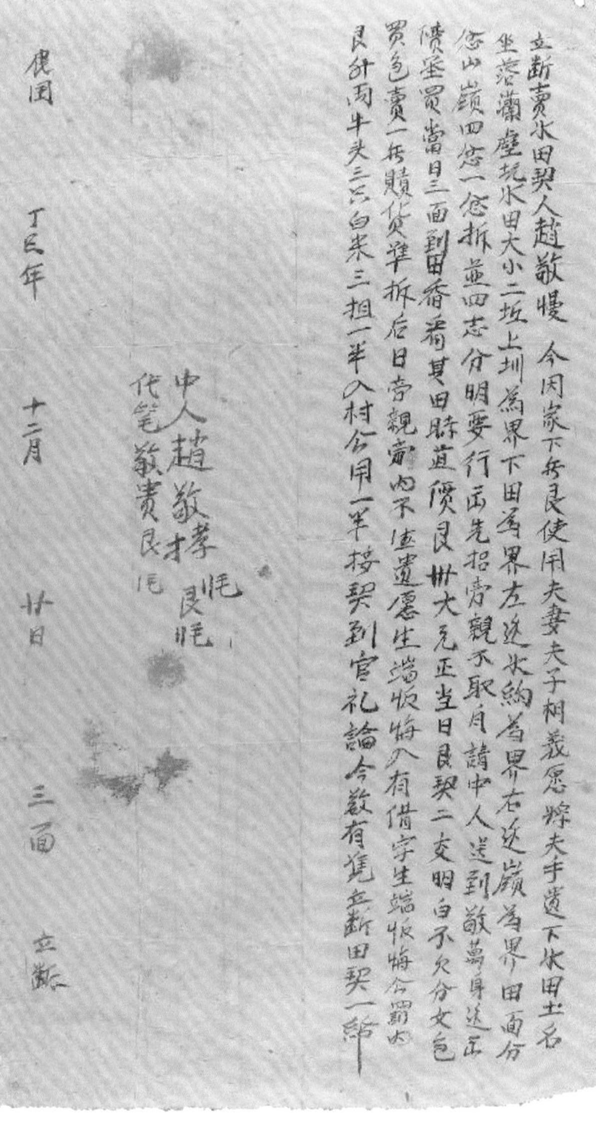

立断卖水田契人赵敬慢今因家下无银使用夫妻夫（父）子相义（议）愿将夫（父）手遗下水田土名坐落灡壁坑水田大小二丘上圳为界下田为界左边水约（沟）为界右边岭为界田面分岔（份）山岭四岔（份）一岔（份）拆并四志（至）分明要行出（卖）先招旁亲不取自请中人送到敬万身边出价承买当日三面到田香（踏）看其田时直价银卅大元正当日银契二交明白不欠分文包买包卖一无赜（债）货准拆（折）后日旁亲旁内不德（得）遗愿生端饭（反）悔入（如）有借字生端饭（反）悔公罚内银什两牛头三只白米三担一半入村公用一半接契到官礼（理）论今欲有凭立断田契一纸

中人赵敬孝银二毛赵敬才银二毛

代笔敬贵银一毛

民国丁巳年十二月廿日三面立断

民国六年十二月二十日赵敬田卖山岭契

立断卖山岭契人赵敬田今因家下无银使用夫妻夫（父）子相义（议）愿将父手遗下山岭土名坐落栗子头分岔（份）山岭三岔（份）敬田一岔（份）[岔]路下茶员（园）一块四志（至）分明要行出卖先招旁亲不取自请中人送到敬万身边出价承买当〈日〉三面到岭香（踏）看其岭作价时道（值）价银六大元正当日银契二交明白不欠分文包买包卖一无赎（债）货准拆（折）二家心愿二无笔（逼）勒一愿二夕赎（即）卖赎（即）退后日旁亲内不得遗愿生端恢（反）悔入（如）有借字生端恢（反）悔公罚内银什两牛头三只白米三担一半入村公用一半接契到官礼（理）论高山方（放）石永不回头卖人自从买人自耕管业永远为招（照）今欲有凭立断山岭契一纸

中人赵志通银二毛

代笔敬贵银一毛

民国丁巳年十二月廿日三面立断

民国六年十二月二十日赵德前卖山岭契

立断卖山岭契人赵德前今因家下无银使用夫妻夫（父）子相义（议）愿将父手遗下山岭土名坐栗子头山岭一岔（份）上到美下到却为界左右四志（至）分明要行出卖先招旁亲不取自请中人送到敬万身边出价承买当日三面到岭香（踏）看其岭作价时直价银二大元正当日银契二交明白不欠分文包买包卖一无赎（债）货准拆（折）二家心源（愿）二无笔（逼）勒赎（即）卖赎（即）退后日旁亲旁内不德（得）遗愿生端饭（反）悔入（如）有借字生端饭（反）悔公罚内银什两牛头三只白米三担一半入村公用一半接契到官礼（理）论高山〈放石〉永远不回头卖人自从买人自耕管业永远为招（照）今欲有凭立断山岭契一纸

中人赵云圳妻银一毛

代笔敬贵银一毛

民国丁巳年十二月廿日三面立断

民国七年正月初八日赵敬孝卖田契

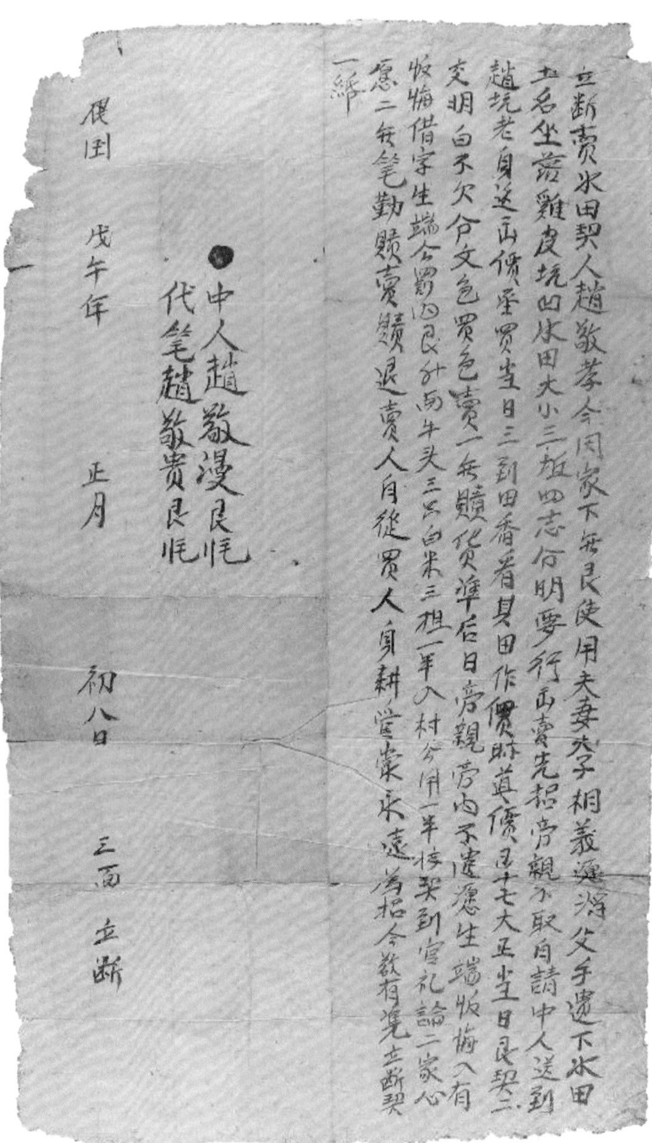

立断卖水田契人赵敬孝今因家下无银使用夫妻夫（父）子相义（议）愿（愿）将父手遗下水田土名坐落鸡皮坑凹水田大小三丘四志（至）分明要行出卖先招旁亲不取自请中人送到赵坑老身边出价承买当日二（面）到田香（踏）看其田作價（价）时直价银十七大（元）正当日银契二交明白不欠分文包买包卖一无賷（债）货准（折）后日旁亲旁内不（得）遗愿生端恢（反）悔入（如）有恢（反）悔借字生端公罚内银什两牛头三只白米三担一半入村公用一半接契到官礼（理）论二家心愿二无笔（逼）勤（勒）賷（即）卖賷（即）退卖人自从买人身耕管业永远为招（照）今欲有凭立断契一纸

中人赵敬漫银二毛

代笔赵敬贵银二毛

民国戊午年正月初八日三面立断

民国七年正月初八日赵敬贵卖山岭契

立断卖山岭契人赵敬贵赵敬孝今因家下无银使用夫妻夫（父）子相义（议）愿将父手遗下山岭土名坐落长岭对面山岭一块八岔（份）买（卖）三岔（份）又一块坐落牛为脚路坎下四志（至）分明要行出卖先招旁亲不取自请中人送到坑老身边出价承买当日三面到岭香（踏）看其岭作价时直价银八十八毛正当日银契二交明白不欠分文包买包卖一无赎（债）货准（折）二家心愿二无笔（逼）勤（勒）赎（即）卖赎（即）退卖人自从买人自耕管业永远为招（照）后日旁亲旁内不德（得）遗愿生端恢（反）悔入（如）有借字生端恢（反）悔公罚内银什两牛头三只白米三担一半入村公用一半接契到官礼（理）论高山放石永不回头今欲有凭立断岭契一纸

中人赵敬礼银一毛【押】

代笔赵敬贵银二毛

民国戊午年正月初八日三面立断

民国七年十一月二十一日禾昌坑赵敬才卖山岭契

立断卖山领（岭）契人禾昌坑赵敬才今因家下无银使用夫妻夫（父）子相义（议）愿将父手遗下山领（岭）土名〈坐〉落长领（岭）美凹下大路边领（岭）一块左德孝为界右边赵云万为界下本领（岭）为界上道到凹美四志（至）分明要行出卖先昭（招）旁亲不取自请中人送到本坑赵敬万身边出价承买当日三面愿定时直价银十五大元☐☐正当日银契二交明白不欠分文包买包卖一无賩（债）货准拆（折）高山放石永不回头一卖千秋永不回头二家心愿二无笔（逼）勤（勒）后日旁亲旁内兄弟不德（得）遗愿生端恢（反）悔入（如）有借字生端恢（反）悔公罚银什两牛头三只白米三担一半入村公用一半接契到官礼（理）论今欲有凭立断卖山领（岭）契一纸

代笔赵敬贵银一毛

在肠（场）中人赵德传银一毛

民国戊午年十一月廿一日三面立断

民国七年十二月十四日赵得涘卖山岭契

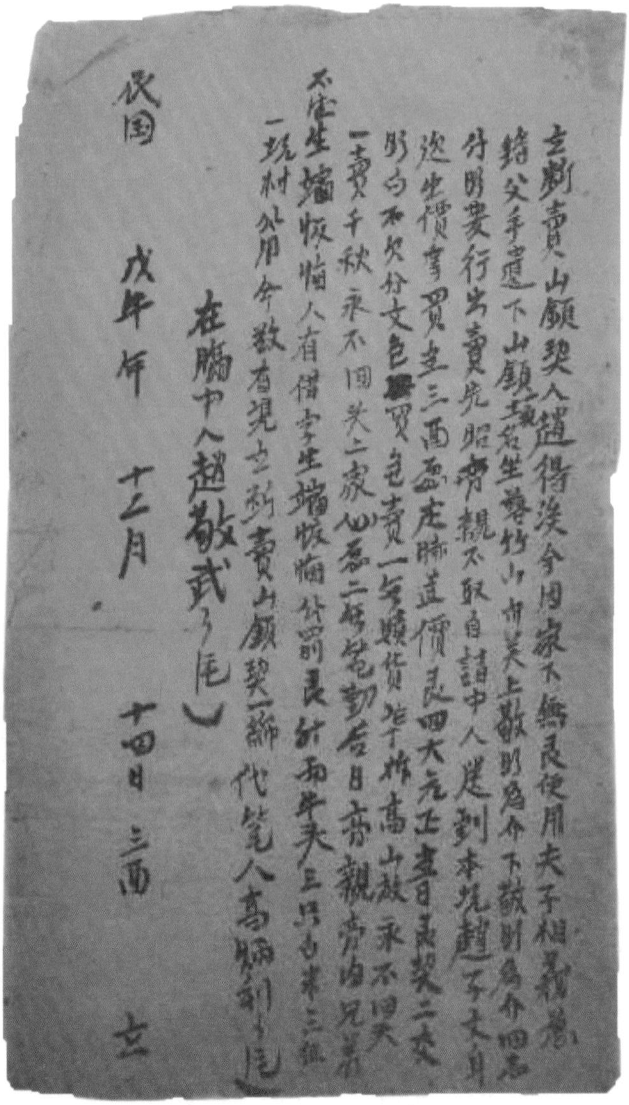

立断卖山领（岭）契人赵得涘今因家下无银使用夫（父）子相义（议）愿将父手遗下山领（岭）一块土名坐落竹山岃美上敬明为介（界）下敬明为介（界）四志（至）分明要行出卖先昭（招）旁亲不取自请中人送到本坑赵子文身边出价承买当（日）三面愿定时直价银四大元正当日银契二交明白不欠分文包买包卖一无赎（债）货准拆（折）高山放（石）永不回头一卖千秋永不回头二家心愿二无笔（逼）勤（勒）后日旁亲旁内兄弟不得生端恢（反）悔人（如）有借字生端恢（反）悔公罚银什两牛头三只白米三担一坑村公用今欲有凭立断卖山领（岭）契一纸

代笔人高炳利钱一毛

在肠（场）中人赵敬武钱一毛

民国戊午年十二月十四日三面立

民国七年十二月十四日赵得贵卖山岭契

立断卖山领（岭）契人赵得贵今因家下无〈银〉使用夫妻兄弟相义（议）愿将父手遗下山领（岭）土名坐落花竹川领（岭）一块卖一半上细昌为介（界）下敬明田⍰为介（界）右敬明为介（界）左德保为介（界）又神川领（岭）坪一块卖一半上山垌为介（界）下细昌为介（界）右恩城为介（界）左细昌为介（界）四志（至）分明要行出卖先昭（招）旁亲不取自请中人送到本坑赵敬万身边出价承买当〈日〉三面愿定晴（时）直价银十一大元正即日银契二交明白不欠分文包买包卖一无賸（债）货准折高山放石永不回头一卖千秋永不回头二家心愿二无笔（逼）勤（勒）后日旁亲旁内兄弟不德（得）遗愿生端饭（反）悔人（如）有借〈事〉生端公罚银什两牛头三只白〈米〉三担公用今欲有准（凭）立断卖山领（岭）契一纸

代笔高炳利钱一毛

在肠（场）中〈人〉赵敬保钱一毛

民国戊午年十二月十四日三面立

民国七年十二月十四日赵敬才卖田契

立断卖水田契人赵敬才今因家下无银使用夫（父）子相义（议）愿将父手遗下水田坐落何枓埂俊田一丘上敬明为介（界）下敬才为介（界）右赞古修（桥）端田为介（界）左端田为人（界）四志（至）分明要行出卖先昭（招）旁亲不取自请中人送到本坑赵敬富身边出价承买当日三面愿定时直价银六大元正即日银契二交明白不欠分文包买包卖一无赎（债）货准拆（折）高山放石永不回头一卖千秋永不回头二家心愿二无笔（逼）勤（勒）后日旁亲旁内兄弟不得遗愿生端恢（反）悔人（如）借字生端恢（反）悔公罚银什两牛头三只白米三担公用今欲准立断田契一纸

代笔高炳利钱一毛

在肠（场）中人赵志远钱一毛

民国戊午年十二月十四日三面立

民国八年六月初六日敬慢敬考又云孙女二人四人卖山岭契

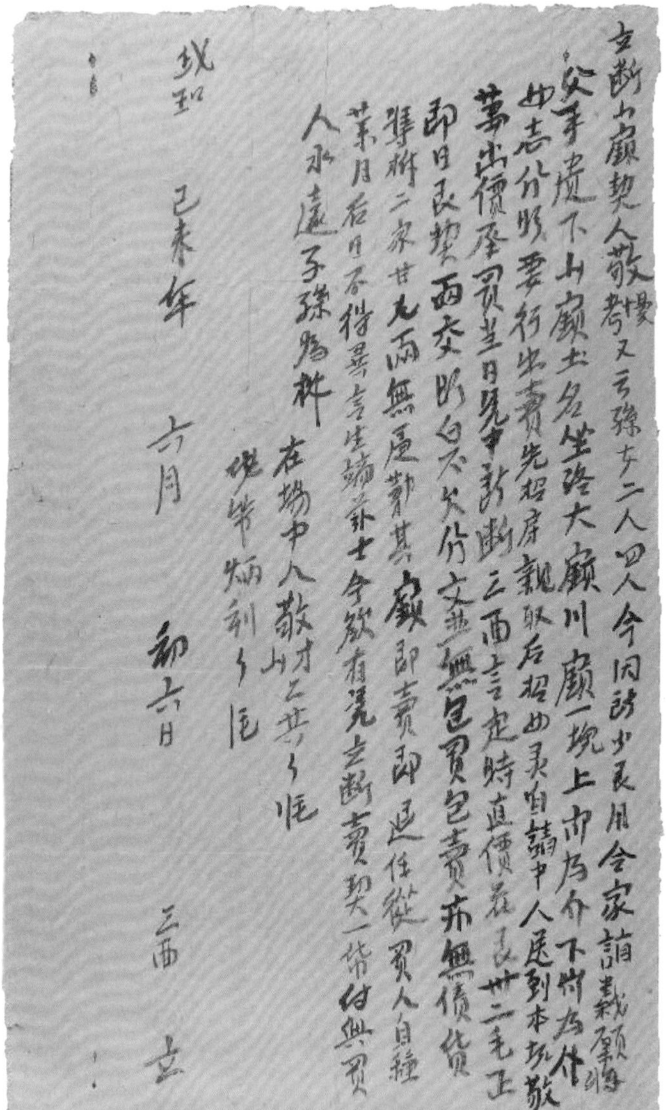

立断山岭契人敬慢敬考又云孙女二人四人今因所少银用合家謪（商）议愿将父手遗下山岭土名坐洛（落）大岭川岭一块上岃为介（界）下岃为介（界）四志（至）分明要行出卖先招房亲〈不〉取后招四灵（邻）自请中人送到本坑敬万出价承买当日凭中所断三面言定时直价花银卅二毛正即日银契两交明白不欠分文并无包买包卖亦无债货准拆（折）二家甘允两无逼勒其岭即卖即退任从买人自种管月（业）后日不得异言生端尛（滋）士（事）今欲有凭立断卖契一纸付与买人永远子孙为据

在场中人敬才敬山二〈人〉共钱二毛

代笔炳利钱一毛

民国己未年六月初六日三面立

民国八年十二月十一日赵志啟卖山岭契

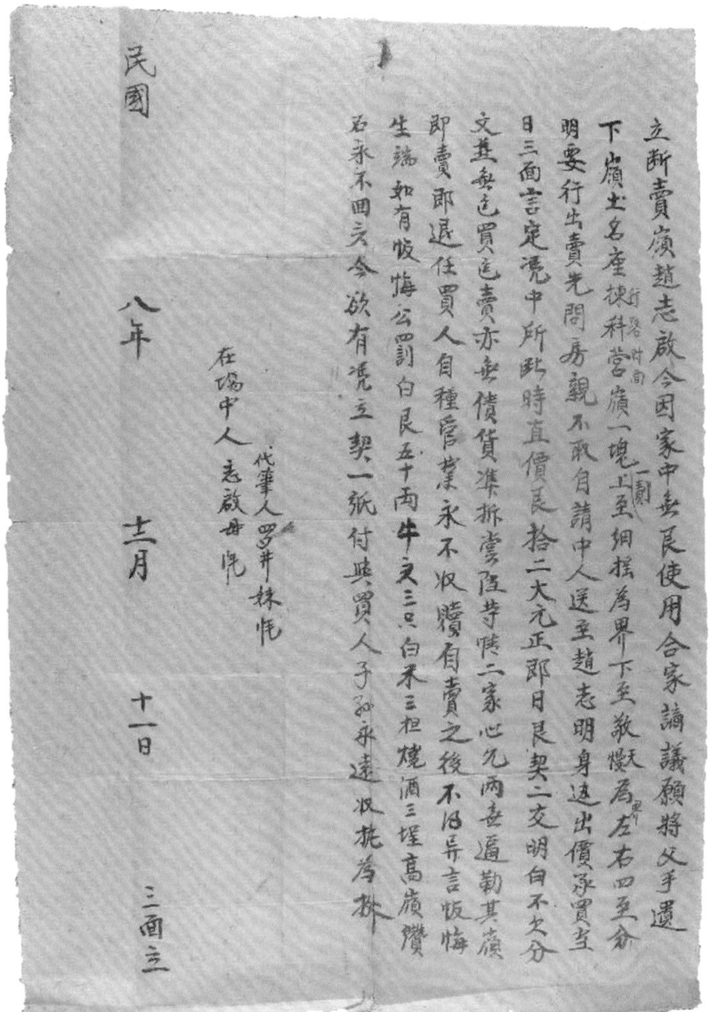

立断卖岭契赵志啟今因家中无银使用合家議（商）议愿将父手遗下岭土名座行路对面栋科营岭一块［一则］上至细摇为界下至敬天敬慢为界左右四至分明要行出卖先问房亲不取自请中人送至赵志明身边出价承买当日三面言定凭中所断时直价银拾二大元正即日银契二交明白不欠分文并无包买包卖亦无债货准拆（折）尝凶（挡）等情二家心允两无逼勒其岭即卖即退任买人自种管业永不收赎自卖之后不得异言恹（反）悔生端如有恹（反）悔公罚白银五十两牛头三只白米三担烧酒三埕高岭缵石永不回头今欲有凭立契一纸付与买人子孙永远收执为据

代笔人罗井妹二毛

在场中人志啟母二毛

民国八年十二月十一日三面立

民国八年十二月二十日赵敬才赵志钱卖田契

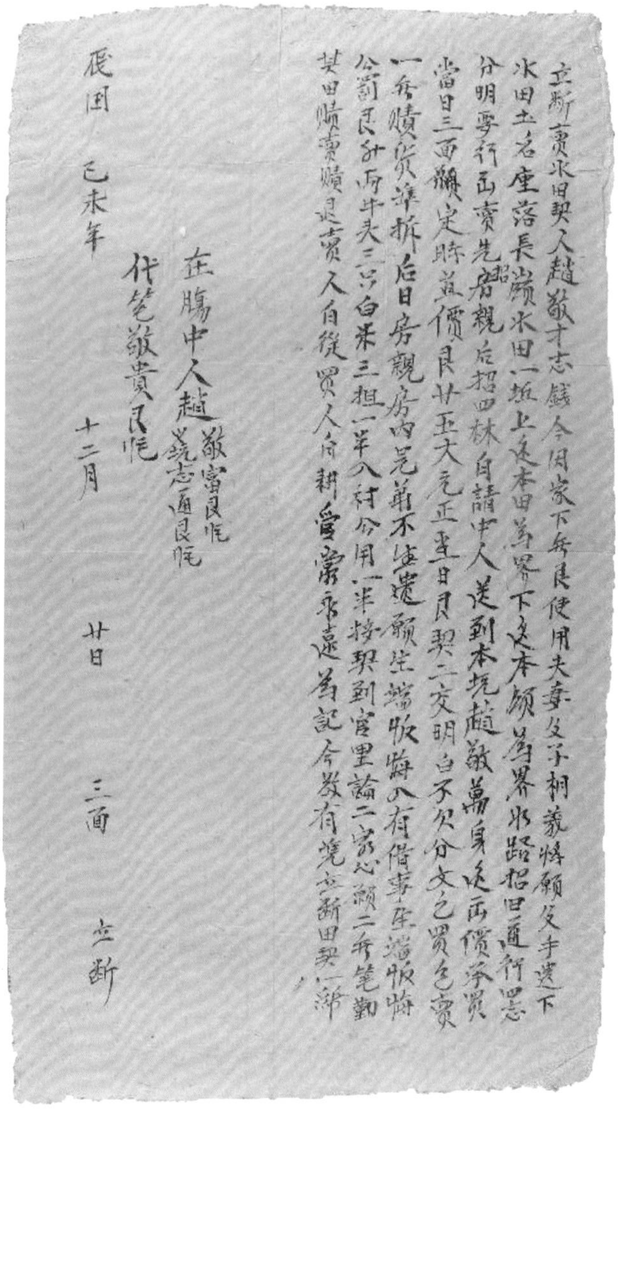

立断卖水田契人〈赵〉敬才赵志钱今因家下无银使用夫妻父子相义（议）将愿父手遗下水田土名座落长岭水田一丘上边本田为界下边本领（岭）为界水路招（照）旧通行四志（至）分明要行出卖先招房亲后招四林（邻）自请中人送到本坑赵敬万身边出价承买当日三面愿定时直价银廿五大元正当日银契二交明白不欠分文包买包卖一无贖（债）货准拆（折）后日房亲房内兄弟不德（得）遗愿生端饭（反）悔入（如）有借事生端饭（反）悔公罚银什两牛头三只白米三担一半入村公用一半接契到官里（理）论二家心愿二无笔（逼）勤（勒）其田赎（即）卖赎（即）退卖人自从买人自耕管业永远为记今欲有凭立断田契一纸

在肠（场）中人赵敬富银二毛赵义坑志通银二毛

代笔敬贵银二毛

民国己未年十二月廿日三面立断

民国九年正月初三日王敬田王敬龙卖山岭契

立断卖山岭契人王敬田王敬龙今因家下无银使用夫（父）子謪（商）义（议）愿将父手遗下山岭土名坐落木口岃岭二块一共六岔（份）敬田敬龙二兄弟出卖一岔（份）四止分明要行出卖先招房亲后招世（四）林（邻）无人承买至（自）请中人送到溪背赵敬武出价承买凭中所断时直价银二大园（元）正即日银契两交明白不欠分文并无包卖亦无包买一无债货准折两家心允两无逼勤（勒）其岭卖出即卖即退买主子孙管业为招（照）今欲有凭立断卖契一纸后日不得从言生端若有生端恢（反）悔工（公）罚银十两牛三界（只）白米三担竹木茶林包卖包买高岭番（翻）石永不回头当与买主子孙永远为招（照）

在场见正中人王敬田花号银二毛

民国九年寅（庚）申岁正月初三日亲面立

衣（依）口代笔人赵得观花号银二毛【押】

在场见正中人王志文花号银一毛

民国九年二月二十五日赵云龙卖山岭契

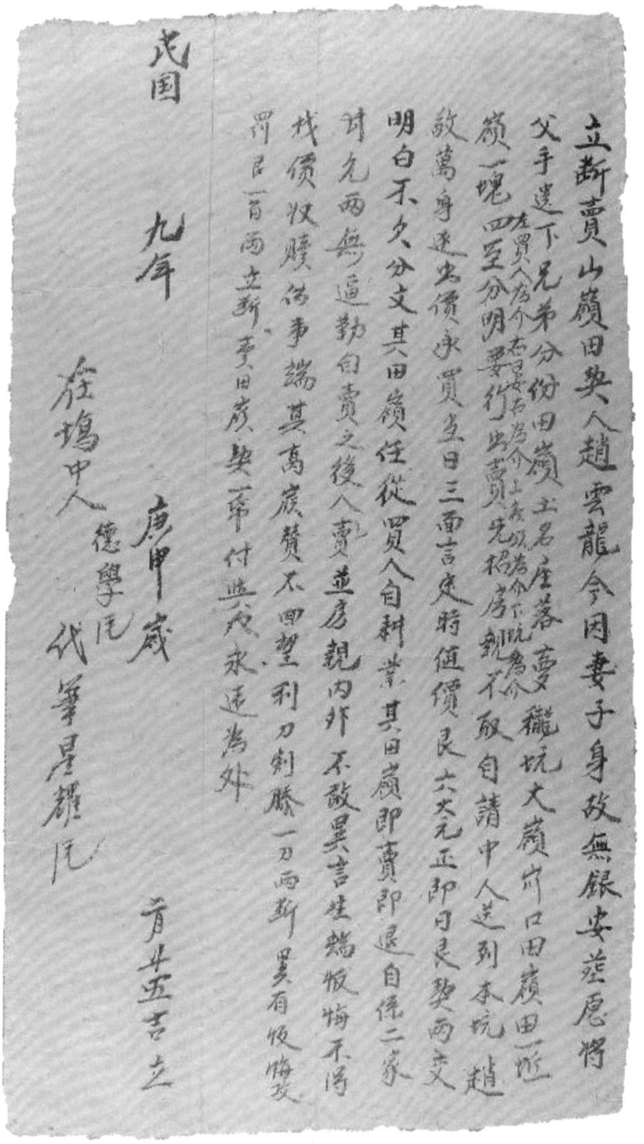

立断卖山岭田契人赵云龙今因妻子身故无银安葬愿将父手遗下兄弟分份田岭土名座落萝䆍坑大岭岕口田岭田一丘岭一块左买人为介（界）右晏古为介（界）上颜领（岭）为介（界）下坑为界四至分明要行出卖先招房亲不取自请中人送到本坑赵敬万身边出价承买当日三面言定时值价银六大元正即日银契两交明白不欠分文其田岭任从买人自耕〈管〉业其田岭即卖即退自系二家甘允两无逼勒自卖之后［人］卖〈人〉并房亲内外不敢异言生端恢（反）悔不得找价收赎借事〈生〉端其高岭赞（缵）〈石〉不回望利刀割滕（藤）一刀两断异（一）有反悔攻（公）罚银一百两立断卖田岭契一纸付与〈买〉人永远为处（据）

民国九年庚申岁二月廿五吉立

在场中人德学一毛

代笔星耀一毛

民国九年四月二十一日赵怀元卖田契

立断卖水田契人赵怌〔怀〕元今因家下夫（父）子謪（商）议愿将祖父遗下分忿（份）水田土名流朗坪座落水田一丘载谷一罗上以山脚为界下以敬秀田为界左以本田为界右以敬秀田为界四址分明要行出卖先招房亲不取自请中人送至茶坪坑赵敬万身边出价承买当日凭中所断时值价银六大元正即日银契两交明白不欠分文并无包买包卖又无债货准拆（折）二家心允两无笔（逼）勒其田即卖即退退与买人自耕管业自卖之〔后〕后日不得异言生端滋事等情高岭赞石永不回头牛头三只白米三担公罚花银廿大元今欲有凭立契一纸付与买人子孙永远为据

锦心完笔一毛

在场中人德位一毛

民国九年庚申岁四月廿一日三面立

民国九年十一月初七日赵敬武卖山岭契

立断卖山领（岭）契人赵敬武今因家下无银使用夫妻夫（父）子相义（议）将父手遗下山领（岭）土名坐落荣蒯头领（岭）一块上边本领（岭）为界下敬明为界四志（至）分明要行出卖先招旁亲不取后招四林（邻）自请中人送到本坑赵敬万身边出價（价）承买当日三面到领（岭）香（踏）看其领（岭）作傢（价）时直傢（价）银三十五毛正三忿（份）买（卖）一忿（份）当日银契二交明白不欠分文包买包卖一无憒（债）货准〈折〉其领（岭）即卖即退二家心原（愿）二无算（逼）勤（勒）一卖千秋永不回头高山放石永远不回头卖人自从买人住耕管业后日旁亲旁内兄弟不德（得）遗愿生端恢（反）悔入（如）有借事生端恢（反）悔公罚银什两牛头三只白米三担一半入村公用一半接契到官礼（理）论今欲有凭立领（岭）契一纸

衣（依）口代笔人赵敬贵银一毛

在肠（场）中人德前银一毛

民国庚申年十 一月初七日三面立断

民国九年十一月初七日赵德云德前卖山岭契

立断卖山领（岭）契人赵德云德前今因家下无银使用夫妻夫（父）子相义（议）愿将父手遗下山领（岭）土名坐占又坑一块坐落上边圳头上敬谢为界下大岗德前领（岭）为界下又一块左边敬谢为界下德天为界又大坑美贤离岗领（岭）一块上云才众领（岭）为界下德良为界一共三块四志（至）分明要行出卖先招旁亲不取后招四林（邻）自请中人送到本坑赵敬万身边出價（价）承买当日三面到领（岭）香（踏）看其领（岭）作傢（价）时直傢（价）银八十四毛正当日银契二交明白不欠分文包买包卖一无憤（债）货准拆（折）一卖千秋永不回头□高山放石永远不回头卖人自从买人自耕管业二家心愿二无笔（逼）勤（勒）其领（岭）憤（即）卖憤（即）退后日旁亲旁内兄弟不德（得）遗原（愿）生端恢（反）悔入（如）有借事生端恢（反）悔罚公银什两牛头三只白米三担一半入村公用一半接契到官礼（理）论今欲有凭立断领（岭）契一纸

衣（依）口代笔人赵敬贵银一毛

在肠（场）中人德学银一毛德聪银一毛

民国庚申年十一月初七日三面立断

民国九年十一月初七日赵志其卖山岭契

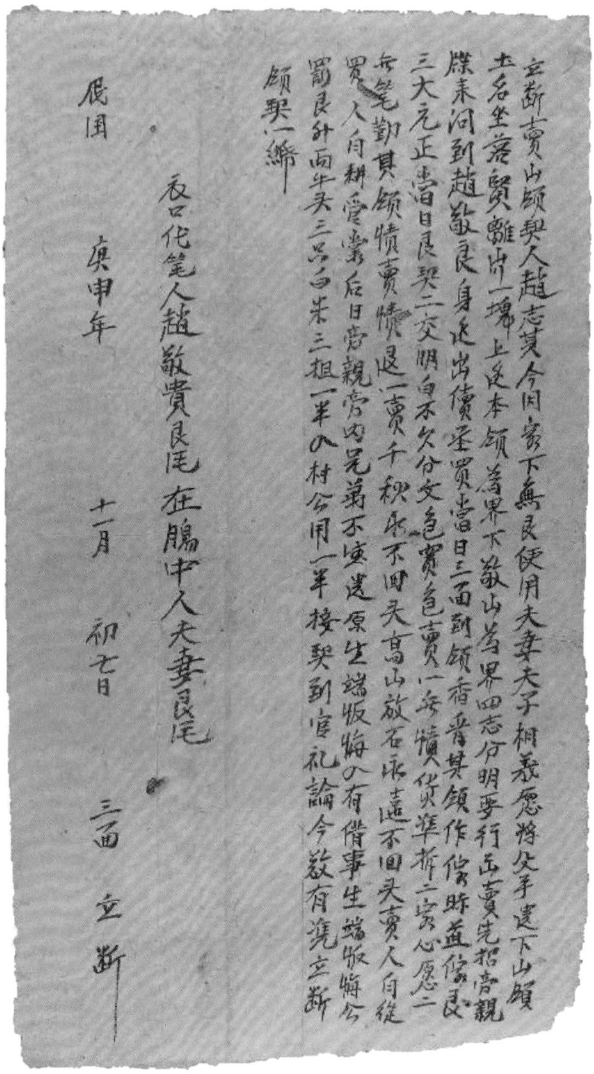

立断卖山领（岭）契人赵志其今因家下无银使用夫妻夫（父）子相义（议）愿将夫（父）手遗下山领（岭）土名坐落贤离岀一块上边本领（岭）为界下敬山为界四志（至）分明要行出卖先招旁亲牒来问到赵敬良身边出偾（价）承买当日三面到领（岭）香（踏）看其领（岭）作傢（价）时直傢（价）银三大元正当日银契二交明白不欠分文包买包卖一无愤（债）货准拆（折）二家心愿二无笔（逼）勤（勒）其领（岭）愤（即）卖愤（即）退一卖千秋永不回头高山放石永远不回头卖人自从买人自耕管业后日旁亲旁内兄弟不德（得）遗原（愿）生端饭（反）悔入（如）有借事生端饭（反）悔公罚银什两牛头三只白米三担一半入村公用一半接契到官礼（理）论今欲有凭立断领（岭）契一纸

衣（依）口代笔人赵敬贵银一毛

在肠（场）中人夫妻银一毛

民国庚申年十一月初七日三面立断

民国九年十一月初七日赵敬龙二兄弟卖山岭契

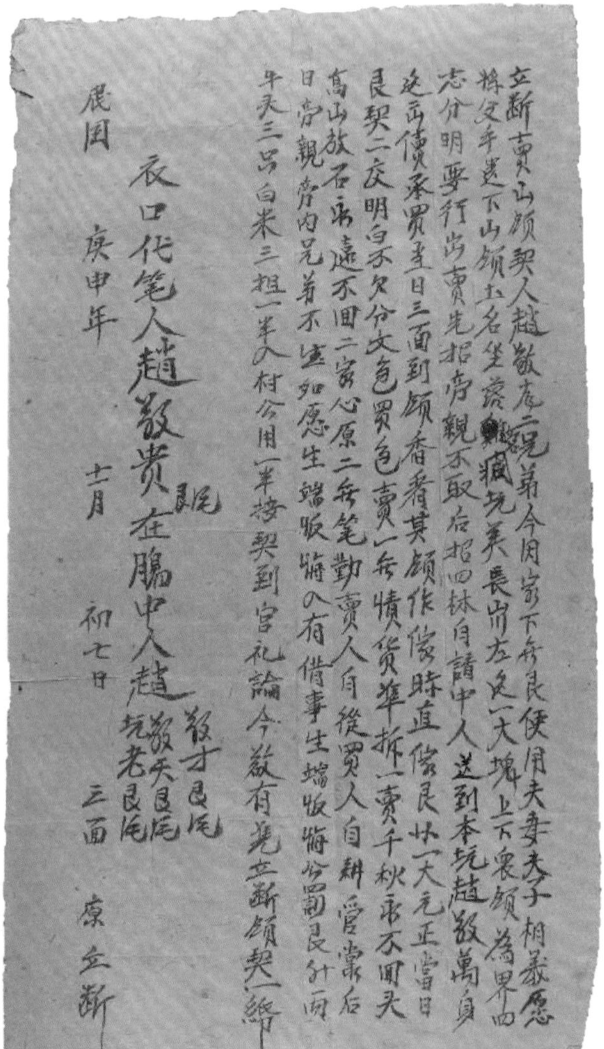

立断卖山领（岭）契人赵敬龙二兄弟今因家下无银使用夫妻夫（父）子相义（议）愿将父手遗下山领（岭）土名坐落□同坑美长岃左边一大块上下众领（岭）为界四志（至）分明要行出卖先招旁亲不取后招四林（邻）自请中人送到本坑赵敬万身边出债（价）承买当日三面到领（岭）香（踏）看其领（岭）作傢（价）时直傢（价）银廿一大元正当日银契二交明白不欠分文包买包卖一无愦（债）货准拆（折）一卖千秋永不回头高山放石永远不回二家心原（愿）二无笔（逼）勤（勒）卖人自从买人自耕管业后日旁亲旁内兄弟不德（得）如愿生端恢（反）悔入（如）有借事生端恢（反）悔公罚银什两牛头三只白米三担一半入村公用一半接契到官礼（理）论今欲有凭立断领（岭）契一纸

衣（依）口代笔人赵敬贵银一毛

在肠（场）中人赵敬才银一毛赵敬天银一毛赵坑老银一毛

民国庚申年十一月初七日三面原立断

民国九年十一月初七日赵敬亭卖田契

立断卖水田契人赵敬亭今因家下无银使用夫妻夫（父）子相义（议）将父手遗下水田土名坐落大坑美水田一处大小十五丘栽谷三担栽种一斗左右德前为界又牛栏一直又田稂一直左右四志（至）分明要行出卖先招旁亲不取白（自）请中人送到本坑赵敬万身（边）出傢（价）承买当日三面愿定时道（值）價（价）银六十五大元正当日银契二交明白不欠分文包买包（卖）一无憒（债）货准拆（折）其田即卖即退卖人自从买人住耕管业二家心愿二无笔（逼）勒其田即卖即退一卖千秋永不回头后日旁亲旁内兄弟不德（得）遗愿生端饭（反）悔入（如）有借事生端饭（反）悔公罚银什（两）牛头三只白米三担一半入村公用一半接契到官礼（理）论今欲有凭立断田领（岭）契一纸

衣（依）口代笔人赵敬贵银一毛

在肠（场）中人赵敬福银一毛

民国庚申年十一月初七日三面立断

民国九年十二月初九日茶坪坑赵志其卖水田牛栏契

立断卖水田牛栏契人茶坪坑赵志其今因家下所少银用合家謪（商）议愿将父手遗下水田土名坐落长岭下墩水田大小九丘载谷四担又岭一块又并杵木又牛栏一值此水田上与敬山田为界下与敬明为界左与敬山为界右本田为界当日到田香（踏）看四址分明要行出卖先问房亲无人承买后自请中人送到本族子文名下出价承买当日凭〈中〉所断时值价银壹百大员（元）正即日银契两交明白不欠〈分〉厘其田即卖即退任从买人自耕管业山岭牛栏一并退与买人修整管业并无包买包卖又无债货准折二家心愿两无逼勒自卖之后卖人及〈房〉亲不得异言生端恢（反）悔如有恢（反）悔公罚银壹百两牛头五只白米五担入乡公用一半接契人出官裡（理）论一半今欲有凭立断卖契一纸付与买人收执永远为据

在场中人赵子天接去银二毛赵子桥接去银二毛

代笔人许际鸿接去银一毛

民国庚申年十二月初九日三面笔立

民国九年十二月十五日赵兰右卖山岭契

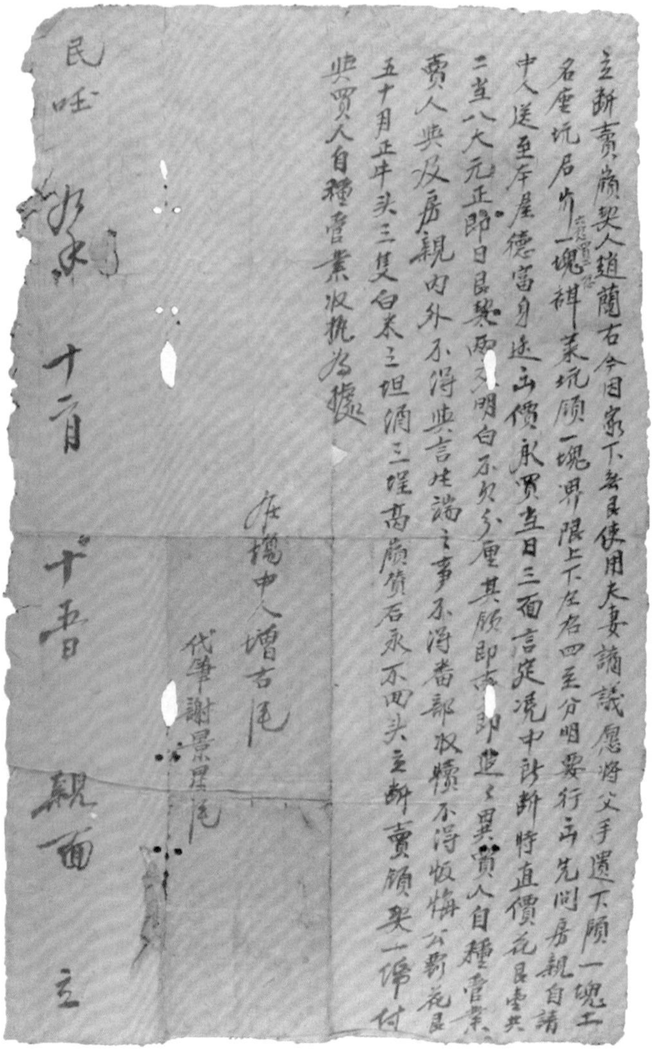

立断卖领（岭）契人赵兰右今因家下无银使用夫妻譎（商）议愿将父手遗下领（岭）一块土名尘坑启岀六忿（份）买（卖）二忿（份）一块甜菜坑领（岭）一块界限上下左右四至分明要行出〈卖〉先问房亲自请中人送至本屋德富身边出价承买当日三面言定凭中所断时直价花银一共二当八大元正即日银契两交明白不欠分厘其领（岭）即卖即退退异买人自种管业卖人与及房亲内外不得与言生端之（滋）事不得番（翻）部（补）收赎不得恢（反）悔公罚花银五十两正牛头三只白米三坦（担）酒三埕高岭赞（缵）石永不回头立断卖领（岭）契一纸付与买人自种管业收执为据

在场中人增右一毛

代笔谢景星一毛

民国九年十二月十五日亲面立

民国十年五月初七日赵敬万卖田契

立断箬恢（反）帖人赵敬万牒来问到大岇赵德钱身边其箬水田一事敬万身下水田大岇山田四丘禾昌坑美水田五丘大坑美牛栏坎下水田二丘大小一共十一丘其箬德钱水田土名坐大坑美田蹴水田一大丘下边左更（埂）脚水田一丘上一大丘上下德龙为界下丘上本田为界下筑山头为界水田大小二丘当日二家心愿其田作价赵敬万身边招出花银四十大元正当日银契二交明白不欠分文其田即卖即退包买包卖一无积（债）货准拆（折）二家心愿二无笔（逼）勤（勒）后日二家不德（得）番（翻）箬不德（得）番（翻）补价银不德（得）恢（反）口入（如）有恢（反）口借事生端公罚银一百两一半入村公用一半□帖到官礼（理）论今欲有凭立断箬田招帖一纸

代笔赵敬贵一毛

在肠（场）中人赵云圳妻赵敬良说断

民国辛酉岁五月初七日三面立断

民国十年八月二十一日志喜卖山岭契

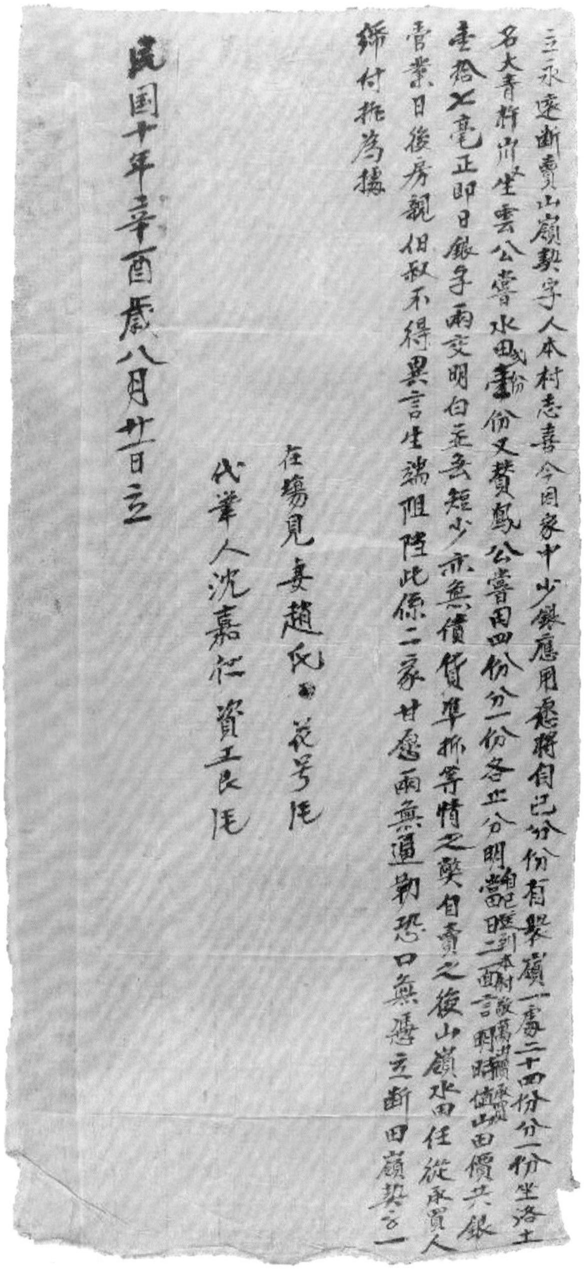

立永远断卖山岭契字人本村志喜今因家中少银应用愿将自己分份有举岭一处二十四份分一份坐落土名大青杵岃又生云公尝水田贰份（分）壹份又赞凤公尝田四份分一份各（界）止（至）分明自己送到本村敬万出价承买当日二面言明时值山田价共银壹拾七毫正即日银字两交明白并无短少亦无债货准拆（折）等情之弊自卖之后山岭水田任从承买人管业日后房亲伯（伯）叔不得异言生端阻陷（挡）此系二家甘愿两无逼勒恐口无凭立断田岭契字一纸付执为据

在场见妻赵氏【押】花号一毛

代笔人沈嘉仁资工银一毛

民国十年辛酉岁八月廿一日立

民国十年九月二十一日赵敬龙卖田契

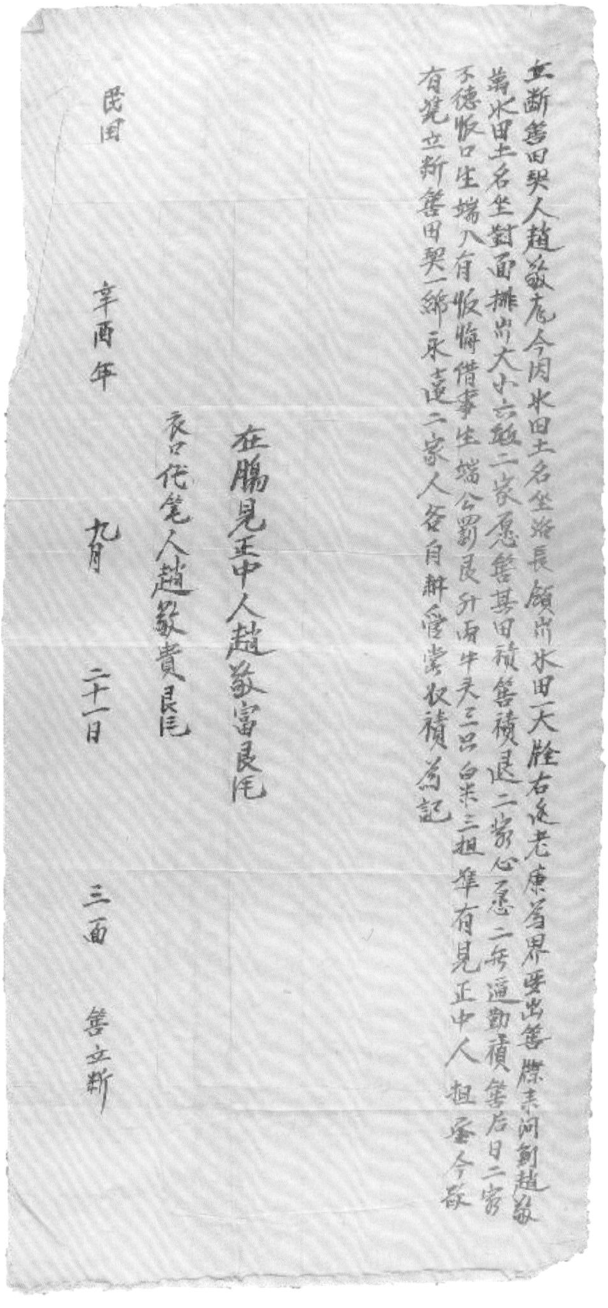

立断笞田契人赵敬龙今因水田土名坐洛（落）长领（岭）岃水田一大陸（块）右边老康为界要出笞牒来问到赵敬

万水田土名坐对面排岃大小六丘二家愿笞其田禝（即）笞禝（即）退二家心愿二无逼勤（勒）禝（即）笞后日二

家不德（得）饭（反）口生端入（如）有饭（反）悔借事生端公罚银什两牛头三只白米三担准有见正中人担承今

欲有凭立靳（断）笞田契一纸永远二家人各自耕管业收禝（执）为记

在肠（场）见正中人赵敬富银一毛

衣（依）口代笔人赵敬贵银一毛

民国辛酉年九月二十一日三面笞立断

民国十年九月二十二日赵老康卖田契

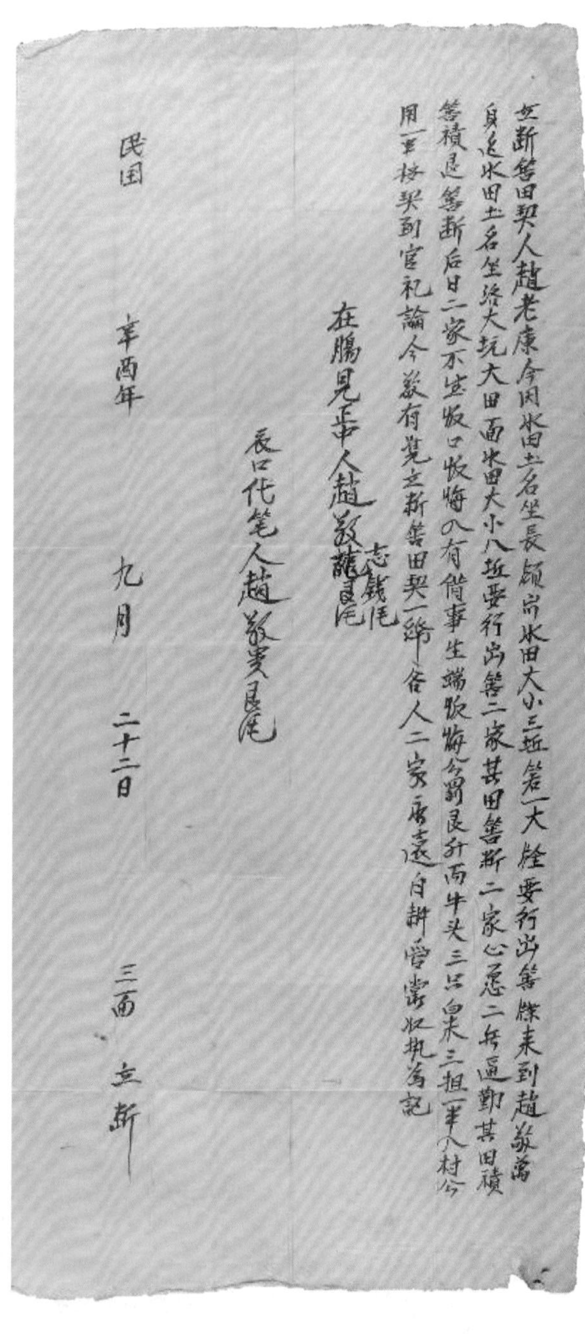

立断箬田契人赵老康今因水田土名坐长领（岭）岇水田大小三丘箬一大硂（块）要行出箬牒来〈问〉到赵敬万身边水田土名坐洛（落）大坑大田面水田大小八丘要行出箬二家其田箬新（断）二家心愿二无逼勤（勒）其田積（即）箬積（即）退箬断后日二家不德（得）饭（反）口饭（反）悔入（如）有借事生端饭（反）悔公罚银什两牛头三只白米三担一半入村公用一半接契到官礼（理）论今欲有凭立新（断）箬田契一纸各人二家永远白（自）耕管业收执为记

在肠（场）见正中人赵敬志钱一毛赵敬龙银一毛

衣（依）口代笔人赵敬贵银一毛

民国辛酉年九月二十二日三面立断

民国十年九月二十六日赵志钱卖田契

立断箬田契人赵志钱今因水田土名坐洛（落）长领（岭）岃水田一大险（块）要行出箬牒来问到赵敬万身边水田土名坐洛（落）对面排丘大小十丘又长领（岭）岃美一丘又牛兰（栏）地二直领（岭）一块准坐洛（落）对面排要行出箬二家心愿二无逼勤（勒）其田積（即）箬積（即）退積（即）箬后日二家不德（得）恢（反）口借事生端入（如）有恢（反）悔借事生端公罚银什两牛头三只白米三担一半入村公用一半接契到官礼（理）论永远人各自耕管业当收执为记

在肠（场）见正中人赵敬才银一毛

衣（依）口代笔人赵敬贵银一毛

民国辛酉年九月二十六日三面立断

民国十年十月十四日赵神安卖田契

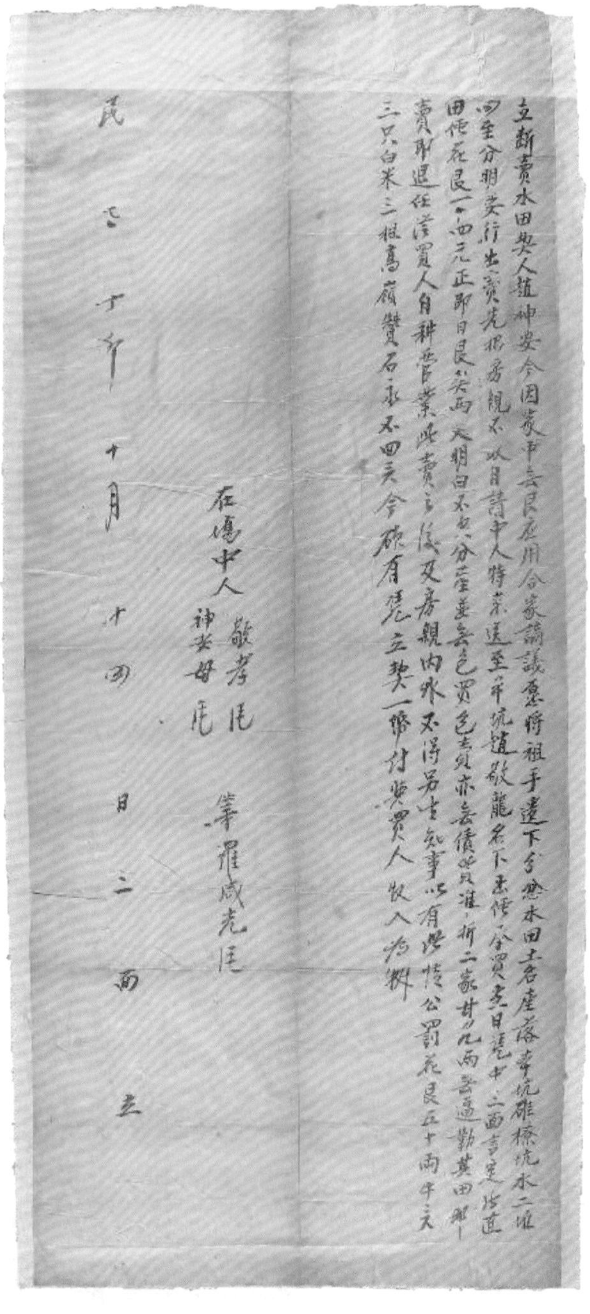

立断卖水田契人赵神安今因家中无银应用合家谪（商）议愿将祖手遗下分岔（份）水田土名座落本坑礁橑坑水（田）二丘四至分明要行出卖先招房亲不取自请中人特来送至本坑赵敬龙名下出价承买当日凭中三面言定时直田价花银一四元正即日银契两交明白不欠分厘并无包买包卖亦无债货准折二家甘允两无逼勒其田即卖即退任□买人自耕管业此卖之后及房亲内外不得另生知（滋）事以（若）有此情公罚花银五十两牛头三只白米三担高岭赞（缵）石永不回头今欲有凭立契一纸付与买人收入为据

在场中人敬孝一毛神安母一毛

笔罗咸光一毛

民国十年十月十四日二面立

民国十年十二月十二日赵得良卖山岭契

立断卖岭契人赵得良今因家下所少银用合室讁（商）议念将祖手遗下土名座落岖坑岗领（岭）一块四岔（份）一岔（份）卖断上本人为界下本人为界四址分明要行出卖先尽其内不取自请中人送与敬万敬良敬武三人出价承买当日三面言断时值价花银三十毫即日银契两交明白不欠分文两家甘允两无逼勒并无包买包卖又无债契准折又无翻补收赎自卖之后不得异言生端退出银主管业若有恢(反)悔公罚白米三担牛头三只猪肉五十斤白银五十两酒一呈(埕)一半归坑一半出官〈理论〉高岭放石永不回头立契一纸付与买人永远为据

在场中人细苟银一毛

代笔人许善福银一毛

民国拾年辛酉岁十二月十二日三面笔立

民国十年十二月十三日赵吽古卖山岭契

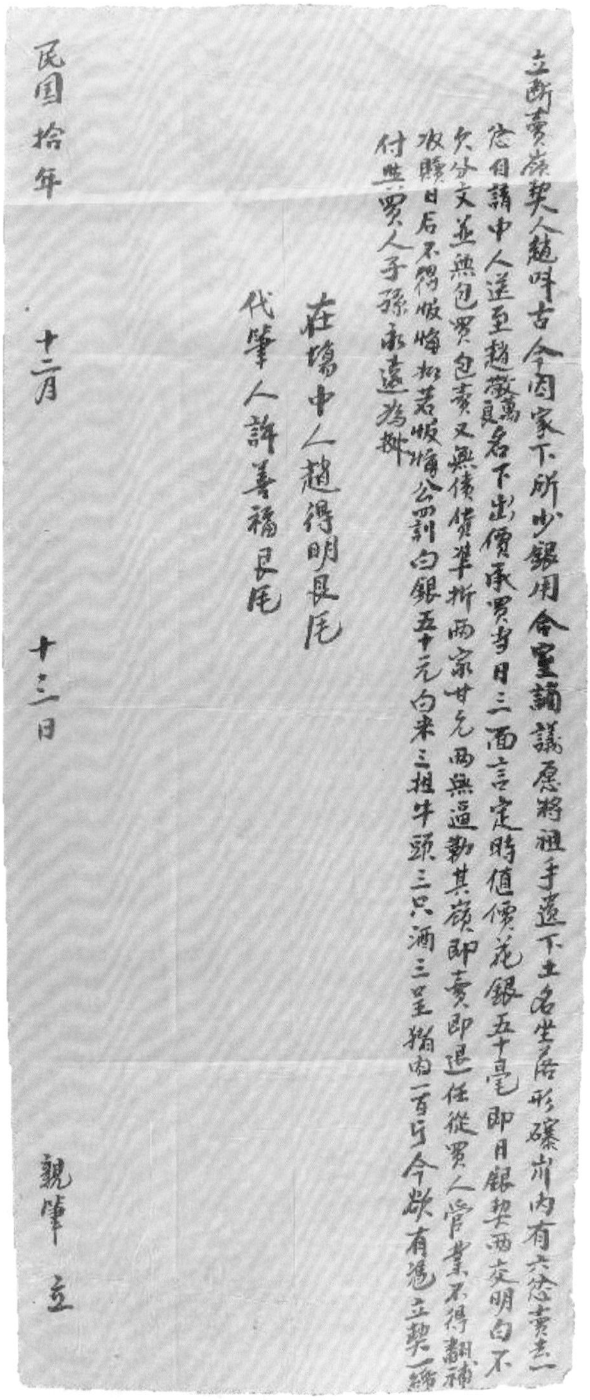

立断卖岭契人赵吽古今因家下所少银用合室謫（商）议愿将祖手遗下土名坐落形礤岃内有六岔（份）卖去一岔（份）自请中人送至赵敬万赵敬良名下出价承买当日三面言定时值价花银五十毫即日银契两交明白不欠分文并无包买包卖又无债货准折两家甘允两无逼勒其岭即卖即退任从买人管业不得翻补收赎日后不得恢（反）悔抑若恢（反）悔公罚白银五十元白米三担牛头三只酒三呈（埕）猪肉一百斤今欲有凭立契一纸付与买人子孙永远为据

在场中人赵得明银一毛

代笔人许善福银一毛

民国拾年十二月十三日亲笔立

民国十年十二月二十五日赵敬隆卖田契

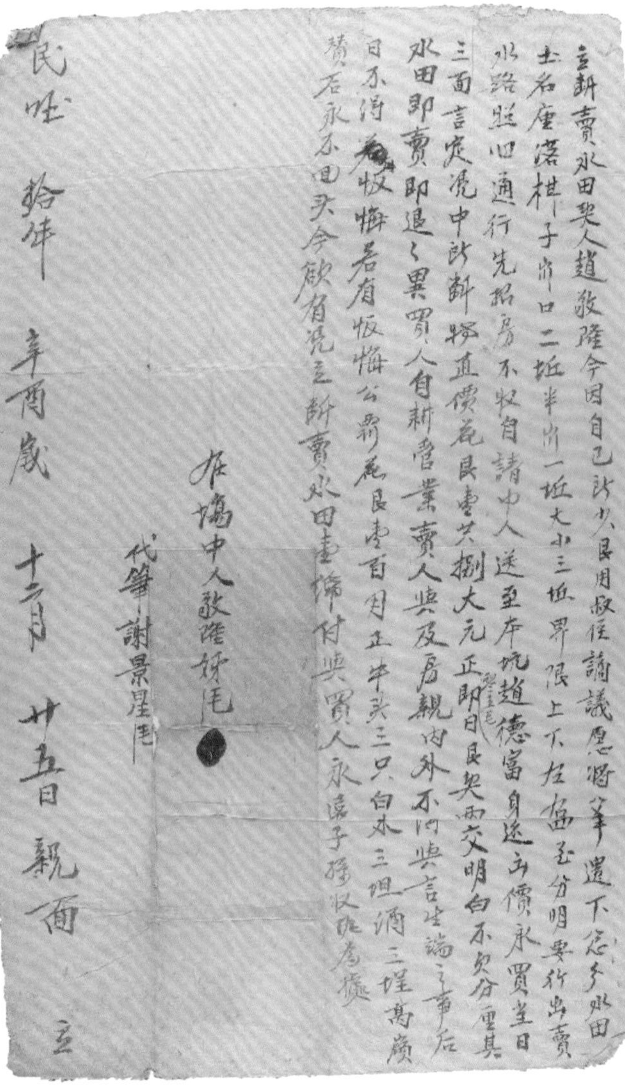

立断卖水田契人赵敬隆今因自己所少银用叔侄讁（商）议愿将父手遗下分忿（份）水田土名座落棋子岃口二丘半岃一丘大小三丘界限上下左右四至分明要行出卖水路照旧通行先招房〈亲〉不取自请中人送至本坑赵德富身边出价承买当日三面言定凭中所断物直价花银一共捌大元正零五毛即日银契两交明白不欠分厘其水田即卖即退退异买人自耕管业卖人与及房亲内外不得与言生端之（滋）事后日不得恢（反）悔若有恢（反）悔公罚花银壹百两正牛头三只白米三担酒三埕高岭赞（缵）石永不回头今欲有凭立断卖水田壹纸付与买人永远子孙收执为据

在场中人敬隆姊一毛【押】

代笔谢景星一毛

民国拾年辛酉岁十二月廿五日亲面立

民国十一年五月十八日赵德溪卖山岭契

立断卖山岭荒坪契人赵德溪今因家下所少银用夫妻父子谪（商）议愿将祖手遗下分岔（份）山岭荒坪一块土名座落老屋场山脚山岭荒坪并秋一块四至分明要行出卖先招房亲不取自请中人特来送至本坑赵敬万赵敬良赵敬武兄弟三人身边出价承买安葬母亲当日凭中三面言定时直价花银五大元正即日银契两交明白不少分厘并无包买包卖亦无债货准折二家甘〈允〉两无逼勒其山岭荒坪即卖即退任从买人迁穴安葬母亲万代佳城⍰赵财丁两旺房房富贵双全瓜瓞绵绵永代千秋今欲有凭立断卖契一纸付与买人永远为据

在场中人赵敬财银一毛

罗锦堂代笔银一毛

大汉中华民国壬戌年五月十八日三面立

民国十一年六月初十日敬隆大妍二人卖山岭契

立断賣山嶺契人敬隆大妍二人今因家下缺少艮用姊妹商議愿將父手遺下嶺
一塊土名座落甜菜坑一塊又嶺土名座落大浪背十二兑買一兑又嶺一塊土名座落坑尾忍
頭嶺廿四兑買一兑界限上下左右四至分明行要出賣先招房親不收自請中人送至
本坑德富身边出價承買当日三面言定憑中斷直價花艮三大元零七毛
石壁坑一塊廿八兑買半兑花艮五毛即日退艮契两交明白不欠分厘其嶺即賣即退
與買人自種管業賣人與及房親内外不得異言生端之事倘不得反悔若有
反悔不罰花艮五拾員正牛頭三隻白米三担酒三埕猪歸山嶺名永不回头今欲
有凭立断賣嶺契共壹紙付與買人收執為據

在場人中雲財押

代筆謝景星押

民國十壹年 壬戌歲 六月初十日 立

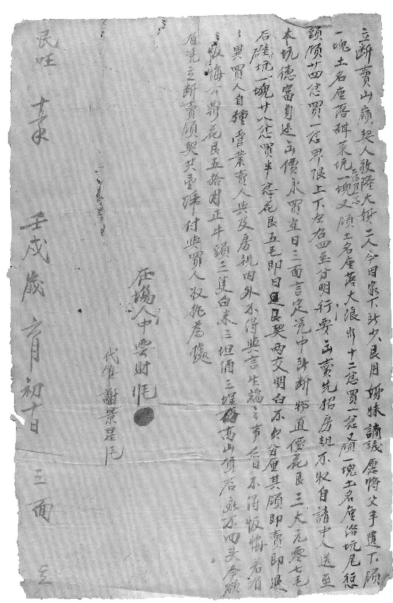

立断卖山岭契人敬隆大姊二人今因家下所少银用姊妹謪（商）议愿将父手遗下领（岭）一块土名座落甜菜坑二岔（份）买（卖）一岔（份）一块又领（岭）土名座落大浪岃十二岔（份）买（卖）一岔（份）又领（岭）一块土名座洛（落）坑尾忩头领（岭）廿四岔（份）买（卖）一岔（份）界限上下左右四至分明行要出卖先招房亲不收自请中人送至本坑德富身边出价承买当日三面言定凭中所断物直价花银三大元零七毛后壁石坑一块廿八岔（份）买（卖）半岔（份）花银五毛即日银契两交明白不欠分厘其领（岭）即卖即退退异买人自种管业卖人与及房亲内外不得与言生端之（滋）事后日不得㤆（反）悔若有㤆（反）悔公罚花银五拾两正牛头三只白米三坦（担）酒三埕高山赞（缵）石永不回头今欲有凭立断卖领（岭）契共壹纸付与买人收执为据

在场人中云财二毛【押】

代笔谢景星一毛

民国十一年壬戍（戌）岁六月初十日三面立

民国十一年十月初九日赵敬钱卖田契

立断卖水田契人赵敬钱今因家下无银使用夫妻夫（父）子相义（议）愿将父手遗下水田土名坐落⍰米更（埂）脚大小三丘上敬旺为界下圳为界一支土名坐落甘子脚左边大岗后大小三丘二共六丘水路招（照）旧通行四志（至）分明要行出卖先招房亲不取自请中人送至赵敬如身边出债（价）承买当日三面愿定时直价银八大元正即日银契二交明白不欠分文包买包卖一无积（债）货准折二家心愿二无笔（逼）勤（勒）其田即卖即退卖人自从买人自耕管业永远为招（照）即卖之后房亲房外兄弟不德（得）如愿生端恢（反）悔入（如）有借事生端恢（反）悔公罚银什两牛头三只白米三担一半入村公用一半接契到官礼（理）伦（论）今欲有凭立断卖田契一纸

在场中人赵敬钱弟一男子银二毛

衣（依）口代笔人赵敬贵工银一毛

民国壬戌（戌）年十月初九日三面立断

民国十一年十二月十八日赵德溪卖山岭契

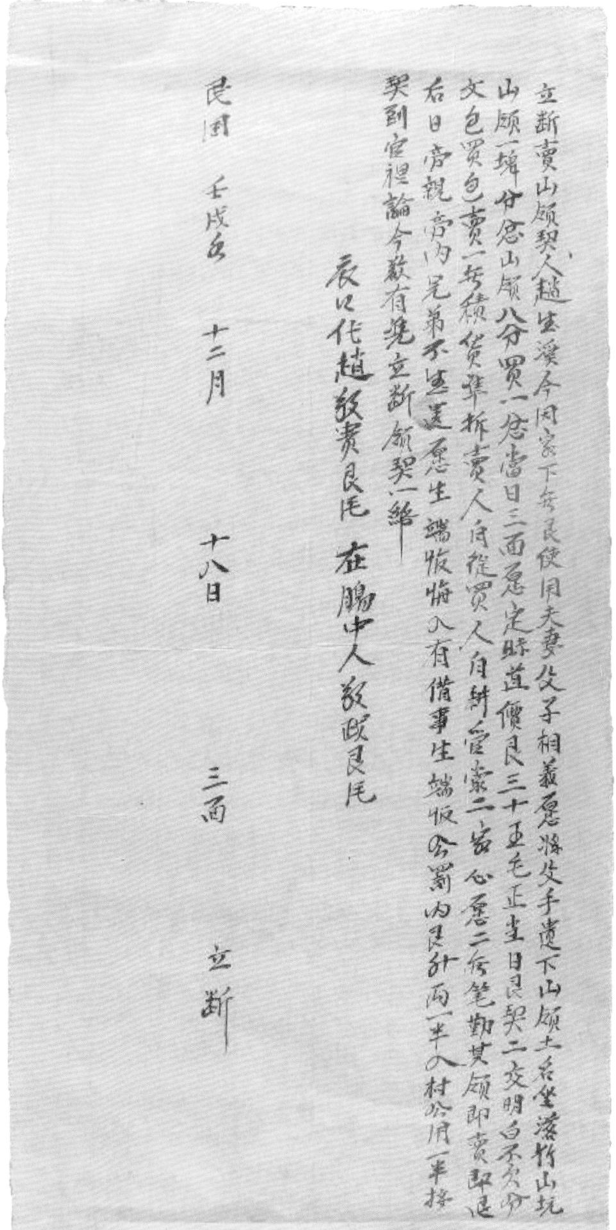

立断卖山领（岭）契人赵德溪今因家下无银使用夫妻父子相义（议）愿将父手遗下山领（岭）土名坐落竹山坑山领（岭）一块分岔（份）山领（岭）八分买（卖）一岔（份）当日三面愿定时直价银三十五毛正当日银契二交明白不欠分文包买包卖一无積（债）货准拆（折）卖人自从买人自耕管业二家心愿二无笔（逼）勤（勒）其领（岭）即卖即退后日旁亲旁内兄弟不德（得）遗愿生端饭（反）悔入（如）有借事生端饭（反）〈悔〉公罚内银什两一半入村公用一半接契到官裡（理）论今欲有凭立断领（岭）契一纸

衣（依）口代〈笔〉赵敬贵银一毛

在肠（场）中人敬政银一毛

民国壬戌年十二月十八日三面立断

民国十一年十二月二十日赵子福卖山岭契

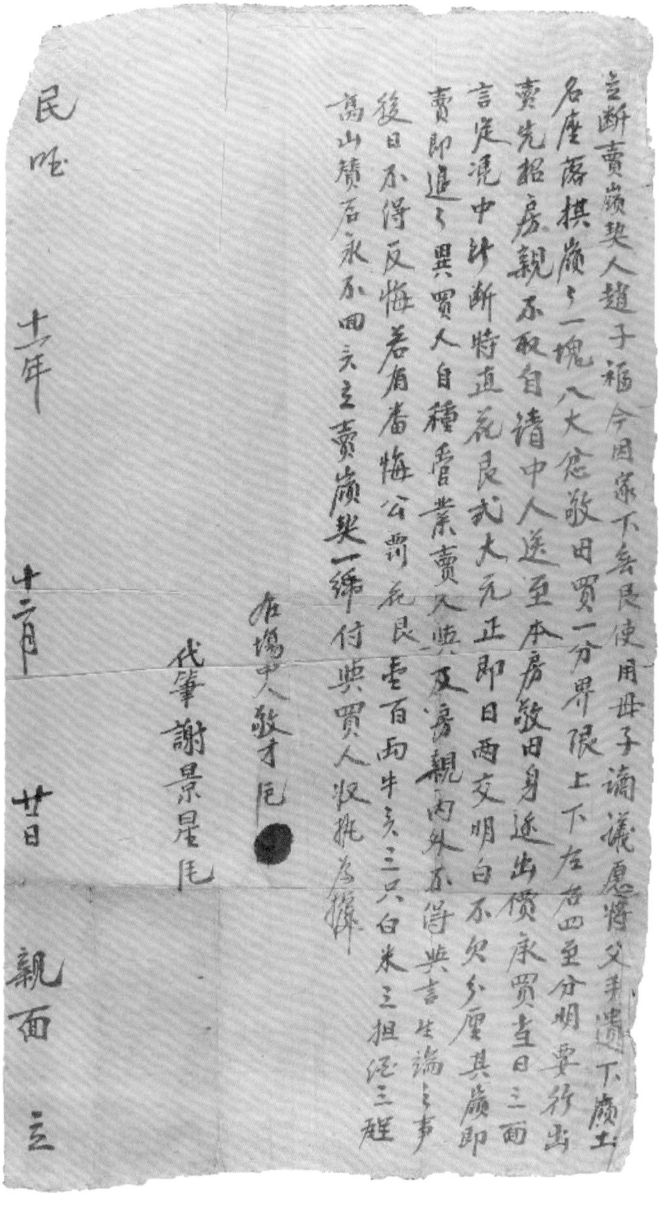

立断卖岭契人赵子福今因家下无银使用母子謪（商）议愿将父手遗下岭土名座拱岭岭一块八大岔（份）敬田买（卖）一分界限上下左右四至分明要行出卖先招房亲不取自请中人送至本房敬田身边出价承买当日三面言定凭中所断时直花银贰大元正即日两交明白不欠分厘其岭即卖即退退异买人自种管业卖人与及房亲内外不得与言生端之（滋）事后日不得反悔若有番（反）悔公罚花银壹百两牛头三只白米三担酒三埕高山赞（缵）石永不回头立卖岭契一纸付与买人收执为据

在场中人敬才一毛【押】

代笔谢景星一毛

民国十一年十二月廿日亲面立

民国十一年十二月二十一日敬才卖山岭契

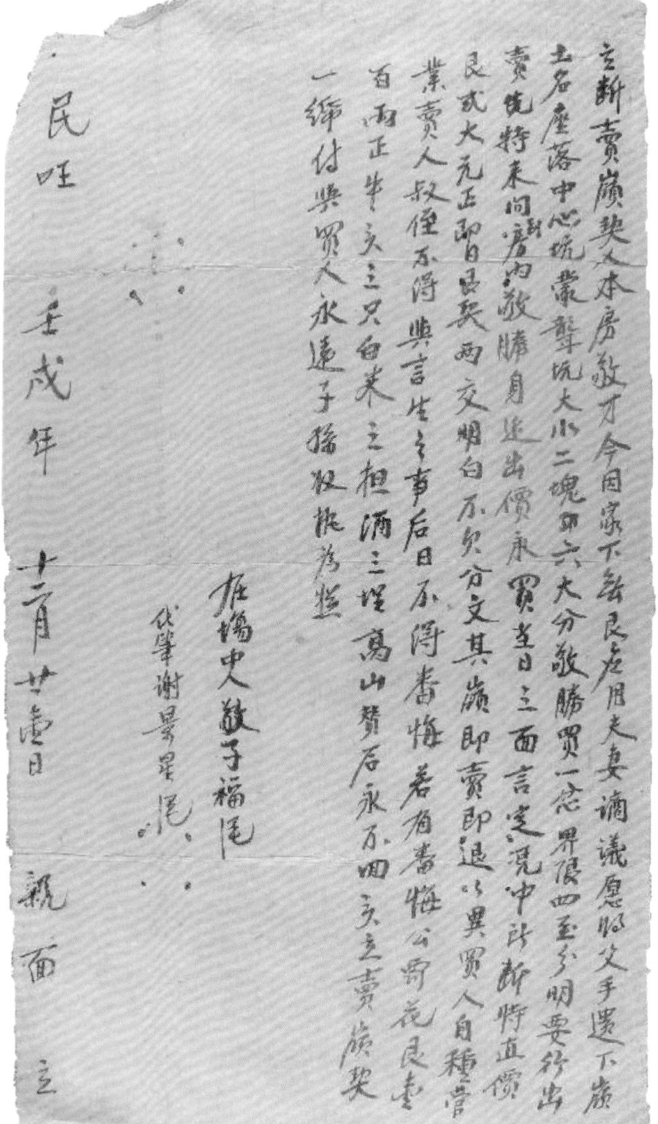

立断卖岭契人本房敬才今因家下无银应用夫妻謪（商）议愿将父手遗下岭土名座落中心坑蒙聋坑大小二块六大分敬胜买一忿（份）界限四至分明要行出卖先特来问到房内敬胜身边出价承买当日三面言定凭中所断特直价银贰大元正即日银契两交明白不欠分文其岭即卖即退退异买人自种管业卖人叔侄不得与言生〈端〉之（滋）事后〈日〉不得番（反）悔若有番（反）悔公罚花银壹百两正牛头三只白米三担酒三埕高山赞（缵）石永不回头立卖岭契一纸付与买人永远子孙收执为照

在场中人敬子福一毛

代笔谢景星一毛

民国壬戌（戌）年十二月廿壹日亲面立

民国十一年十二月二十四日赵敬谢卖山岭契

立断卖山领（岭）契人赵敬谢今因家下无银使用夫妻父子相义（议）愿将父手遗下山领（岭）土名坐栏李坑领（岭）一块上到更（埂）为界下到坑为界左敬福为界右本领（岭）为界四远（至）分明要行出卖先招旁亲不取自请中人送到赵敬万身边出价承买当日三面到领（岭）沓（踏）看其领（岭）作价时直价银二大元正当日银契二交明白不欠分文包买包卖一无積（债）货准拆（折）其岭積（即）卖即退卖人自从买人自耕管业二家心愿二无笔（逼）勤（勒）高山放石永不回头后日旁亲旁内兄弟不德（得）遗愿生端恢（反）悔入（如）有借事生端恢（反）悔公罚内银什两一半入村公用一半接契到官裡（理）论今欲有凭立断领（岭）契一纸

衣（依）口代笔赵敬贵

在肠（场）中人赵德云银一毛【押】

民国壬戌年十二月廿四日三【押】三面立断

民国十一年十二月二十五日赵敬千卖田契

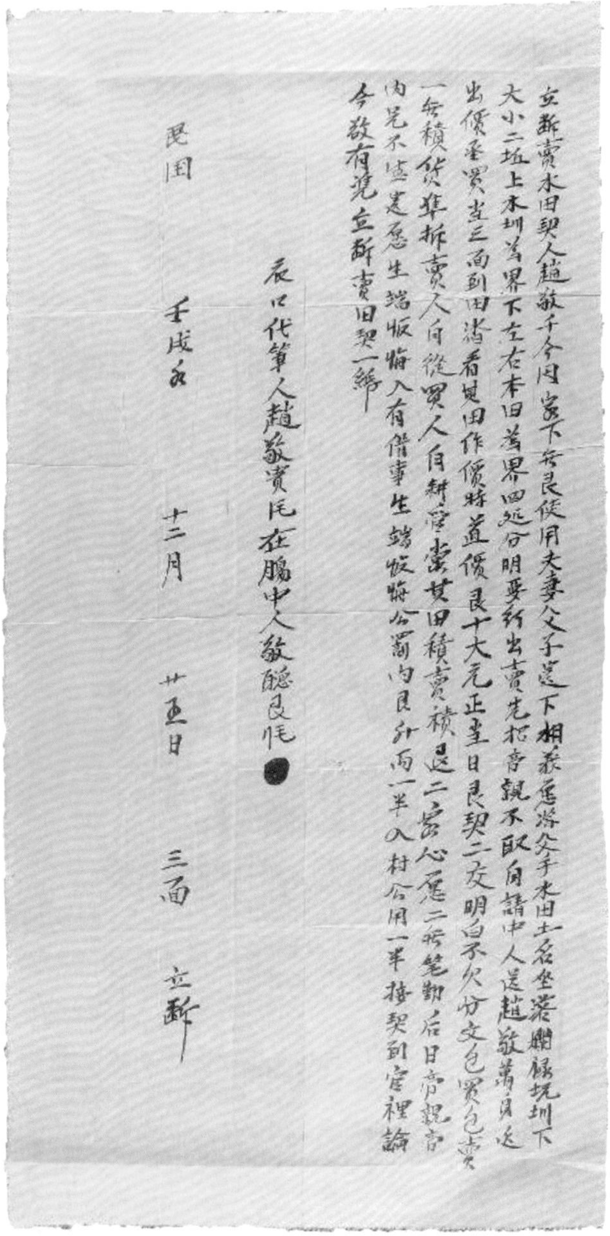

立断卖水田契人赵敬千今因家下无银使用夫妻父子［遗下］相义（议）愿将父手水田土名坐落栏禄坑圳下大小二丘上水圳为界下左右本田为界四处分明要行出卖先招旁亲不取自请中人送赵敬万身边出价承买当〈日〉三面到田沓（踏）看其田作价时直价银十大元正当日银契二交明白不欠分文包买包卖一无积（债）货准拆（折）卖人自从买人自耕管业其田积（即）卖积（即）退二家心愿二无笔（逼）勤（勒）后日旁亲旁内兄不德（得）遗愿生端恢（反）悔入（如）有借事生端恢（反）悔公罚内银什两一半入村公用一半接契到官裡（理）论今欲有凭立断卖田契一纸

衣（依）口代笔人赵敬贵一毛

在肠（场）中人敬聪银二毛【押】

民国壬戌年十二月廿五日三面立断

民国十二年十二月二十六日赵敬福卖田契

立断卖水田契人赵敬福今因家下无银使用夫妻夫（父）子相义（议）愿将父手遗下水田土名坐落大坑庙坛□水田左边坑副大路为界四自（至）分明要行出卖先招旁亲不取自请中人送到本村赵敬万身边出价承买当日三面到田香（踏）看其田作价时直田价化（花）银二元〇五毛正当日银契二交明白不欠分文包买包卖并无〈债〉货准拆（折）其田即卖即退二家心愿二无笔（逼）勤（勒）即卖知（之）后旁亲旁内兄弟不德（得）如愿生端恢（反）悔入（如）有借事生端恢（反）〈悔〉公罚银什两牛头三只白米三担一平（半）入村公用一平（半）接契到官礼（理）伦（论）今欲有凭立断田契一纸

在肠（场）中人母亲银一毛

衣（依）口代笔人赵敬贵银一毛

民国癸亥年十二月廿六日三面立断

民国十二年十二月二十六日赵德云卖山岭契

立断卖山领（岭）契人赵德云今因家下无银使用夫妻夫（父）子相义（议）愿将父手遗下山领（岭）土名坐落罗铜坑并油平（坪）分份山领（岭）八份买（卖）一份四自（至）分明要行出卖先招旁亲不取自请中人送到本村赵敬万身边出价承买当日三面愿定时直价银十五毛正当日银契二交明白不欠分文包买包卖一无積（债）货准拆（折）二家心愿二无笔（逼）勤（勒）其领（岭）即卖即退高领（岭）放石永不回头即卖知（之）后旁亲榜（旁）内兄弟不德（得）如愿生端恢（反）悔入（如）有借事生端恢（反）悔公罚银什两牛头三只白米三担一平（半）入村公用一平（半）接契到官礼（理）论今若有凭立断领（岭）契一纸

在肠（场）中人德云妻银一毛

衣（依）口代笔人赵敬贵银一毛

民国癸亥年十二月廿六日三面立断

民国十二年十二月初六日赵敬福卖山岭契

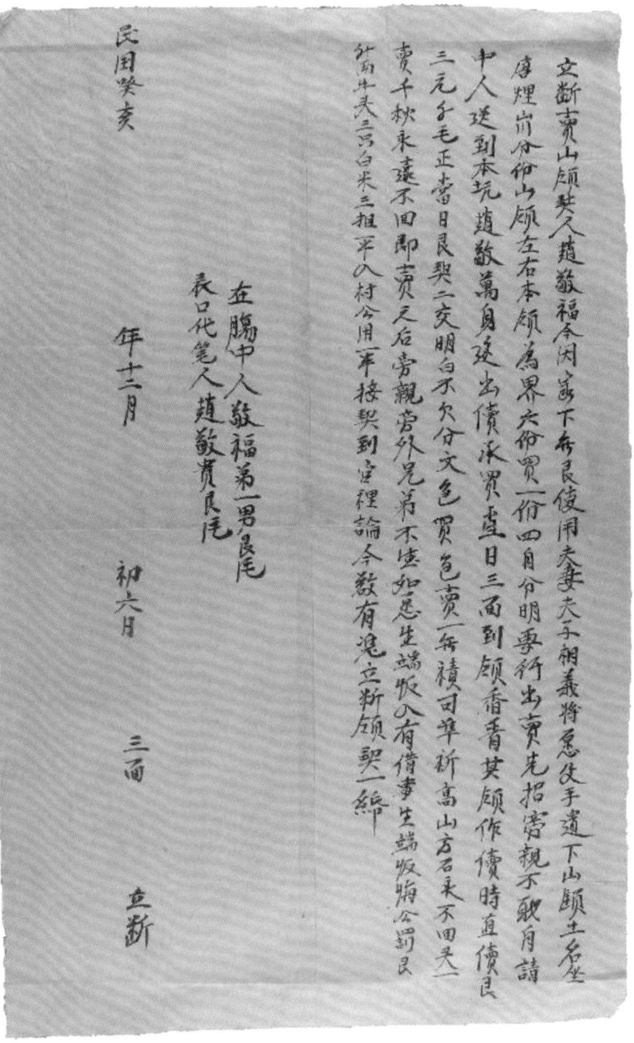

立断卖山领（岭）契人赵敬福今因家下无银使用夫妻夫（父）子相义（议）将愿父手遗下山领（岭）土名坐唐煋岃分份山领（岭）左右本领（岭）为界六份买（卖）一份四自（至）分明要行出卖先招旁亲不取自请中人送到本坑赵敬万身边出价承买三面到领（岭）香（踏）看其领（岭）作价时直银三元五毛正当日银契二交明白不欠分文包买包卖一无禶（债）可准祈（折）高山方（放）石永不回头一卖千秋永远不回〈头〉即卖之后旁亲旁外兄弟不德（得）如愿生端㤆（反）〈悔〉入（如）有借事生端㤆（反）悔公罚银什两牛头三只白米三担一半入村公用一半接契到官裡（理）论今欲有凭立靳（断）领（岭）契一纸

在肠（场）中人敬福弟一男银一毛

衣（依）口代笔人赵敬贵银一毛

民国癸亥年十二月初六日三面立断

民国十二年十二月初六日天坑赵志旺卖田契

立断卖水田契人天坑赵志旺今因家下无银使〈用〉合室谪（商）议愿将祖父手遗下兄弟分岔（份）水田壹处土名座落如两坪水田大小三丘水田打谷贰担上齐山脚为界下齐养在水田为界水路水圳照旧通行即日到田踏看界址分明要行出卖先招房亲不取后问四邻自请中人送到赵敬万名下承应当日三面言断时直价花银五拾贰元正即日银契两交明白不欠分文并无包买包卖亦无债货准拆（折）两家心允两无逼勒此卖之后任从买主过耕管业并亲外房等不得异言生端反悔如有卖主及亲外房等要生端反悔公罚牛头三只白米三担烧酒拾埕白银壹佰两入乡公用高山放石永不回头永无收赎番（翻）补找价等情恐口无凭立有断卖水田契壹纸付于买主永远为据【押】

在场中人赵德保银伍毛【押】赵德俊银伍毛【押】

依口代笔人赵跂贵银贰毛

民国癸亥年十贰月初六日亲面立断

民国十三年正月十五日赵得溪卖田契

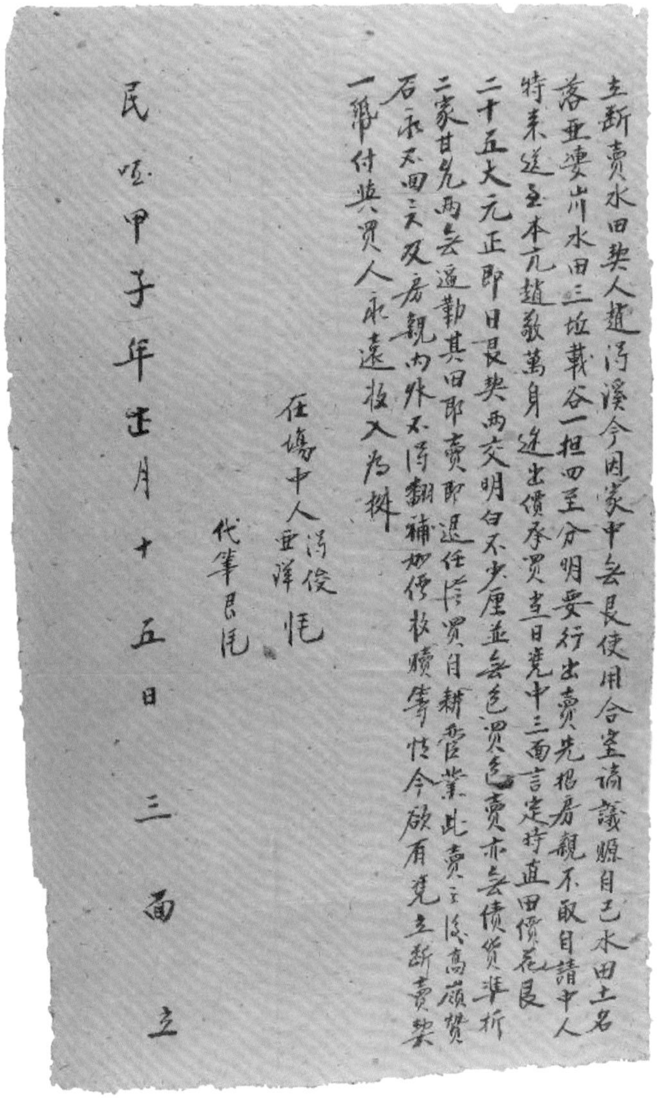

立断卖水田契人赵得溪今因家中无银使用合室谪（商）议原（愿）〈将〉自己水田土名〈座〉落亚凄岀水田三丘载谷一担四至分明要行出卖先招房亲不取自请中人特来送至本亢（坑）赵敬万身边出价承买当日凭中三面言定时直田价花银二十五大元正即日银契两交明白不少〈分〉厘并无包买包卖亦无债货准折二家甘允两无逼勒其田即卖即退任从买（卖）〈主〉自耕管业此卖之后高岭赞（缵）石永不回头及房亲内外不得翻补加价收赎等情今欲有凭立断卖契

一纸付与买人永远收入为据

在场中人得俊二毛亚洋二毛

代笔银一毛

民国甲子年正月十五日三面立

民国十三年十二月二十七日赵敬永卖田契

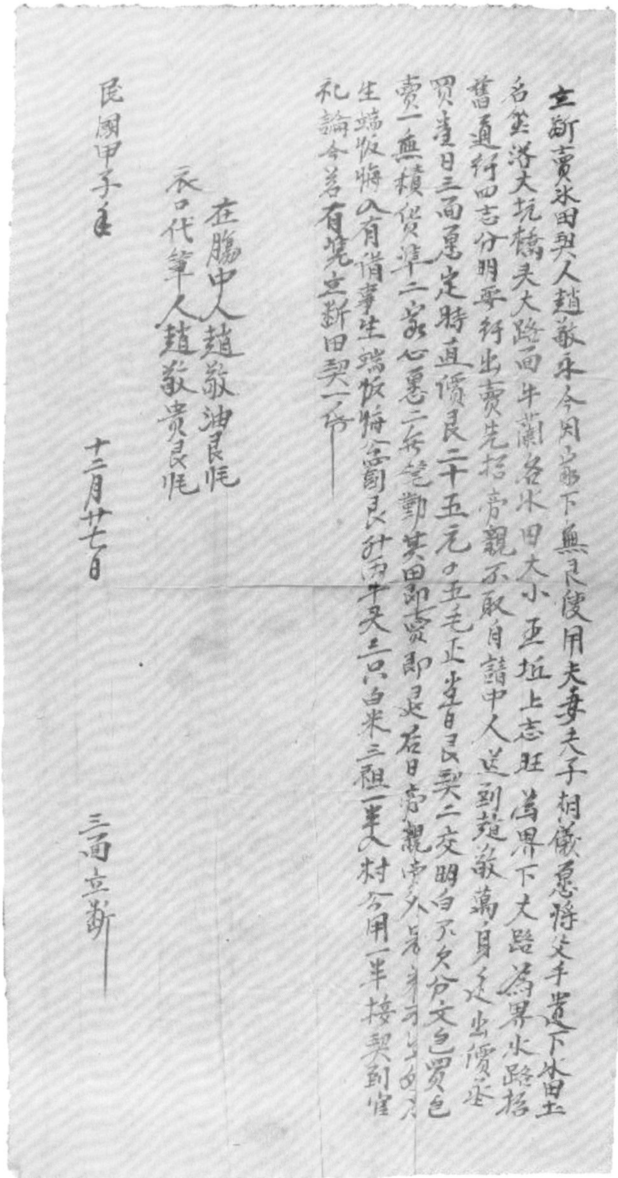

立断卖水田契人赵敬永今因家下无银使用夫妻夫（父）子相仪（议）愿将父手遗下水田土名坐落大坑桥头大路面牛兰（栏）各水田大小五丘上志旺为界下大路为界水路招（照）旧通行四志（至）分明要行出卖先招旁亲不取自请中人送到赵敬万身边出价承买当日三面愿定时直价银二十五元〇五毛正当日银契二交明白不欠分文包买包卖一无积（债）货准（折）二家心愿二无笔（逼）勤（勒）其田即卖即退后日旁亲外兄弟不德（得）如愿生端饭（反）悔入（如）有借事生端饭（反）悔公罚银升两牛头三只白米三祖（担）一半入村公用一半接契到官礼（理）论今欲有凭立断田契一纸

在肠（场）中人赵敬油银二毛

衣（依）口代笔人赵敬贵银二毛

民国甲子年十二月廿七日三面立断

民国十四年正月初十日赵敬金卖田契

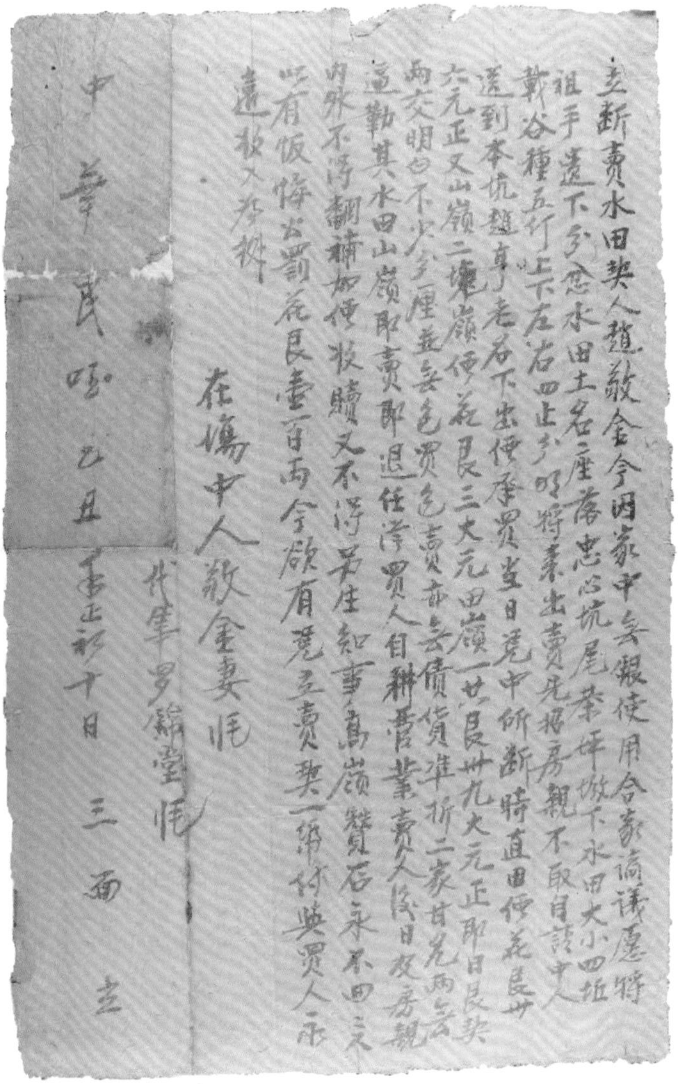

立断卖水田契人赵敬金今因家中无银使用合家謪（商）议愿将祖手遗下分忿（份）水田土名座落忠心坑尾茶坪墩下水田大小四丘载谷种五斤上下左右四止分明将来出卖先招房亲不取自请中人送到本坑赵亨老名下出价承买当日凭中所断时直田价花银卅六元正又山岭二块岭价花银三大元田岭一共银卅九大元正即日银契两交明白不少分厘并无包买包卖亦无债货准折二家甘允两无逼勒其水田山岭即卖即退任从买人自耕管业卖人后日及房亲内外不得翻补加价收赎又不得另生知（滋）事高岭赞（缵）石永不回头以（如）有饭（反）悔公罚花银壹百两今欲有凭立卖契一纸付与买人永远收入为据

在场中人敬金妻二毛

代笔罗锦堂二毛

中华民国乙丑年正〈月〉初十日三面立

民国十四年正月初十日赵敬金卖山岭契

立断卖山岭契人赵敬金今因家下无银使用合家谪（商）议愿将先年买得众岭大岔（份）十一岔（份）一岔（份）做四岔（份）开四岔（份）卖一岔（份）上下左右四止分明要行出卖先招房亲不取自请中人送到本坑亨老弟三男敬腾名下出价承买当日凭中所断时直价花银九大元正即日银契两交明白不少分厘并无包买包卖亦无债货准折二家甘允两无逼勒其岭即卖即退任从买人自种管业此卖之后及房亲内外不得翻补加价收赎又不得饭（反）悔知（滋）事生端等情今欲有凭立断卖山岭契一纸付与买人永远收入为据

在场中人敬金妻一毛

代笔罗锦堂一毛

中华民国乙丑年正月初十三面立

民国十四年正月十八日赵德钱卖田契

立断卖水田契人赵德钱今因家中无银使用合室譪（商）议愿将祖手遗下分岔（份）水田土名座落庙坛坑口水田大小四丘载谷一石五斗正将来出卖自请中人特来送到本坑赵敬万身边出价承买当日凭中三面言定时直田价花银四十五大元正即日银契两交明白不少分厘并无包买包卖亦无债货准折两家甘允二无逼勒其田即卖即退任从买人自耕管业卖人后日及房亲内外不得翻补加价收赎等情高岭赞（缵）石永不回头又不得饭（反）悔知（滋）事今欲有凭立断卖水田契一纸付与买人永远收入为据

在场中人赵敬慢五毛赵敬武五毛赵德云五毛赵敬金五毛

代笔罗锦堂二毛

中华民国乙丑年正月十八日三面立

民国十四年二月初一日赵德钱卖田契

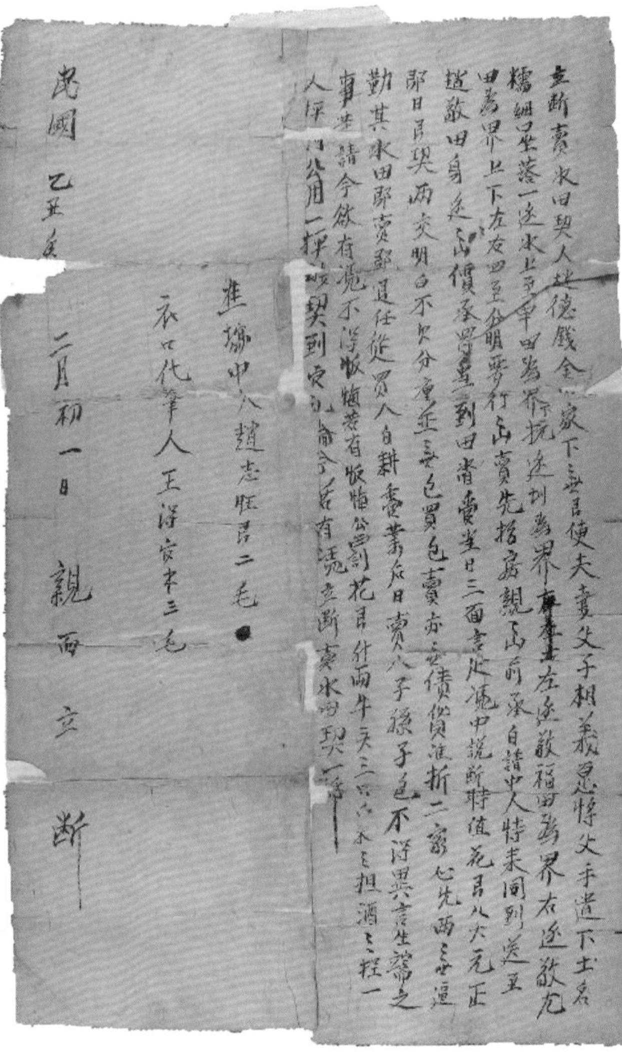

立断卖水田契人赵德钱金（今）因家下无银使用夫妻父子相义（议）愿将父手遗下土名糯细口坐落一边水上至甲田为界下抚边圳为界左边敬福田为界右边敬尤田为界上下左右四至分明要行出卖先招房亲出前（钱）承〈买〉自请中人特来同（问）到送至赵敬田身边出价承买当〈日〉到田沓（踏）管（看）当日三面言定凭中说断时值价花银八大元正即日银契两交明白不欠分厘并无包买包卖亦无债货准折二家心允两无逼勒其水田即卖即退任从买人自耕管业后日卖人子孙子包（不）得异言生端之（滋）事等请（情）今欲有凭不得饭（反）悔若有饭（反）悔公罚花银什两牛头三只白米三担酒三埕一人抨（半）公用一抨（半）接契到官礼（理）论今欲有凭立断卖水田契一纸

在场中人赵志旺银二毛

衣（依）口代笔人王得官钱三毛

民国乙丑年二月初一日亲面立断

民国十四年二月初八日赵神安卖田契

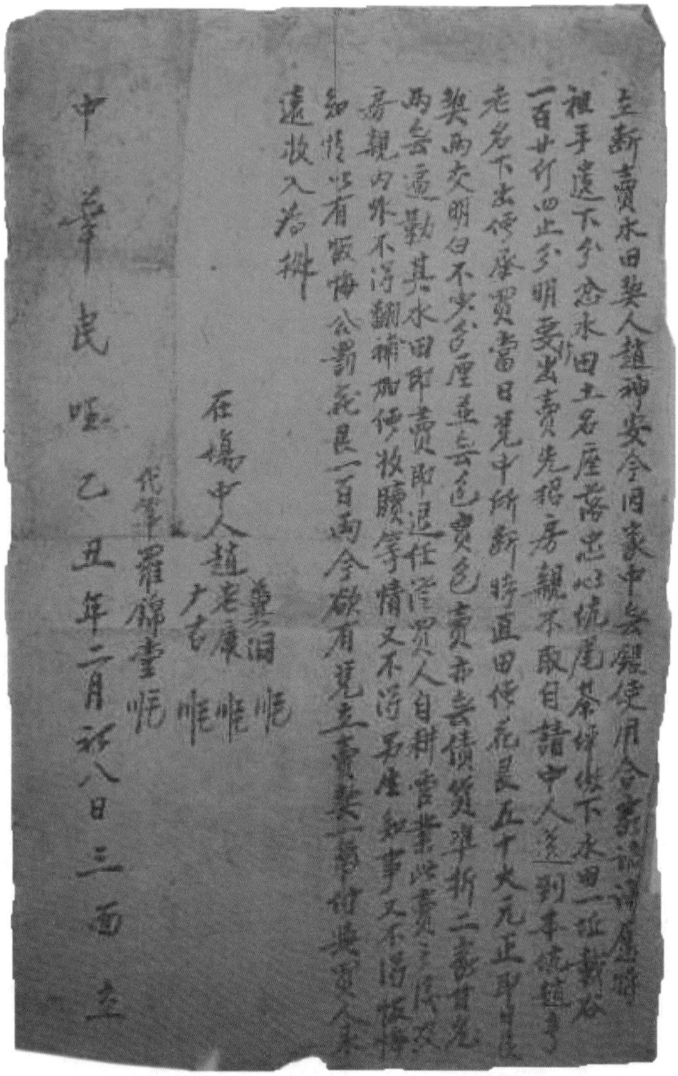

立断卖水田契人赵神安今因家中无银使用合家謪（商）议愿将祖手遗下分忿（份）水田土名座落忠心坑尾茶坪墩下水田一丘载谷一百廿斤四止分明要行出卖先招房亲不取自请中人送到本坑赵亨老名下出价承买当日凭中所断时直田价花银五十大元正即日银契两交明白不少分厘并无包买包卖亦无债货准折二家甘允两无逼勤（勒）其水田即卖即退任从买人自耕管业此卖之后及房亲内外不得翻补加价收赎等情又不得另生知（滋）事又不得恢（反）悔知情若有恢（反）悔公罚花银一百两今欲有凭立卖契一纸付与买人永远收入为据

在场中人赵粪洞三毛赵老康三毛赵广古三毛

代笔罗锦堂三毛

中华民国乙丑年二月初八日三面立

民国十四年四月十六日王明赵得女卖山岭契

立断卖岭契人甘子坪王明赵得女今因家中无银使用合家谪（商）议愿祖手遗下分忿（份）山岭土名座落甘子坪凹下岭一块上下左右四止分明要行出卖先问房亲不取自请中人特来送到茶坪禾创坑赵亨老名下出价承买当日凭中三面言定时直岭价花银七大元正即日银契两交明白不欠分厘并无包买包卖亦无债货准折二家甘允两无逼勒其岭即卖即退任从买人自种管业卖人后日及房亲内外不得翻补加价收赎又不得另生知（滋）事以此情公罚花银五十两牛头三只白米三担高岭放石永不回头今欲有凭立卖岭契一纸付与买人永远收入为据

中人王敬龙一毛义□手钱一毛

代笔人二毛

民国乙丑年四月十六日三面立

民国十四年四月十八日赵敬通妻同志其卖山岭契

立断卖山岭契人赵敬通妻同志其今因家下无银使用夫妻夫（父）子相义（议）愿将父手遗下山领（岭）土名坐落长领（岭）坑石岩领（岭）分岔（份）山领（岭）十六岔（份）买（卖）一岔（份）四志（至）分明要行出卖先招房亲不取自请中人送至赵敬万身边出价承买当日三面愿定时直价银四大元正即日银契二交明白不欠分文包买包卖一无积（债）货准拆（折）二家心愿二无笔（逼）勒其领（岭）即卖即退高山放石永不回头卖人自从买人自耕管业永远为招（照）即卖之后房亲房外兄弟不德（得）如愿生端恢（反）悔入（如）有借事生端恢（反）悔公罚银什两牛头三只白米三担一半入村公用一半接契到官礼（理）伦（论）今若有凭立断领（岭）契一纸

在肠（场）中人赵敬福银一毛

衣（依）口代笔人赵敬贵银一毛

民国乙五年四月十八日三面立断

民国十四年十一月初四日加东法阳亚一卖田契

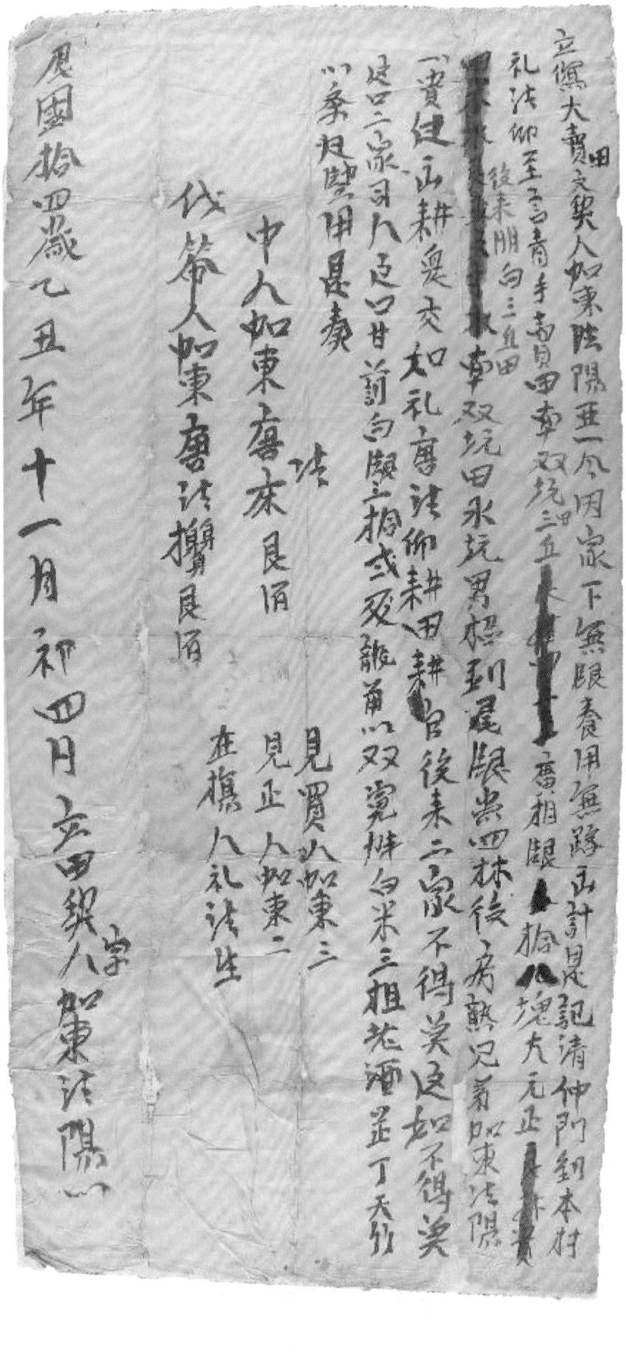

立写大卖田文契人加东法阳亚一今因家下无银食（使）用无路出计是（自）记（己）清（请）仲（中）门（问）到本村礼法仰至言青（亲）手卖田南双坑田三丘广相银拾八块大元正后来明白三丘田南双坑田水坑男招到尾银照（招）四林（邻）后房熟兄弟加东法阳一贵过出耕农交如礼唐法仰耕田耕官（管）后来二家不得莫这（反）如不得莫这（反）口二家司人这（反）口甘罚白银三拾贰⍰龙角以（一）双凫加白米三担老酒埕丁天竹以（一）条归丰用是奏（实）

中人加东唐法床银一百

代笔人加东唐法摄银一百

见买人加东三

见正人加东二

在场人礼法生

民国十四岁乙丑年十一月初四日立田契字人加东法阳〈亚〉以（一）

民国十四年十一月十三日赵敬财卖田契

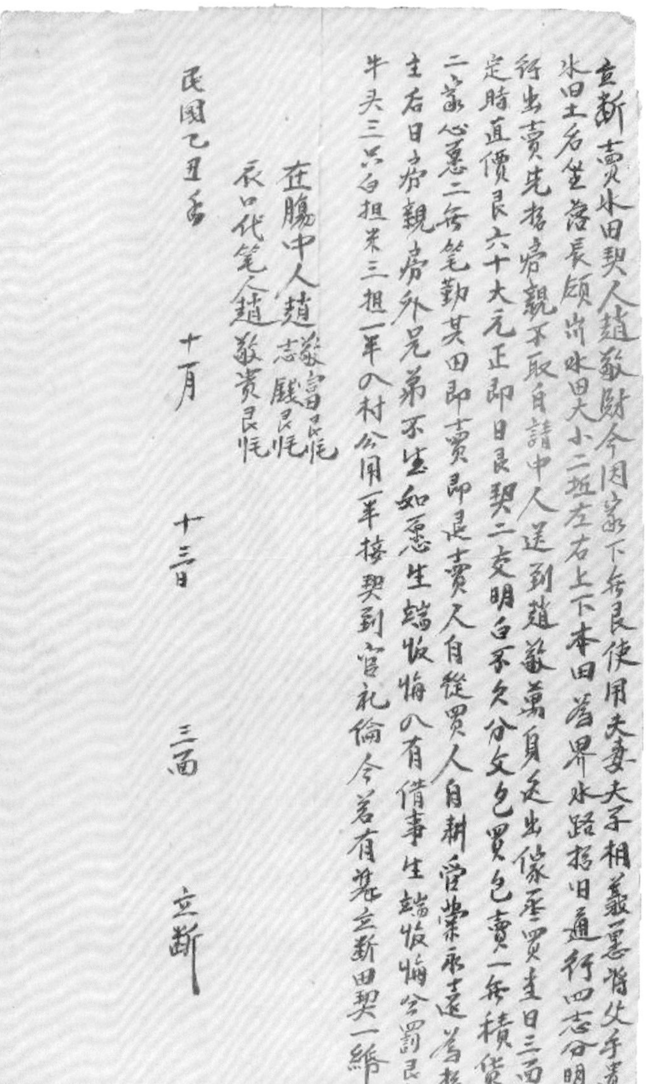

立断卖水田契人赵敬财今因家下无银使用夫妻夫（父）子相义（议）愿将父手遗下水田土名坐落长领（岭）岀水田大小二丘左右上下本田为界水路招（照）旧通行四志（至）分明要行出卖先招房亲不取自请中人送到赵敬万身边出傢（价）承买当日三面愿定时直价银六十大元正即日银契二交明白不欠分文包买包卖一无积（债）货准〈折〉二家心愿二无笔（逼）勤（勒）其田即卖即退卖人自从买人自耕管业永远为招（照）卖主后日房亲房外兄弟不德（得）如愿生端悔（反）悔入（如）有借事生端悔（反）悔公罚银什两牛头三只白［担］米三担一半入村公用一半接契到官礼（理）伦（论）今若有凭立断田契一纸

在腸（场）中人赵敬富银二毛赵志钱银二毛

衣（依）口代笔人赵敬贵银二毛

民国乙丑年十一月十三日三面立断

民国十四年十一月十六日赵德前卖山岭契

立断卖山岭契人赵德前今因家中无银使用夫妻父子譎（商）议愿将父手遗下岭土名座落塞坑尾领（岭）一块二岔（份）买（卖）一岔（份）上至崎头到等下本家为界左边本家为界右边本家为界四至分明要行出卖先问房亲不取自请中人送至赵敬田身边出价承买当日三面言定凭中所断时直价银六拾四毛正即日银契二交明白不欠分文并无包买包卖亦无债货准拆（折）尝凼（挡）等情二家心允两无逼勒其岭即卖即退任从买人自种管业永不收赎自卖之后不得异言恢（反）悔生端如有恢（反）悔公罚白银五十两牛头三只白米三担烧酒三埕高山放石永不回头今欲有凭立契一纸付与买人子孙永远收执为据

在场中人赵志旺

民国乙丑年十一月十六日三面立

民国十四年十一月二十六日赵志新卖山岭契

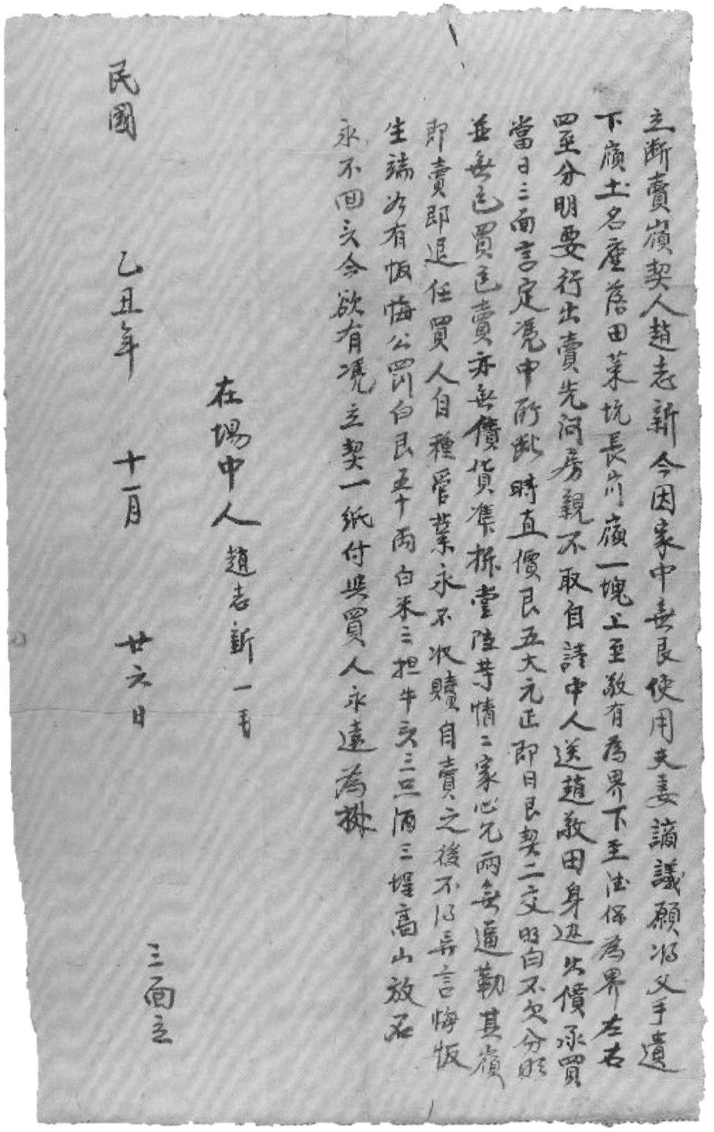

立断卖岭契人赵志新今因家中无银使用夫妻謫（商）议愿将父手遗下岭土名座落田菜坑长岃岭一块上至敬有为界下至德保为界左右四至分明要行出卖先问房亲不取自请中人送赵敬田身边出价承买当日三面言定凭中所断时直价银五大元正即日银契二交明白不欠分明并无包买包卖亦无债货准拆（折）尝凶（挡）等情二家心允两无逼勒其岭即卖即退任买人自种管业永不收赎自卖之后不德（得）异言悔饭（反）生端若有饭（反）悔公罚白银五十两白米三担牛头三只酒三埕高山放石永不回头今欲有凭立契一纸付与买人永远为据

在场中人赵志新一毛

民国乙丑年十一月廿六日三面立

民国十四年十二月初四日太应法天房九借钱契

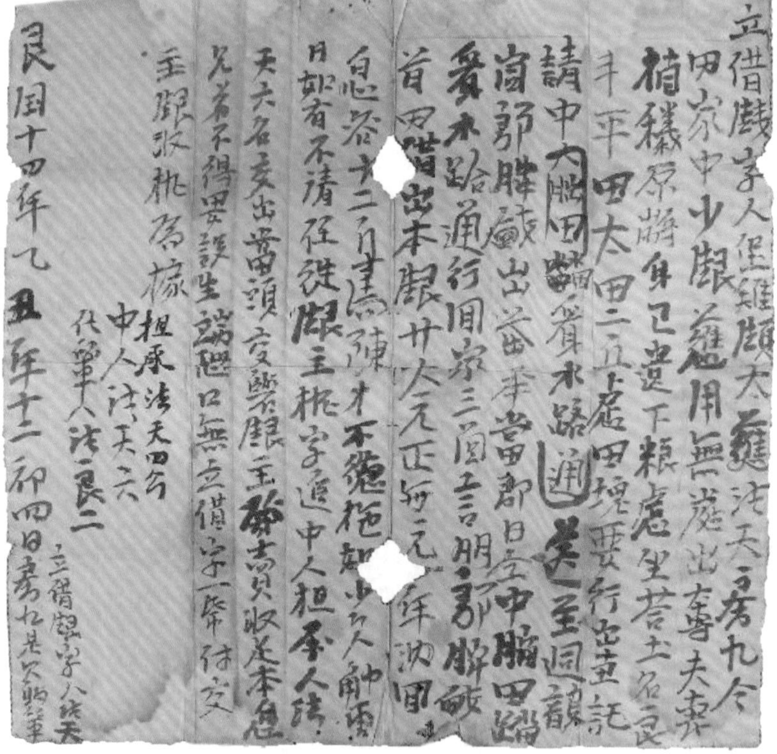

立借钱字人堡鸡领（岭）太应法天房九今因家中少银应用无处出夺夫妻謪（商）议原（愿）将身己遗下粮虑坐荅（落）土名良斗平田太田二丘虑田块要行出当托请中畓（踏）看水路通送至同龙岗□□出资承当即日仝中朏田踏看水路通行回家三面言明□□□首田借出本银廿大元正每元一年□回息谷十二斤马陈才不德（得）拖如少欠斤零日如有不请（情）任从银主执字追中人担承人法天六名交出当头交□银主发卖收足本息兄弟不得异设（议）生端恐口无〈凭〉立借字一纸付交主银收执为据

担承法天四公

中人法天六

代笔人法良二

民国十四年乙丑年十二〈月〉初四日立借银字人法天房九是欠□笔

民国十四年十二月十四日法寿公唐一爷卖田契

立写断大卖文契田人法寿公唐一夆〔爷〕
今因家下无银食（使）用无路出计是（自）
记（己）请中门（问）到本兄弟礼认唐一
夆〔爷〕法仰主言主意青（亲）手言卖（买）
二家当仲（中）降（讲）明曰银家（价）
十七块大元正座路（落）土明（名）田家
（价）间（问）田二块二家言米水仃粮水
（米）三元钱⍰房出后昭（招）四林（邻）
耕官（管）良（银）交青（清）法寿公沙
二家当中交如田交兴典四沙唐一夆〔爷〕
唐一夆〔爷〕车用二家莫得还（反）如还（反）
口是还（反）如还（反）口龙角一双生佚（凫）
一只白米三担老酒三呈（埕）丁天竹一条
归契借用
中人礼九斤一夆〔爷〕银一毛
代笔法寿唐二银一毛
见卖人法寿公良（银）什
见正人法寿唐二银什
见交人唐六银什
丑祥人唐三夆〔爷〕银什〈日〉
民国十四乙丑年十二月十四立写是实

民国十四年十二月十六日赵志钱卖田契

立断卖水田契人赵志钱今因家下无银使用夫妻夫（父）子相义（议）将愿父手贵（遗）下水田土名坐落长领（岭）岍水田一拞（丘）左右上下本田为界水路招（照）旧通行四志（至）分明要行出卖先招房亲不取自请中人送到赵敬万身边出价承买当日三面愿定时直价银七十五毛正即日银契二交明白不欠分文包买包卖一无积（债）货准拆（折）二家心愿二无笔（逼）勒（勒）其田即卖即退卖人自从买人自耕管业永远为招（照）卖主后日房亲房外兄弟不德（得）如愿生端恢（反）悔入（如）有借事生端恢（反）悔公罚银什两牛头三只白米三担一半入村公用一半接契到官礼（理）伦（论）今若（欲）有凭立断田契一纸

在肠（场）中人赵敬龙银一毛

衣（依）口代笔人赵敬贵银一毛

民国乙丑年十二月十六日三面立断

民国十四年十二月二十一日盘敬进卖地基契

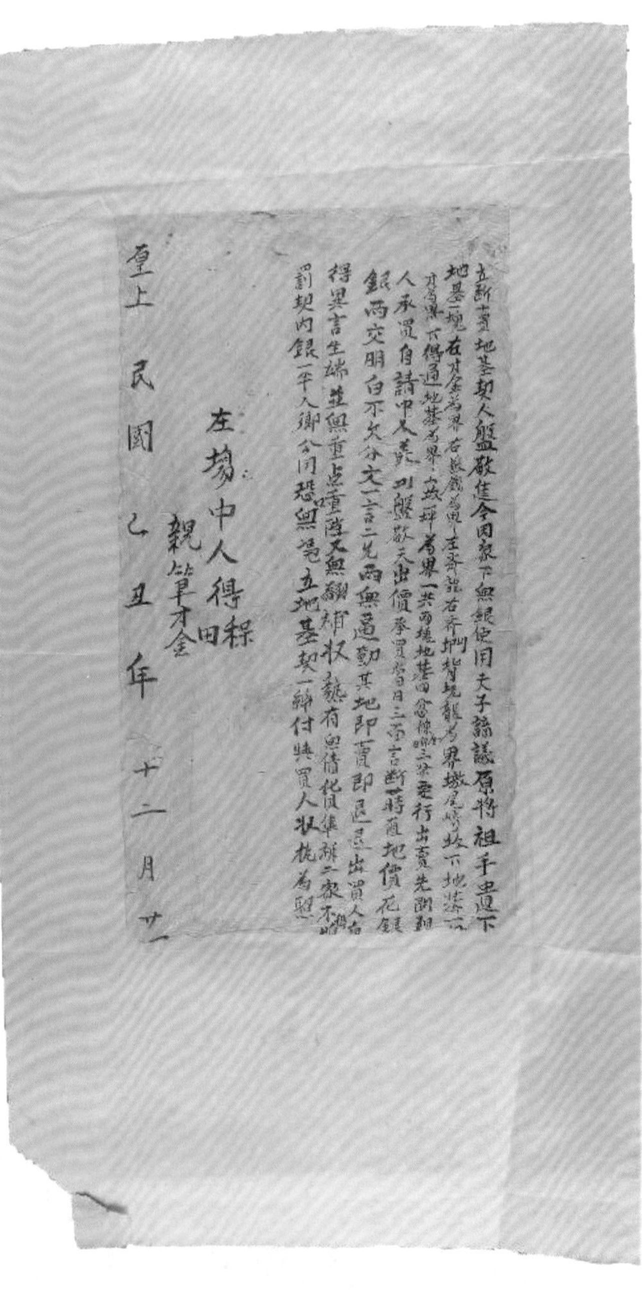

立断卖地基契人盘敬进今因家下无银使用夫（父）子謪（商）议原（愿）将祖手遗下地基一块左才金为界右敬钱为界左齐龙右齐㘬背坑龙为界墩尾崎坟下地基一共才为界下得通地基为界上坟坪为界一共两块地基四忿（份）德田德保德金三忿（份）要行出卖先问房亲〈无〉人承买自请中人送到盘敬天出价承买当日三面言断时直地价花银□□银两交明白不欠分文一言二允两无逼勒其地即卖即退退出买人自□□得异言生端并无重点（典）重当又无翻补收熟（赎）有无债货准拆（折）二家不得反□□罚契内银一半入乡公用恐口无凭立地基契一纸付与买人收执为照

在场中人得稞得田

亲笔才金

皇上民国乙丑年十二月廿一〈日〉

民国十四年十二月二十五日赵敬通卖山岭契

立断卖山岭契人赵敬通今因家下无钱使用夫（父）子謪（商）义（议）愿将父手遗下山岭土名坐落初坑领（岭）一块一共廿四忿（份）敬通一忿（份）又白笔千领（岭）一块一共六忿（份）敬通一忿（份）又鸡津凹架谨下领（岭）一块四止分明要行出卖先招房亲后招四僯（邻）无人承买主请中人送到溪背赵得聪出价承买当日三面言定凭中所断时值价银廿四大圆正即日钱契两交明白不欠分文竹木茶林一并包卖包买一无债货准拆（折）两家心允两无逼勒其领（岭）卖出即卖即退卖出言从买主子孙管业为招（照）今欲有凭立断卖契一纸后日不得从言生端若有生端恢（反）悔工（公）罚银一百两牛头三只白米三担酒十埕高领（岭）番（放）石不望回头富（付）与买主子孙永远为招（照）

在场见正中人赵敬福号银一毛【押】赵志啟号银一毛【押】

衣（依）口代笔人赵得观号银一毛【押】

民国十四年甲〔乙〕子〔丑〕岁十二月廿五日亲面立

民国十五年七月初一日敬教卖田契

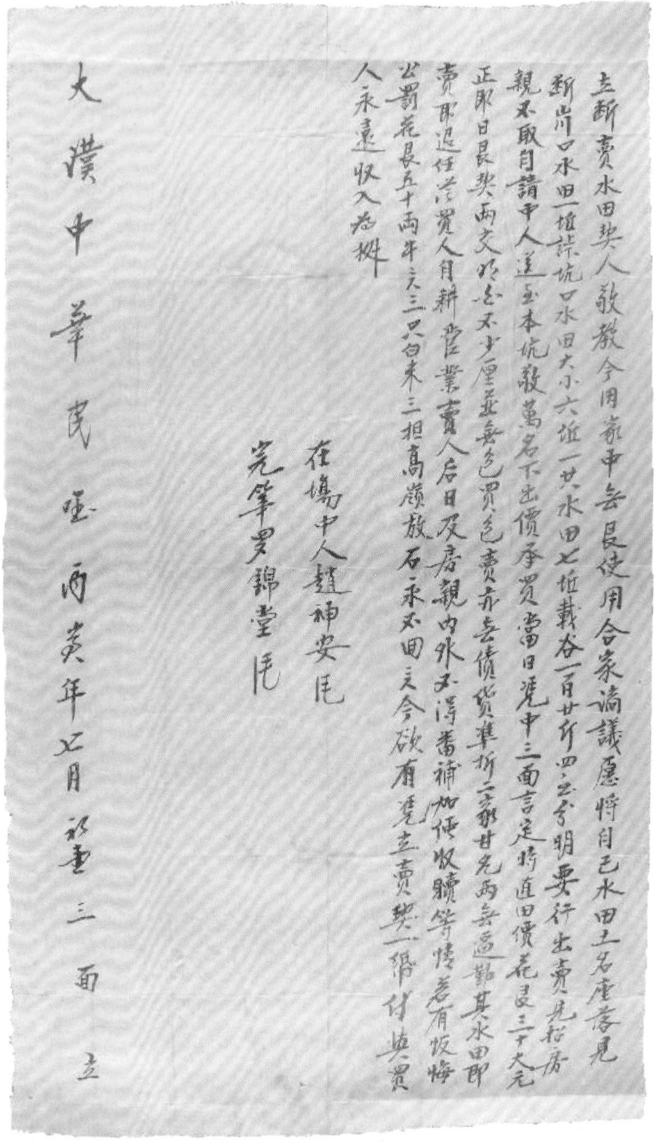

立断卖水田契人敬教今因家中无银使用合家谪（商）议愿将自己水田土名座落见断岀口水田一丘詸坑口水田大小六丘一共水田七丘载谷一百廿斤四至分明要行出卖先招房亲不取自请中人送至本坑敬万名下出价承买当日凭中三面言定时直田价花银三十大元正即日银契两交明白不少分厘并无包买包卖亦无债货准折二家甘允两无逼勒其水田即卖即退任从买人自耕管业卖人后日及房亲内外不得番（翻）补加价收赎等情若有恹（反）悔公罚花银五十两牛头三只白米三担高岭放石永不回头今欲有凭立卖契一纸付与买人永远收入为据

在场中人赵神安一毛

完笔罗锦堂一毛

大汉中华民国丙寅年七月初壹〈日〉三面立

民国十五年七月初二日赵天古赵老康卖田契

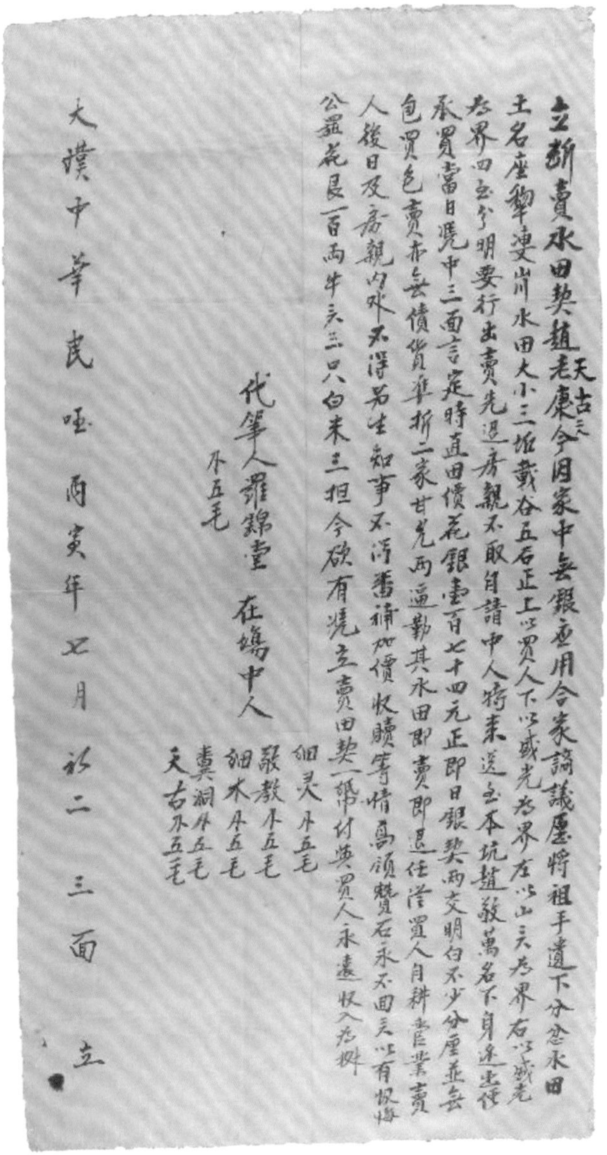

立断卖水田契赵天古赵老康二人今因家中无银应用合家谪（商）议愿将祖手遗下分忿（份）水田土名座犁婆岪水田大小三丘载谷五石正上以买人下以盛光为界左以山头为界右以盛光为界四至分明要行出卖先迢（招）房亲不取自请中人特来送至本坑赵敬万名下身边出价承买当日凭中三面言定时直田价花银壹百七十四元正即日银契两交明白不少分厘并无包买包卖亦无债货准折二家甘允两无逼勒其水田即卖即退任从买人自耕管业卖人后日及房亲内外不得另生知（滋）事不得番（翻）补加价收赎等情高领（岭）赞（缵）石永不回头以（如）有饭（反）悔公罚花银一百两牛头三只白米三担今欲有凭立卖田契一纸付与买人永远收入为据

代笔人罗锦堂钱五毛

在场中人细灵钱五毛敬教钱五毛细木钱五毛粪洞钱五毛天古钱五毛

大汉中华民国丙寅年七月初二〈日〉三面立

民国十五年吉日赵细昌卖山岭契

立永远断卖山岭契人本村赵细昌今因家中少银应用子侄商议愿将祖父遗下有水田一处坐洛（落）土名鸡臂坑水田要行出卖先问房亲人等俱各不能承领自请中人送到本村赵志前出价承买即日到田踏看山岭一大块右边敬山岭为界左田角为界下坑面上田角下为界各上分明其山岭内有棕竹等项包在字内当日凭中三面言明时值山岭价银柒拾伍毫正即日银字两交明白中见（间）并无短少亦无债货准折等情之弊自断卖之后过手任从承买人永远管业耕种其山岭并无重典重当亦无私买私卖倘有上手来勒（路）不明不干承买人之事系卖人一力抵当今来一卖千休永断葛莲（连）高山放石不望回头日后不得饭（反）悔如有饭（反）悔公罚牛头三只白米三担酒三埕另加花红银廿两日后房亲伯叔弟兄不得异言生端阻陷（当）亦不得翻补找价等情此系两家心愿二无逼勒恐口无凭立永远断卖山岭字一纸付执为据

在场见人敬山号钱二毛【押】云财号钱二毛【押】

代笔人沈嘉仁二毛

民国丙寅年吉日立

民国十六年十月二十六日赵敬千卖菜园契

立断卖菜园契人赵敬千今因家中无银使用合家謪（商）议愿将父手遗下菜园土名座落禾苍（仓）埆（角）菜园一块上下左右四至分〈明〉要行出卖先问房亲不取自请中人送至赵志明身边出价承买当日三面言定时直价银三大元正即日银契二交明白不欠分文并无包买包卖亦无债货准拆（折）尝陷（挡）等情二家心允两无逼勒其菜园即卖即退任买人自种管业永不收赎自卖之后不得异言饭（反）悔生端如有饭（反）悔公罚银五十两米三担烧酒三埕牛头三只高岭缵石永不回头今欲有凭立契一纸付与买人子孙永远收执为据

代笔人罗井妹二毛

在场中人卖主妻二毛

民国十六年十月廿六日三面立

民国十六年十二月十二日赵怀元卖田契

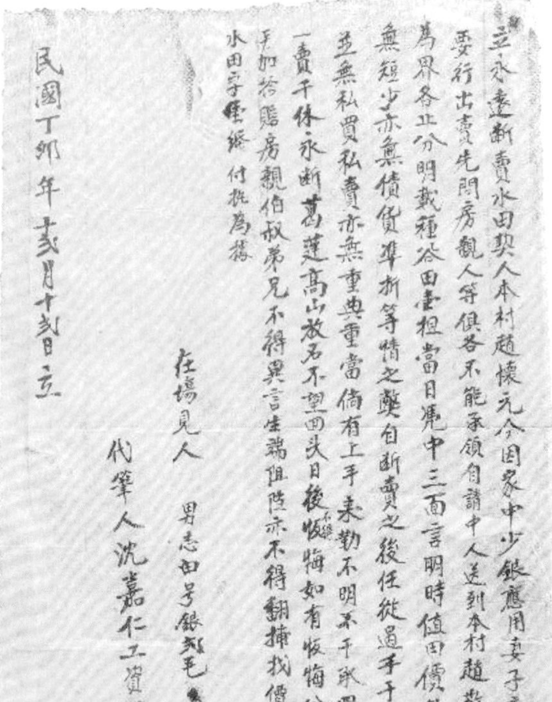

立永远断卖水田契人本村赵怀元今因家中少银应用妻子商议愿将祖父遗下有水田一处坐落名长岭对面水田要行出卖先问房亲人等俱各不能承领自请中人送到本村赵敬万出价承买即日到田踏看水田大小叁丘上下本田为界各止（至）分明载种谷田壹担当日凭中三面言明时值田价银柒大员（元）每员（元）七二兑足即日银字两交明白中见（间）并无短少亦无债货准折等情之弊自断卖之后任从过手于承买人永远管业耕种其田坡头水圳照旧通行并无私买私卖亦无重典重当倘有上手来勒（路）不明不干承买人之事系卖人一力抵当其田任从架造扦（迁）穴今来一卖千休永断葛莲（连）高山放石不望回头日后不得恢（反）悔如有恢（反）悔公罚牛头三只白米三担烧酒三埕公罚花红银依田价另加拾赔房亲伯叔弟兄不得异言生端阻陷（挡）亦不得翻捕（补）找价等情此系两家心愿二无逼勒恐口无凭立永远断卖水田字壹纸付执为据

在场见人男志田号银贰毛【押】

代笔人沈嘉仁工资银壹毛

民国丁卯年十贰月十贰日立

民国十六年十二月十八日赵星舌卖田契

立永远断卖水田契人本村赵星舌今因家中少银应用妻子謫（商）议愿将祖父遗下有水田一处坐洛（落）土名敬端岃水田要行出卖先问房亲人等俱各不能承领自请中人送于本村敬万出价承买即日到田踏看水田大小叁丘又水连崎水田一丘下贞（蒸）尝田为界上得雨田为界敬端岗田上得前田为界下得天田为界四止分明载种田谷四担当日凭中三面言明时值价银玖拾贰大员（元）正每员（元）七十二兑足即日银字两交明白中见（间）并无短少亦无债货准折等情之弊自断（卖）之后过手于承买人管业耕种任从架造杆穴其余坡头水圳照旧通行其田并无重典重当亦无私买私卖倘有上手来勒（路）不明不干承买人之事系卖人一力抵当（挡）此系一卖千休永断葛莲（连）高山放石不望回头日后不得㤆（反）悔如有㤆（反）悔公罚牛头三只白米三担烧酒三埕花红银依照田价另加拾赔房亲伯叔弟兄不得异言生端阻隚（挡）亦无翻补找价等情恐口无凭立永远断卖契水田一纸付执为据

在场见人兰古号银贰毛【押】

代笔人沈嘉仁工资壹毛

民国丁卯年十贰月十八日立

民国十六年赵敬今卖棕岭契

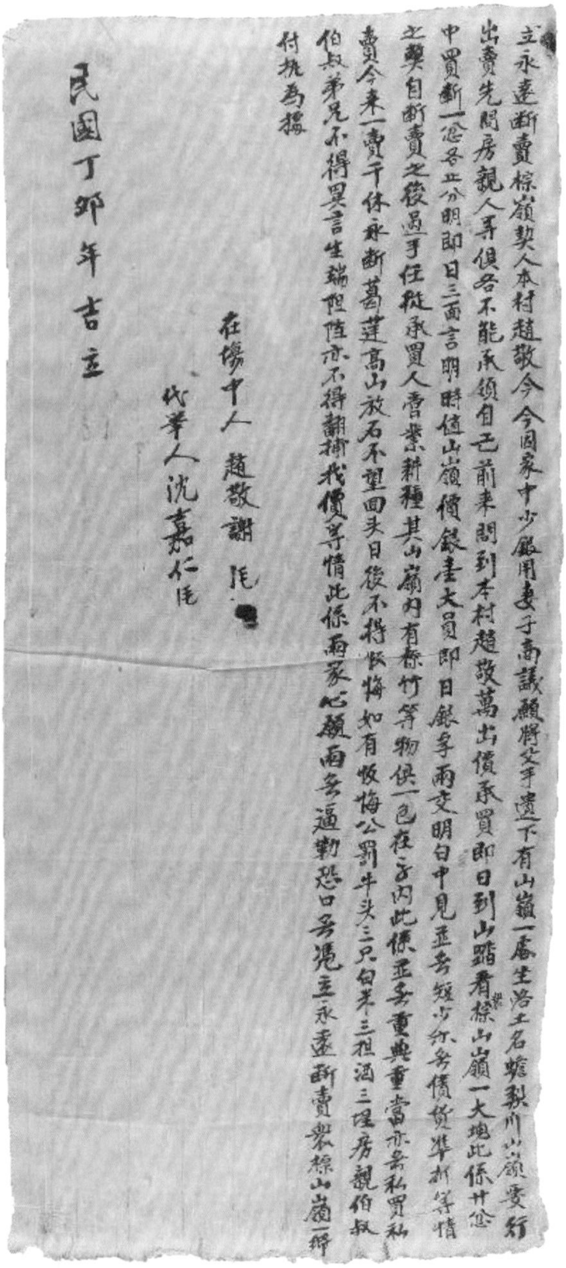

立永远断卖棕岭契人本村赵敬今今因家中少银使用妻子商议愿将父手遗下有山岭一处坐洛（落）土名蟾梨岃山岭要行出卖先问房亲人等俱各不能承领自己前来问到本村赵敬万出价承买即日到山踏看众棕山岭一大块此系廿忿（份）中买（卖）断一忿（份）各止（至）分明即日三面言明时值山岭价银壹大员（元）即日银字两交明白中见（间）并无短少亦无债货准折等情之弊自断卖之后过手任从承买人管业耕种其山岭内有棕竹等物俱一包在字内此系并无重典重当亦无私买私卖今来一卖千休永断葛莲（连）高山放石不望回头日后不得恢（反）悔如有恢（反）悔公罚牛头三只白米三担酒三埕房亲伯叔伯叔兄弟不得异言生端阻凶（挡）亦不得翻补找价等情此系两家心愿两无逼勒恐口无凭立永远断卖众棕山岭一纸付执为据

在场中人赵敬谢一毛【押】

代笔人沈嘉仁一毛

民国丁卯年吉立

民国十七年九月二十五日赵德溪卖山岭契

立断卖山岭契人赵德溪名下今因家中无银使用愿将祖手遗下分岔（份）山岭十四岔（份）自卖半岔（份）先尽其内不取自请中人送至本坑财天名下出价承买当日凭中三面言定时直岭价花银二大元正即日银契两交明白不少分厘并无包买包卖亦无债货准折二家甘允两无逼勤（勒）岭即卖即退任从买人自种管业卖人后日不得异言知（滋）事生端以有此情公罚花银五十两牛头三只白米三担高岭赞（缵）石永不回头今欲有凭立卖契一纸付与买人收入为据

在场中人德溪钱一毛

笔人罗咸光一毛

民国戊辰年九月廿五日三面立

民国十八年十月十五日赵敬保卖田契

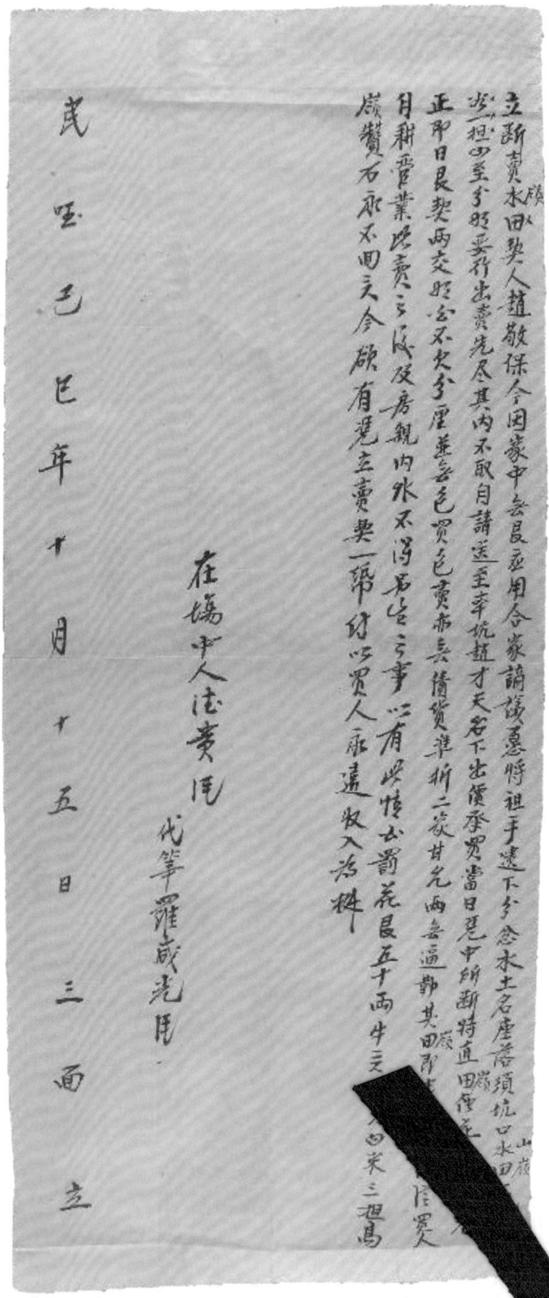

立断卖水田岭契人赵敬保今因家中无银应用合家謪（商）议愿将祖手遗下分忿（份）水〈田〉土名座落须坑口山岭水田一块载谷一担四至分明要行出卖先尽其内不取自请送至本坑赵才天名下出价承买当日凭中所断时直岭田价花银三大元正即日银契两交明白不欠分厘并无包买包卖亦无债货准折二家甘允两无逼勒其岭田即卖即退任从买人自耕管业此卖之后及房亲内外不得另生之（滋）事以（若）有此情公罚花银五十两牛头三只白米三担高岭赞（缵）石永不回头今欲有凭立卖契一纸付以买人永远收入为据

在场中人德贵一毛

代笔罗咸光一毛

民国己巳年十月十五日三面立

民国十八年十一月十六日赵贵堂卖田契

立断卖水田契人赵贵堂今因家中无银应用合家謫（商）议愿〈将〉祖手遗下分忿（份）水田土名座落大坑巡水田三丘载谷三萝上至德良为界下至厚为界左右四至分明要行出卖先尽其内不取自〈请〉中人送至本坑敬万名下出价承买当日凭中三面言定时直田价花银廿大元正即日银契两交明白不欠分厘并无包买包卖亦无债货准折二家甘允两无逼勒其田即卖即退任从买人自耕管业此卖之后及房亲内外不得另生知（滋）〈事〉以（若）有此情公罚花银五十两牛头三只白米三担今欲有凭立卖一纸付与买人永远收入为据

在场中人亚木妻二毛

代笔罗锦堂二毛

民国己巳年十一月十六日三面立

民国十九年二月十五日赵石文卖田契

立断卖水田赵石文今因家中无银应用合家謪（商）议愿将祖手遗下分忿（份）水田土名座落长岭埂细软田面上一丘革笋面上又一丘共田二丘载谷一百廿斤将来出卖四至分明先招房亲不取自请中人特来送到本坑赵敬龙身边出价承买当日三面凭中所断时直田价花银廿五大元正即日银契两交明白不欠分厘并无包买包卖亦无债货准析（折）二家廿允两无逼勒其田即卖即退任从买人自耕管业卖人日后及房亲内外不得另生知（滋）事以（若）有此情公罚花银五十两牛头三只白米三担高岭赞（缵）石永不回头今欲有凭立卖契一纸付与买人收入为据

在场中人子钱二毛德俊二毛

笔罗咸光二毛

民国庚午年二月十五〈日〉三面立

民国十九年八月十四日赵志兴卖田契

☒契人赵志兴今因家下无银使用合家謪（商）议愿将自己遗下水田坐落☒大小三丘载谷种二斤上　为界下　为界左　为界右　为界前☒分明要行出卖先问房亲后问蘇（四）僯（邻）自请中人送到赵敬才身边出☒日三面言断时值价花银一十零二大元正即日田契银二交明白不欠分文☒包卖亦无载（债）货准拆（折）二甘心允两无逼（勒）其水田即卖即退任从买人修整耕☒日不（得）与言生端之（滋）事等情又不得恢（反）悔异（一）有恢（反）悔公四（罚）花银二十两白米十担牛头五介（只）猪头四介（只）烧酒十埕卖人高岭赞（缵）石永不回头利刀割藤一刀二断今欲有凭立契一纸付于买人子孙永远为据

在场中人志【押】兴弟一毛

补笔人谢遇隆二毛

民国庚午年八月十四日亲面立

民国十九年十一月二十四日赵敬远卖屋地契

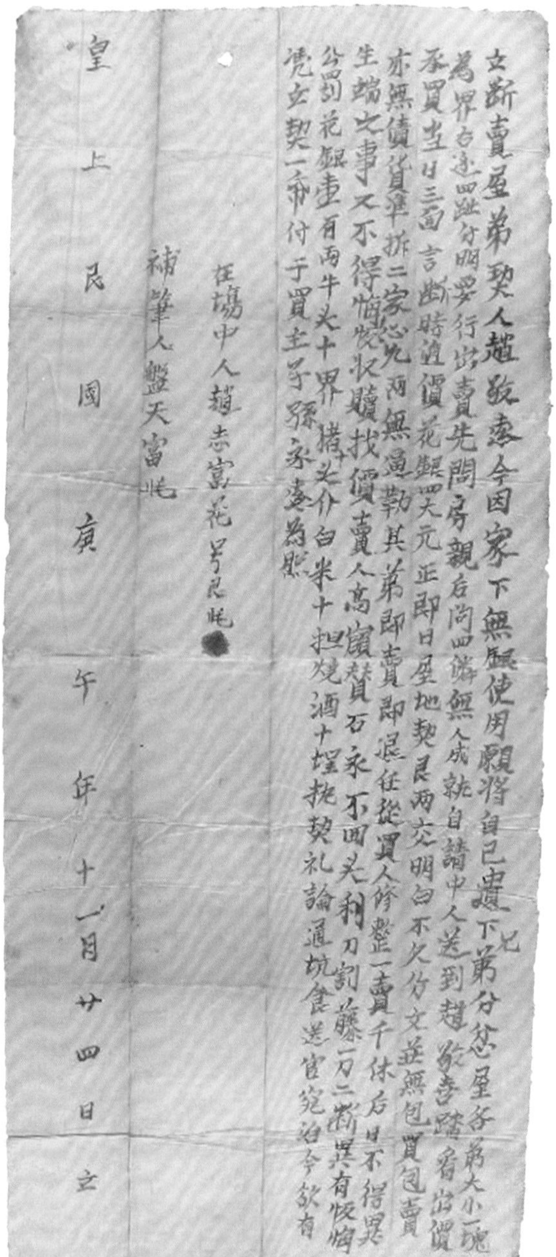

立断卖屋弟（地）契人赵敬远今因家下无银使用愿将自己遗下兄弟分忿（份）屋各弟（地）大小一块为界右边四趾分明要行出卖先问房亲后问四僯（邻）无人成（承）就自请中人送到赵敬喜踏看出价承买当日三面言断时值价花银四大元正即日屋地契银两交明白不欠分文并无包买包卖亦无债货准拆（折）二家心允两无逼勒其弟（地）即卖即退任从买人修整一卖千休后日不得异（言）生端之（滋）事又不得悔恢（反）收赎找价卖人高岭赞（缵）石永不回头利刀割藤一刀二断异有恢（反）悔公罚花银壹百两牛头十界（只）猪头十介（只）白米十担烧酒十埕执契礼（理）论通坑食送官究治今欲有凭立契一纸付于买主子孙永远为照

在场中人赵志富花号银二毛【押】

补笔人盘天富二毛

皇上民国庚午年十一月廿四日立

民国十九年十二月初一日赵敬游拆欠妻敬田媳女拆欠夫卖屋地契

立去身居帖人赵敬游拆欠妻敬田媳女拆欠夫二家心愿即日拆请二家亲房即日说明赵敬游即日归从赵敬田妹女合娠交因招公接祖佛祀敬田香炉运水衣公接祖归如敬田所管不准敬游所卖家中田地拗（物）件不准佛祀敬游先日旧香炉水碗后日二家亲房主阻当（挡）敬田家中物件田地不德（得）阻当（挡）敬田物件田地抬帖公罚有二家亲房担承人做证不德（得）如原（愿）生端恢（反）悔入（如）有借事生（端）反悔公罚银什两牛头三只白米三担一半入村公用一半接帖到官礼（理）伦（论）今若有凭田地归如敬游永远管业收执合同为据

□

在场担承人赵敬万赵志文赵叫古赵志乔赵敬才赵敬富赵敬尤男房敬福敬千每人三毛

民国庚午年十二月初一日三面立断

民国二十年四月初八日大应法天房九借钱契

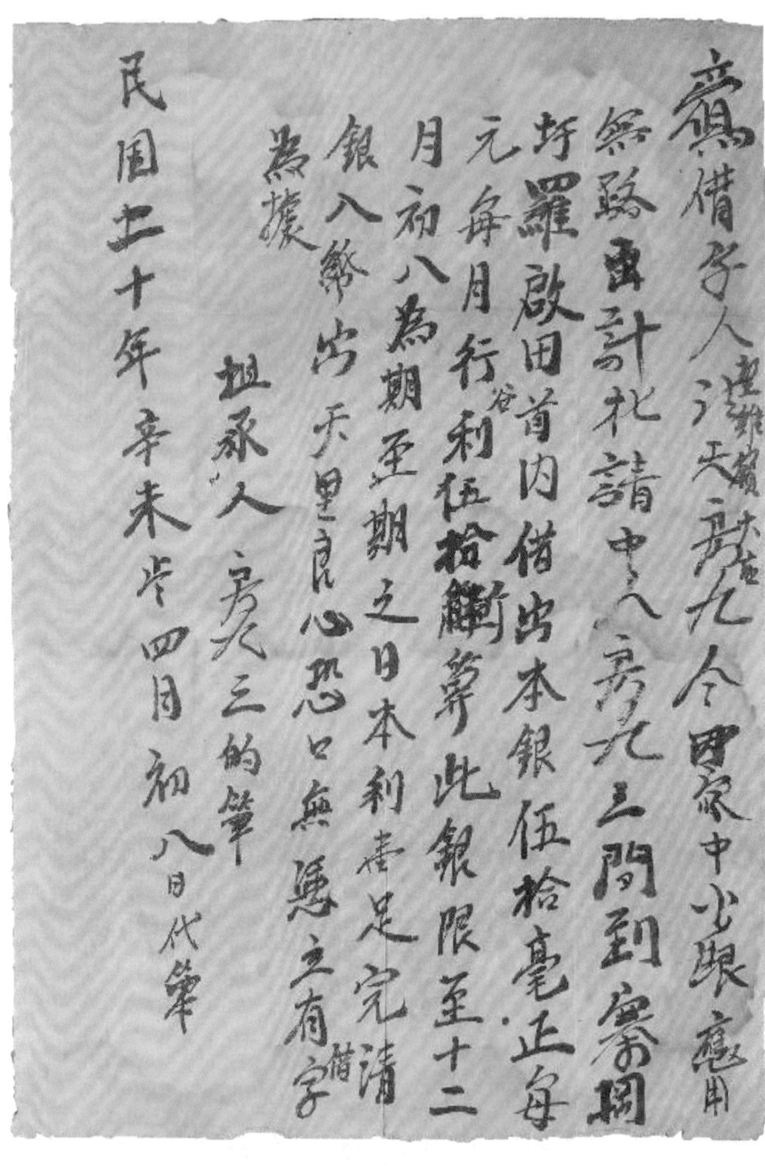

立写借字人望鸡岭大应法天房九今因家中少银应用无路出计托请中人房九三问到寨冈圩罗敵田首内借出本银伍拾毫正每元每月行谷利伍拾斤算此银限至十二月初八为期至期之日本利壹足完清银入纸出天里（理）良心恐口无凭立有借字为据

担承人房九三的笔

民国二十年辛未岁四月初八日代笔

民国二十年八月初二日房九借银契

立借银字人房九今因少银应用无处出备兄弟谪（商）议托请中人加东一公问至曾彝（邻）处揭（借）出本银九拾七毫正言明每元每月纳息每□每月该息银六十文限借用至壹月为期至期本息清完不得过期少欠如有过期少欠任从银至执单追收恐口无凭立字为据

另中人四毛

见借人加东一【押】

中人加东一担忽房九

见借曾求二毛房九【押】

民国贰拾年辛未岁八月初二〈日〉

民国二十年十二月二十四日赵敬孝卖山岭契

立断卖山领（岭）契人赵敬孝今因家下无银使用夫妻夫（父）子相义（议）愿将父手遗下山领（岭）土名坐落金竹岇上圳面岭一块左德保为界右敬贵为界四志（至）分明要行出卖先招房亲不取自请中人送到敬龙身边出价承买当日三面愿定时直傢（价）银四十五毛正即日银契二交明白不欠分文包买包卖一无积（债）货准拆（折）二家心愿二无笔（逼）勤（勒）其领（岭）即卖即退卖即退卖人自耕管业永远为招（照）即卖之后房亲房外兄弟不德（得）如愿生端饭（反）悔入（如）有借事生端饭（反）悔公罚银什两牛头三只白米三担一半入村公用一半接契到官礼（理）伦（论）今欲有凭立断领（岭）契一纸

在场中人赵敬慢银一毛

衣（依）口代笔人赵敬贵笔支银一毛

民国辛未年十二月廿四日三面立断

民国二十年赵志前卖山岭契

立断卖岭契人老山背赵志前今因家下缺少银用无法出息情愿谪（商）议收到父手遗下分忿（份）之业一抛（处）坐落地名蒙窟岗岭二块九分买（卖）一分四止买人为界将来出卖先尽期（其）内无银成（承）就自请中人送至伊亲溪背赵敬啟名下出价承买价花银三元二毛正即日银契相交足并无短少分文一愿二允两无逼勒期岭之处恐有异〈言〉之（滋）事买人公罚白银三佰白米三担猪头卅只酒卅锃（埕）狗虱一筒任从买人管业今欲有凭立断卖岭契一纸付与买人永远存照

在场中人志旺妻志富仝诉礼银四毛

代笔许明山诉礼银壹毛

民国廿年月日三面立

民国二十一年八月十二日赵懵瑶卖山岭地基契

立断賣山岺地基契人趙懵摇，今因家下無廚使用，合家商議，願將自己
遺下山岺坐落李坪岃四買其塊其九塊，四趾分明，要行出賣，先問房親，後問蘇儒，
自請中人送到趙志明身边出價承買，當日三面言定，時值價艮廿二大毫正，即
日岺契艮二交明，自不欠分文，並無包買包賣，亦戴貨準債，二家心允，
兩無逼其山岺即賣即退，任從買其人修整耕種管業，后日並不与言
生端之爲等情，又不反悔，買異有反悔，公罰花艮十两白米二擔牛头三介猪头
三介燒酒廿埕，賣其人高岺賛石，永不回头，利刀割藤，一刀二断，今欲有凭，立契一
紙付手買人存执為拠。

在場中人趙敬懮　共四毛

補筆人謝遇隆　伍毛

民国壬申年八月十二日　親面立

立断卖山岭地基契人赵憎瑶今因家下无银使用合家谪（商）议愿将自己遗下山岭坐落李坪岿四块共九块买（卖）
四趾分明要行出〈卖〉先问房亲后问苏（四）僯（邻）自请中人送到赵志明身边出价承买当日三面言定时值价银
廿二大毛正即日岭契银二交明白不欠分文并无包买包卖亦〈无〉载（债）货准债（折）二家心允两无逼〈勒〉其
山岭即卖即退任从买人修整耕种管业后日并不〈得〉与言生端之（滋）事等情又不饭（反）悔异有饭（反）悔公
罚花银十两白米三担牛头三介（只）猪头三介（只）烧酒十埕卖人高岭赞（缵）石永不回头利刀割藤一刀二断今
欲有凭立契一纸付于买人存执为据
在场中人赵敬慢共四毛
补笔人谢遇隆二毛
民国壬申年八月十二日亲面立

民国二十一年八月二十日赵跂慢卖田契

立断卖水田契人赵跂慢今因家下无银使用合室谪（商）议愿将祖父手遗下兄弟分岔（份）水田一处□□座落崩坑埂水田大小一丘即日到田踏看界址分明水路水圳照旧通行牛☒行出卖先招房亲不取自请中人送到本房赵财禄名下承应当日三面言断时直价花银八拾大元正即日银契两交明白不欠分文并无包买包卖亦无债货准折两家心允两无逼勒即卖即退任从买主过耕管业一卖千秋永不得收赎反补找价等情如（若）有亲外房等兄弟叔侄生端反悔收赎公罚牛头三只白米三担烧酒拾埕花银壹佰两入乡公用高山放石永不回头恐口无凭立断卖水田契壹纸付于买主收执永远为据

在场中人赵敬考银四毫赵敬天银四毫

依口代笔人冯佐记

酒席银贰大元

民国廿壹年壬申岁八月廿日亲面立

民国二十一年十月十八日赵增瑶卖屋契

立断卖正屋契人赵增瑶今因家中无银使用自己谪（商）议愿将先年分岔（份）左边私厅一直八坎下充地界将来出卖左以猪栏为界右以敬教为界前后漏水澹为界四至门路通行照旧四至分明将来出卖先尽其内不取自请中人特来送至敬教男敬明名下出价承买当日凭中三面言定时直屋价花银卅五大元即日银契两交明白不少分厘并无包买包卖亦无债货准折二家甘允两无逼勒其屋即卖即退任从买人九（久）住管业卖人后日及房亲房内不得翻甫（补）加价收赎等情又不得另生知（滋）事以（若）有此情公罚花银一百两牛头三只白米三担高岭赞（缵）石永不〈回〉头今欲有凭立断契卖屋契一纸付与买人永远收入为据

在场中敬慢银二毛

代笔人罗锦堂四毛

民国壬申年拾月十八日三面立

民国二十一年十二月初六日赵志福卖田契

立断卖水田契人禾枪坑赵志福今因家下无银使用合室谪（商）议愿将祖父手遗下兄弟分岔（份）水田壹处土名座落鸡子岗尾大山脚水田大小壹丘左右田角为界即日到田踏看水路水圳照旧通行界址分明要行出卖先招房亲不取自请中人送到义坑赵才禄名下承应当日三面言断时直价花银伍拾四大元正即日银契两交明白不欠分文并无包买包卖亦无债货准拆（折）两家心允两无逼勤（勒）即卖即退任从买主过耕管业一卖千秋自卖之后房亲房外不得异言生端饭（反）悔收赎番（翻）补找价等情若有生端收赎番补找价等情公罚牛头三只白米三担烧酒拾埕花银伍拾两入乡公用高山放石永不回头恐口无凭立有断卖水田契壹纸付于买主收执为据

在场中人赵敬武银贰毛赵志通银贰毛赵敬才银贰毛

依口代笔人冯佐记

酒席银贰元

民国廿壹年壬申岁十贰月初六日亲面立

民国二十一年十二月初八日赵老岸亚华二人卖屋契

立断卖正栋屋契人赵老岸亚华二人今因所少银用愿将自遗下屋自请中人送到赵才天身边出价承买当日三面言定时值价花银三十六大元水口众岭十五忿（份）买（卖）半忿（份）屋壹直房间一共二井（间）二交明白不欠分文并无包买包〈卖〉一无载（债）货准〈折〉二家心允两无逼勒屋即卖即退后日并不与言生端之（滋）事等情又不恢（反）悔异有恢（反）悔公罚花银一百两白米十担牛头十介（只）猪头十介（只）烧酒十埕卖人高〈岭〉赞（缵）石永不回头利刀葛藤一分二断今欲有凭立契一纸为据

在场中人赵敬山二毛

代笔人谢遇隆二毛

民国壬申年十二月初八日亲面立

民国二十二年四月十二日赵贵堂赵贵细木卖山岭地基契

立断卖山岭地基契人赵贵堂细木二人今因家下无银使用愿将自己遗下山岭坐落庙坛坑口山岭一块众岭六大份买（卖）一份四趾分明要行出卖先问房亲后问苏（四）僯（邻）自请中人送到赵敬万出价承买当日三面言定时值价花银二大元正即日岭契银二交明白不欠分文并无包买包卖亦无载（债）货准折二家心允两无逼勒自卖之后并不与言生端之（滋）事等情又不饭（反）悔异有饭（反）悔公罚花银十两牛头十介（只）猪头十介（只）烧酒十埕卖人高岭赞（缵）石允（永）不回头利刀割藤一刀两断今（欲）有凭立契一纸付于买人子孙永远为据

在场中人赵细木一毛

代笔人谢遇隆一毛

民国癸酉年四月十二日亲面立

民国二十二年五月十二日赵亚良卖山岭契

立断卖山岭契人赵亚良契今因家下无银使用合家谪（商）议愿将自己遗下山岭坐落大坑尾水潭岃大小一块上岭顶为界下到脚为界左得龙为界右得裕为界四址分明要行出卖先问房亲后问四僯（邻）自请中人送到赵敬万出价承买当日三面言定时值价花银三十大元正即日岭契银二交明白不欠分文并无包买包卖亦无载（债）货准债（折）二家心允两无逼〈勒〉其岭即卖即退任从买人修整耕种管业后日并不［与言］与言生端之（滋）事等情又不恢（反）悔异有恢（反）悔公罚花银五十两牛头十介（只）猪头十介（只）烧酒十埕卖人高岭赞（缵）石永不回头利刀割藤一刀二断今欲有〈凭〉立契一纸付于买人子孙永远为据

在场中人赵兰古得传一元化（花）号银一元敬良一元敬聪一元

补笔人谢遇隆一毛

民国癸酉年五月十二日亲面立

民国二十三年十二月二十二日禾枪坑赵德富侄孙志新卖田契

立断卖水田契人禾枪坑赵德富侄孙志新今因家下无银使用合室谪（商）议愿将祖父手遗下水田壹处土名座落河杵埂脚田鸡屋门口水田大小壹丘左齐叫古田为界下齐增古蒸常（尝）田为界即日到田踏看界址分明水路水圳以（依）旧通行要行出卖先招房亲不取自请中人送到大坑赵敬养名下承应当日三面言定时值价花银贰拾柒大元正即日银契两交明白不欠分文并无包买包卖亦无债货准拆（折）两家心允两无逼勒一卖千秋此卖之后亲外房等不得异言生端反悔收赎若有亲外房等生端反悔收赎公罚牛头三只白米三担烧酒拾埕花银壹百两高山放石永不回头恐口无凭立有断卖契壹纸付于买主永远收执为据

在场中人赵敬才赵敬信赵敬啟赵敬田兄弟四人银八毛正

酒席贰立侄肥古银贰毛正

依口代笔人利益掌贰毛

民国贰拾叁年十贰月廿贰日亲面立

民国二十五年十一月王才位王志泉母子卖山岭契

立断卖岭契人王才位王志泉母子卖今因家下无从出息情愿谪（商）议将到父手遗下已业一扻（处）坐落地名大竹岃准（对）面上岭一块四分得买（卖）半分左与八分众岭为界右与茶坪志富为界又一扻（处）梢梨岗一岭块八分得买（卖）一分左与准（对）面赵才金为界下与王敬学为界右与老山背才油为界又买才位屋埆岭一块左与才天为界又买屋埆头水井岗岭一块八分得买（卖）一分上与志福才天为界下与准（对）头为界四处四止分文收来出卖亲房无银承就请中送至伊亲赵敬啟名下出价承买价花银贰拾陆元贰毫正即日银契两相交足并无短少分文一愿二允两无逼勒并无包买包卖恐有返（反）费（悔）公罚白银三仟白米卅石（担）猪头三佰只酒一佰陆拾锃（埕）牛头卅佰只狃〔狗〕虱三斗不得异言生端阻挡（挡）恐口无凭立断卖岭四纸付与买〈主〉永远存照

在场中人王才文诉礼银国币贰元〇三分六银邓良武诉礼银国币贰毫

代笔许明山诉礼银三毛正

民国廿五年十一月日三面立

民国二十六年十一月二十四日赵敬山纠纷调解契

立去身居帖人赵敬山今因先日所欠男儿子小难考即日带来赵德传弟（第）四男子以愿接祖从师归以敬山准弟（第）三子以上老祖屋家内外山领（岭）田地取出养老长岭田大小七丘中心坑包坑领（岭）二块长领（岭）埂领（岭）一块欺（其）坑领（岭）一块归以后日敬山生养死葬三份均分不论得家无钱不分对面金竹⿱山川水田三丘面上一丘归以志学所管中心一丘归以才利做亲银矢（屋）贤节⿱山川领（岭）一块一并脚下行路一丘归以志福做亲银屋以上买敬通一并归以志学右边老屋归以志福才利招分一并明白后日三家不准一家恢（反）悔如有恢（反）悔内外亲房担承公罚银一百两通村公用今欲有准（凭）立去合同帖二张各执一张为记

慢执帖

在场中人赵敬孝赵敬福赵敬千志礼志啟志天志啟志龙才?志福外家德龙敬才银一毛

衣（依）口代笔人赵敬贵笔支银十二毛

民国丁丑年十一月廿四日三面立断

民国二十八年冬月望五日赵才金卖屋地契

立断卖屋地契人赵才金今因家下无银使用夫妻夫（父）子商议愿将父手遗下屋地土名坐半坑大路面大屋场住南屋地一直左边买主为界右边才金屋为界上齐坎为界下齐蟾流水为界又分份山领（岭）土名坐落竹山坑赵敬富领（岭）为界六份买（卖）一份通共其中人说断时直价银四十大元正即日银契二家明白不欠分文包买包卖一无积（债）货准拆（折）二家心愿二无笔逼其屋地即卖即退卖主自从买主收整过耕永远为记一刀割藤二断即卖之后卖主旁亲旁外兄弟不得收赎不得翻（反）补价银入（如）有饭（反）悔语心开口提言招契公罚白银三百牛头三只白米三担一半入村公用一半接契到官礼（理）伦（论）今若有凭立断契一纸付如买人收执永远为记付如敬龙买主收执为己（记）

住这在场中人赵敬才赵志文每人白银二元

衣（依）口代笔人赵敬贵白银二元

民国廿八年己卯岁冬月望五日三面立

民国二十八年冬月望五日赵才金卖山岭契

立断卖山岭契人赵才金今因要下无银使用夫妻夫子商议愿将父手遗下山岭土名坐落解塝岗一塊左边齿古岭为界右边敬富岭为界上下界至分明一塊坐落王家山脚大路面左边到埂右边齿古岭为界又一塊坐落般坑左边眼皮妻岭为界右边大坑老岭为界又九菜地一节土名坐落鸡皮坑绝竹岗九菜地一节一垂四共即日其中人时直价艮白艮七十六元〇三毛正即日艮契二交明白不欠分文包买包卖一并积货草折二家心愿二无逼勒其岭即卖即退高岭为石永不回头即卖之后卖主房亲宗外兄弟不得如意生端反悔如有借事生端反悔公罚白艮三百牛头三只白米三担一半入村公用一半换契到官理论今若有凭立断岭契一纸付与买主敬龙自退去价永远收执为记

在场中人赵敬才白艮纸

亲口代笔人赵敬贵白艮纸

民国廿八年　己卯岁　冬月　望五日　三面立

立断卖山领（岭）契人赵才金今因家下无银使用夫妻夫（父）子商仪（议）愿将父手遗下山领（岭）土名坐落辞房岃一块左边沓古领（岭）为界右边敬富领（岭）为界上下界至分明一块坐落王家山脚大路面左边到埂右边沓古领（岭）为界又一块坐落期坑左边眼皮妻领（岭）为界右边大坑老领（岭）为界又九菜地一井土名坐落鸡皮坑坨竹岃九菜地一井一并四共即日其中人时直价银白银七十六元〇二毛正即日银契二交明白不欠分文包买包卖一无积（债）货准拆（折）二家心愿二无笔逼其领（岭）即卖即退高领（岭）方（放）石永不回头即卖之后卖主房亲房外兄弟不得如愿生端饭（反）悔入（如）有借事生端饭（反）悔公罚白银三百牛头三只白米三担一半入村公用一半接契到官里（理）伦（论）今若有凭立断领（岭）契一纸付如买主敬龙身边出价永远收执为记

在场中人赵敬才白银三毛

衣（依）口代笔人赵敬贵白银五毛

民国廿八年己卯岁冬月望五日三面立

民国二十九年赵良通卖山岭契

立断卖岭契人赵良通今因家中无银使用合家夫妻谪（商）议愿将父手遗下岭土名座落森梨岃二岔（份）买（卖）一岔（份）上至到等为界下〈至〉志金志学为界左右四至分明要行出卖先问房亲不取自请中人送至赵志明身边出价承买当日三面言定凭中所断时值价银三大元正即日银契二交明白不欠分文并无包买包卖亦无债货准拆（折）尝挡等情二家心允两无逼勒其岭即卖即退任买人自种管业永不收赎自卖之后不得异言饭（反）悔生端如有饭（反）悔公罚白银五十两白米三担牛头三只烧酒三埕高山放石永不回头今欲有凭立契一纸付与买人永远为据

在场中人良通妻一毛

代笔一毛

民国庚辰年月日三面立

民国二十九年赵志龙卖山岭契

立断卖岭契人赵志龙今因家中无钱使用夫妻謪（商）议愿将父手遗下岭土名座落长岭长岃岭一块上至羅（枈）老为界下至志学为界四至分明要行出卖先问房亲不取自请中人送至赵志明身边出价承买当日三面言定凭中所断时直价白银十二元半正即日银契二交明白不欠分文并无包买包卖亦无债货准拆（折）尝凶（挡）等情二家心允二无逼勒其岭即卖即退任买人自种管业永不收赎自卖之后不得异言恢（反）生端如有恢（反）悔公罚白银五十两白米三担牛头三只烧酒三埕高山放石永不回头今欲有凭立契一纸付与买人子孙永远收执为据

代笔人一毛

在场中人志龙妻一毛志学一毛

民国庚辰年月日三面立

民国二十九年七月初二日赵敬正卖山岭契

立斷賣山嶺契人趙敬正今因家下無艮使用夫妻夫子相義愿將父手如下山嶺
土名虎落雞皮坑招葉冲山嶺一塊在左邊敬庭嶺為界右邊背古嶺為界上至
頂下至背古為界管樣山一蓬要行出賣先招房親不取自請中人並至趙志
富身邊出價承買當日三面言定時直價艮白艮六十六元六毛正即日艮契
二交明白不欠分文包買包賣一并積貨難拆二家心愿二無筆副其嶺即
賣即退賣人自從買人自耕管業永遠為據即賣之后房親房外兄
弟不得如意生端恢悔如有借事生端恢悔分罰艮三百兩牛頭三只白米三担
入村今用一半據契到官礼倫今恐有憑立斷嶺契一紙付與買人收執
為記

在場中人趙云安白艮[illegible]
代筆人趙敬貴白艮[illegible]

民国庚辰年　七月　初二日　三面　立斷

立断卖山领（岭）契人赵敬正今因家下无银使用夫妻夫（父）子相义（议）愿将父手如下山领（岭）土名座落鸡皮坑招叶岃山领（岭）一块在左边敬龙领（岭）为界右边沓古领（岭）为界上至顶下齐皆古为界笞棕山一并要行出卖先招房亲不取自请中人送至赵志富身边出傢（价）承买当日三面言定时直傢（价）银白银六十元六毛正即日银契二交明白不欠分文包买包卖一无积（贷）货准拆（折）二家心愿二无笔（逼）副（勒）其领（岭）即卖即退卖人自从买人自耕管业永远为招（照）即卖之后房亲房外兄弟不得如愿生端恢（反）悔入（如）有借事生端恢（反）悔公罚银三百两牛头三只白米三担一半入村公用一半接契到官礼（理）伦（论）今欲有凭立断卖领（岭）契一纸付如买人收执为记

在场中人赵云安白银二元

衣（依）口代笔人赵敬贵白银二元

民国庚辰年七月初二日三面立断

民国二十九年七月二十二日溪背赵志慢卖田契

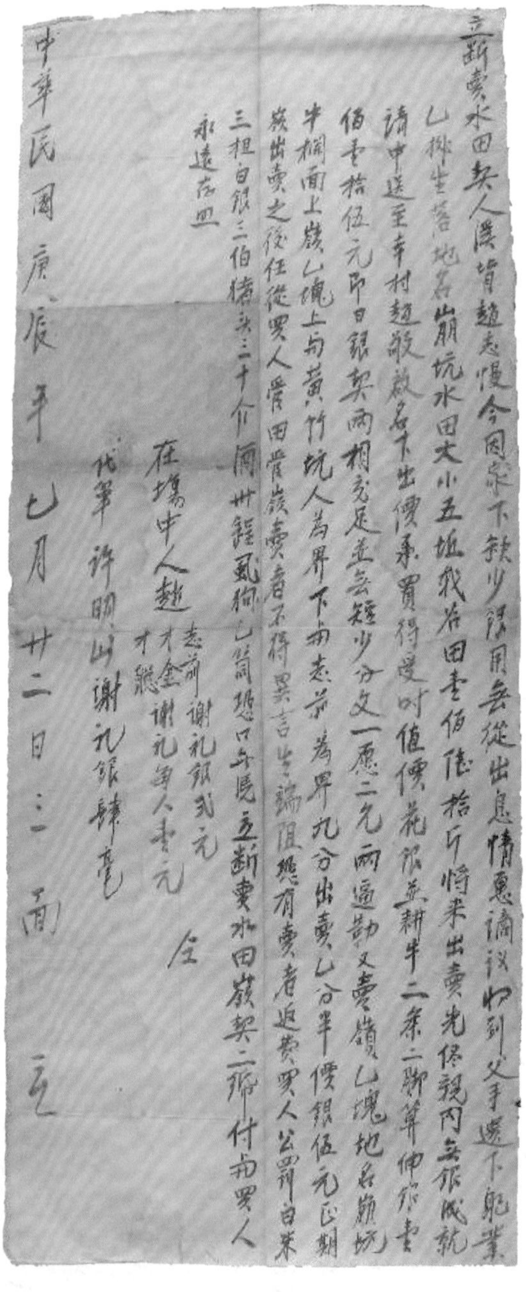

立断卖水田契人溪背赵志慢今因家下缺少银用无从出息情愿谪（商）议将到父手遗下己业一挞（处）坐落地名崩坑水田大小五丘载谷田壹佰陆拾斤将来出卖先尽亲内无银成（承）就请中送至本村赵敬敀名下出价承买得受时值价花银并耕牛二条二脚算伸银壹佰壹拾伍元即日银契两相交足并无短少分文一愿二允两（无）逼勒又卖岭一块地名岭坑牛栏面上岭一块上与黄竹坑人为界下与志前为界九分出卖一分半价银伍元正期岭出卖之后任从买人管田管岭卖者不得异言生端阻恐有卖者返（反）费（悔）买人公罚白米三担白银三佰猪头三十介（只）酒卅鍟（埕）虱狗一筒恐口无凭立断卖水田岭契二纸付与买人永远存照

在场中人赵志前谢礼银贰元赵才金赵才聪谢礼每人壹元仝

代笔许明山谢礼银肆毫

中华民国庚辰年七月廿二日三面立

民国二十九年十一月十四日赵敬龙分家契

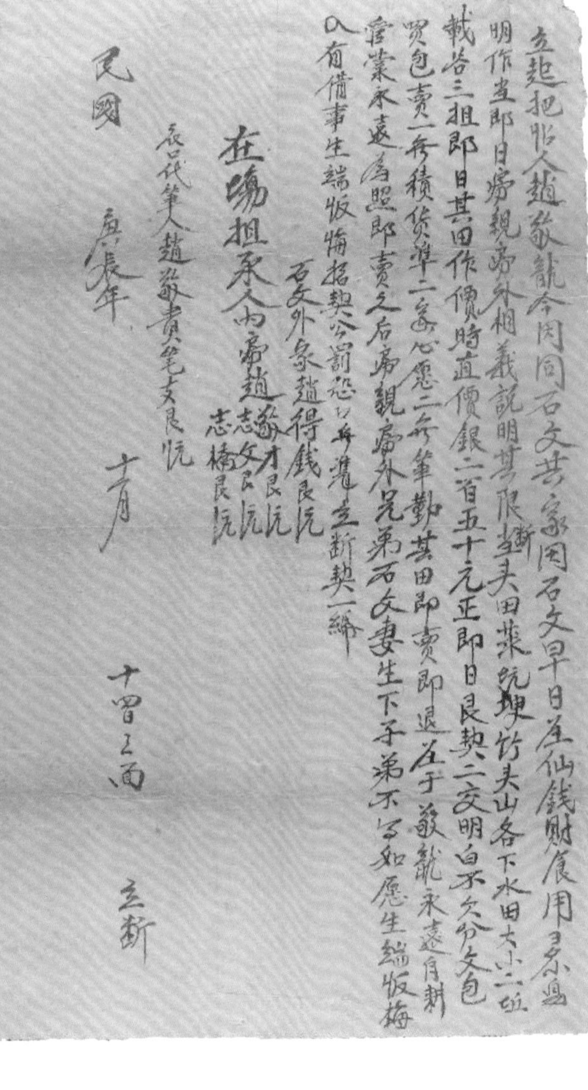

立起把帖人赵敬龙今因同石文共家因石文早日归仙钱财食用□□明作当即日房亲房外相义（议）说明其限断当头田菜坑埂竹头山各下水田大小二丘载谷三担即日其田作价时直价银二百五十元正即日银契二交明白不欠分文包买包卖一无积（债）货准（折）二家心愿二无笔（逼）勤（勒）其田即卖即退归于敬龙永远自耕管业永远为照即卖之后房亲房外兄弟石文妻生下子弟不得如愿生端恢（反）悔入（如）有借事生端恢（反）悔招契公罚恐口无凭立断契一纸

石文外家赵得钱银一元

在场担承人内房赵敬才银一元赵志文银一元赵志桥银一元

衣（依）口代笔人赵敬贵笔支银二元

民国庚辰年十一月十四日三面立断

民国三十年四月二十日赵亚文卖山岭契

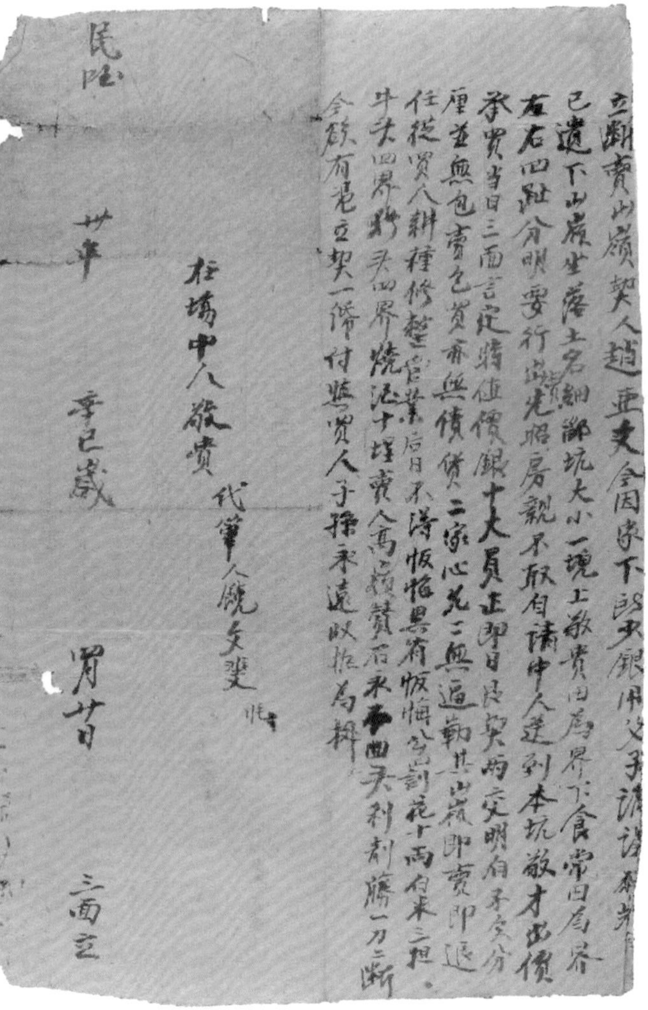

立断卖山岭契人赵亚文今因家下所少银用父子谪（商）议愿将□己遗下山岭坐落土名细鄙坑大小一块上敬贵田为界下食常田为界左右四址分明要行出卖先昭（招）房亲不取自请中人送到本坑敬才出价承买当日三面言定时值价银十大员（元）正即日银契两交明白不欠分厘并无包卖包买亦无债货〈准折〉二家心允二无逼勒其山岭即卖即退任从买人耕种修整管业后日不得㤆（反）悔异（一）有㤆（反）悔公罚花〈银〉十两白米三担牛头四界（只）猪头四界（只）烧酒十埕卖人高岭赞（攒）石永不回头利〈刀〉割藤一刀二断今欲有凭立契一纸付与买人子孙永远收执为据

在场中人敬贵

代笔人饶文斐二毛

民国卅年辛巳岁四月廿日三面立

民国三十年九月二十四日赵子龙赵子学卖山岭竹木杵木地基契

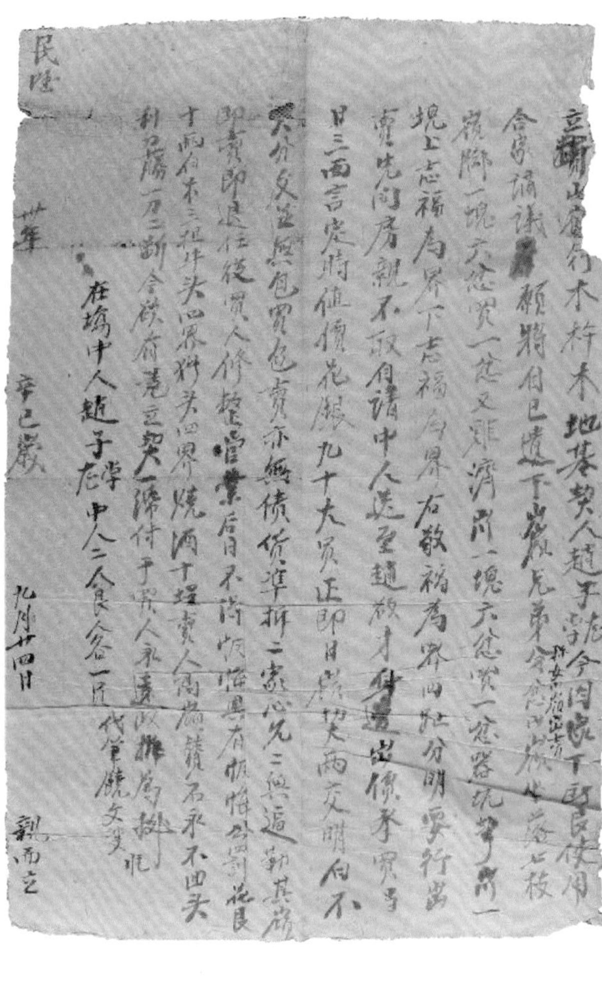

立断山岭竹木杵木地基契人赵子龙赵子学今因家下所〈少〉银使用合家谪（商）议愿将自已（己）遗下山岭兄弟分岔（份）山岭孙女山岭出卖坐落七枝岭脚一块六岔（份）买（卖）一岔（份）又鸡济岃一块六岔（份）买（卖）一岔（份）器坑□岃一块上志福为界下志福为界右敬福为界四址分明要行出卖先问房亲不取自请中人送至赵敬才身边出价承买当日三面言定时值价花银九十大员（元）正即日岭契两交明白不欠分文并无包买包卖亦无债货准拆（折）二家心允二无逼勒其岭即卖即退任从买人修整管业后日不得饭（反）悔异有饭（反）悔公罚花银十两白米三担牛头四界（只）猪头四界（只）烧酒十埕卖人高岭赞（缵）石永不回头利刀〈割〉膀一刀二断今欲有凭立契一纸付于买人永远收执为据

在场中人赵子学赵子龙中人二人银人各一员（元）

代笔饶文斐二毛

民国卅年辛巳岁九月廿四日亲面立

民国三十一年十二月赵财文卖山岭契

立断卖岭契赵财文今因家下无银使用合家讁（商）议愿将父手遗下岭土名座落中心坑行路边黄竹岃岭一块上下左右四至分明要行出卖先问房亲不取自请中人送至赵志明身边出价承买当日三面言定凭中所断时直价银二十大元正即日银契二交明白不欠分文并无包买包卖亦无债货准拆（折）尝陷（挡）等情二家心允两无逼勒其岭即卖即退任从买人自种管业永不收赎自卖之后不得异言饭（反）悔生端如有饭（反）悔公罚白银五十两白米三担牛头三只烧酒三埕高山放石永不回头今欲有凭立契一纸付与买人子孙永远为据

在场中人赵耀老钱二五毛

代笔钱二五毛

三兄弟食酒

民国壬午年十二月日三面立

民国三十二年三月初二日赵敬喜卖田契

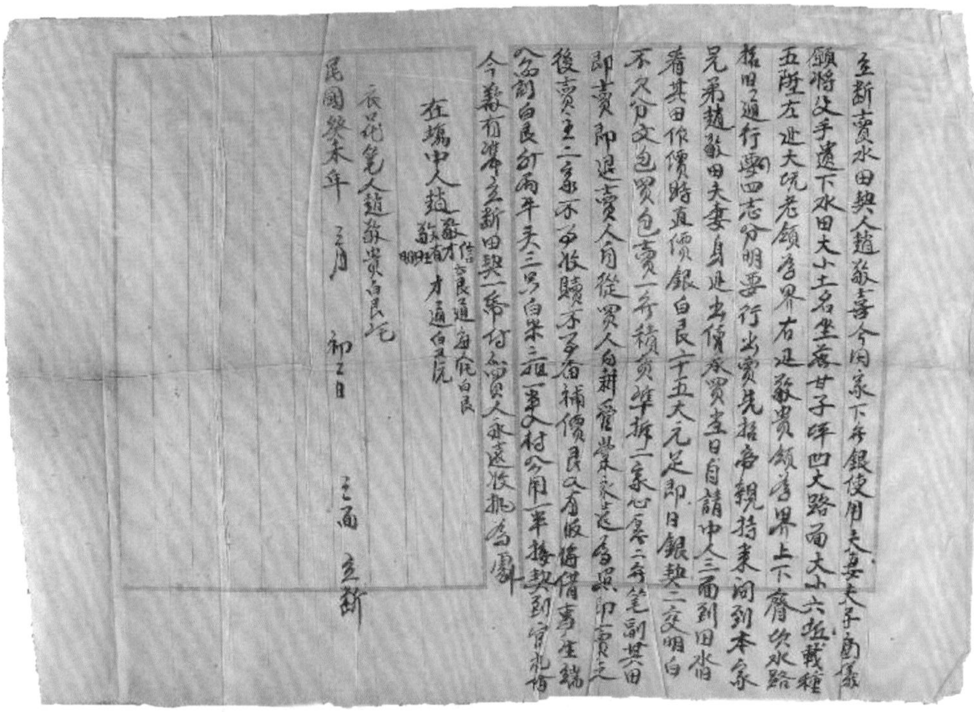

立断卖水田契人赵敬喜今因家下无银使用夫妻夫（父）子商仪（议）愿将父手遗下水田大小土名坐落甘子坪凹大路面大小六丘载种五升左边大坑老领（岭）为界右边敬贵领（岭）为界上下齐坎水路招（照）旧通行要四志（至）分明要行出卖先招旁亲持来问到本家兄弟赵敬田夫妻身边出價（价）承买当日自请中人三面到田沓（踏）看其田作价时直价银白银二十五大元足即日银契二交明白不欠分文包买包卖一无积（债）货准拆（折）二家心愿二无笔（逼）副（勒）其田即卖即退卖人自从买人自耕管业永远为照即卖之后卖主二家不得收赎不得番（翻）补价银入（如）有饭（反）悔借事生端公罚白银什两牛头三只白米三担一半入村公用一半接契到官礼（理）伦（论）今欲有凭立断田契一纸付如买人永远收执为据

在场中人赵敬信赵敬才赵敬有赵敬旺赵敬明

大一银通每人二毛白银才通白银一元

衣（依）口代笔人赵敬贵白银二毛

民国癸未年三月初二日三面立断

民国三十二年六月初五日本家先日仝石文卖山岭契

立断卖山岭契人本家先日仝石文三份分开田地领（岭）现今石文当仙敬龙仝良通对份分开即日所用食用无钱所用合家相义（议）遗下山领（岭）土名座落大竹坑左边仝志官一人一份左右上下有界志（至）分明要行出卖问到本家赵敬龙身边出价承买当日三面言定时直价银答禁山面大圳面分份山领（岭）四份有一份二共大洋卷三百元正即日银契二交明白不欠分文包买包卖一无债货准拆（折）二家心愿二无笔（逼）副（勒）其领（岭）即卖即退任如买人子孙永远为照即卖之后房亲房外兄弟不得如愿生端饭（反）悔入（如）有借事生端饭（反）悔公罚银三百两牛头三只白米三担一半入村公用一半接契到官理伦（论）今欲有凭立断领（岭）契壹纸付如买人收执为照

在场中人赵敬才银二毛

衣（依）口代笔人赵敬贵笔银六毛

民国癸未年六月初五日三面立断

民国三十二年十一月十五日忠兴坑王敬学卖山岭契

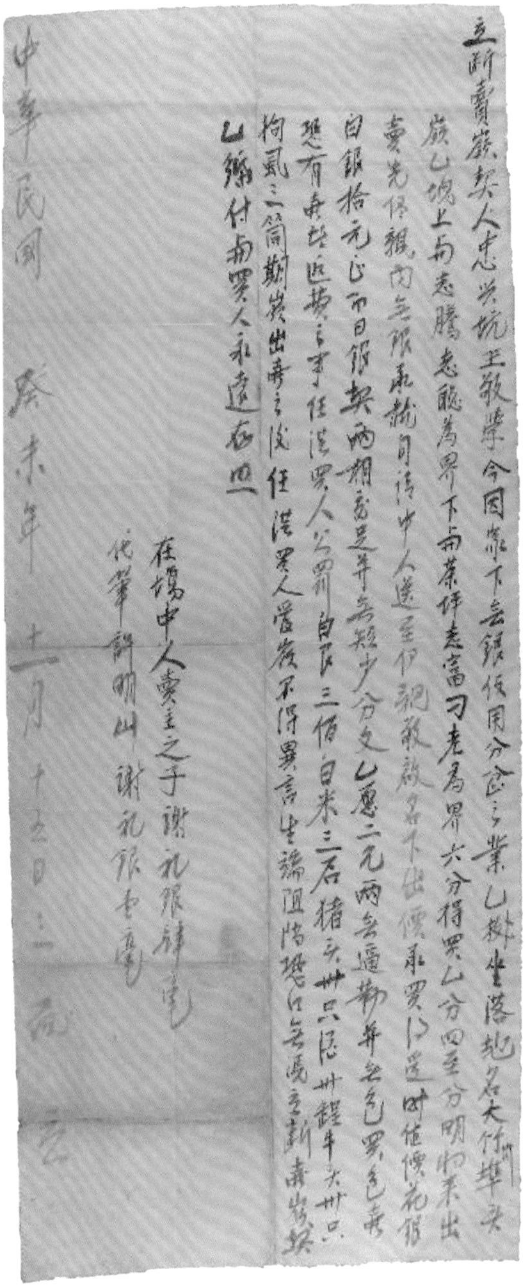

立断卖岭契人忠兴坑王敬学今因家下无银使用分忿（份）之业一处坐落地名大竹岃堆头岭一块上与志腾志聪为界下与茶坪志富刁老为界六分得买（卖）一分四至分明将来出卖先侭（尽）亲内无银承就自请中人送至伊亲敬啟名下出价承买得受时值价花银白银拾元正即日银契两相交足并无短少分文一愿二允两无逼勒并无包买包卖恐有卖□返（反）费（悔）之（滋）事任从买人公罚白银三佰白米三石猪头卅只酒卅埕牛头卅只狗虱三筒期（其）岭出卖之后任从买人管岭不得异言生端阻挡（挡）恐口无凭立断卖岭契一纸付与买人永远存照

在场中人卖主之子谢礼银肆毫

代笔许明山谢礼银壹毫

中华民国癸未年十一月十五日三面立

民国三十二年十一月二十五日志桥当田契

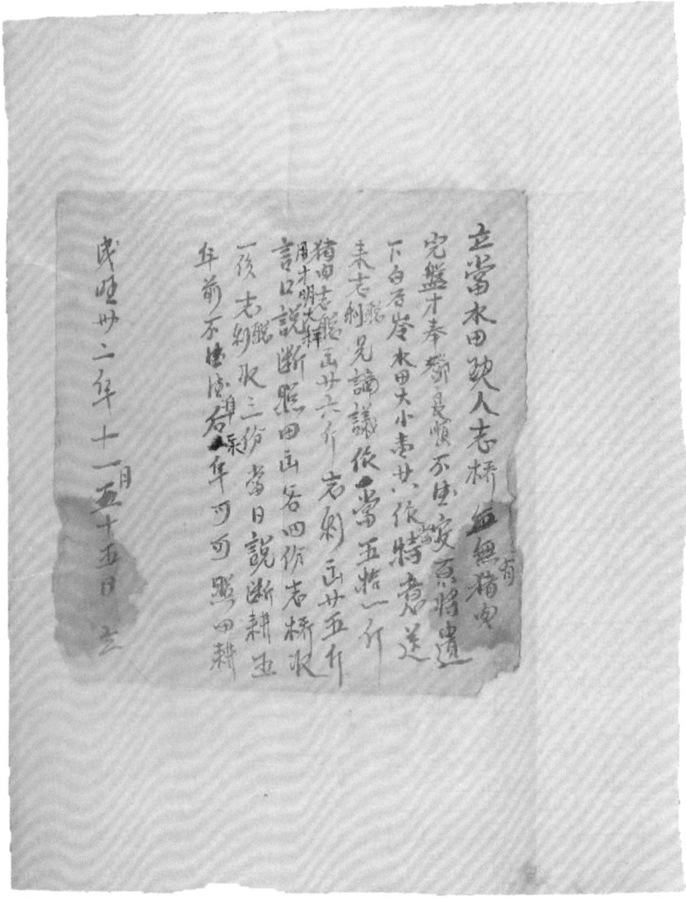

立当水田契人志桥无有猪肉完（丸）盘才奉邓良顺不德（得）安百将遗下白石岭水田大小壹（丘）共依当特意送来志聪志利兄弟謪（商）议依当五拾一斤猪肉志聪出廿六斤志利出廿五斤用才明大秤言口说断照田出各四份志桥收一份志聪志利收三份当日说断耕五年前不德（得）准后□年可可照田耕

民国卌二年十一月二十五日立

民国三十三年十二月十九日大茅坪赵敬贵卖山岭契

立斷賣山嶺契人大茅坪趙敬貴今因家下無艮使用夫妻夫子相議願將
父手如下山嶺土名座落甘子坪蒋敬进山嶺一塊左止本田各為界右止才
油嶺為界上到頂下到田坎為田界四志分明要行出賣先招房親不敢自
請中人送到茶坪趙志富身近出係承買當日三面至嶺踏看其嶺作
係時直價艮十六大元正即日艮契二交明白不欠分文色買包賣一無積
貨準折二家心願二無逼勒其嶺即賣即退賣人自從買人自耕管業
永遠為照高山杉石永不回头即賣之后房親房外兄弟不得如應生端
返悔八有借事生端返悔公罰艮佰兩牛头三只白米三担酒三百斤一半八村公用
一半操契到官礼論今欲有憑立斷嶺契一帋付如買人收执為記

在場中人趙敬伍實艮托
依口代笔人趙敬貴筆支艮托

民国甲申年十二月十九日 三面立斷

立断卖山岭契人大茅坪赵敬贵今因家下无银使用夫妻夫（父）子相义（议）愿将父手如下山领（岭）土名座落甘子坪赵敬边山领（岭）一块左边本田各为界右边才油领（岭）为界上到顶下到田坎为界四志（至）分明要行出卖先招房亲不取自请中人送到茶坪赵志富身边出傢（价）承买当日三面至领（岭）沓（踏）看其岭作傢（价）时直傢（价）银十六大元正即日银契二交明白不欠分文包买包卖一无积（债）货准拆（折）二家心愿二无笔（逼）副（勒）其领（岭）即卖即退卖人自从买人自耕管业永远为照高山放石永不回头即卖之后房亲房外兄弟不得如愿生端饭（反）悔入（如）有借事生端饭（反）悔公罚银一百两牛头三只白米三担酒三百斤一半入村公用一半接契到官礼（理）伦（论）今欲有凭立断领（岭）契一纸付如买人收执为记

在场中人赵敬伍实银二毛

衣（依）口代笔人赵敬贵笔支银四毛

民国甲申年十二月十九日三面立断

民国三十四年十一月二十五日溪背赵才金赵才聪邓良武卖田契

立断賣水田山嶺契人溪背趙才金聰鄧良武今因家下缺艮使用夫妻夫子相議願將
父手如下水田土名座落甘子坪屋塆下水田三坵田坎嶺並水路旧通行要行出賣先招
房親不取自請中人送至茶坪趙志富身迸出係承買当日三面言定時直係艮七十
五大元正田各迸左迸才聰嶺一塊右迸中嶺為界右迸田各為界上至頂下至坑即日
時直係艮白艮十七大元正又良武田二坵在于本田坎下水路旧通行田面嶺与田各一並
当日三面言定時直係艮白艮十元〇五毛正即日艮契二交明白不欠分文包買包
賣一并續贖準十二家心愿二家筆劃其田嶺即賣即退賣人自從買人自耕管
業永遠為据即賣之后賣主不得如愿生端恨悔〇有借事生端恨悔公罰艮
一佰両牛头三只白米三担酒三百斤一半入村公用一半接契到官礼論今欲有憑立断田
嶺契共一帋付与買人收执為記

在場中人趙志利白艮厄
才金妻白艮厄
依口代筆人趙蘇貴筆資艮厄

民国乙酉年　十一月　廿五日　三面立断

立断卖水田山领（岭）契人溪背赵才金赵才聪邓良武今因家下无银使用夫妻夫（父）子相义（议）愿将父手如下水田土名座落甘子坪尾瑶下水田二丘田坎领（岭）一并水路招（照）旧通行要行出卖先招房亲不取自请中人送至茶坪赵志富身边出傢（价）承买当日三面言定时直傢（价）银七十五大元正田各边左边才聪岭一块左边众领（岭）为界右边田各为界上至顶下齐坑即日时直傢（价）银十七大元正又良武田二丘在于本田坎下水路招（照）旧通行田面领（岭）齐田各一并当日三面言定时直傢（价）银白银十元〇五毛正即日银契二交明白不欠分文包买包卖一无积（债）货准〈折〉二家心愿二无笔（逼）副（勒）其田领（岭）即卖即退卖人自从买人自耕管业永远为招（照）即卖之后卖主不事如愿生端恢（反）悔入（如）有借事生端恢（反）悔公罚银一佰两牛头三只白米三担酒三百斤一半入村公用一半接契到官礼（理）伦（论）今欲有凭立断田领（岭）契共一纸付如买人收执为记

在场中人赵志利白银二毛赵亚文白银一元赵才金妻白银二毛

衣（依）口代笔人赵敬贵笔支银一元

民国乙酉年十一月廿五日三面立断

民国三十四年十二月二十八日王财水媳妇卖山岭契

立断賣嶺契人趙王財水媳婦今因家中無欠使用合家議願將父子遺下山嶺土名崖屋大洞岃嶺一塊上下左右四至分明要行出賣先問房親不取自請中人送至茶坪趙志明身邊出價承買當日三面言定憑中所斷時直價艮二拾五大元正即日艮契二交明白不欠分文並無已買已賣亦無債貨準折賣陸等情二家心允二無逼勒其嶺即賣即退任買人自種管業永不收贖自賣之後不得異言恢悔生端有恢悔公罰白艮五十兩白米三担牛头三只燒酒三埕高底放石永不收贖同立今欲有憑立契一紙付與買人子孫永遠收執爲據

在場中人趙敎莊㐌
代筆 㐌

民國乙酉年十二月廿八日三面立

立断卖岭契人中心坊王财水媳妇今因家中无钱使用合家谪（商）议愿将父手遗下山领（岭）土名座落大洞岃岭一块上下左右四至分明要行出卖先〈问〉房亲不取自请中人送至茶坪赵志明身边出价承买当日三面言〈定〉凭中所断时直价银二拾五大元正即日银契二交明白不欠分文并无包买〈包〉卖亦无债货准拆（折）尝凿（挡）等情二家心允二无逼勒其岭即卖〈即〉退任买人自种管业永不收赎自卖之后不得异言饭（反）〈悔〉生端〈若〉有饭（反）悔公罚白银五十两白米三担牛头三只烧酒三埕高〈岭〉放石永〈不〉收赎回头今欲有凭立契一纸付与买人子孙永远收执为据

代笔二毛

在场中人赵敬旺二毛

民国乙酉年十二月廿八日三面立

民国三十四年赵大姓卖山岭契

立断賣嶺契人趙大姓今因家中無良使用合家商議願将父手遺

下嶺土名座落 莫曾坑嶺一塊上到㘭為界下至石美行為界左至敬聪為界 平油坪口嶺一塊上至洼前為界下至志桥為界对面敬武為界

又介皮坑中間嶺一塊四十五岔岌口買二岔共一塊上至德天妹行為界下至敬官為界

文三敬三坵 右九三一坵上下敬武為界上[illegible]為界 四至分明 要行出賣先問房

親不敢自請中人送至趙志明身边出價承買當日三面言定憑中所断時

直價白良 莫曾坑四元 平油坪十二毛 今皮坑八元 李敬坑十四毛 一共拾四六元正即日良契二交明白不欠分文並

無逼買逼賣亦無債貨準折壹陸等情二家心允二無逼勒其嶺即賣

即退任買人自種[illegible]不得[illegible]反悔生端如

有反悔公罰白良五十两白米三担牛二只燒酒三埕高山放石永不回头

今欲有憑立契一紙付與買人子孫永遠為据

在場中人 趙崎丁 笔

代筆 罗井妹 笔

民國 乙酉年 月 日 三面立

立断卖岭契人赵大姓今因家中无银使用合家謪（商）议愿将父手遗下岭土名座落莫曾坑岭一块上到坳为界下至石养为界左至敬聪为界平油坪口岭一块上至德前为界下至志桥为界对面敬武为界又介皮坑中间岭一块四十五岔（份）蔗岀口买（卖）二岔（份）共一块上至德天妹子为界下至敬官为界又吉擎坑右九田一块下敬武为界上敬德敬钱为界四至分明要行出卖先问房亲不取自请中人送至赵志明身边出价承买当日三面言定凭中所断时直价白银莫曾坑四元平油坪十二毛介皮岀八元吉擎坑十四毛一共拾四六元正即日银契二交明白不欠分文并无包买包卖亦无债货准拆（折）尝㕹（挡）等情二家心允二无逼勒其岭即卖即退任买人自种□□□□□□□□□□□□恢（反）悔生端如有恢（反）悔公罚白银五十两白米三担牛头三只烧酒三埕高山放石永不回头今欲有凭立契一纸付与买人子孙永远为据

代笔罗井妹四毛

在场中人赵崎下四毛

民国乙酉年月日三面立

民国三十五年十一月初九日赵得总孙赵志发卖田契

立断卖水田契人芹菜坑赵得总孙名赵志发今因家下无银使用合室商议意愿将
祖父遗下兄弟分入名水田壹处土名座落柑子坪王家山坡脚下水田大小伍丘
上秀三知水田为界下秀芹坪贵秀水田为界左依山脚漳背水田为界右依二
知水田为界即日引田踏看界址分明要行出卖先招房亲不愿后问四邻无人承
受自请中人送到叶坪又坑赵锦隆名下承应当日三面言定平中时值价银白
银双毫壹佰弍拾大元正即日银契两交明白不欠分文并无乞买乞卖亦无债货准
折两家心允而无剥勒壹卖千秋永无收赎后日卖人子孙兄弟叔侄不得异言生
端反悔收赎加补找价等情如有话外房等欺侄委生端收赎加补找价等情
任从买主公罚牛三只白米三担白银壹仟文烧拾担后日卖人自去买主收禾
照此例以旧遍行高山放石永不回头恐口无凭立有断卖水田契壹纸付与买主
收执为据

在场中人赵才□ 油白银壹仟 白银伍毛正

依口代笔人冯煜 记白银壹毛正

托席叙十元正

民国三拾伍年丙戌岁十一月初九日 亲面立

立断卖水田契人芹菜坑赵得总孙名赵志发今因家下无银使用合室謪（商）议愿将祖父遗下兄弟分岔（份）水田壹处土名座落柑子坪王家山坟脚下水田大小伍丘上齐三知水田为界下齐茅坪贵孳水田为界左齐山脚溪背水田为界右齐三知水田为界即日到田踏看界址分明要行出卖先招房亲不取后问四僯（邻）无人承应自请中人送到茶坪义坑赵敬隆名下承应当日三面言定平（凭）中所断时值价花白银双毫壹佰贰拾大元正即日银契两交明白不欠分文并无包买包买（卖）亦无债货准拆（折）两家心允两无副（逼）勤（勒）一卖千秋永无收赎后日卖人子孙兄弟叔侄不得异言生端反悔收赎番（翻）补找价等情如有亲外房等叔侄要生端收赎番（翻）补找价等情任从买主公罚牛头三只白米三担白银壹仟元烧酒拾埕后日卖人自卖之后水路水圳以（依）旧通行高山放石永不回头恐口无凭立有断卖水田契壹纸付于买主收执为据

在场中人赵志油白银壹毛正赵才流银白银伍毛正

依口代笔冯煜记白银壹元正

酒席银廿元正

民国三拾伍年丙戌岁十一月初九日亲面立

民国三十五年赵敬慢卖岭契

立断卖岭契人赵敬慢今因家中无银使用合家夫妻謪（商）议愿将父遗下山岭土名座落萧岃岭一块左亚啼为界右雁截为界左右四至分明要行出卖先问房亲〈无人〉承受自请中人送至赵志明身边出价承买当日三面言定时直价银二十二大元正即日银契二交明白不〈欠〉分文并无包买包卖亦无债货准拆（折）尝凼（挡）等情二家心允两无逼〈勒〉其岭即卖即退任买人自耕管业永不收赎自卖之后不得异言㤆（反）悔生端如有㤆（反）悔公罚白银五十两牛头三只白米三担烧酒三埕高岭缵石永不回头今欲有凭立契一纸付与买人子孙永远收执为据

代笔人罗井妹二毛

在场中人卖主妻二毛

民国丙戌（戍）年月日三面立

民国三十六年赵志兴卖山岭契

立断卖岭契人赵志舆〔兴〕今因家中无银使用合家謪（商）议愿将父手遗下岭土名座落长岭对面一块八忿（份）买（卖）一忿（份）上下左右四至分明要行出卖先问房亲不取自请中人送至赵敬田身边出价承买当〈日〉三〈面〉言定凭中所断时直价银一大元正即日银契二交明白不欠分文并无包买包卖亦无债货准拆（折）尝当（挡）等情二家心允两无逼勒其岭即卖即退任买人自种管业永不收赎自卖之后不得异言饭（反）悔生端如有饭（反）悔公罚白银五十两白米三担牛头三只烧酒二埕高山放石永不回头今欲有凭立契一纸付与买人子孙永远收执为据

在场中人赵敬官 一元赵文头 一元

民国叁拾六年丁亥岁月日三面立

民国三十七年十二月十二日溪背赵才金卖田契

立斷賣水田契人溪背趙才金今因家下無銀使用合室議愿將祖父手置下先年分念水田壹處土名唐落柏子坪篤水田大小三坵上截大般水田為界左右為田角為界又泉山嶺壹處土名柏子篤牛欄面山嶺四大念才金賣壹念即日引田到嶺踏看界址公明無錯出賣先招房親不愿應問四鄰無人承受自請中人送到岩坪父坑趙拔僚名下承受立日三面言斷時值價銀壹拾六大元正即日銀契兩交明白不欠分文並無包賣包賣亦無債貨准折兩家心允兩無逼勒其賣千秋后日賣人及親外房等不得異言生端反悔如有親外房等叔侄賣人要生端反悔當請地保等憑公罰伊三萬白米三担燒香拾擔白銀壹佰兩入鄉公用自賣之后任從買主過耕管業水路水圳以田為分高山放石永不回頭恐口無憑立有斷賣水田底契壹紙付于買主收執為據

在場中人 田趙天古 銀壹大元

依口代筆人馮 銀貳毛

招房 大元

民國三十七年戊子歲 十弍月十弍日 才金親面立

立断卖水田契人溪背赵才金今因家下无银使用合室謪（商）议愿将祖父手遗下兄弟分忿（份）水田壹处土名座落柑子坪笃水田大小三丘上下齐大眼水田为界左右齐田角为界又众山岭壹处土名柑子笃牛□面山岭四大忿（份）才金卖壹忿（份）即日到田到岭踏看界址分明要行出卖先招房亲不取后问四僯（邻）无人承应自请中人送到茶坪义坑赵敬隆名下承应当日三面言断时直花银壹拾六大元正即日银契两交明白不欠分文并无包买包卖亦无债货准拆（折）两家心允两无逼勒一卖千秋后日卖人及亲外房等不得异言生端反悔如有亲外房等叔侄卖人要生端反悔番（翻）补找价等情公罚牛头三只白米三担烧酒拾埕白银壹拾元入乡公用自卖之后任从买主过耕管业水路水圳以（依）旧通行高山放石永不回头恐口无凭立有断卖水田岭契壹纸付于买主收执为据

在场中人田赵天古银壹大元岭赵敬贵壹毛

依口代笔人冯煜记贰毛酒席伍大元

民国三十七年戊子岁十贰月十贰日才金亲面立【押】

民国三十七年十二月十二日溪背赵亚文父卖田契

立断卖水田契人溪背赵亚文今因家下无银使用合室商议愿将祖父手遗下兄弟分念
水田壹处土名屋背柑子坪脚水田大小弍丘下[illegible]才夫水田为界上[illegible]良武水田为界左右
将田再为界即日到田踏看界址分明水路水圳以旧通行又山岭壹处土名屋背柑
子坪为界岭田大众亚文名下壹半先尽房亲不敢应问四邻无人承应自请中人送到
柑子坪文坑赵良隆名下承应当日三面言断时值价白银柒拾五大元双毫正即日银契两交
明白不欠分文并无包卖包买亦无债货准折两家心允两无逼勒卖后千秋永无收赎为
补找价等情如有卖人及亲外房等来收赎为补找价等情公罚牛洪三只白米三担
烧炮烛贴钱白银壹拾两入乡公用高山铁石永不回头恐口无凭立断卖山岭水田
契在内付与买主收执为据自卖之后任从买主过耕管业

在场中人赵良荣银弍大元

依口代笔人冯煜记银伍毫

酒席银壹拾大元正

民国三十七年 戊子岁 十弍月 十弍日 赵亚文亲面立

立断卖水田契人溪背赵亚文今因家下无银使用合室谪（商）议愿将祖父手遗下兄弟分岔（份）水田壹处土名座落柑子坪脚水田大小贰丘下齐才天水田为界上齐良武水田为界左右齐田角为界即日到田踏看界址分明水路水圳以（依）旧通行又山岭壹处土名座落柑子坪笃众岭四大岔（份）亚文名下卖壹岔（份）先招房亲不敢后问四僯（邻）无人承应自请中人送到茶坪义坑赵敬隆名下承应当日三面言断时直价白银柒拾五大元双毫正即日银契两交明白不欠分文并无包买包卖亦无债货准拆（折）两家心允两无逼勒一卖千秋永无收赎番（翻）补找价等情如有卖人及亲外房等要收赎番（翻）补找价等情公罚牛头三只白米三担烧酒拾埕白银壹佰两入乡公用高山缵石永不回头恐口无凭立有断卖山岭水田契在内付于买主收执为据自卖之后任从买主过耕管业

在场中人赵良养银贰大元【押】

依口代笔人冯煜记银伍毫【押】

酒席银壹拾大元正

民国三十七年戊子岁十贰月十贰日赵亚文亲面立【押】

民国三十八年正月二十二日林家棑林仁勋卖田契

立点（典）水田契人林家棑林仁勋今因家下所少使用合室讁（商）议愿将父手于（遗）下水田土名座落南木坑山门口水田大小九丘共载谷八担四址分明要行出点（典）先招房亲不取自请中送至茶坪坑赵敬起身边出价承点（典）当日三面言明点（典）出价银贰拾大元即日银契二交明白不欠分文并无重点（典）重跲（当）两家甘允两无逼勒其田任从承点（典）人自耕收辖后日房亲叔侄不得异言生端之（滋）事今欲有凭立点（典）水田契一纸付与承点（典）人存执为据

即日契尾批讫其限五年收赎银到契回

在场人谢存心笔

民国已（己）丑年正月廿二日三面立

赵贵慢分家契

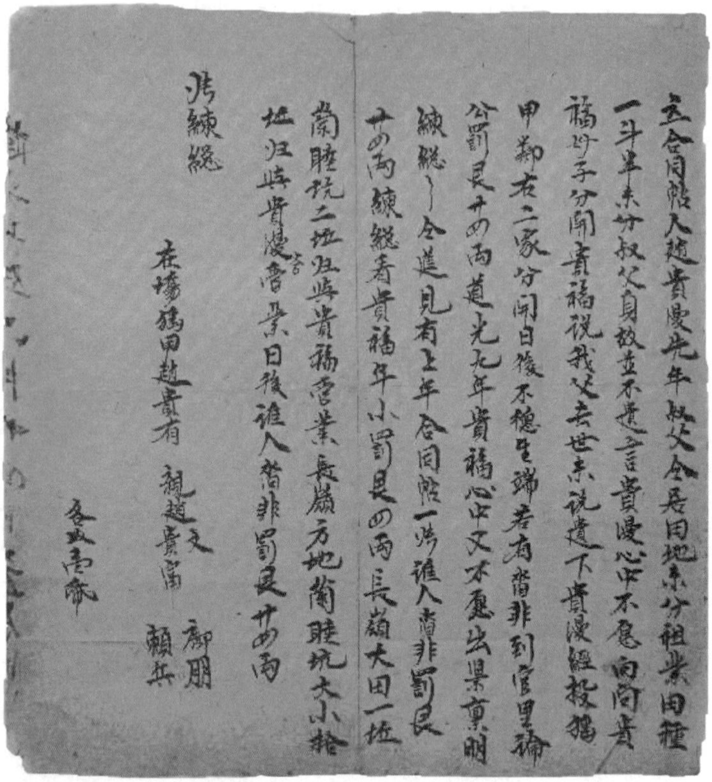

立合同帖人赵贵慢先年叔父仝居田地未分祖业田种一斗半未分叔父身故并不遗言贵慢心中不愿向问贵福母子分开贵福说我父去世未说遗下贵慢经投瑶甲邻右二家分开日后不德（得）生端若有沓（踏）非到官里（理）论公罚银廿四两道光九年贵福心中又不愿出县禀明练总总仝进见有上年合同帖一张谁人沓（踏）非罚银廿四两练总看贵福年小罚银四两长岭大田一丘栏睡坑二丘归与贵福管业长岭方地栏睡坑大小拾丘归与贵慢父子管业日后谁人沓（踏）非罚银廿四两

张练总

在场瑶甲赵贵有亲赵文赵贵富邝鹏赖兵

各收一纸

赵老蚁分家契

□□起系慄犯帖人赵老蚁赵〼分居家道田地山岭屋□□现今老蚁头在村中乡〼即日说断冲出谷一百五□斤屋场二直归于老蚁起屋耕种也好上坎随挖下坎随结别外不准多奉乱道屋场先日有界志（至）分明左齐界右到各为界二家心愿二无［笔］逼其中人说断于后二家不得提言说出田地山岭家道屋场之件不德（得）多言乱语恢（反）悔入（如）有恢（反）悔不伦（论）乃头招帖公罚白银三百白米三担烧酒□□斤牛头三只猪头三只冲（充）众公用〼立起合同二张各执一张合同为记

□□□□

在场担承中人赵敬□赵敬谢赵敬钱赵志啟【押】赵志良赵才文【押】每人白银二毛

衣（依）口代笔人赵敬贵笔工银二元四

三面立明

得金庚叔纠纷调解契

字复
得金庚叔得知前日接得佳章口言庚男亚吉偷庚父之银未知是否显有同庚在家何能问房粉（份）之人为晚自老祖以来分居数代纵然有为匪之徒房内人众实系一人犯法一人之当与房内叔侄何干乎况他有父亲在乎当时得信为晚不过转问他父其父回言亚吉此四月十八在山出街发卖贷物转买贷物赴城次日已闻进山之人传言得金失银十几元问神疑亚吉偷去至廿四日亚吉赴城回家尔同年亚彩即时打问搜身身上并〈无〉银钱又不应任想此事烦驾探实如可亚吉偷去莫劳合坑动众来掉（捉）虽一人至村任尔捆绑入山或送官究治亦无父兄叔侄阻挡（挡）余言难尽尚此布达

得金同年叔照

宋田邱细会邱国朝叔侄字显

赵得周等卖山岭契

卖洞坑岭一块石白圳岭一块少午圳岭一块格头岭一块共岭四块

长岭圳田二丘竹头田二丘山下到界⍰口坑田二丘□竹其田一丘卖洞坑圳田四丘敬山路下田一丘牛菵对面坑⍰才赵一□赵得周名下田以敬田大东长耕官（管）业后日不得二兄弟不得番（反）埋（卖）若有兄弟番（反）埋（买）青庆公罚银一百两牛头三介（只）白米三千（斤）后日番（反）埋（买）赵云龙⍰家不⍰

赵得保当山岭契

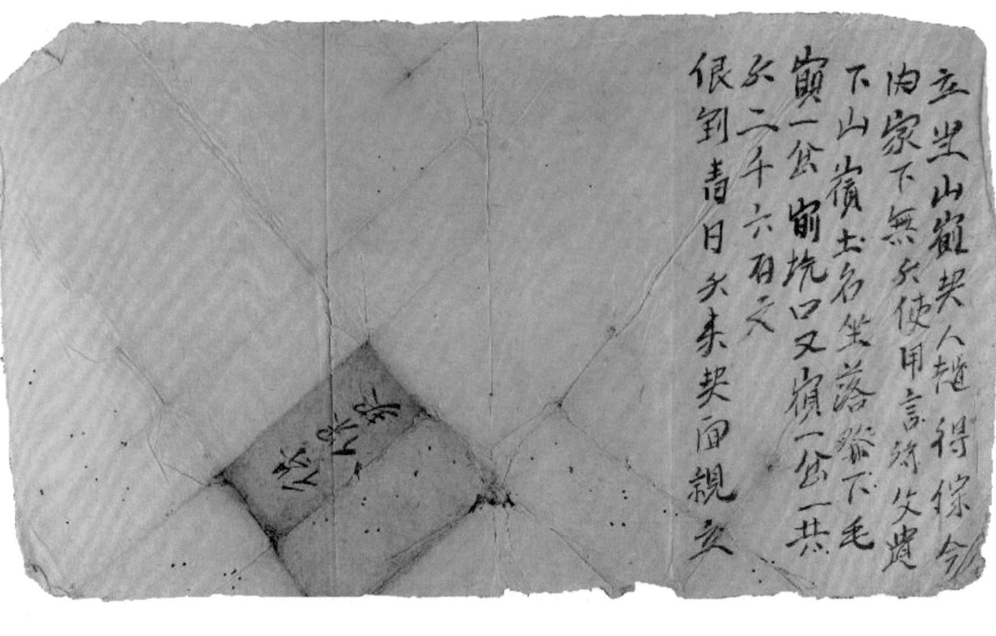

立当山岭契人赵得保今因家下无钱使用言将父遗下山岭土名坐落发下毛岭一岔（份）岭坑口又岭一岔（份）一共钱二千六百文佷（银）到青（清）日钱来契回亲立得保契

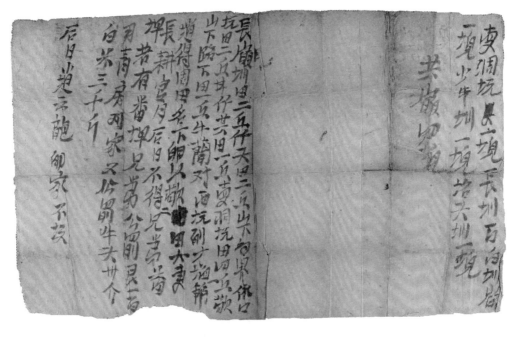

赵云龙卖山岭契

德凋坑一块长圳□白圳岭一块少牛圳一块诏头圳一块共岭四块

长岭圳田二丘竹天田二丘山下为界⍰口坑田二丘⍰竹其田一丘罗洞坑田四丘敬山下路下田一丘⍰牛栏对面坑刮才⍰⍰赵得周田名下⍰以敬田大妻长耕官（管）月（业）后日不得二兄弟番（翻）埋若有番（翻）埋兄弟公罚银一百两青（亲）房对家又公罚牛头卅介（只）白米三千斤

后日赵云龙□家不□

赵敬万卖田契

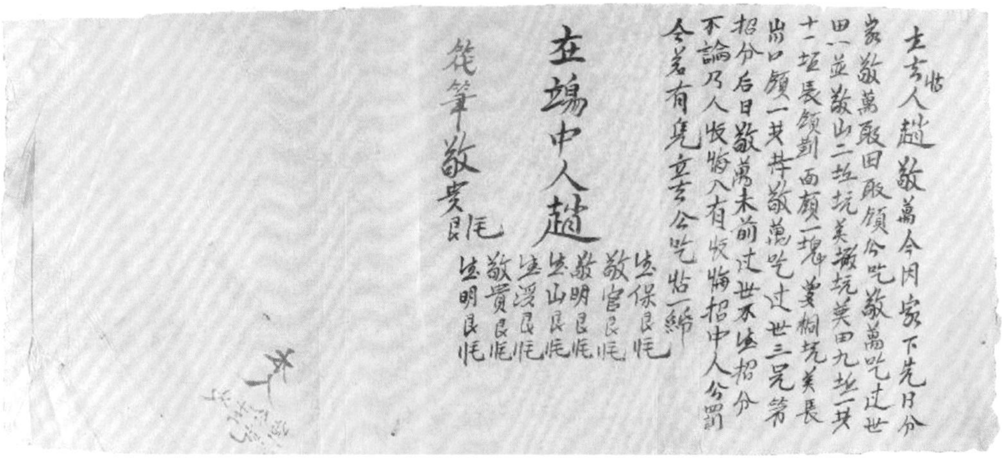

立去帖人赵敬万今因家下先日分家敬万取田取领（岭）公吃敬万吃过世田一并敬山二丘坑美墩坑秧田九丘一共十一丘长领（岭）对面领（岭）一块☐桐坑秧长岿口领（岭）一共等敬万吃过世三兄第（弟）招（照）分后日敬万未前过世不德（得）招（照）分不论乃人饭（反）悔入（如）有饭（反）悔招中人公罚今若有凭立去公吃帖一纸

在竭（场）中人赵德保银二毛赵敬官银二毛赵敬明银二毛赵德山银二毛赵德溪银二毛赵敬贵银二毛赵德明银二毛

代笔敬贵银一毛

乙丑年十一月初四日法天上二爷卖田契

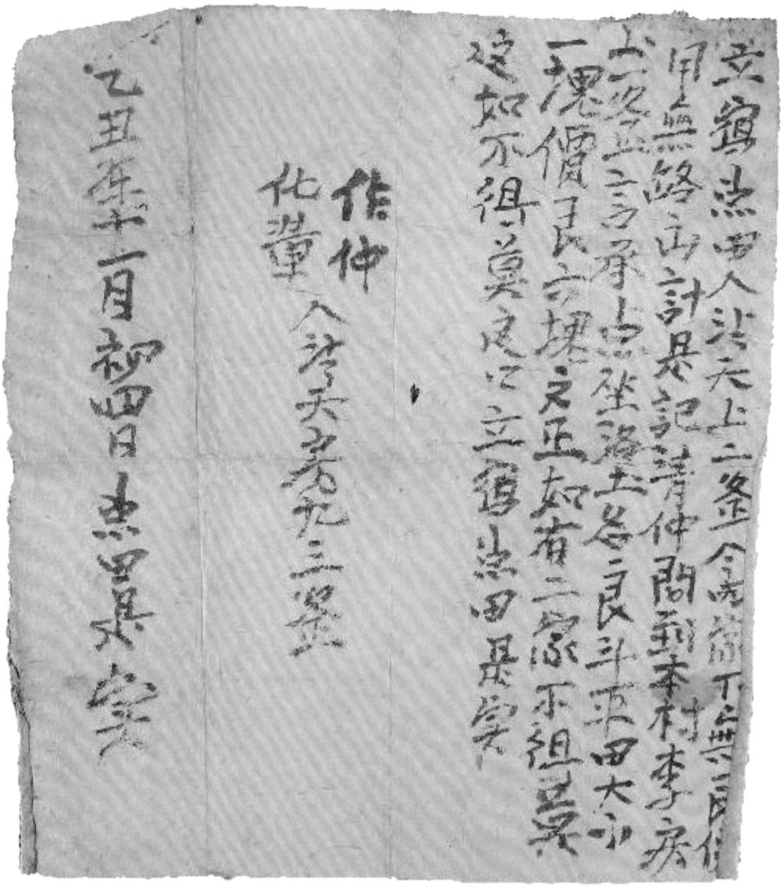

立写点（典）田人法天上二釜〔爷〕今因家下无银使用无路出计是（自）记（己）清（请）仲（中）问到本村李房上一釜〔爷〕言承点（典）坐洛（落）土名良斗平田大小一块价银六块文正如有二家不得莫这（反）如不得莫这（反）口立写点（典）田是实

作仲（中）人法天房九三釜〔爷〕

代笔人法天房九三釜〔爷〕

乙丑年十一月初四日点（典）田是实

乙丑年十二月十九日赵志其卖田契

立断水田契人赵志其今因家下无银使用夫妻夫（父）子相义（议）愿将父手遗下水田土名坐落庙坛坑水田二丘上圳为界下本田为界四自（至）分明要行出买先招房亲不取自请中人送到赵志神赵志生身边出价承买当日三面愿定时直价银四十大元正即日银契二交明白不欠分文包买包卖一无积（债）货准折二家心愿二无笔（逼）勤（勒）其田即卖即退即卖之后房亲旁外兄弟不德（得）如愿生端饭（反）悔入（如）有借事生端饭（反）悔公罚银什两牛头三只白米三担一半入村公用一半接契到官礼（理）伦（论）今欲有凭立断田契一纸

在场中人赵敬福银二毛赵聪银十四毛

衣（依）口代笔人敬贵银二毛

乙丑年十二月十九日三面立断

丙寅年十二月十八日大养法天房□塘借钱银契

立写借钱银大养法天房□塘清（请）中
人门（问）到四分人马面房十法天六如
东四公鸡里四公四分人至言另出本银拾
块大元正每个月行利裕利一百斤二家不
得返如不得返口将出当头田良斗平田良
公田一块借钱是契
笄仲（中）人马面十
代笔人鸡里法天六房六丞〔爷〕
丙寅年十贰月十八日借银

丁卯年十月十二日亚木男卖田契

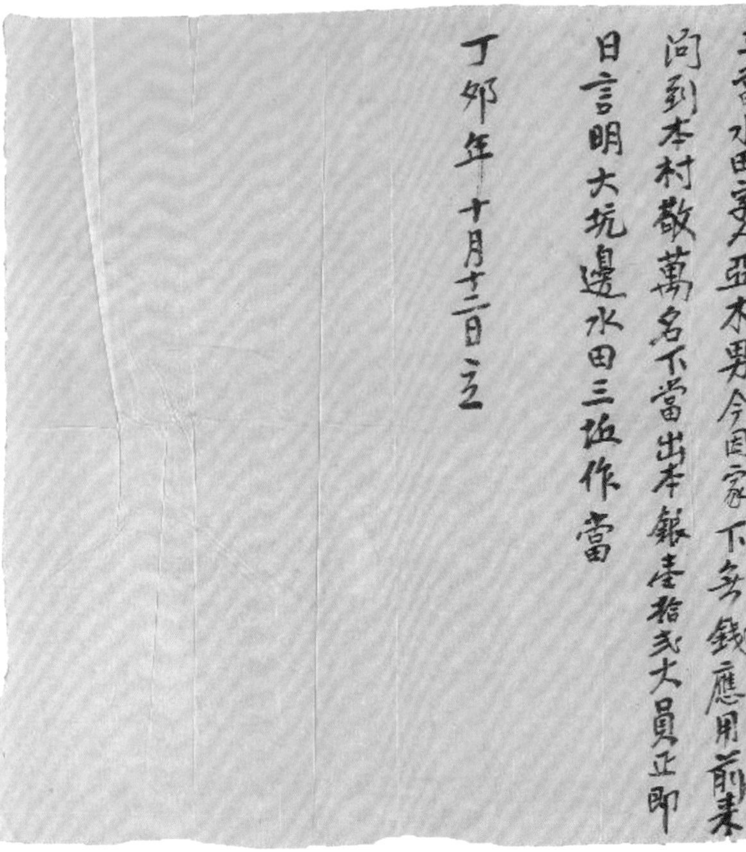

立当水田字人亚木男今因家下无钱应用前来问到本村敬万名下当出本银壹拾贰大员（元）正即日言明大坑边水田三丘作当

丁卯年十月十二日立

庚午年二月十一日志钱妻子卖田契

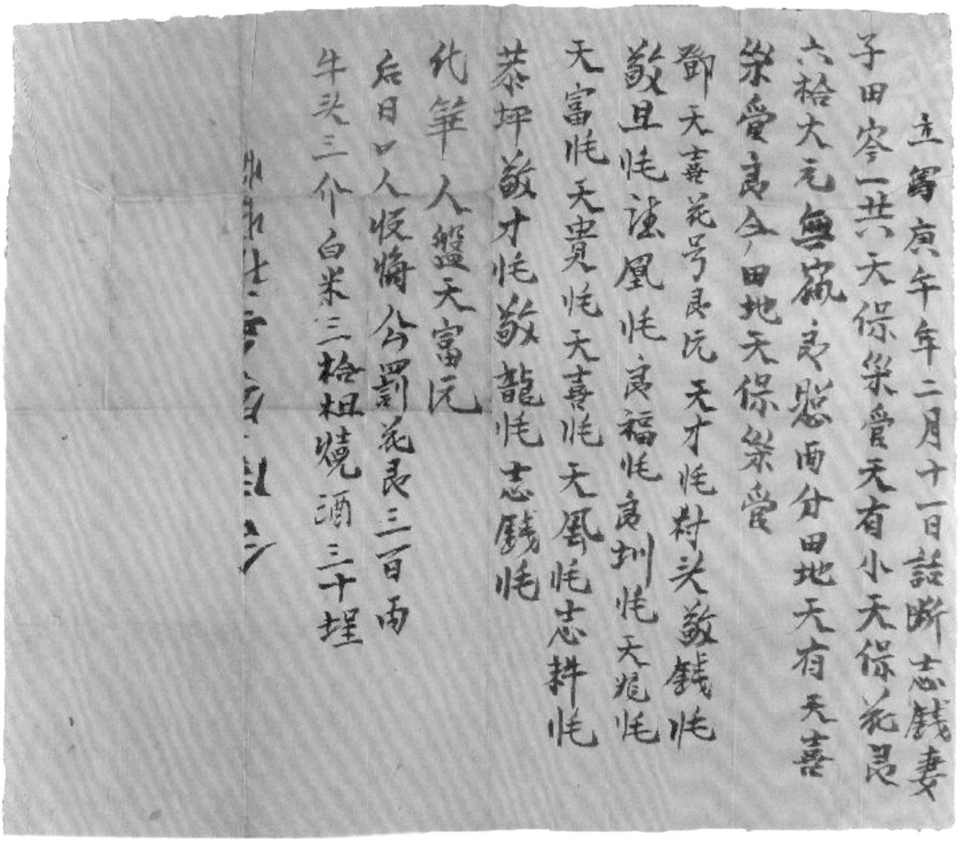

立写庚午年二月十一日话断志钱妻子田岭一共天保采管天有小天保花银六桧（拾）大元无岭良聪两分田地天有天喜采管良今田地天保采管

邓天喜花号银一元天才二毛村头敬钱二毛敬且二毛德凰二毛良福二毛良圳二毛天龙二毛天富二毛天贵二毛天喜二毛天凤二毛志料二毛恭坪敬才二毛敬龙二毛志钱二毛

代笔人盘天富一元

后日口人饭（反）悔公罚花银三百两

牛头三介（只）白米三桧（拾）担烧酒三十埕

□□□□□□

辛未年十一月初九日赵志慢卖山岭竹木地基契

立断卖山岭竹木地基契人赵志慢今因家下无银使用愿将自己遗下兄弟分岔（份）山岭土名坐落细岭为界四正（至）分明要行出卖先问房亲后问四僯（邻）无人成（承）就自请中人送到赵敬其到山踏看出价承买当日三面言断时值价花银五大元正即日岭契银两交明白不欠分文并无包买包卖亦无债货准拆（折）二家心允两无逼勒其山岭即卖即退任从买人修整耕种管月（业）一卖千休后日不得异〈言〉生端之（滋）事又不得恢（反）悔收赎找价卖人高岭赞（缵）石永不回头利刀割藤一刀二断异（一）有恢（反）悔公罚花银三十两牛头三介（只）猪头三介（只）白（自）担烧酒三埕执契礼（理）论通坑食送官究治今欲有凭立契一纸付于买主子孙永远为照

在场中人赵志钱花号银二毛

补笔人盘天富一毛

皇上辛未年十一月初九日亲面立

乙酉年三月初八日刀大养里头唐九借谷契

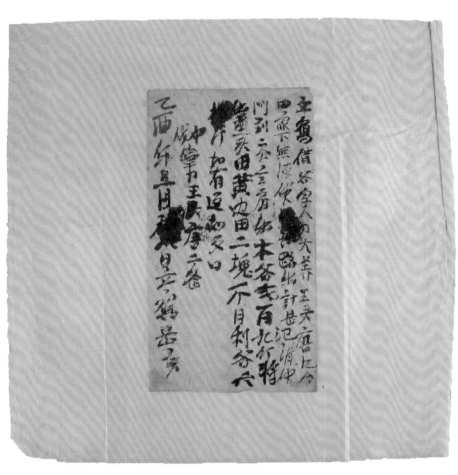

立写借谷字人刀大养里头唐九今
因家下无钱使用无路出计是汜请
中问到二公言房出本谷贰百九斤
将出当头田黄边田二块一个月利
谷六拾斤如有返（反）如交口
中代笔人王艮唐二籴〔爷〕
乙酉年三月初八日立写是实

丙申年八月二十八日赵良有赵良善赵安保断宿岭契

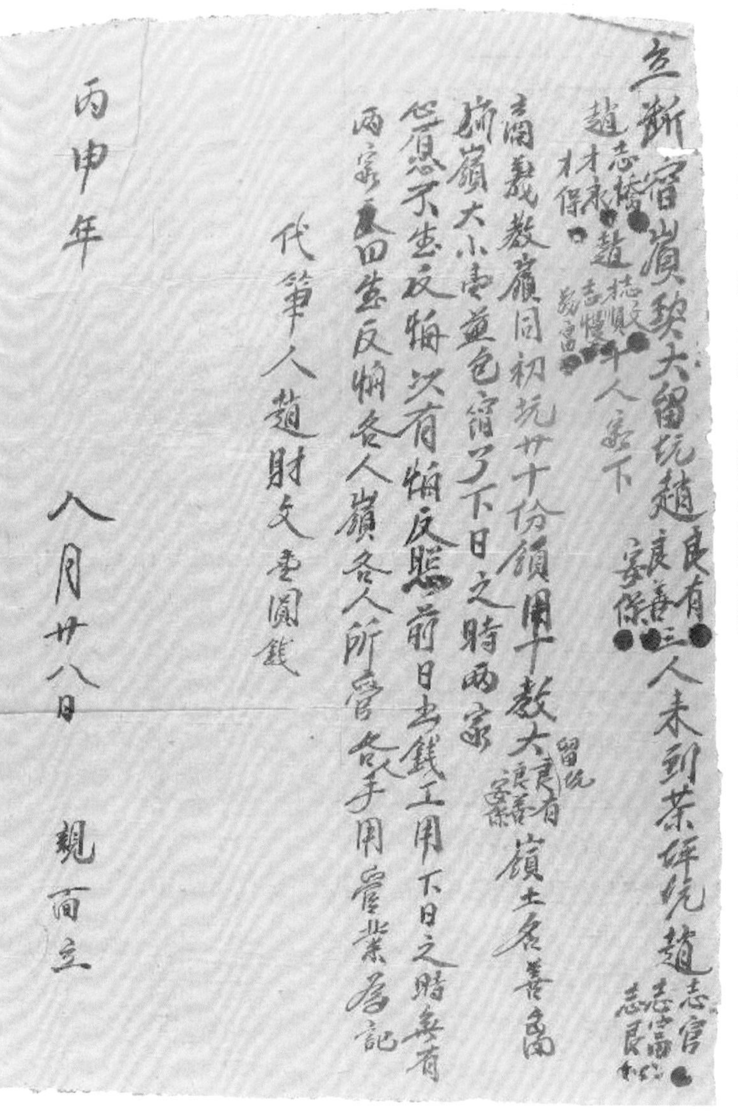

立断宿岭契大留坑赵良有【押】赵良善【押】赵安保【押】三人来到茶坪坑赵志官【押】赵志富【押】赵志良【押】赵志桥【押】赵才永【押】赵才保【押】赵志文【押】赵才顺【押】赵志慢【押】赵敬富【押】十人家下商义（议）教岭同初坑廿十份领（岭）用十教大留坑良有良善安保土名善离岗岭大小壹并包宿了下〈后〉日之时两家心愿不德（得）反悔若有悔反照前日出钱工用下〈后〉日之时无有两家不德（得）反悔各人岭各人所管各人手用管业为记

代笔人赵财文壹圆钱

丙申年八月廿八日亲面立

壬寅年正月三十日王德贵王德有卖田契

〈立〉断卖水田契人王德贵王德有今因家下无钱使用夫妻谪（商）议父手谓（遗）下水田土名坐洛（落）其子坪大前美田卖壹返（分）载重六斤岭左右上壹并载重三升要行出卖先照（招）房亲后照（招）四邻主（自）请中人送到茶坪赵云信出价承买使（时）直价钱十一千五百文正当日钱契两交明白不欠分文交与买［主］人子孙〈永〉远耕重（种）管月（业）▢山方（放）石不亡（望）回头永断钩腾（藤）两无逼動（勒）即买即卖即退并无包买包卖后日不▢言生端知（滋）使（事）不德（得）若有把回者有把回贡（公）罚衣契内钱一半入乡贡（公）用到官盘字今若有凭立契壹纸

在长（场）中人王德有钱一百【押】王敬才钱一百【押】

代笔王德有钱一百

壬寅年正月卅日亲面立

光绪五年十一月十二日王贵永王贵山二人同德有分忿（份）水田一块卖拿云信时价同（铜）钱七百文

王贵永中人钱一百文

辛亥年四月初九日林茂和等纠纷调解契

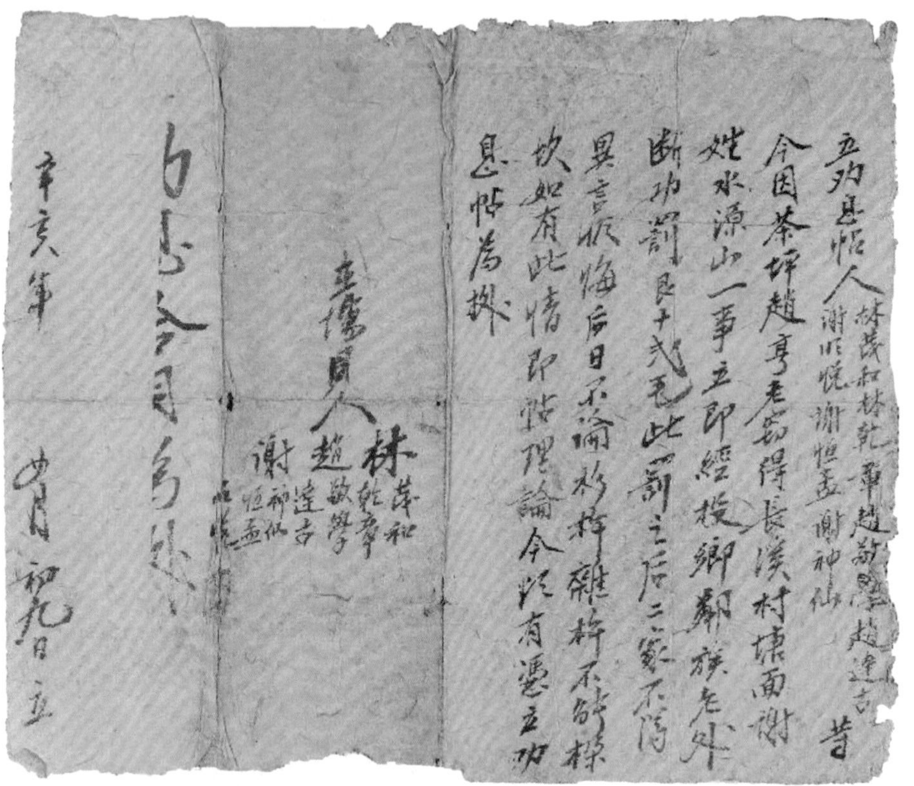

立劝息帖人林茂和林乾章赵敬学赵达古谢明悦谢恒孟谢神仙等今因茶坪赵亨老窃得长溪村塘面谢姓水源山一事立即经投乡邻族老处断功（公）罚银十贰毛此罚之后二家不得异言恢（反）悔后日不论杉杵杂杵不能樑坎（砍）如有此情即帖理论今欲有凭立劝息帖为据

在场见人林茂和林乾章赵敬学赵达古谢神仙谢恒孟谢明悦

<劝息合同为据>

辛亥年四月初九日立

丁巳年三月初六日赵敬金卖山岭契

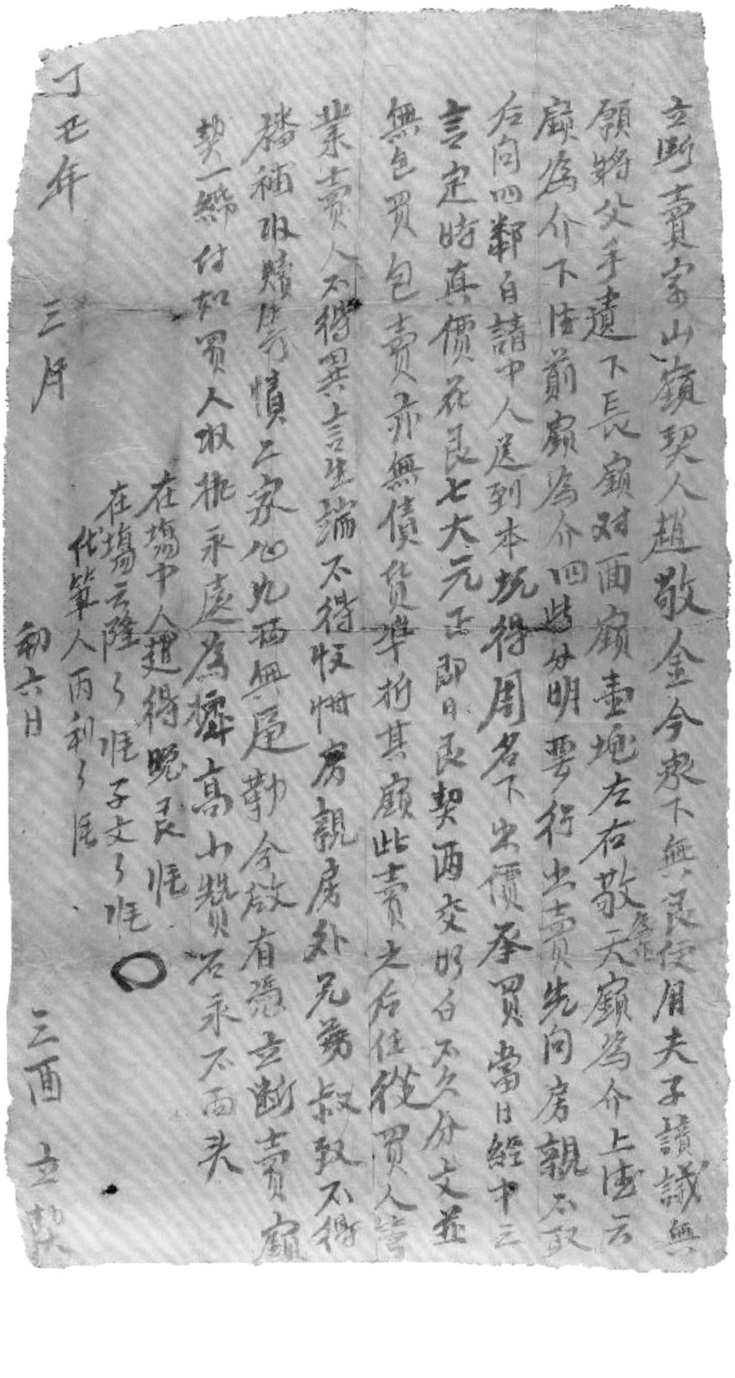

立断卖宗山岭契人赵敬金今家下无银使用夫（父）子谪（商）议［无］愿将父手遗下长岭对面岭壹块左右敬□□天岭为介（界）上德云岭为介（界）下德前岭为介（界）四此（至）分明要行出卖先问房亲不取后问四邻自请中人送到本坑得周名下出价承买当日经中三〈面〉言定时真（直）价花银七大元正即日银契两交明白不欠分文并无包买包卖亦无债货准折其岭此卖之后任从买人管业卖人不得异言生端不得饭（反）悔房亲房外兄弟叔致（侄）不得播（翻）补收赎等情二家心允两无逼勒今欲有凭立断卖岭契一纸付如买人收执永远为据高山赞（缵）石永不回头

在场中人赵得晚银二毛

在场云隆钱二毛子文钱二毛【押】

代笔人丙利钱一毛

丁巳年三月初六日三面立契

丁巳年十月二十六日瑶里房二爷借银契

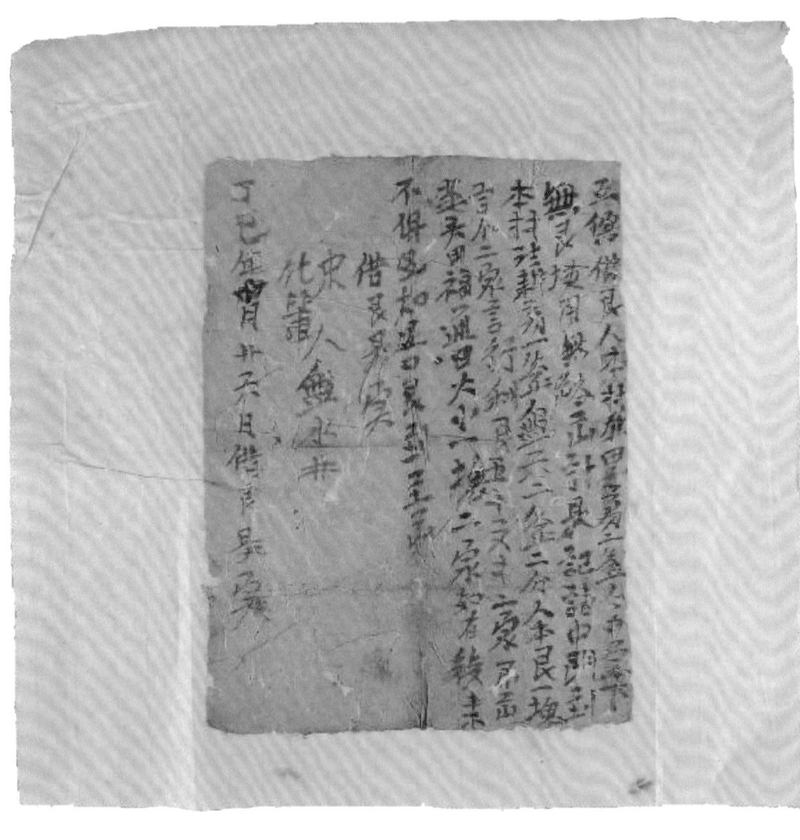

立写借银人本村瑶里房二釜〔爷〕今因家下无银使用无路出计是记请中门（问）到本村请耕房一釜〔爷〕盘二八二釜〔爷〕二分人本银一块言个二家言行利银五十文钱二家银出当头田福通四大小一块二家如有后来不得返如反口银到至出借银是实

中人代笔人盘水井

丁巳年十月廿六日借银是实

癸亥年五月十七日法天房九上二爷借钱契

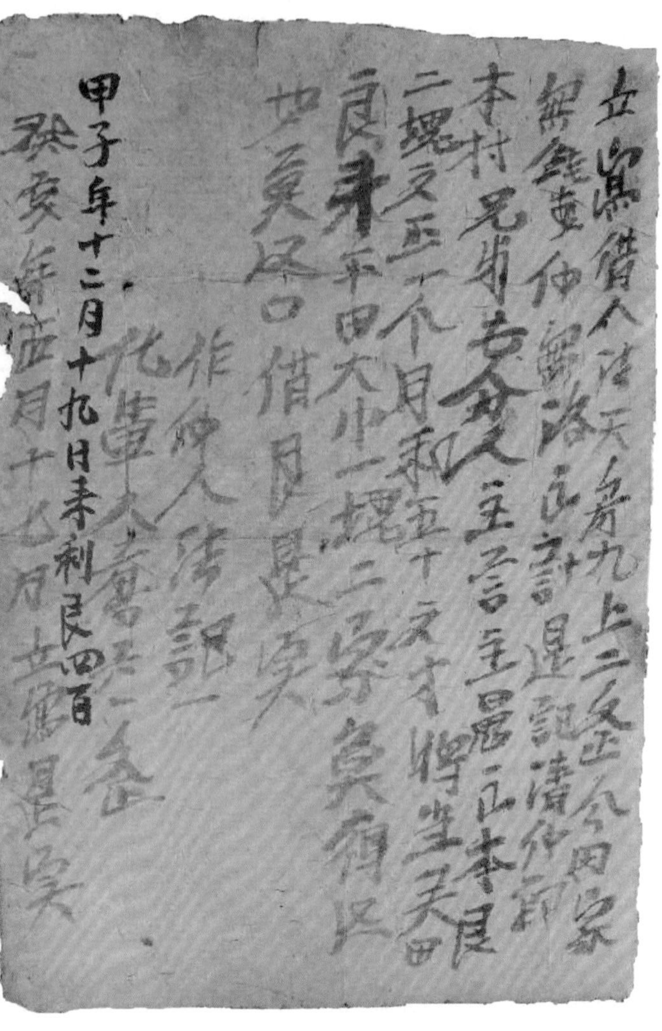

立写借人法天房九上二釜〔爷〕今因家无钱吏（使）仲（中）无洛（路）出计是记请仲（中）郎本村兄弟二分人主言主□出本银二块文正一个月和（利）五十文才将当头田良斗平田大小一块二家奂（换）〈不〉得返如莫返口借银是实

作仲（中）人法记一

代笔人唐六一釜〔爷〕

甲子年十二月十九日来利银四百

癸亥年五月十七日立写是实

正月初六日赵贵信贵章卖山岭契

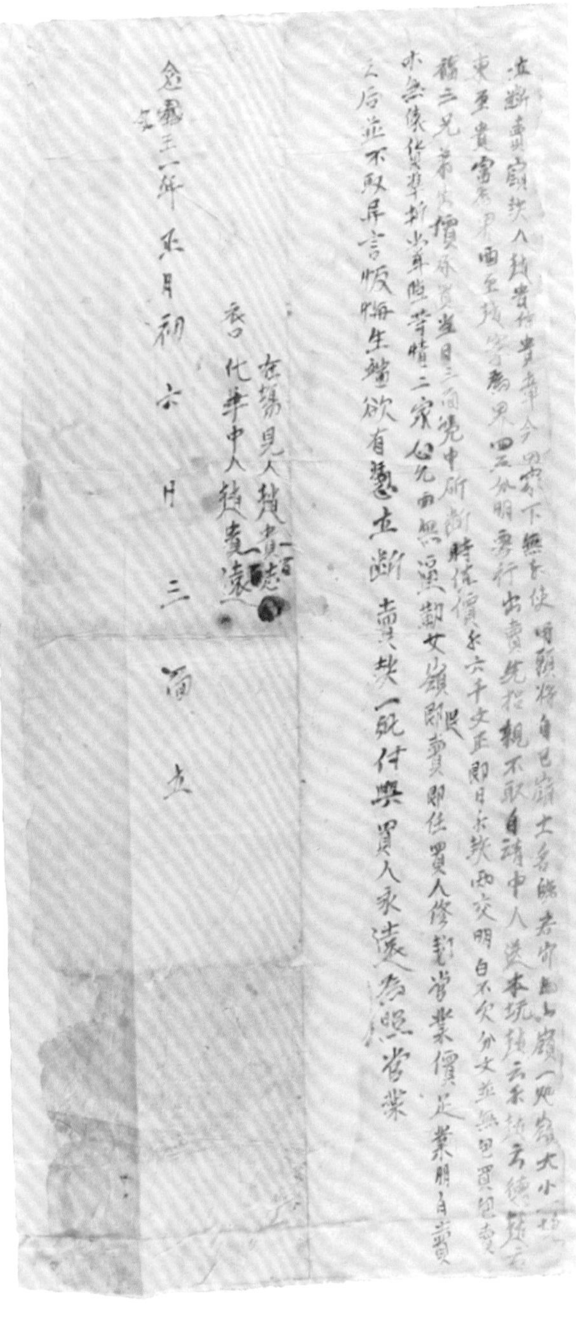

立断卖岭契人赵贵信贵章今因家下无钱使用愿将自己岭土名临启岃尾山岭一处岭大小一块东至贵富为界西至赵孛为界四至分明要行出卖先招亲不取自请中人送本坑赵云禾赵云德赵云福三兄弟出价承买当日三面凭中所断时值价钱六千文正即日钱契两交明白不欠分文并无包买包卖亦无⍰货准折嘗阧（挡）等情二家心允两无逼勒女岭即退卖即任买人修耕管业价足业明自卖之后并不取（得）异言恢（反）悔生端欲有凭立断卖契一纸付与买人永远为照管业

在场见人赵贵志一百【押】

衣（依）口代笔中人赵贵远一百【押】

□□王一年正月初六日三面立

卖水田契

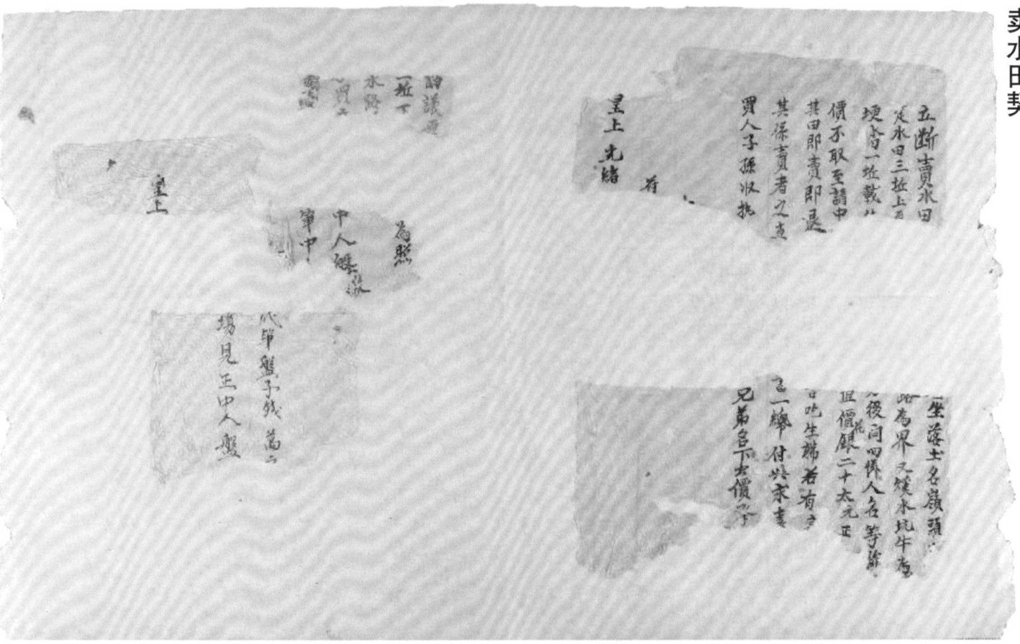

立断卖水田▨坐落土名岭头▨定水田三
丘上▨路为界又溪水坑牛▨埂水田一丘
载▨后问四僯（邻）人名等▨价不取至
请中▨价花银二十太（大）元正▨其田
即卖即退▨吃生端若有▨其系卖者之▨
一纸付与永▨买人子孙收执▨兄弟名下
出价承□
皇上光绪□□

第二部分　连南瑶族自治县

乾隆七月初九日房法贵卖田契

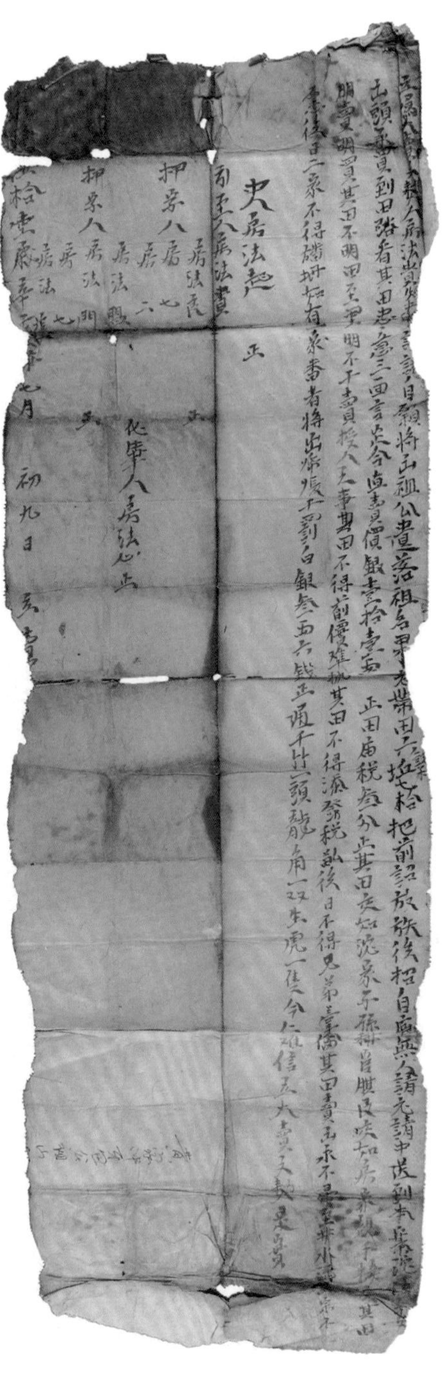

立写大□□卖人房法贵父（夫）妻謪（商）议自愿将出祖公遗落祖名果老叶田六丘计禾七桧（拾）把前诏（招）放（房）族后招自庙无人请?请中送到本寨沈沙五条出头承买到田踏看其田忠（中）意三面言定今直卖价银壹拾壹两正田庙税叁分正其田交如沈家子孙耕管期银交如房家亲手接足其田明卖明买其田不明田（四）至里（理）明不干卖授人之事其田不得前价准拆（折）其田不得添?税亩后日不得兄弟堂伦其田卖出永不归至井水流出宗不愿后日二家不得番（反）悔如有一家番（反）者将出纸张工（公）罚白银叁两六钱正通千（天）竹一头龙角一双生虎一只今仁（人）难信立大卖文契是实

中人房法起正【押】

引至人房法贵

押字人房法良房七房二房法盟房法门房七房法虚【押】

代笔人房法心【押】

乾隆□伍桧（拾）壹?辛亥年七月初九日立卖

嘉庆二十二年三月初五日房塝斧沙六爷卖田契

立写定帖賣田人房塝斧沙六爺，今因家下無銀使用，无從出計，夫妻兄弟子孫商議，將出坐落土名大小山丘禾積伍拾把，將来出賣。東至房家断，南至房家断，西至田御房家断，四北至子孫房家断，四至明白。將来出賣，先盡房親，後照四鄰，無人承受，請中送到扶弟子孫房家房法忠家下出頭承賣。到田踏看，䏶中意，三面當中言定，合着價銀拾伍兩叁錢伍分正，承稅壹分。二家自言明賣明買，䏶銀交如房塝斧沙六爺為家使用，䏶田交如房牙包法忠子孫耕管，不是前貴賤拖，後来人不得啐口。二家不得反言，不許退悔，如有一家退悔，罰人言者，將出紋銀白銀叁拾六兩，雞角一双，白米三石，生肉一觔，通天大竹一条，黄带百節一条。今人難信，古無憑，是實定帖賣為照。

引至中人　房塝斧二

代筆人　唐長老沙二爺

嘉慶二十二年歲丁丑年三月初五日立賣田定帖筆

立写定帖卖田人房塝斧沙六爷今因家下无银使用无路出计父（夫）妻兄弟子孙謪（商）仪（议）将出坐洛（落）公土向东田大小四丘积（计）和（禾）倍（伍）拾把将来出卖东至房家断南至房家断酒（西）至田脚唐家断四北至子孙房家断四至明白将来出买（卖）前照（招）房叔后照（招）四麟（邻）无人承季（就）请中送到扶茶寨子孙房〈芽包〉房法忠家下出头承卖（买）到田踏看淇（其）田中意三面当中言定合者价银拾伍两叁钱伍分正庙税壹分二家自言明卖明买淇（其）银交如房塝斧沙六爷为（回）家使用淇（其）田交如房（芽）包法忠子孙千年耕管不是（失）前责难执后来欠不得唓口二家不得先言不许返（反）悔如有一家返（反）悔先言者将出纸张管罚白银叁拾六两笼（龙）角一双白米三石生虎一只通天大竹一条黄帝眉□一条今仁（人）难信今古无凭是实定帖买（卖）为照

引至中人房塝斧二

代笔人唐长老沙二爷

嘉庆贰拾二岁丁丑年三月初五日立买田定帖笔

嘉庆二十二年七月二十七日房邦斧公卖田契

立写定帖人房邦斧公今因家下无银使用父子譎（商）议将出土名何木东大田共四丘该禾五十巴（把）将来出卖东至房家田断南至房家断西至田脚断唐家断北至子孙房家断四直（至）明白将来出卖前照（招）房族后照（招）四邻无人承就请中问到扶茶寨子孙房牙（芽）包房法忠家下出头承卖（买）到田踏看其田中意当中三面定田价银一拾五两叁钱五分正庙税一分三厘四毫三面言定田价银来交限至田价银本年十一月十五日交价立契无银钱立写定帖是实

代笔中人莫连淮【押】

嘉庆二十二年七月廿七日立笔

嘉庆二十四年二月二十二日房芽包卖田契

立写大卖锭（定）铁（帖）人房牙（芽）孢（包）溇今因家下无银使用无路出计伕（夫）使兄弟謪（商）仪（议）将出坐（落）土名田排脚田大小二丘⍰和（禾）十四把庙税五厘东至房家田断南至房家田断西至沈家田断北至房家放（房）叔田断四至明白前照（招）放（房）亲后照（招）四僯（邻）请中⍰子孙房牙（芽）孢（包）⍰⍰出头承卖（买）到田踏看僯（邻）田中意三面言定合直价银二十三两七钱正二家是言银交如牙（芽）包溇为（回）家使用田交如子孙牙（芽）孢（包）法院子孙耕官（管）明买明买（卖）不是前责准执后来之人长口不取买田就银主事二家不许返悔者如有一家返悔者将出纸长（张）白米三石龙角一双生虎一只通天王帝眉⍰一条今艮（人）难信今古无凭大买（卖）为照

引至中人房买眉三丞

代笔人房法忠

嘉庆二十四岁己卯年二月廿二立写大买（卖）为照立笔

道光元年二月二十日房法安卖田契

立寫吏帖人房法安今因家下無銀使用无路出計兄弟謪議
將出坐落 仆土名窗閣同田大小三坵該和六十把會税伍分東至
木古新南至房家新西至北至唐家四至明白將来出賣前照
房教後抿四弊無人承就請中後到夫蔡村兄弟房法忠
出頭承賣到田踏看其田中意當中三面言定合者價銀
伍拾叁两一分正田交如房法忠子孫耕管銀交如房法
田家使用三家言賣田賣出来不得左至井水刘出来不得扫亰
明賣明買不貨前債準急賣田不明田至利明二家不得反悔如
有一家反悔將出錦張生寃一健存角一双随天大竹一条金銀难信
今恐無憑吏帖為照 列主中人吾邑六爺
代筆人長老沙六爺
道光元年辛巳年二月廿日立筆

(13)

立写定帖人房法安今因家下无银使用无路出计兄弟谪（商）议将出坐洛（落）公土名崩间同田大小三丘该和（禾）六十把庙税伍分东至水古断南至房家断西至北至唐家四至明白将来出买（卖）前照（招）房敉（亲）后招四粦（邻）无人承就请中送到夫茶村兄弟房法忠出头承卖（买）到田踎（踏）看其田中意当中三面言定合者价银伍拾六两一钱正田交如房法忠子孙耕官（管）银交如房法回家使用二家言卖田卖出永不得归至井水刘（流）出永不得归原（源）明卖（买）明卖不是（事）前债准急卖田不明田至利明二家不得返悔如有一家返悔将出纸张生虎一只龙角一双通天大竹一条金（今）艮（人）难信今古无凭定帖为照引主中人牙（芽）包六爷

代笔人长老沙六杢〔爷〕

道光元年辛巳年二月廿日立笔

道光四年三月十五日邓马了八爷卖田契

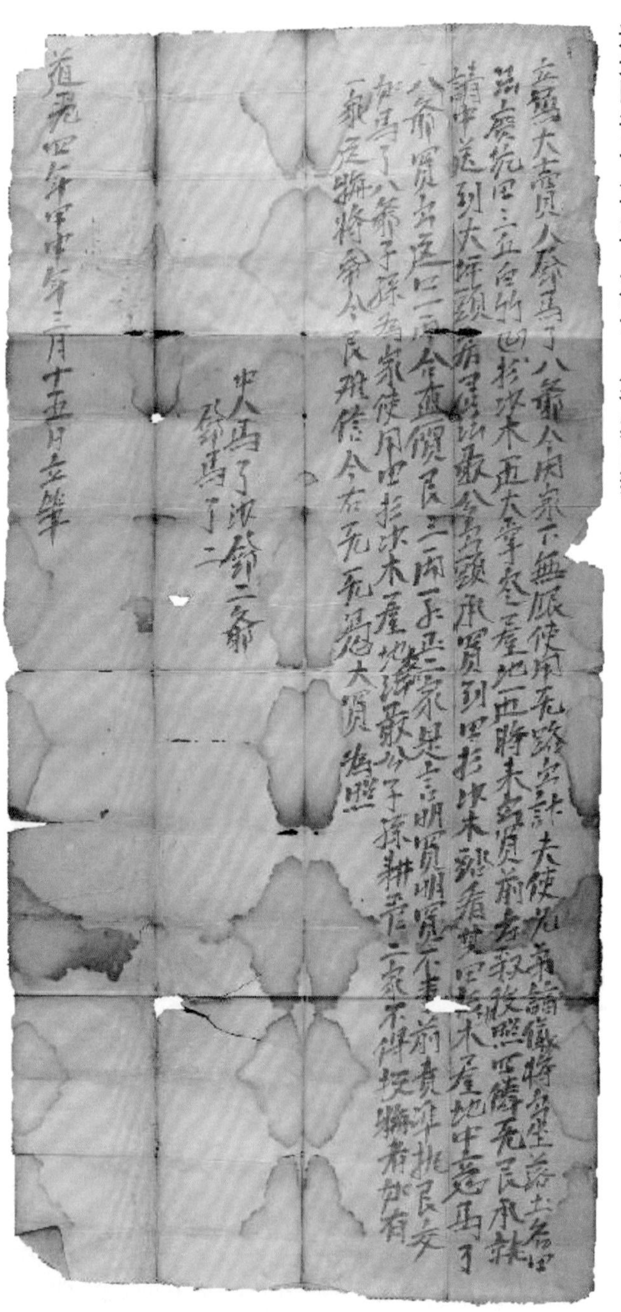

立写大卖人邓马了八爷今因家下无银使用无路出计夫使（妻）兄弟讁（商）仪（议）将出坐落土名田法贺坑田三丘白竹凹杉沙木一边大掌空屋地一边将来出买（卖）前（招）方（房）亲后照（招）四儠（邻）无艮（人）承就请中送到大坪头房君法歌公出头承买到田杉沙木踏看其田杉木屋地中意马了八爷买出返口一两合直价银三两一钱正二家是言明买明买（卖）不事前责准执银交如（邓）马了八爷子孙为（回）家使用田杉沙木屋地交法歌公子孙耕管二家不得扳（反）悔者如有一家返悔将纸今艮（人）难信今古无［无］凭大买（卖）为照

中人马了沙邓二爷邓马了二爷

道光四年甲申年三月十五日立笔

光绪十年六月十五日房上二公借钱契

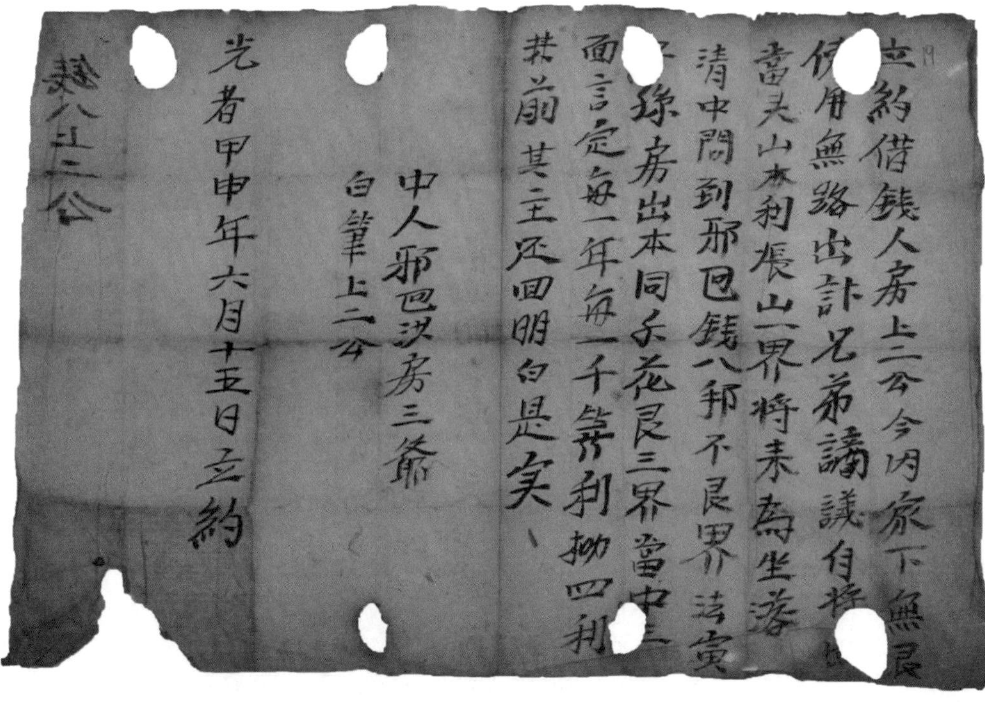

立约借钱人房上二公今因家下无银使用无路出
计兄弟謫（商）议自将出当头山水利张山一界
将来为坐落清（请）中问到邪（芽）包钱八邦
不银界法寅〈子〉孙房出本同钱花银三界当中
三面言定每一年每一千筭（罚）利拗四利共前
（钱）其主还回明白是实
中人邪（芽）包沙房三爷
白笔上二公
光者（绪）甲申年六月十五日立约

光绪十一年七月三十日房钱八上爷上二公卖山岭契

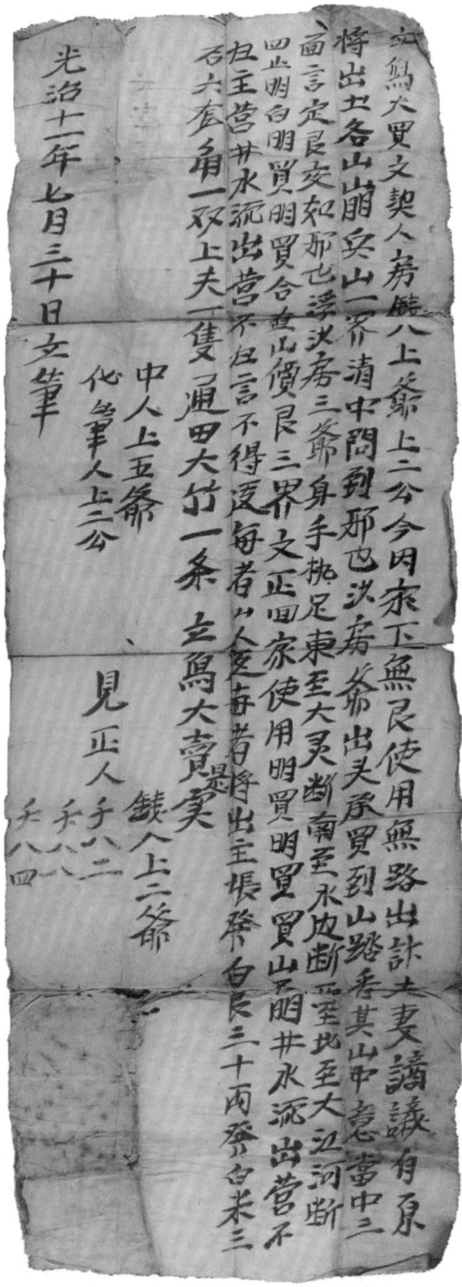

立写大买（卖）文契人房钱八上爷上二公今因家下无银使用无路出计夫妻谪（商）议自原（愿）将出土各（名）山崩兵山一界清（请）中问到邪（芽）包沙房爷出头承买到山踏看其山中意当中三面言定银交如邪（芽）包浮沙房三爷身手执（接）足东至大灵断南至水边断西至北至大江河断四止明白明买明买（卖）合直山价银三界文正回家使用明买明买（卖）买山不明［井水流出营（永）不归主营］井水流出营（永）不归言（源）不得返每（悔）者□人返每（悔）者将出主张发（罚）白银三十两发（罚）白米三石六龙角一双上夫（凫）一只通田（天）大竹一条立写大卖是实

中人上五爷

代笔人上二公

见正人钱八上二爷钱八二爷钱八八爷钱八四爷

光治（绪）十一年七月三十日立笔

光绪十二年三月初六日瑶龙寨房九公卖山岭契

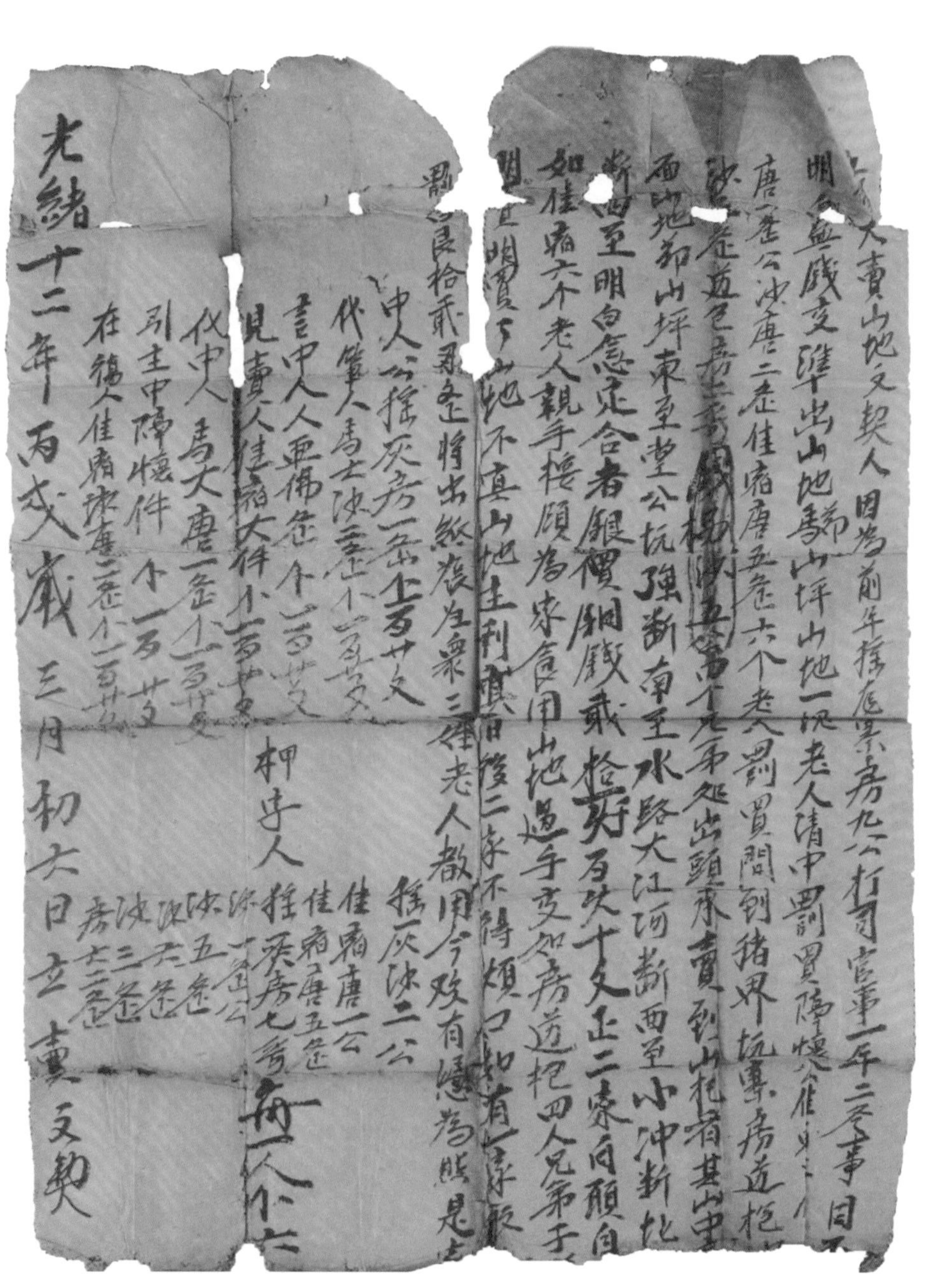

〈立写〉大卖山地文契人因为前年瑶龙寨房九公打司官事一年二冬事固不明白无钱交准出山地踹山坪山地一块老人清（请）中罚买隔怀公佳□□□唐一条〔爷〕公沙唐二条〔爷〕佳宿唐五条〔爷〕六个老人罚买问到猪界坑寨房芽（包）〈房〉沙三条〔爷〕芽包房二哥四个兄弟处出头承卖（买）到山托看其山中面山地瑞山坪东至堂公坑强断南至水路大江河断西至小冲断北□断四至明白念（言）定合者银價（价）铜钱贰拾一千六百六十文正二家自愿自如佳宿六个老人亲手接领为（回）家食（使）用山地过手交如房芽抱（枹）四人兄弟子〈孙〉明〈卖〉明买⍰山地不真山地主利真日后二家不得烦（反）口如有一家返（反）〈悔〉罚白银拾贰两条将出纸张归众三姓老人散用今欲有凭为照是〈实〉

中人公瑶灰房一条〔爷〕钱一百廿文

代笔人马士沙二条〔爷〕钱一百廿文

言中人人亚佛条〔爷〕钱一百廿文

见卖人佳宿大件钱一百廿文

代中人马大唐一条〔爷〕钱一百廿文

引主中隔怀件钱一百廿文

在伤（场）人佳宿沙唐二条〔爷〕钱一百廿文

押字人瑶灰沙二公佳宿唐一公佳宿唐五条〔爷〕瑶灰房七哥沙一条〔爷〕公沙五条〔爷〕沙六条〔爷〕沙三条〔爷〕房六二条〔爷〕每一人钱六□

光绪十二年丙戌岁三月初六日立卖文契

光绪二十五年五月初四日芽包纠纷调解契

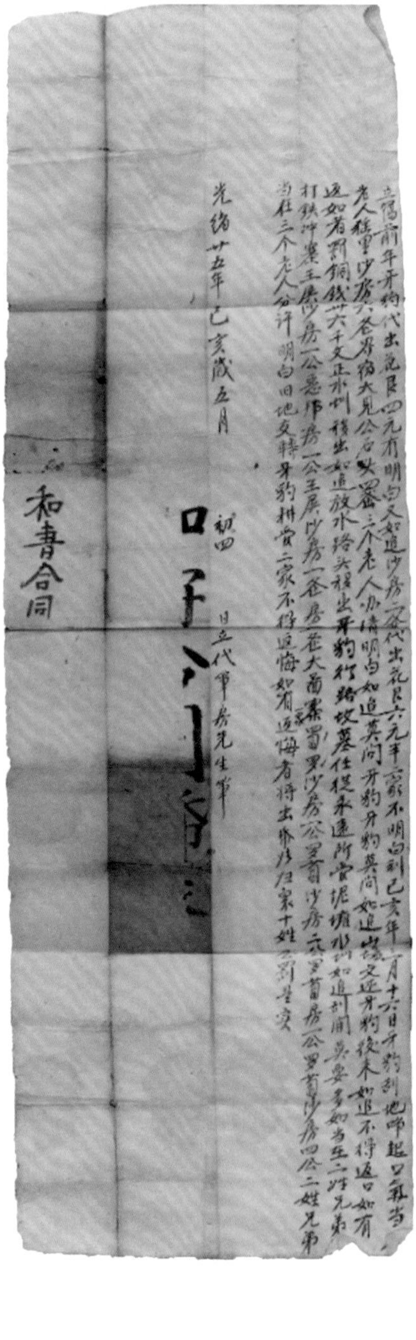

立写前年牙（芽）豹（包）代出花银四元有明白又如追沙房二釜〔爷〕代出花银六元半二家不明白到己亥年三月十六日牙（芽）豹（包）刮地争起口气当□老人瑶里沙房六釜〔爷〕界宿大见公石头四釜〔爷〕三个老人办清（请）明白如追莫问牙（芽）豹（包）牙（芽）豹（包）莫问如追山场文还牙（芽）豹后来如追不得返口如有返如者罚铜钱卅六千文正水圳移出如追放水路头移出牙（芽）豹（包）行路坟墓任从永远所管坭堆水圳如追刮开莫要多如当在二姓兄弟打铁冲寨王展沙房一公恶邦房一公王展沙房一釜〔爷〕房一釜〔爷〕大图寨葡罗沙房一公葡罗沙房二公罗葡（沙）房一公罗葡沙房四公二姓兄弟当在三个老人分许明白旧地交转牙（芽）豹（包）耕管二家不得返悔如有返悔者将出纸张归众十姓公罚是实

光绪廿五年己亥岁五月初四日立代笔房先生笔

⍰⍰⍰⍰

和书合同

光绪三十年三月十三日猪界坑寨房芽包房一爷收据

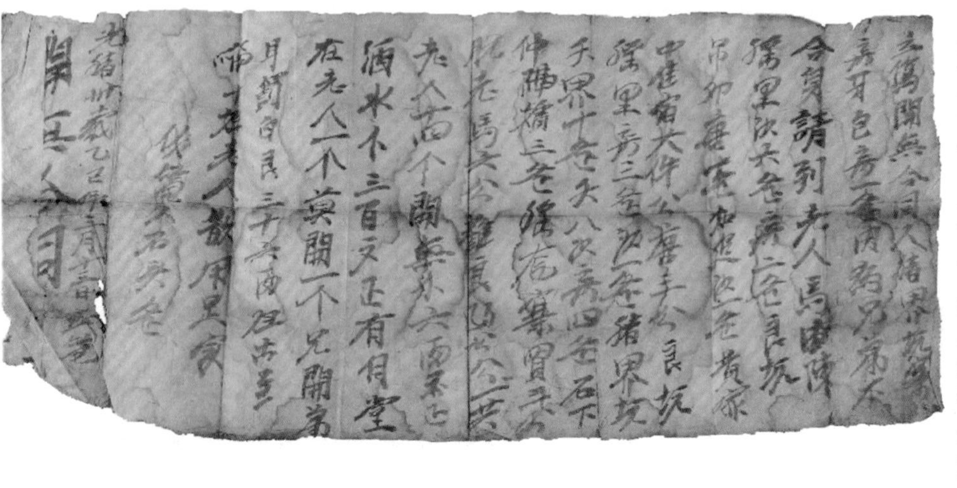

立写开无合同人猪界坑寨房牙（芽）包房一叁〔爷〕因为兄弟不合身请到老人马陈瑶里沙六叁〔爷〕房二叁〔爷〕良坑吊卯唐一叁〔爷〕知进沙一叁〔爷〕黄家中佳宿大件公唐三公良坑瑶里房三叁〔爷〕沙一叁〔爷〕猪界坑夭界十叁〔爷〕夭八沙房四叁〔爷〕石下仲隔嫔三叁〔爷〕瑶龙寨买三公□老马六公□良?? 公公一共老人十四个开无钱六两钱正酒水钱三百文正有堂在老人一个莫开一个兄开弟甘罚白银三十六两归出至□十姓老人散用是实

代笔人石头叁〔爷〕

光绪卅岁乙己（巳）年三月十三日立笔

开□合同

光绪三十年四月十九日房者豹二房五哥借钱契

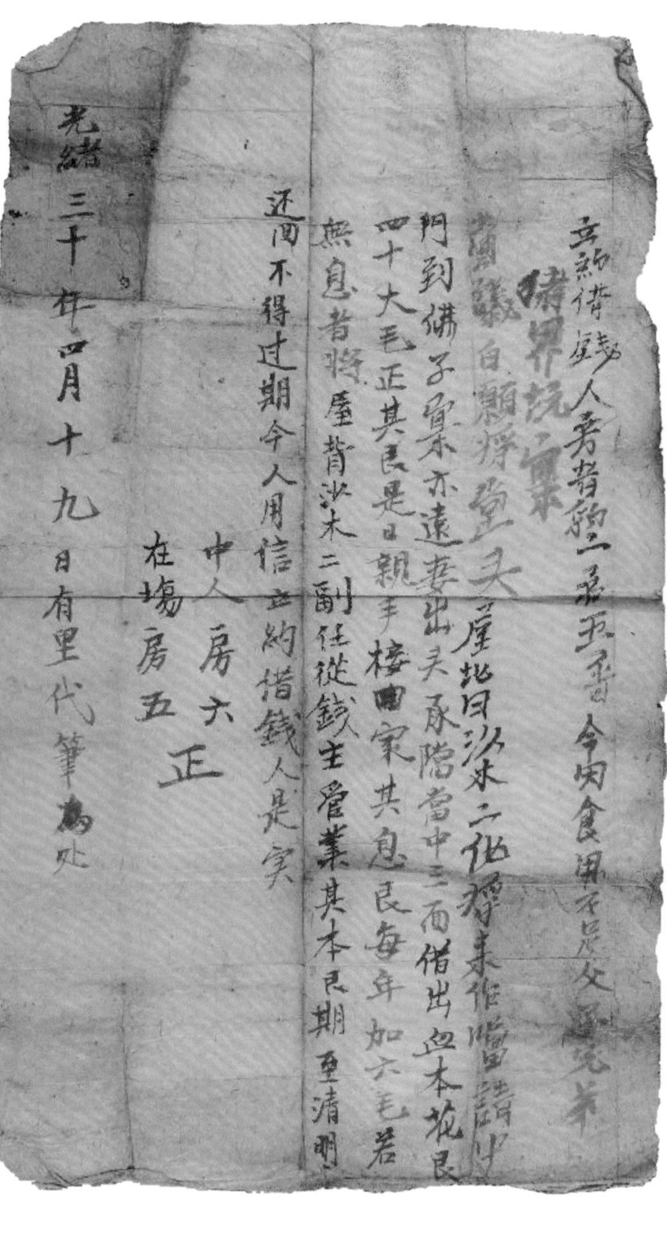

立约借钱人房者豹二房五哥今因食用不足父子兄弟猪界坑寨商议白（自）愿将堂头屋背沙木二化（副）将来作嚐（当）请中门（问）到佛子寨亦远妻出头承陷（当）当中三面借出血本花银四十大毛正其银是日亲手椄（接）回家其息银每年加六毛若无息者将屋背沙木二副任从钱主管业其本银期至清明还回不得过期今人用信立约借钱人是实

中人房六【押】

在场房五【押】

光绪三十年四月十九日有里代笔处（据）

宣统三年正月十六日李一爷卖山岭契

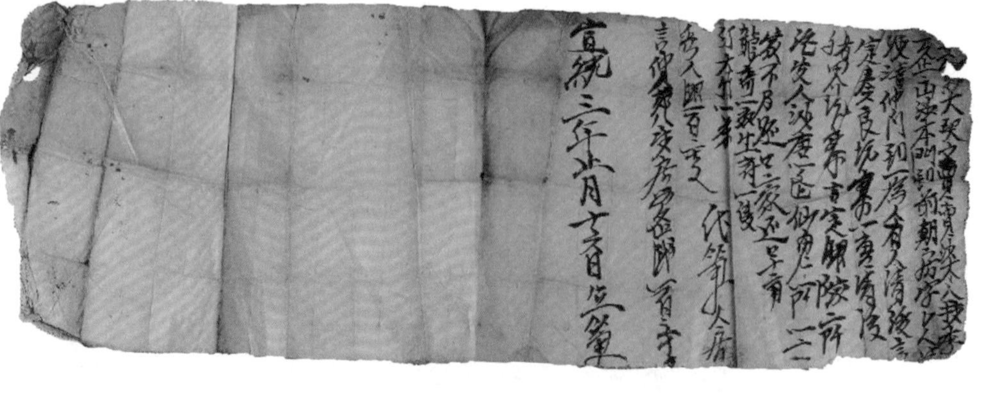

〈立写〉大契文买卖沙木人找〈到〉李一釜〔爷〕

出沙本（木）门（问）到前朝房字一人□沙清（请）

仲（中）门（问）到一为人有人清（请）后言定奏

良坑寨一唐请后猪界坑寨言定银隊（价）二阡（千）

⍰发人沙唐一釜〔爷〕仙鬼一阡（千）一二一家不

得还（返）口二家还（返）口十二两龙角一双生符（皂）

一只汀（丁）天竹一茶（条）

代笔人房秀人眼（银）一百二十文

言仲（中）邓人八沙房四釜〔爷〕钱一百二十文

宣统三年正月十六日立笔

宣统三年二月二十日佳宿唐二公分家契

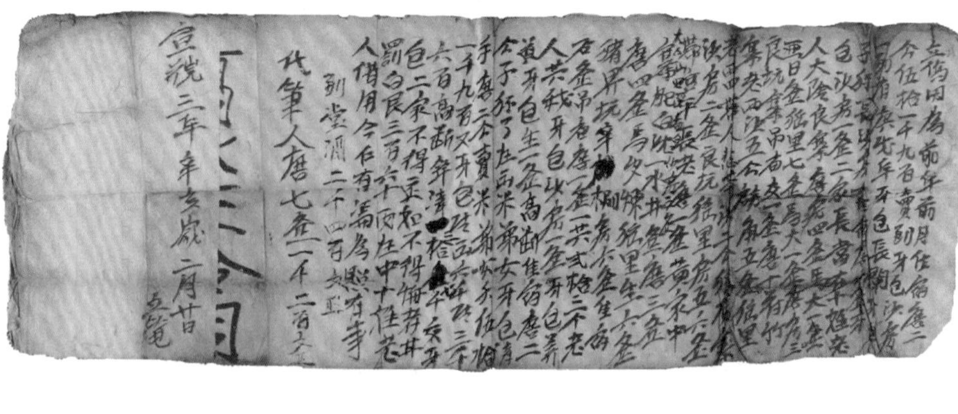

立写因为前年前月佳宿唐二公伍拾一千九百卖到牙（芽）包沙房一到有庚戊（戌）年牙（芽）包长阑牙（芽）包子孙长沙房一佳宿唐六条〔爷〕牙（芽）包沙房一条〔爷〕二家长当在十姓老人大阴良寨唐房四条〔爷〕马大一条〔爷〕亚日条〔爷〕瑶里七条〔爷〕马大一条〔爷〕唐房三良坑寨吊庙交一条唐十符竹寨老西沙五公□角五条〔爷〕瑶里老西四带人悲等沙二公瑶龙寨沙房二条〔爷〕良坑瑶里房五六条〔爷〕带宫平长老唐一条〔爷〕黄家中（冲）寨大□山四泾□□沙房三条〔爷〕⍰⍰己白沈一水井条〔爷〕唐三条〔爷〕唐四条〔爷〕马沙炼瑶里生六条〔爷〕猪界坑辛捌房六条〔爷〕佳宿石条吊庙唐一条一共贰恰（拾）三个老人共栽牙（芽）包沙房一条〔爷〕牙（芽）包养道牙（芽）包生一条〔爷〕高断佳宿唐二公子孙了归出米弟女牙（芽）包寿手唐二公卖米弟女钱伍拾一千九百又牙（芽）包请出六千请三千六百高断□清三桧（拾）七千交牙（芽）包二家不得还（返）如不得悔者甘罚白银三百六十两归中（众）十姓老人借用今仁（人）有凭为照在手

□

到堂酒二千四百文正

代笔人唐七各二千二百文正

宣统三年辛亥岁二月廿日立笔

民国三年正月初三日三房人六爷纠纷调解契

立写内为前年前月三房人六爷佳张堂问口山十姓老人和事明白银交王（往）明白小欠九元银老人九（酒）水银交王（往）明白老人去猪师二只到石四釜〔爷〕石四釜〔爷〕又去倒（到）黄家冲又后来癸丑年十二月二十九日邓子八釜〔爷〕时已来到良坑寨牙色（包）生一釜瑶猫（庙）唐拾哥三个人当在身（芽）色（包）生一釜〔爷〕瑶猫（庙）唐拾哥二人广定明帛邓子八釜〔爷〕时已问到佳宿唐一公言出银四拾八迁（千）文正一应明白邓子八釜〔爷〕在相（场）为据中银二家不得返口如有一家返口甘罚帛叁陌（百）陆拾两归众二姓老人兄弟散用是实拾姓老人身（芽）色（包）生一釜〔爷〕瑶猫（庙）唐拾哥一边主□十二千一边到堂银六毛代笔打合同瑶猫（庙）沙唐一釜〔爷〕银十二毛

⧄

中华民国三年甲寅岁正月初三日立⍰

民国三年二月二十九日带茆坪寨佳宿唐一公卖杉木契

立写大卖沙木人带茆坪寨佳宿唐一公〔今〕今因家下无银使用无路出计扶（夫）妻謪（商）仪（议）自己将出大坪尾横潭鬼沙木一块将来出买（卖）前照（招）房亲后招四麟（邻）无人承就请冲（中）门（问）倒（到）社下冲良坑猪布冲三寨三个人界唐邓一哥唐十哥芽包生一釜〔爷〕四个人自言出头承买到沙木踏看基（其）沙木中意当中三面言定合者银价拾⍰迁（千）四九十九文政（正）银交如佳宿溏（唐）一公子孙新（亲）手接岭（领）回家使用沙木交如邓子吊猫（庙）芽包四个人子孙张（长）官（管）明买明卖沙木不明木至里盟东致（至）三竹断南致（至）此唐家断西夗路下断北致（至）唐家断四此（至）帛是有后来二家不得□（反）悔者如有一家⍰反悔者甘罚白银一百二十两龙角一双生虎一只老酒三埕白米三担归众二姓兄弟散用今欲有凭为照是实中人吊猫（庙）沙唐一釜〔爷〕银一毛在相（场）人邓二釜〔爷〕银一毛见卖人牙（芽）包生一釜〔爷〕银一毛押家（字）人吊猫（庙）唐十哥银一毛元中人佳宿唐一釜〔爷〕银一毛

代笔人吊猫（庙）沙唐一釜〔爷〕银一百二十文唐二釜〔爷〕银钱千文唐三哥银钱十文政（正）

冲（中）华民国叁年二月二十九日立计

民国五年十一月二十六日良坑寨沈渔教一公卖山岭契

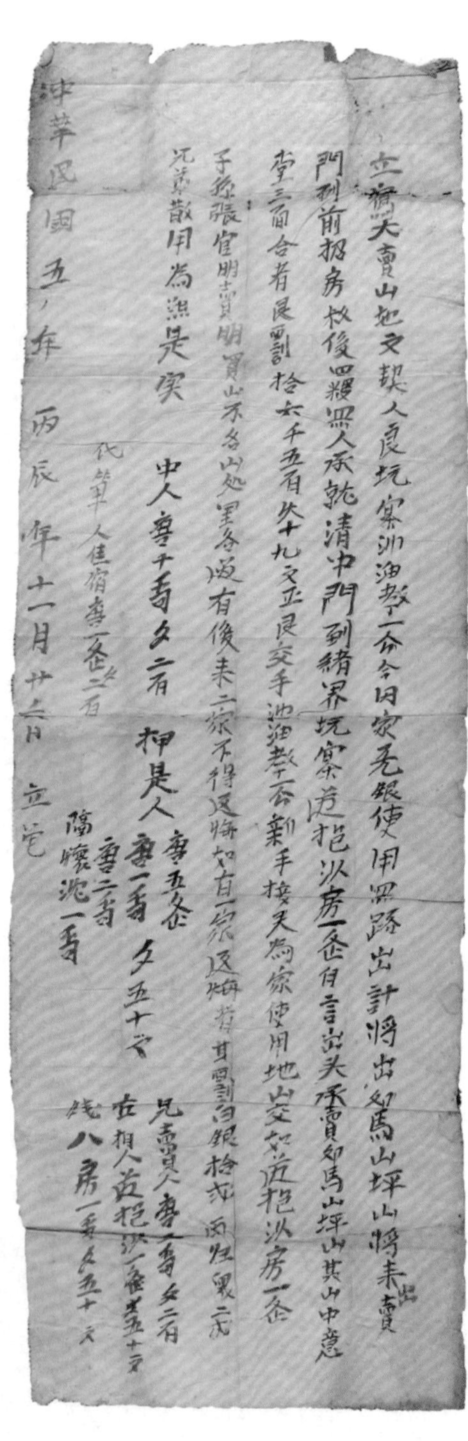

立写大卖山地文契人良坑寨沈渔教一公今因家无银使用无路出计将出郊马山坪山将来出卖门（问）到前招房亲后〈招〉四粿（邻）无人承就清（请）中门（问）到绪界坑寨芽抱（包）沙房一叁〔爷〕自言出头承买郊马山坪山其山中意堂（当）三面合者银罚拾六千五百钱十九文正银交手沈油教一公新（亲）手接买为（回）家使用地山交如芽抱（包）沙房一叁〔爷〕子孙张（长）官（管）明卖明买山不名山处里各过有后来二家不得返悔如有一家返悔者甘罚白银拾贰两归众二成（家）兄弟散用为照是实

中人唐千哥钱二百

押是（字）人唐五叁〔爷〕唐一哥唐二哥隔怀沈一哥钱五十文

见卖人唐二哥钱二百

在相（场）人芽抱（包）沙一叁〔爷〕钱五十文

钱八房一哥钱五十文

代笔人佳宿唐一叁〔爷〕钱二百

冲（中）华民国五年丙辰年十一月廿六日立笔

民国九年十二月初七日瑶龙寨房五二爷公卖田契

立写卖田人瑶龙寨房五二叁〔爷〕公今因家下无银使用无路出计夫（父）仔謪（商）仪（议）将出坐落吐（土）名大地坪田大小四丘将来出买（卖）前照（招）房亲后照（招）四粦（邻）有人承就请仲（中）问到黄家冲寨牙（芽）抱（包）沙房一叁〔爷〕处自言出头清（请）买到田踏看其田冲（中）意当冲（中）三面合者银价贰拾陆仟五百文正二家自言自卖银交如房五二叁〔爷〕公身手失（接）岭（领）回家使用其田交如牙（芽）抱（包）沙房一叁〔爷〕子孙耕种明买明买（卖）明田不各田处利明过有后来二家不得返〈口〉如返口甘罚白银十二两正将出纸张归众十姓兄弟散用为照是实

仲（中）人房八叁〔爷〕钱一百廿文

见正人凹不叁〔爷〕钱一百廿文

代中人房六一叁〔爷〕钱一百廿文

买人房七一叁〔爷〕钱一百廿文

押字房一叁〔爷〕茶哥叁〔爷〕交问叁〔爷〕房七哥房三〔三〕哥钱一个人六十

代笔人五老三叁〔爷〕钱一百廿文

在伤（场）人住宿石头叁〔爷〕水井唐三叁〔爷〕钱百廿

民国九年庚申岁十二月初七日立契

民国十五年三月二十八日大归房一爷公石头公典田契

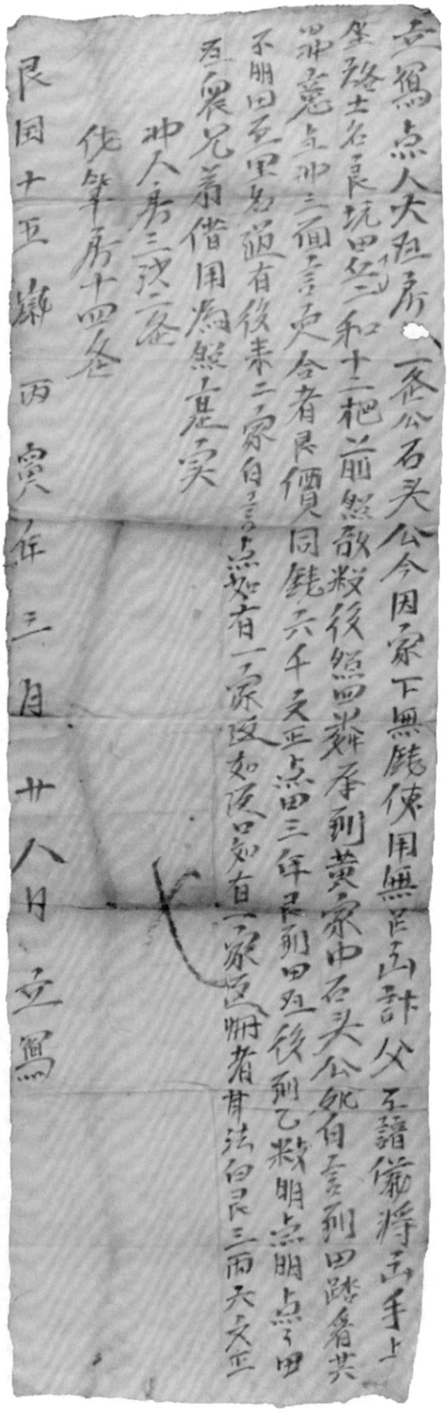

立写点（典）人大归房一夿〔爷〕公石头公今因家下无钱使用无足（路）出计父子谙（商）仪（议）将出手上坐落土名良坑田二丘和（禾）十二把前照（招）放（房）亲后照（招）四粦（邻）承到黄家中石头公处白（自）言到田踏看其田冲（中）意当冲（中）三面言定合者银价同（铜）钱六千文正点（典）田三年银到田归后到乙（已）亲明点（典）〔明点〕明田不明田至里名过有后来二家自言点（典）〔如有一家返如返口〕如有一家返悔者甘法（罚）白银三两六文正归众兄弟借用为照是实

冲（中）人房三沙二夿〔爷〕

代笔房十四夿〔爷〕

民国十五岁丙寅年三月廿八日立写

民国十九年闰六月二十六日良坑房七沙一爷良东寨房八公卖山地契

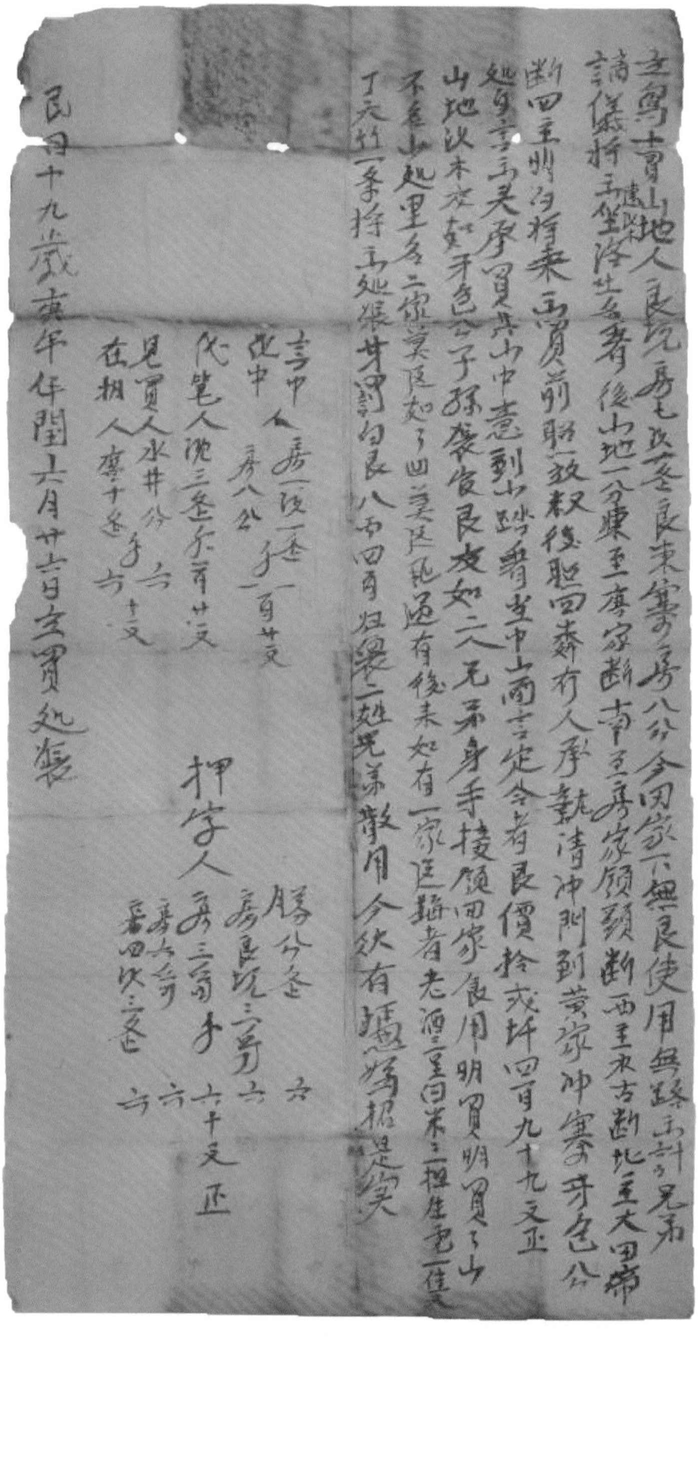

立写卖山地人良坑房七沙一圣〔爷〕良东寨房八公今因家下无银使用无路出计兄弟謪（商）仪（议）将出连柒坐洛（落）土名哥后山地一分东至唐家断南至房家领（岭）头断西主（至）水古断北主（至）大田帝断四主（至）明白将来出买（卖）前照（招）放（房）亲后照（招）四粦（邻）冇人承就（就）清（请）冲（中）门（问）到黄家冲寨牙（芽）包公处自言出头承买其山中意到山踏看当中山（三）面言定今者银价拾贰奸（千）四百九十九文正山地沙木交如牙（芽）包公子孙长官（管）银交如二人兄弟身手接领（岭）回家食（使）用明买明买（卖）明山不名（明）山处里各二家莫返如返叫（悔）莫返☐过有后来如有一家返悔者老酒三呈（埕）白米三担生虎一只丁天竹一条将出据张甘罚白银八两四百归众二姓兄弟散用今欲有凭为招（照）是实

言中人房一沙一圣〔爷〕钱一百廿文

代中人房八公钱一百廿文

见卖人水井公钱六十文

在相（场）人唐十圣〔爷〕钱六十文

代笔人沈三圣〔爷〕钱一百廿文

押字人胜公圣〔爷〕钱六十文正房良坑三哥钱六十文正房三哥钱六十文正房六哥钱六十文正房四沙三圣〔爷〕钱六十文正

民国十九岁庚午年闰六月廿六日立买（卖）据张

民国二十年五月十九日黄更寨邓一爷公卖杉木契

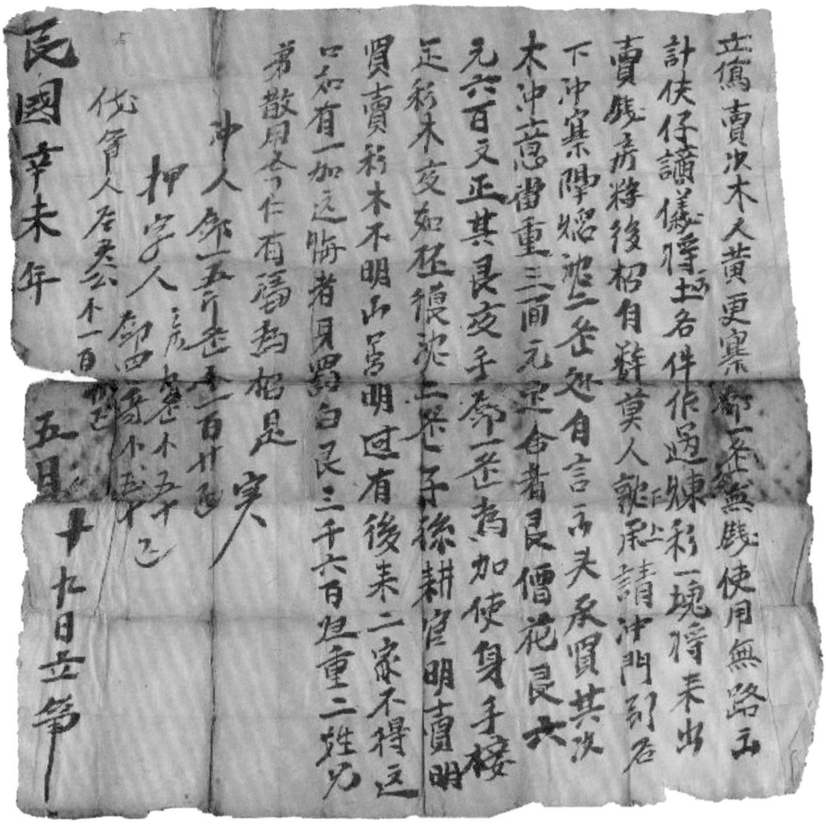

立写卖沙木人黄更寨邓一釜〔爷〕公无
钱使用无路出计伕（父）仔（子）譾（商）
仪（议）将出土名件作过炼杉一块将来
出卖钱（前）〈招〉房亲后招自（四）
粦（邻）莫人承孰（就）请冲（中）门（问）
到石下冲寨隔□沈二釜〔爷〕处自言出
头承买其沙木冲（中）意当重（众）三
面元（言）定合者银价花银六元六百文
正其银交手邓一釜〔爷〕为（回）加（家）
使〈用〉身手接足杉木交如□□沈二釜
〔爷〕子孙耕官（管）明卖明买卖杉木
不明山□明过有后来二家不得返口如有
一加（家）返悔者身罚白银三千六百归
重（众）二姓兄弟散用今仁（人）有凭
为招（照）是实
冲（中）人邓一五斤釜〔爷〕钱一百廿
正
押字人房六釜〔爷〕钱五十正邓四哥钱
五十正
代笔人石头公钱一百廿正
民国辛未年五月十九日立笔

民国二十一年十二月二十六日良坑寨舅平爷卖山岭契

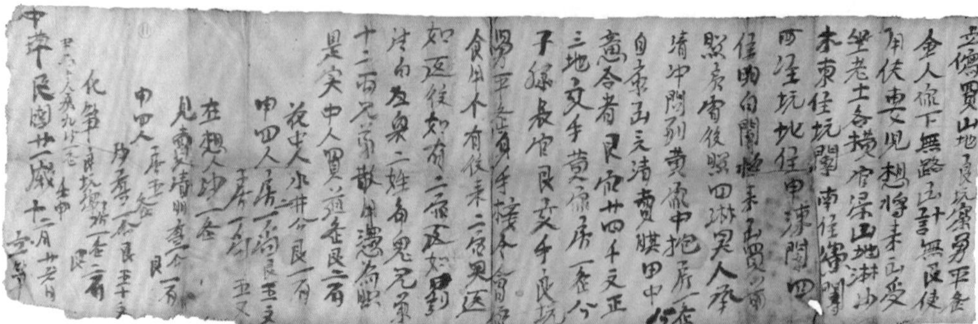

立写买山地良坑寨舅平圣金（今）人家下无路出计无银使用伕（夫）妻儿想将来出受（卖）坐老（落）土各（名）横官渌山地淋沙木东住（至）坑闼南住（至）□闼西注（至）坑北住（至）申涑闼四住（至）明白闼将来出买（卖）前照（招）房□后照（招）四淋（邻）无人承（就）清（请）冲（中）问到黄家中抱（包）房一圣〔爷〕公自愿出头清（请）卖䐣（其）田中意合者银两廿四千文正三地交手黄家房一圣〔爷〕公子孙长官（管）银交手良坑舅平圣〔爷〕身手接令（领）会（回）家食（使）用个有后来二家莫返〔如返后〕如有二家返如（口）罚清（请）白（银）归众二姓□鬼（归）兄弟十二两兄弟散用凭为照是实中人买道圣〔爷〕银二百

花中人水井公银一百

申四（面）人房一哥房二哥银五文

房一哥银五文

在想（场）人奇一圣〔爷〕

见卖清明唐一公银一百

申面人房五圣〔爷〕沙唐一公银五十文

代笔良坑寨房一圣〔爷〕银二百

申四（面）人房九沙一圣〔爷〕

中华民国廿一岁壬申十二月廿六日立笔

民国二十五年三月初四日芽包房一纠纷调解契

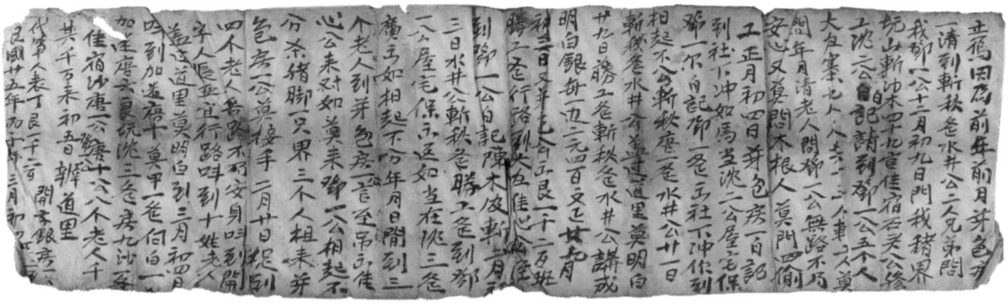

立写因为前年前月芽包房一清（请）到斩秋叁〔爷〕水井公二人兄弟问栽（到）邓一公十二月初九日门（问）栽（到）稽界坑山斩沙木四十九官佳（佳）宿石头公佟工沈二公白（自）记（己）请到邓一公五个人大归寨九个人共〈十三个斩工人〉莫问年月清（请）老人问邓一公无路不得安心又莫问木根人莫门（问）四偷工正月初四日芽包房一白（自）记（己）到社下冲如马当沈二公屋宅保邓一尔白（自）记邓一叁〔爷〕出社下冲作（捉）到相（想）起不公斩秋唐一叁〔爷〕水井公廿一日斩秋叁〔爷〕水井公盖过道里莫明白廿九日胜工叁〔爷〕斩秋叁〔爷〕水井公讲成明白银每一边二元四百文正女（闰）九月初三日又芽包公出银一千二百班胜工叁〔爷〕行路到大归佳心公侄到邓一公白（自）记（己）陈木皮斩二月（初）三日水井公斩秋叁〔爷〕胜工叁〔爷〕到邓一公屋宅保出返如当在沈三叁〔爷〕广出如相起不分年月日间（问）到三个老人到芽包房一公言至吊出佳（佳）心公来对如莫来邓一公相起不分杀猪脚一只界三个人相来芽包房一公莫接手二月廿日捉到四个老人无路不得安身叫到开字人张亚宜行路叫到十姓老人盖过道里莫明白到三月初四日叫到加迷唐十莫甲一叁〔爷〕向白一□加迷唐六良坑沈三叁〔爷〕房九沙一叁〔爷〕佳（佳）宿沙唐一公邓一公唐十公八个人老人千其千万来初五日辨道里

开字银房一

代笔人表丁银一千二百

民国廿五年丙子年三月初四〈日〉

民国二十五年三月二十八日房一公收据

丙子年三月廿八日耳咬房一公黄家中（冲）水井公沈三⿱夂土〔爷〕唐十三个〔个〕人计出如银四十八千文〔文〕正交手斩收⿱夂土〔爷〕滕公⿱夂土〔爷〕水井公分起唐十三个人分起至出当头沈三⿱夂土〔爷〕大地平田四丘

水井公又牛皮官银四百仓出东道禾二斤出酒银五百归竹银一百归众十姓散用

水井公唐十沈三⿱夂土〔爷〕三个人冇返如莫返口〈罚〉白银价一百廿两

斩收⿱夂土〔爷〕胜公⿱夂土〔爷〕冇返如莫返口二家返如返口〈罚〉白银一百廿两归众十姓散用

代笔人沈三⿱夂山〔爷〕三月廿八日

民国二十五年闰三月二十日芽包房一分家契

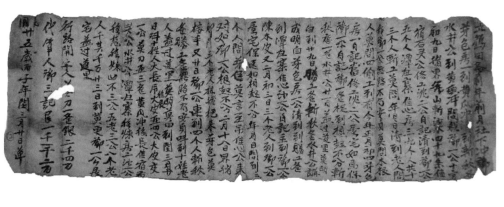

立写因为前年前月社下冲邓□□芽包房一到黄瓜冲清（请）到斩秋夆〔爷〕水井公到黄瓜冲问栽（到）邓一公十二月初九日猪界坑山斩沙木四十九条佳（佳）宿石头公佟工沈二公自记（己）清（请）到邓一公五个人潭归寨佳心房三九个人共十三个人斩工莫问年月日清（请）到老人问栽（到）邓一公无路不得安身莫问木根人莫问四偷工到有今年正月初四芽包房一自记（己）当佟工沈二公屋宅如马保邓一公自记（己）邓一夆〔爷〕桯（捉）到想起不分斩秋唐一夆〔爷〕水井公廿一日盖过道里莫明白到廿九日胜工夆〔爷〕斩秋夆〔爷〕水井公讲成明白芽包房一公清（请）到〔到〕胜工夆〔爷〕到潭归寨佳心沙一公自记主到邓一公陈木皮又二月初三日三个老人到邓一公屋宅保返如相（想）起不分年月日问到三个人问芽包莫言至吊佳心公来对如邓一公想起不分二月十八日界猪即问三个老人担猪把来芽包莫接手又廿日邓一公连到四个人斩秋夆〔爷〕胜工夆〔爷〕无路不得安身叫到十姓老人盖过道里莫明莫白到闰三月廿日叫十姓人大长令瑶长大皮亚四公大皮交一公莫刀亚三夆〔爷〕黄瓜冲瑶长佳宿石头公水井公潭归寨瑶炼房二沙一公瑶龙瑶炼凹不三公五老三公八个老人千其千万廿三日到黄更邓一公屋宅盖过道里

行路开字人□刀一夆〔爷〕银二千四两

代笔人邓三记银一千一千二百

民国廿五岁丙子年闰三月廿日草

民国二十五年二十一日芽二十包房一公兄弟契

立写因为前年前月芽包房一公□□□秋坌〔爷〕水井公二人兄弟问
□□邓一公十二月初九日问栽（到）邓一公猪界山斩木四十九官佳
（住）宿石头佟工沈二公自记（己）请到邓一公五界〈个〉人大归
寨九界〈个〉人共十三（四）介〈个〉人斩工莫问请老人年月日问
到邓一公无路不及安心莫桝根人莫问四偷工正月初四日芽包房一坌
自记（己）社下冲如马修工沈二公屋宅保邓一尔（公）自记（己）
邓一坌〔爷〕捉相（想）起不分斩秋唐一坌〔爷〕水井公廿一日斩
秋坌〔爷〕水井公盖过道里莫明莫白到廿九日胜工坌〔爷〕斩芽包
自请到斩秋坌〔爷〕胜工坌〔爷〕水井公芽包生一公自巳（已）出
银十二毫行路银请到胜公坌〔爷〕问到大归寨〔佳〕佳（住）沙一
公主出邓一公自记（己）猪界山陈木皮相（想）起▨连到四界□
▨
▨
唐十公
唐四公
黄家冲石头公四界老人
房五坌〔爷〕
千其千其二月廿一日四个老人界老到
黄耕开盖过道里担字银一二元
卯坑加求沙唐二坌〔爷〕回龙江张亚宜
民国廿五年丙子岁廿一日代笔人银一二元

民国二十八年六月十五日大归寨瑶里生一公典田契

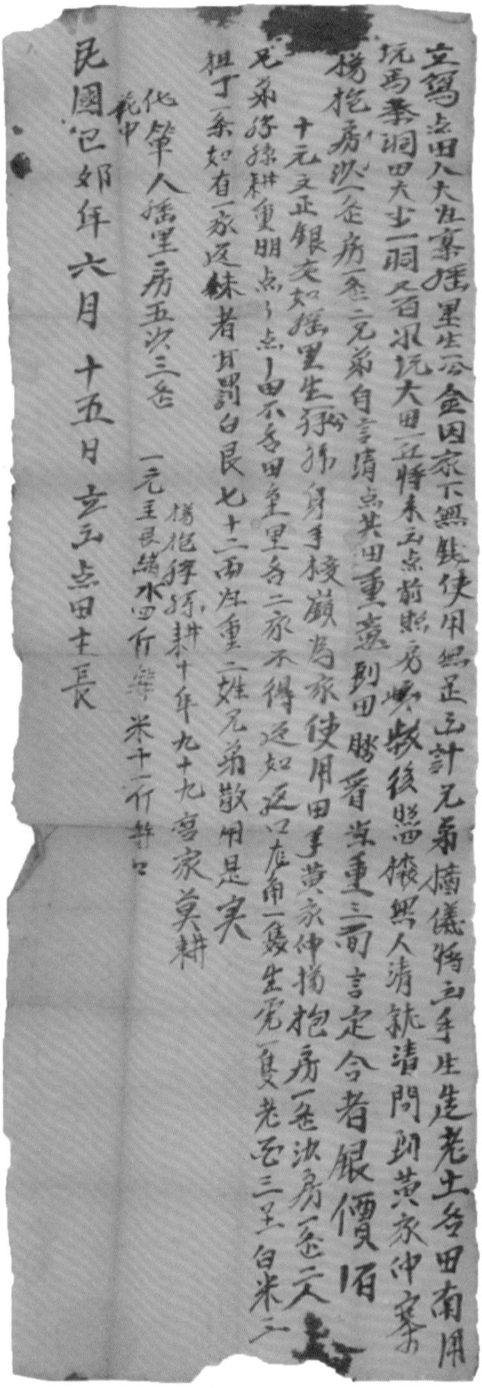

立写点（典）田人大归寨瑶里生一公金（今）因家下无钱使用无足（路）出计兄弟摘（商）仪（议）将出手生造老土名田南用坑马茶洞田大少（小）一洞又百众坑大田一丘将来出点（典）前照（招）房亲后照（招）四椄（邻）无人清（请）就清（请）问到黄家仲（冲）寨芽抱（包）沙房一⿱夂正〔爷〕房一⿱夂正〔爷〕二兄弟自言清（请）点（典）其田重（中）意到田踏看当重（众）三面言定合（今）者银价一百十元文正银交如瑶里生一公孖（子）孙身手椄（接）岭（领）为（回）家使用田手（交）黄家仲（冲）芽抱（包）房一⿱夂正〔爷〕沙房一⿱夂正〔爷〕二人兄弟孖（子）孙耕重（种）明点（典）〔明点〕明田不名（明）田至里各二家不得返如有返口龙角一双生虎一只老酒三呈（埕）白米三担丁一条如有一家返未（悔）者甘罚白银七十二两归重（众）二姓兄弟散用是实

代笔人花中瑶里房五沙三⿱夂正〔爷〕

芽包孖（子）孙耕十年九十九□家莫耕

一元主银绪水四斤□米十一斤□口

民国己卯年六月十五日立出点（典）田主长

民国二十九年五月初九日黄更邓十五爷借米契

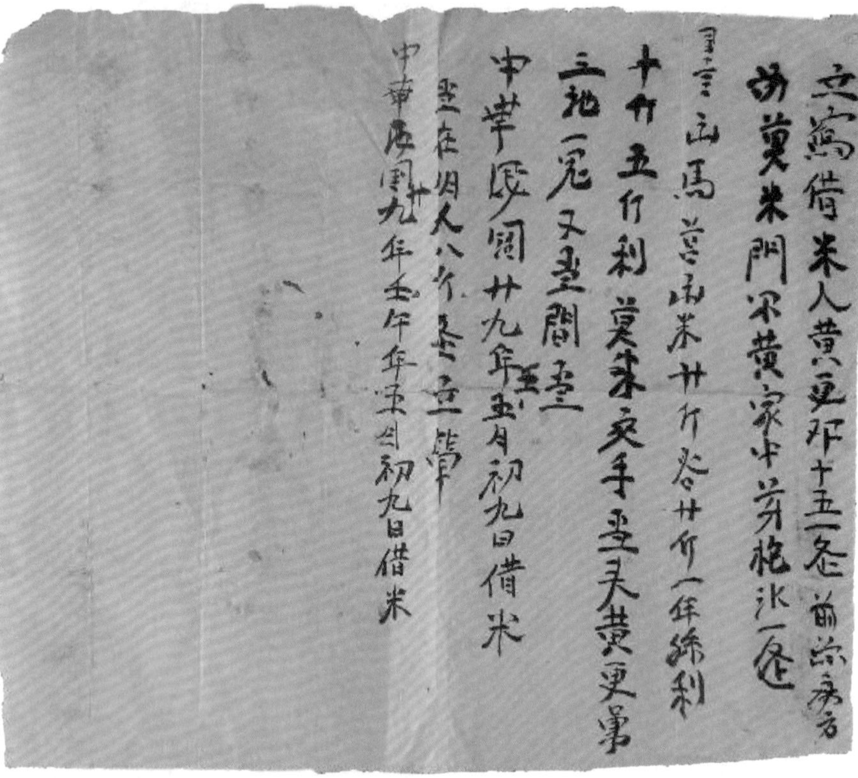

立写借米人黄更邓十五一釜〔爷〕前照（招）房方⍰莫（没）米门（问）尔（公）黄家中芽抱（包）沙一条〔爷〕□言出马□出米廿斤谷廿斤一年孙利十斤五斤利莫米交手当头黄更⍰三地一块又当间当

中华民国廿九年壬（闰）五月初九日借米

当在明人八斤釜〔爷〕立笔

中华民国廿九年壬午年五月初九日借米

民国三十一年三月二十三日大归寨房二爷卖田契

立写大买田人大归寨房二条〔爷〕金（今）因家下无钱使用无足（路）出计兄弟价仪（议）将出手生坐老土名房工⍰田二丘将来出买（卖）前照（招）房步（亲）后照（招）四撛（邻）莫人清（请）就清（请）冲（中）门（问）到黄家冲牙陁（包）房一条〔爷〕生一条〔爷〕两兄弟自言清（请）买其田冲（中）憶（意）到田踏看当冲（中）三面言定合者银价〔仆住银〕五千五百五十九元文正银交如大归房二条〔爷〕身手□（接）岭（领）为（回）家使用田交手黄家冲牙陁（包）房一条〔爷〕生一条〔爷〕仔（子）孙耕动（种）明买明买（卖）田不名（明）田至里各二家不得返〔如返口〕如有一家返悔者甘罚白〈银〉三十两六归冲（众）二姓兄弟散用是实

在想（场）房一哥房二哥花冲（中）房五沙三条〔爷〕白银二毛柙（押）是房二生一条〔爷〕白银二毛

见买房二哥白银二毛房一哥白银二毛

代笔人是己房二条〔爷〕白银四毛见买黄地房五条〔爷〕

民国壬午年三月廿三日立出大买（卖）契

民国三十三年二月二十日唐长老四借钱契

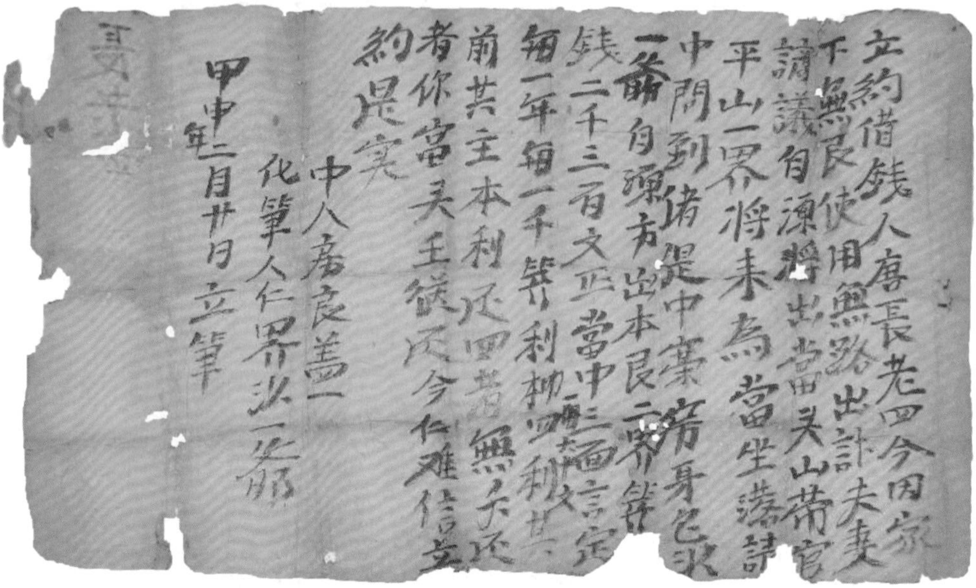

立约借钱人唐长老四今因家下无银使用无路出计夫妻謪（商）议自源（愿）将出当头山带官平山一界将来为当坐落请中问到偖是中寨房牙（芽）包沙一爷自源（愿）方（放）出本银二界笄□钱二千三百文正当中三面言定每一年每一千笄利杣四两六十文利其前其主本利还回者无钱还者你当头壬送还今仁（人）难信立约是实

中人房良盖一

代笔人仁界沙一爷

甲申年二月廿日立笔

民国三十三年六月初七日坑刀寨买疵一鱼人纠纷调解契

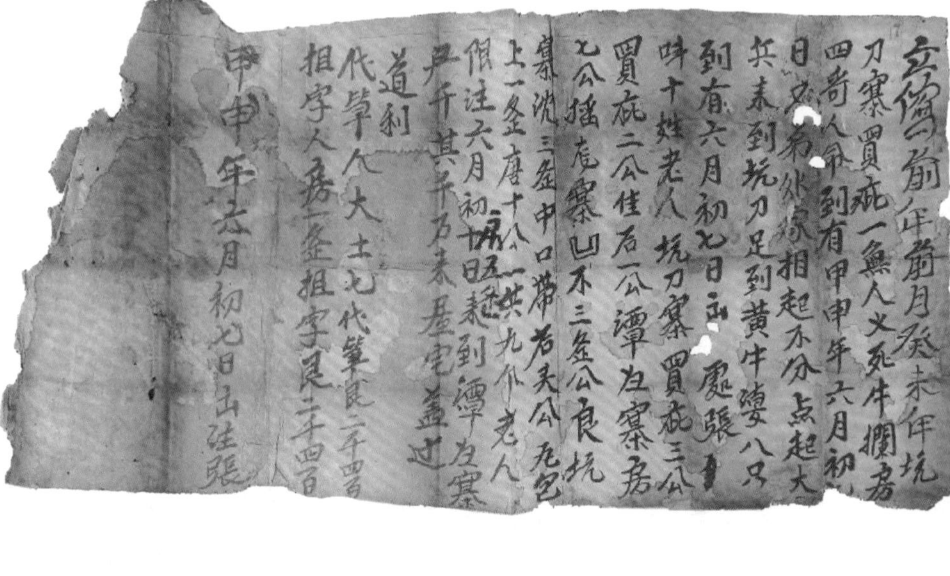

立写前年前月癸未年坑刀寨买疵一鱼人火死牛栏房四哥人命到有甲申年六月初□日兄弟外嫁（家）相起不分点起大兵来到坑刀足（捉）到黄牛溇八只到有六月初七日出处张叫十姓老人坑刀寨买庇三公买庇二公佳（佳）石一公潭归寨房七公瑶龙寨凹不三叁〔爷〕公良坑寨沈三叁〔爷〕中口带石头公九包上一叁〔爷〕唐十公一共九个老人限注六月初十日房五叁〔爷〕来到潭归寨千其千万来屋宅盖过道利

代笔人大土七代笔银二千四百

担（押）字人房一叁〔爷〕担（押）字银二千四百

甲申年六月初七日出注张

民国三十三年闰九月三十日老个唐二哥典田契

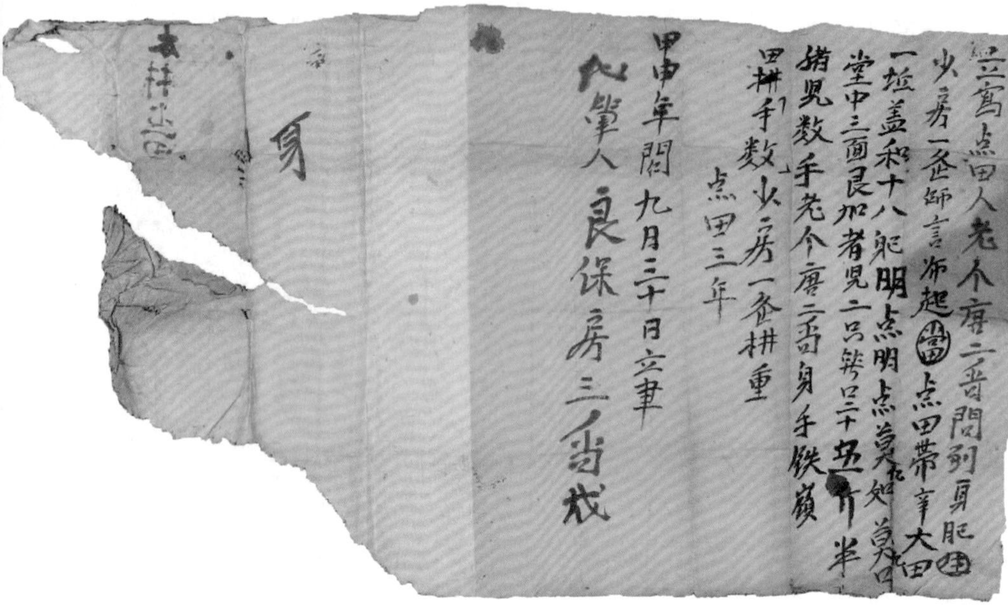

立写点（典）田人老个唐二哥问到牙胞（包）少（沙）房一丕〔爷〕师言师起当点（典）田带辛大田一丘盖和（禾）十八己明点（典）〔明点（典）〕莫亿（反）如莫反口堂中三面〈言定〉银加者见二只发（罚）口二十五斤半猪见数手老个唐二哥身手铁领（岭）田耕数手少（沙）房一丕〔爷〕耕重（种）

点（典）田三年

甲申年闰九月三十日立笔

代笔人良保房三哥成

丙子年正月二十九日猪界坑大西凹冲房一哥卖杉木契

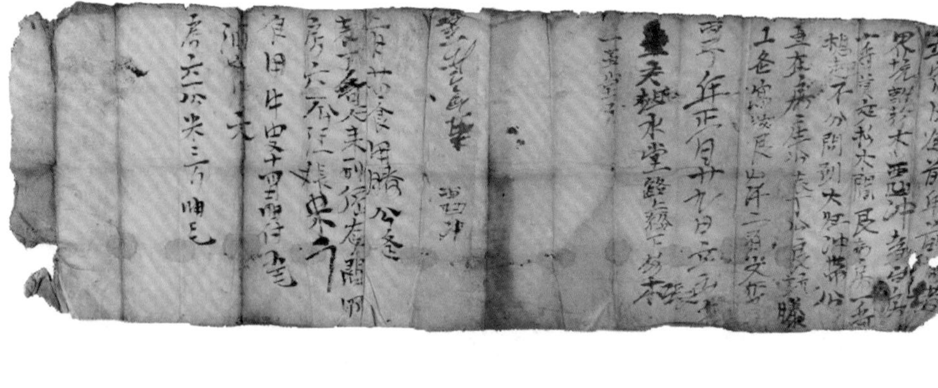

立写因为前年前□猪界坑□□木西凹冲⍰百房一哥莫交杉木间银□房一哥想起不分问到大归冲带公当在房二生公表丁公良坑滕工㸙（爷）写发（罚）银七仟（千）二百文正

丙子年正月廿九日立出立张当头□水堂路上络下杉木一□堂□

西凹冲

二月廿日食用胜公㸙（爷）表丁哥二人来到瑶龙问⍰房六一公注张米二斤良田牛中又十四日⍰付九毛酒七□二人

房六一公米三斤二两一毛

辛巳年四月大拾古传华水牛婆实人收据

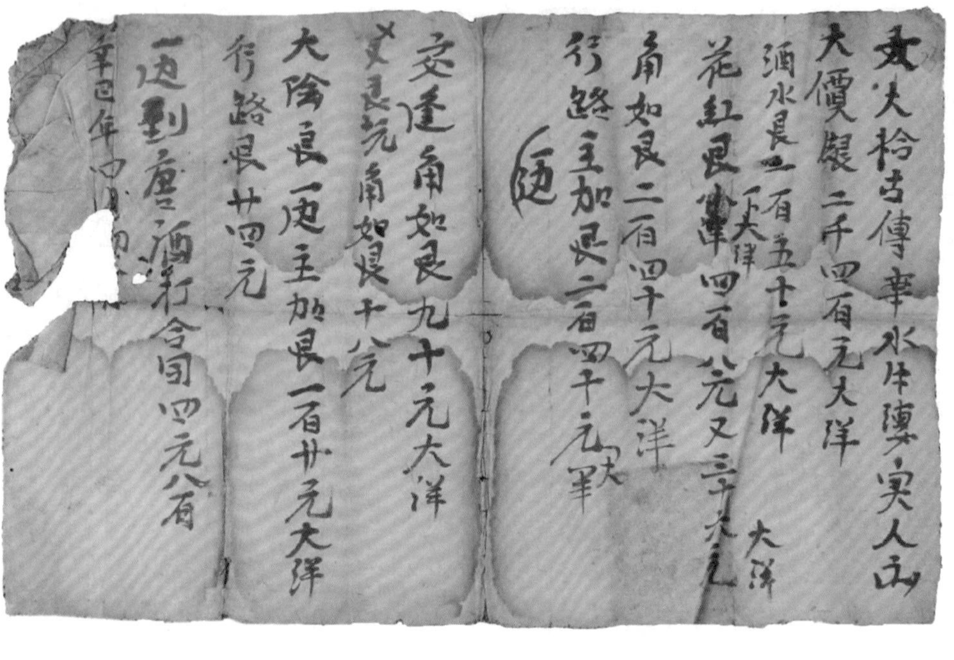

☐大枱古传华水牛溇实人出大价银二千四百元大
洋酒水银一百五十元大洋花红银大洋四百八元又
三十六元大洋角如银二百四十元大洋行路一边主加
银二百四十元大洋
交逢角如银九十元大洋
叉银角如银十八元
大阴良一边主加银一百廿元大洋
行路银廿四元
一边到唐酒打合同四元八百
辛巳年四月初☐

二十二年十二月初五日房帮斧大帮斧捌兄弟卖田契

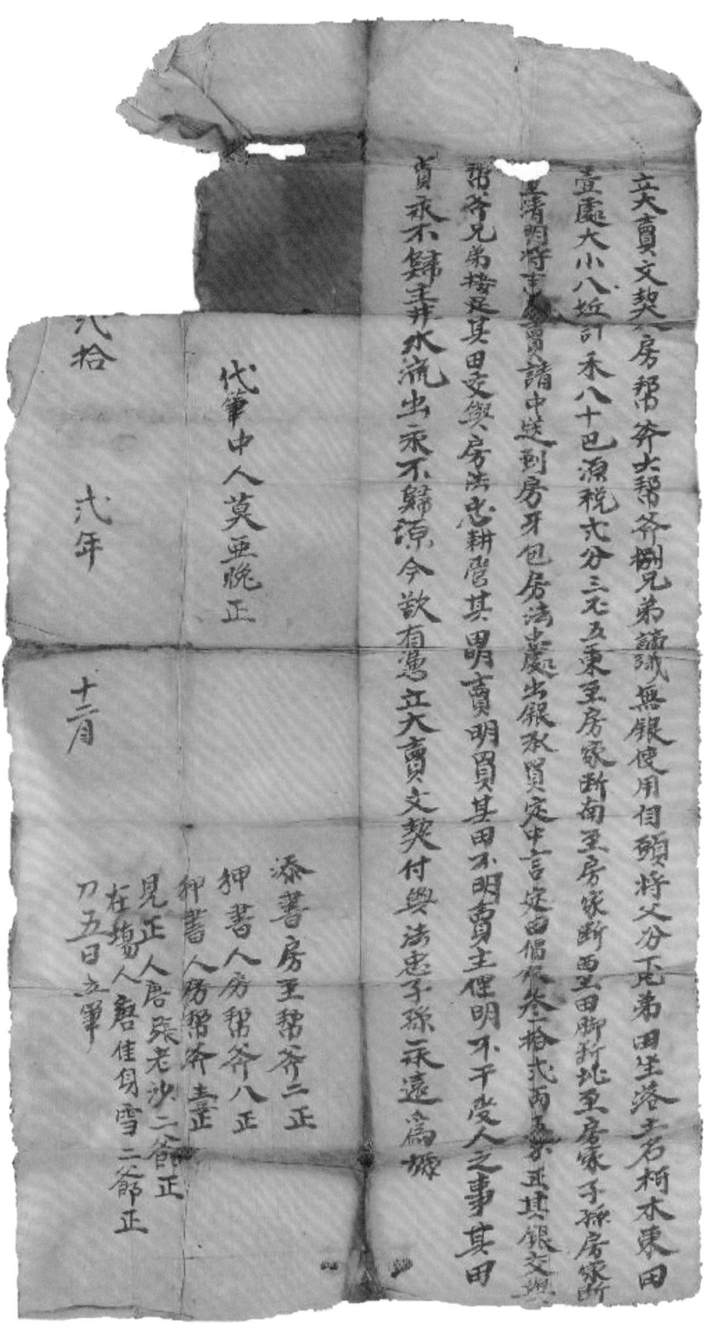

立大賣文契人房帮斧大帮斧捌兄弟議議無銀使用佀願將父分下兄弟田坐落土名柄木東田
壹處大小八坵計禾八十巴源稅弍分三厘五東至房家斷南至房家斷西至田脚圻坭至房家子孫房家斷
上請明將賣請中送到房牙包房法忠處出銀承買定中言定田價銀叁拾弍兩五錢正其銀交與
帮斧兄弟接足其田交與房法忠耕營其田賣明買明其田不明賣主係明不干受人之事其田
賣永不歸手并水流出永不歸源今欲有憑立大賣文契付與法忠子孫永遠爲據

代筆中人莫亞晓正

添書房亞帮斧二正
押書人房帮斧八正
押書人房帮斧壹正
見正人唐張老沙二爺正
在場人唐佳鈎雪二爺正

弍拾弍年十二月初五日立筆

立大卖文契人房帮斧大帮斧捌兄弟謪（商）议无银使用自愿将父汾（份）下兄弟田坐落土名柯木东田壹处大小八丘计禾八十巴（把）源（原）税贰分三厘五东至房家断南至房家断西至田脚断北至房家子孙房家断〈四〉至清明将来出卖请中送到房牙（芽）包房法忠处出银承买定中言定田价银叁拾贰两五钱正其银交与帮斧兄弟接足其田交与房法忠耕管其田明卖明买其田不明卖主俚（理）明不干受人之事其田卖永不归主井水流出永不归源今欲有凭立大卖文契付与法忠子孙永远为据

代笔中人莫亚晚【押】

添书房主帮斧二【押】

押书人房帮斧八【押】

押书人房帮斧壹【押】

见正人唐张老沙二爷【押】

在场人唐佳身雪二爷【押】

□□贰拾贰年十二月初五日立笔

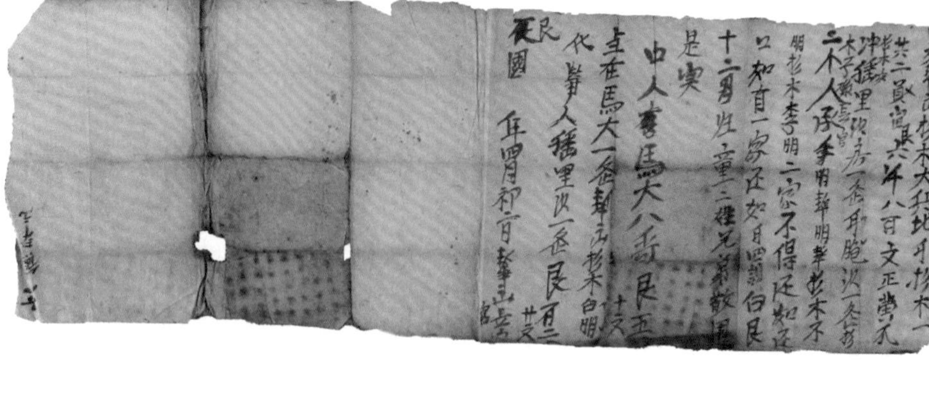

四月初二日大阴良寨沙唐六爷卖杉木契

立写大阴良寨沙唐六夆〔爷〕莫银交卖出杉木大兵地□杉木一共二员（元）当银六千八百文正黄瓜杉木交冲瑶里沙房一夆〔爷〕包牙（芽）沙一夆〔爷〕杉木子孙长官（管）二个人承手（理）明买明卖杉木不明杉木李（理）明二家不得还（返）〔如还口〕如有一家还（返）如（口）甘罚白银十二两归童（众）二姓兄弟散用是实

中人唐马大八哥银五十文

⍰在马大一夆〔爷〕卖出杉木明白

代笔人瑶里沙一夆〔爷〕银百二廿文

民国年四月初二日卖出立写

不明年月收据

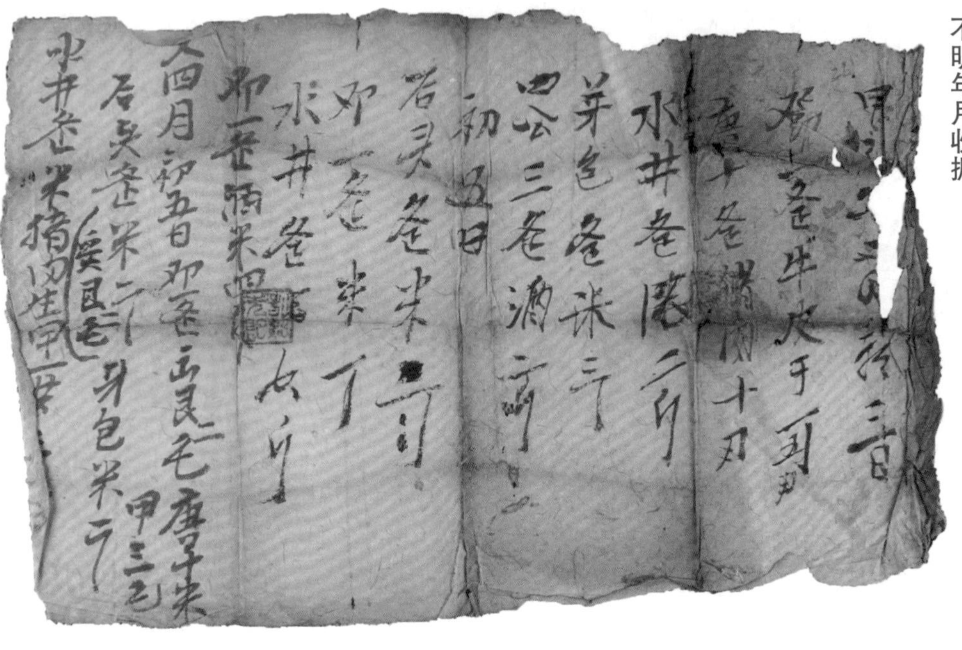

甲□□□□初三日
邓一釜〔爷〕牛皮一分五两
唐十釜〔爷〕猪肉十两
水井釜〔爷〕酒二斤
芽包釜〔爷〕米三斤
四公三釜〔爷〕酒二斤
初五日
石头釜〔爷〕米一斤
邓一釜〔爷〕米一斤
水井釜〔爷〕酒六斤
邓一釜〔爷〕酒米四斤
又四月初五日邓一釜〔爷〕出银二毛唐十米甲三毛
石头釜〔爷〕□银二毛米二斤牙（芽）包米二斤
水井釜〔爷〕米猪肉生甲一共□□□

第三部分　连山壮族瑶族自治县

乾隆十二年十二月二十八日朱肇异立卖田契

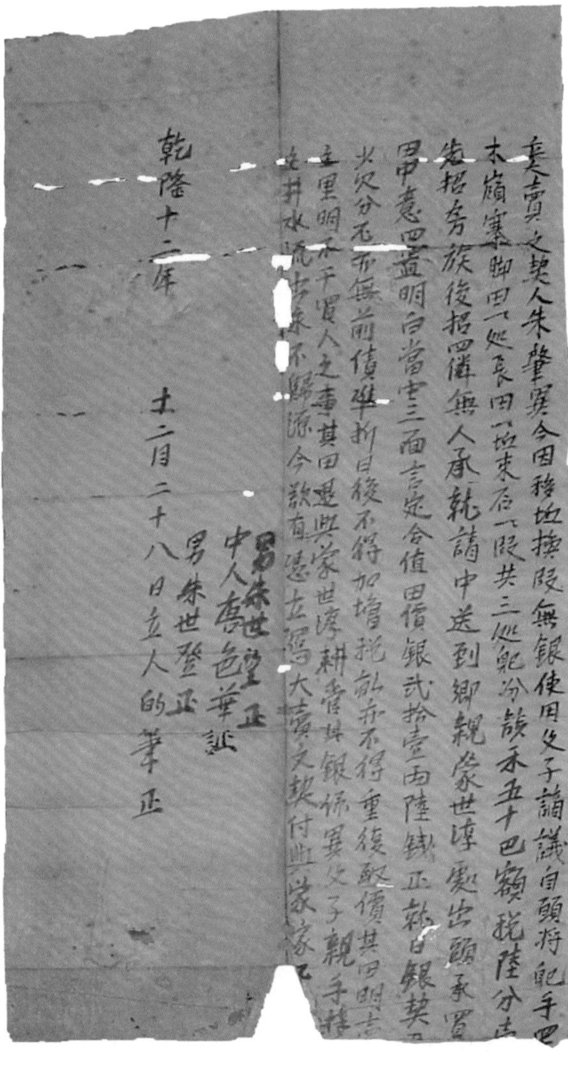

立大卖文契人朱肇异今因移丘换段无银使用父子謪（商）议自愿将己手▨木岭寨脚田一处长田一丘束石一段共三处己汾（份）该禾五十巴（把）额税陆分▨先招房族后招四僯（邻）无人承就请中送到乡亲蒙世淳处出头承买▨田中意四置明白当中三面言定合值价银贰拾壹两陆钱正就日银契▨少欠分厘亦无前债准折日后不得加增税亩亦不得重复取价其田明卖▨主里明不干买人之事其田退与蒙世淳耕管其银系异父子亲手接▨主井水流出永不归源今欲有凭立写大卖文契付与蒙家▨

男朱世望【押】

中人唐色华【押】

男朱世登【押】

乾隆十二年十二月二十八日立人的笔【押】

乾隆五十七年八月初十日陆云举卖茶地契

立卖茶地人陆云举今因祖籍杂木茶地一遍（片）分开已（己）分土名屋头处东至田边南至田边西至叔父茶地北至岭岐覃家界止四至明白先招房族兄（弟）无人成（承）就凭中送到韦元伟处三面言定地价银叁钱伍分正（即）日其银交与云举亲手接领其茶地杂木交与韦家积长（看）管今欲有凭写立一纸付与韦家为据

乾隆伍十七年八月初十日卖立

代笔中人陆桂杨【押】

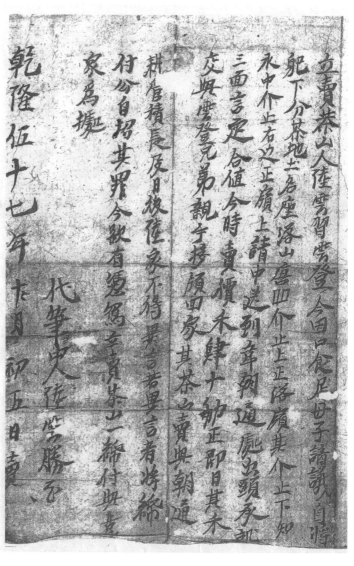

乾隆五十七年十月初五日陆云习云登卖茶山契

立卖茶山人陆云习云登今因口食〈不〉足母子謪（商）议自将己下分（份）茶地土名座落山唐凹介（界）止上正落岭其介（界）止下知永中介（界）止右边正岭上请中送到韦朝通处出头承〈就〉三面言定合值今时卖价禾肆十斤正即日其禾交与云登兄弟亲手接领回家其茶山卖与朝通耕管积长［殳］（受）日后陆家不得异言若异言者将纸付公自招其罪今欲有凭写立卖茶山一纸付与韦家为据

代笔中人陆云胜【押】

乾隆伍十七年十二月初五日卖

嘉庆十年七月陆云胜云秀云妹卖山场契

立卖山场人陆云胜云秀云妹今因无祭祀钱用自将祖籍山场屋背岭岐杂〈木〉等项汾（份）开已（己）下汾（份）一片东至元凤山界止南至崩江界止西至正岐覃家〈山〉界止北至陈家山界止四至明白将来卖与韦元伟处二家言定山价铜钱伍百文正即日其钱交与云胜兄弟亲手接领回家祭祀公用其〈山〉场交与韦家积长所管［殳］（受）日后陆家叔侄兄弟不得异言山场不明□□立卖是实

中人麦永秀签钱伍十文正

嘉庆十年七月日立人的笔

嘉庆十一年正月十三日陆云胜云秀云亮卖地契

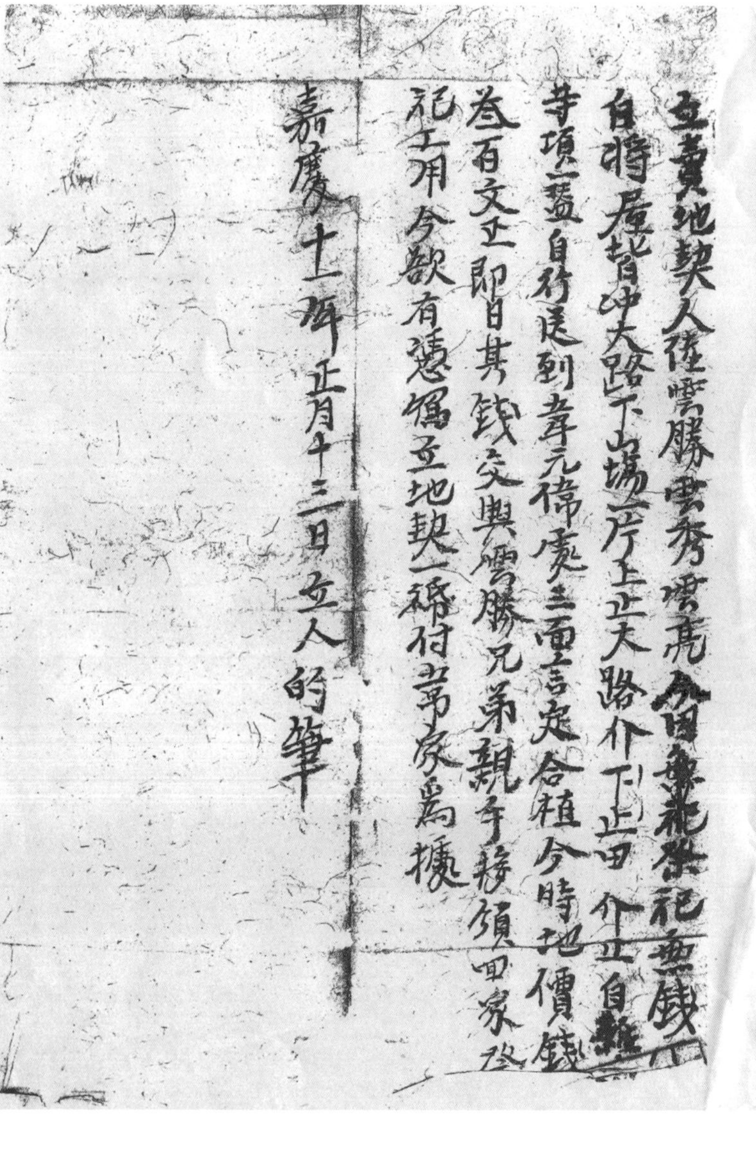

立卖地契人陆云胜云秀云亮今因无祀祭祀无钱□自将屋背冲大路下山场一片上止大路介（界）止下田介（界）止自杂□等项一尽自行送到韦元伟处三面言定合植（值）今时地价钱叁百文正即日其钱交与云胜兄弟亲手接领回家〈祭〉祀工（公）用今欲有凭写立地契一纸付韦家为据

嘉庆十一年正月十三日立人的笔

嘉庆十四年正月十四日韦朝朋卖山场沙木契

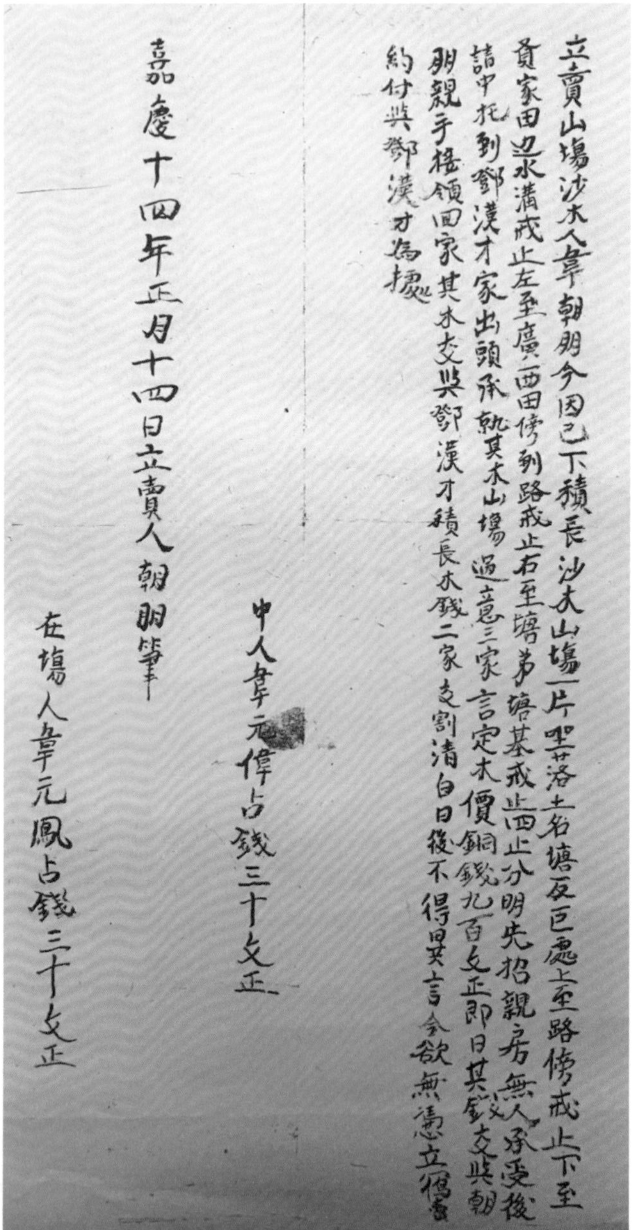

立卖山场沙木人韦朝朋今因己下积长沙木山场一片坐落土名塘友巨处上至路傍戒（界）止下至萯家田边水沟戒（界）止（址）左至广西田傍到路戒（界）止右至塘弟塘基戒（界）止（址）四止分明先招亲房无人承受后请中托到邓汉才家出头承就其木山场过意三家言定木价铜钱九百文正即日其钱交与朝朋亲手接领回家其木交与邓汉才积长木钱二家交割清白日后不得异言今欲无凭立写卖约付与邓汉才为据

中人韦元伟占钱三十文正

嘉庆十四年正月十四日立卖人朝朋笔

在场人韦元凤占钱三十文正

道光十一年七月二十六日贤瑞攸瑞亮瑞喜兄弟三人卖屋地契

立写断根大卖屋地人贤瑞攸瑞亮瑞喜兄弟三人今因无钱使用兄弟謫（商）议自将父遗下屋地上座三间下座三间屋连地砖门架门扇楼板瓦桁椽桷子门楼街巷横三丈三只（尺）植（直）三丈九只（尺）菜茵一幅横一丈二只（尺）植（直）落塘边止北至瑞昌石却（脚）止一应将来出卖先招亲房后招四僯（邻）无人承就凭中托到堂兄贤瑞纪出头承受即日踏过意当中三面言定合值今时屋价铜钱叁拾壹阡（仟）文正即日其钱交与瑞攸兄弟三人亲手接领回家其屋交与瑞纪子孙永远居住二家不得异言其屋不明卖主理清不干受人之事上座西至永□□止南至水沟四只永阶石却（脚）止北至瑞翰止下座南至永阶止北至瑞昌界止四止明白明卖明买并无勒逼亦无□□准拆（折）等情日后子孙不得生端异言如有生端者□契付公自甘坐罪今恐人心难信立写大卖屋地付与瑞纪子孙为据

中人代笔贤瑞尧签钱四百文正

道光拾壹年七月二十六日立

尚手屋地文契一共四张

富贵荣华

道光十一年十月十七日韦朝通卖山场契

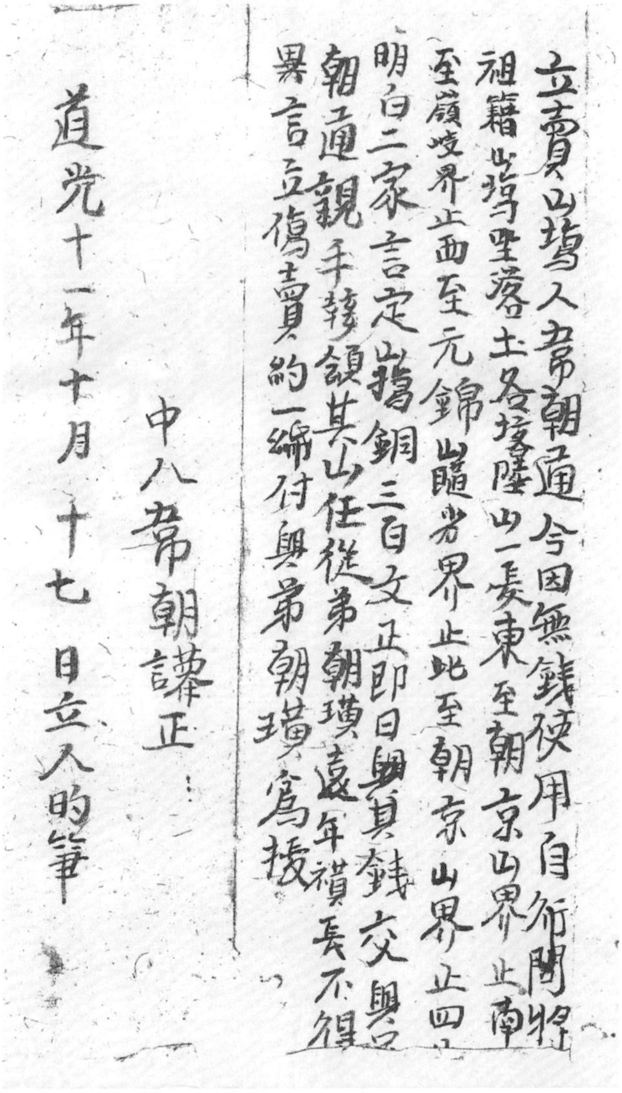

立卖山场人韦朝通今因无钱使用自将祖籍山场坐落土各（名）坟陆山一处东至朝京山界止南至岭岐界止西至元锦山⍰劣界止北至朝京山界止四□明白二家言定山扐（场）铜三百文正即日其钱交与〈兄〉朝通亲手接领其山任从弟朝璜远年禛（积）长不得异言立写卖约一纸付与弟朝璜为据

中人韦朝谨【押】

道光十一年十月十七日立人的笔

道光二十七年四月十八日贤朝好当田契

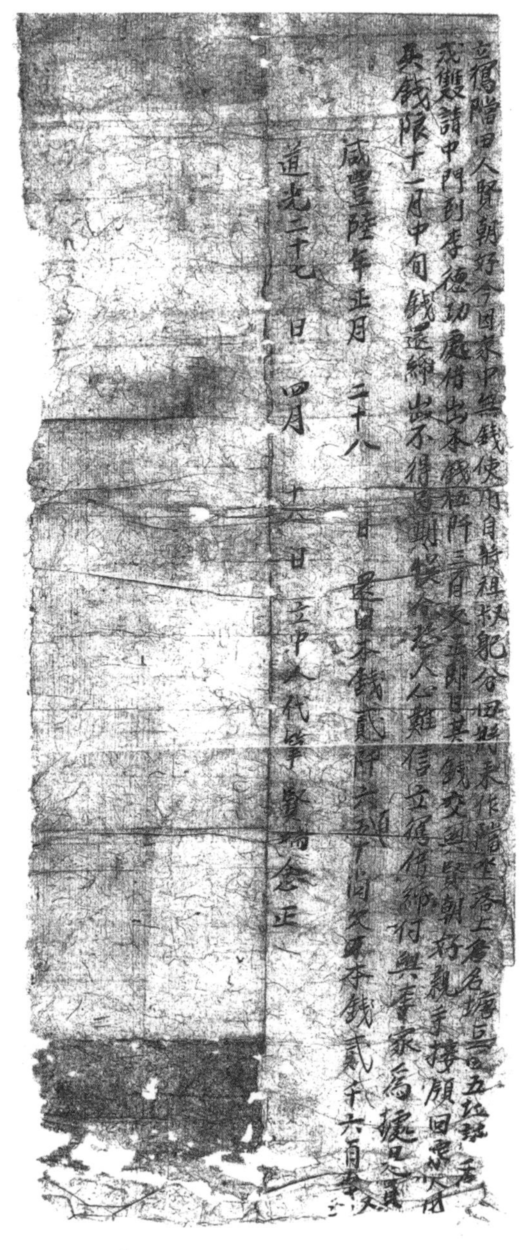

立写凼（当）田人贤朝好今因家中无钱使用自将祖叔己分田将来作凼（当）坐落土名塘豆田五丘▨贰双请中门（问）到李德功处借出本钱伍阡（仟）三百文正即日其钱交与贤朝好亲手接领回家〈使〉用其钱限十一月中旬钱还纸出不得逾期误今恐人心难信立写借纸付与李家为据是实

咸丰陆年正月二十八日还回本钱贰阡（千）六百五十尚欠原本钱贰千六百五十文正

道光二十七日（年）四月十八日立中人代笔贤瑞念【押】

同治二年三月初三日韦贤瑞乾侄朝照朝新等卖田契

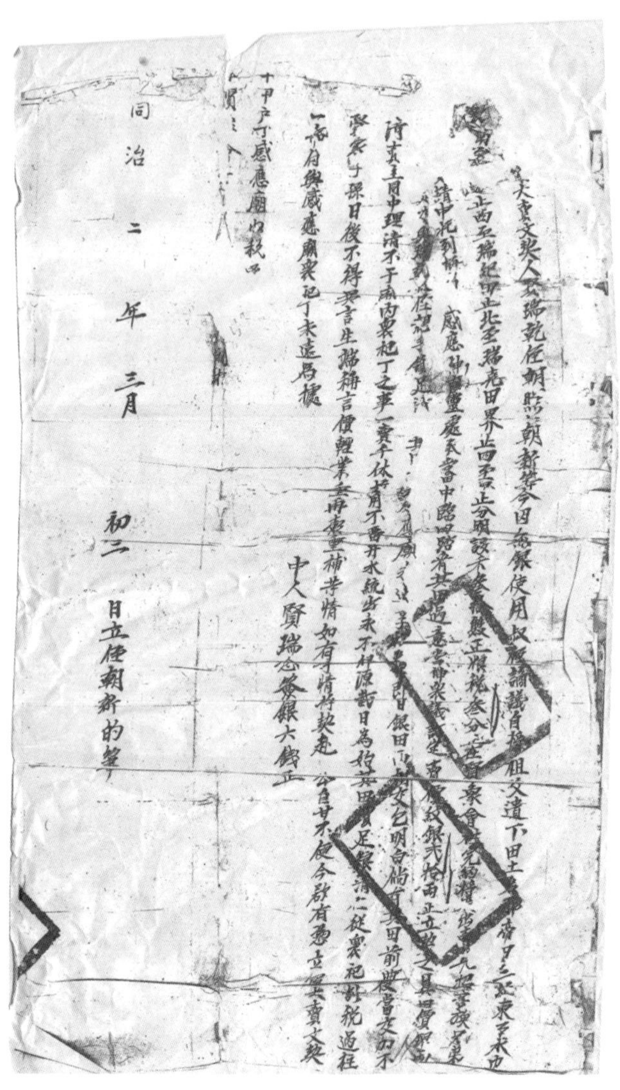

立断大卖文契人韦贤瑞乾侄朝照朝新等今因无银使用叔侄謪（商）议自将祖父遗下田土名那帝田三丘东至水边☒南至☒止西至瑞纪田止北至瑞尧田界止四至⍰止分明该禾叁十双正粮税叁分□在贤象会柱完纳将来出卖先招房族兄弟☒请中托到□□感应神簋处承当中临田踏看其田过意当神众议订定卖价银贰拾两正立契之日其田价银两☒交与瑞乾叔侄亲手领足清□其☒应庙☒即日银田两相交乞（讫）明白倘有其田前后当交加不清卖主同中理清不干庙内众祀丁之事一卖千休□角不留井水统（流）出永不归源截日为始其田价足粮清任从众祀割税过柱贤家子孙日后不得异言生端称言价轻业重再索重补等情如有等情将契赴　公自甘不便今欲有凭立写大卖文契一纸付与感应庙众祀丁永远为据

中人贤瑞念签银六钱正

十甲户丁感应庙收税两

同治二年三月初三日立侄朝新的笔

同治四年三月初二日韦兴连卖山场契

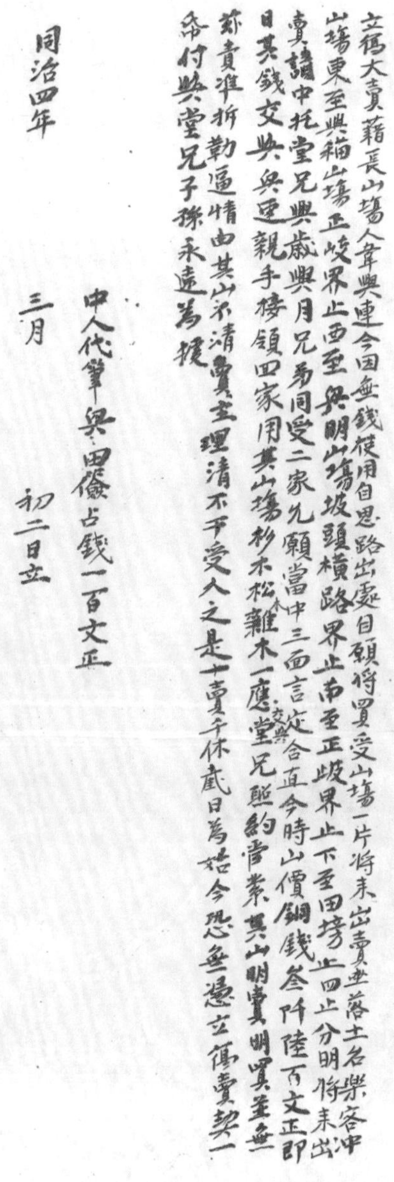

立写大卖借长山场人韦兴连今因无钱使用自思〈无〉路出处自愿将买受山场一片将来出卖坐落土名乐客冲山场东至兴䅚山场正岐界止西至兴明山场坡头横路界止南至正歧界止下至田塝止四止分明将来出卖请中托堂兄兴岁兴月兄弟同受二家允愿当中三面言定合直今时山价铜钱叁阡（千）陆百文正即日其钱交与兴连亲手接领回家用其山场杉木松木杂木一应交与堂兄照约管业其山明卖明买并无兹（私）责（债）准拆（折）勒逼情由其山不清卖主理清不干受人之是（事）一卖千休截日为始今恐无凭立写卖契一纸付与堂兄子孙永远为据

中人代笔兴田儀占钱一百文正

同治四年三月初二日立

同治十年三月初九日韦兴全韦日逢卖田契

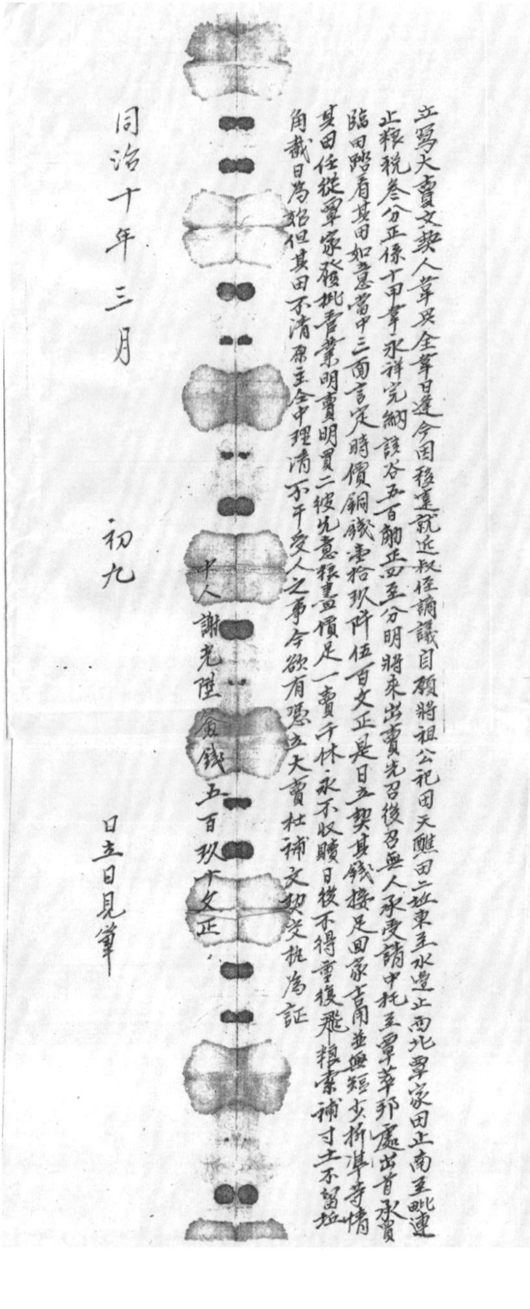

立写大卖文契人韦兴全韦日逢今因移远就近叔侄𰃔（商）议自愿将祖公祀田天醮田二丘东至水边止西北覃家田止南至毗连止粮税叁分正系十甲韦永祥完纳该谷五百斤正四至分明将来出卖先召后召无人承受请中托至覃萃邦处出首承买临田踏看其田如意当中三面言定时价铜钱壹拾玖阡（仟）伍百文正是日立契其钱接足回家吉用并无短少准折等情其田任从覃家发批管业明卖明买二彼允意粮尽价足一卖千休永不收赎日后不得重复飞粮索补寸土不留丘角截日为始但其田不清原主仝中理清不干受人之事今欲有凭立大卖杜补文契交执为证

中人谢光升签钱五百玖十文正

同治十年三月初九日立日见笔

同治十二年三月二十七日覃萃邦卖田契

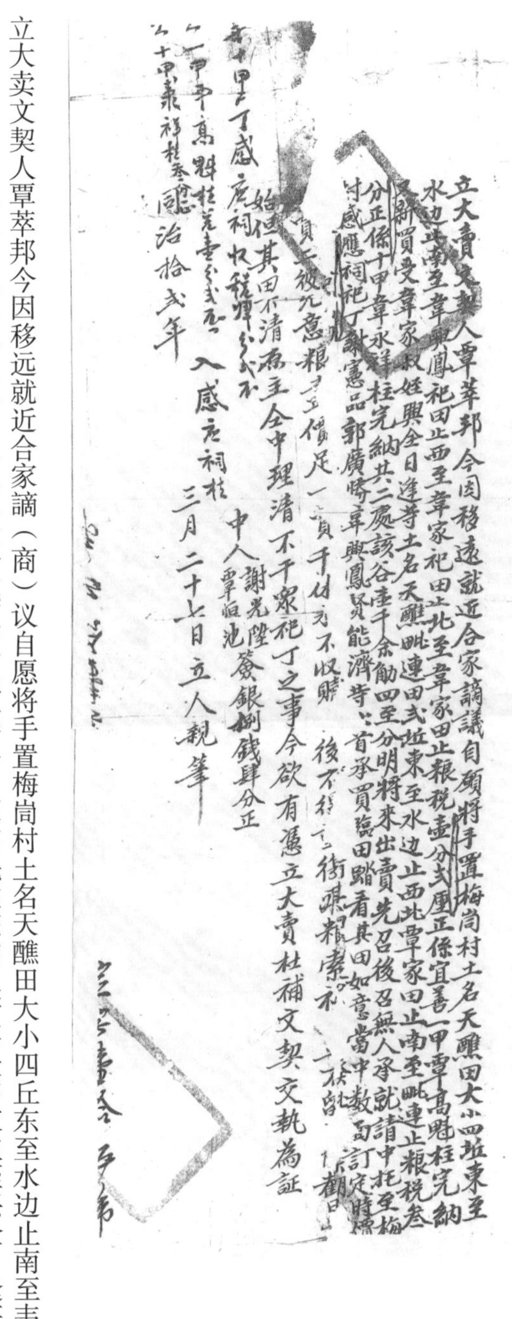

立大卖文契人覃萃邦今因移远就近合家謪（商）议自愿将手置梅尚村土名天醮田大小四丘东至水边止南至韦兴凤祀田止西至韦家祀田止北至韦家田止粮税壹分贰厘正系宜善一甲覃高魁柱完纳又新买受韦家叔姪兴全日逢等土名天醮毗连田贰丘东至水边止西北覃家田止南至毗连止粮税叁分正系十甲韦永祥柱完纳共二处该谷壹千余斤四至分明将来出卖先召后召无人承就请中托至梅村感应祠祀丁谢宪品郭广胜韦兴凤贤能济等〈出〉首承买临田踏看其田如意当中数面订定时价☒买二彼允意粮☐价足一卖千休永不收赎☐后不得重☐其粮索补☒截日始但其田不清原主全中理清不干众祀丁之事今欲有凭立大卖杜补文契交执为证

⍰十甲二丁感应祠收税肆分贰厘

☐一甲⍰高魁桂⍰壹分贰厘

☐十祥桂叁分正

中人谢光升覃恒池签银捌钱肆分正

同治十二年三月二十七日立人亲笔

同治十二年七月初六日韦朝宠侄兴岁兴月等断卖断补断赎田契

立书文契断卖断补断赎人韦朝宠侄兴岁兴月等今因祀田一处坐落土名中洞天烝坪沙州田贰丘该谷壹百斤外并怀澜荒坪一一幅东至水边龚旭仁田界止南至阮家田界止西至卖主祀田贰丘界止北至覃萃邦田界止四止明白其田粮税一分正其业断归感应祠祀丁总理首士韦日见谢宪品郭广胜贤能济杨添祝等粮在卖家二家先订决啮后来卖家过年到买家收粮〈铜〉钱壹百文其粮仍在卖主完纳日后买家不得脱骗收粮之钱而卖家亦不得异论税累当中三面言订允其田并荒坪壹处共卖价铜钱壹拾肆阡（仟）伍百文正外并佥书在场代笔一应在内二〈家〉允肯就日书契其田价当中一足交〈与〉卖主韦家叔侄亲手领足并无少欠分毫其田荒坪付与众祀下照契当管〈业〉其田一〈卖〉千休如井水流出永不归源将来卖家子孙不得抄补抄赎奕世每年收粮铜钱壹百文订在岁尽交讫而卖家众祀丁亦不得脱骗钱粮今恐无凭立写文契一纸付与感应祠祀丁为据

中人韦兴品佥钱肆百叁拾伍文正

同治十贰年柒月初陆日代笔日造【押】

光绪三年五月十八日贤士生借钱契

立约借钱人贤士生今因无钱使用父子商议自愿将己下岐文山场一片将来作陷（当）自行问到三姓公祭祀血本铜钱壹阡（仟）文正立约之日其钱交与士生回家使用当众言定每千每年行息钱贰百文正期至清明交足不得少欠若少欠者其作陷（当）山场任从众人所管借人不得异言二比相信无中今恐无凭立借约一纸付与众人为据

光绪三年五月十八日立人笔

光绪七年三月二十日谢宪仁侄啟兰叔侄等卖油榨并房屋契

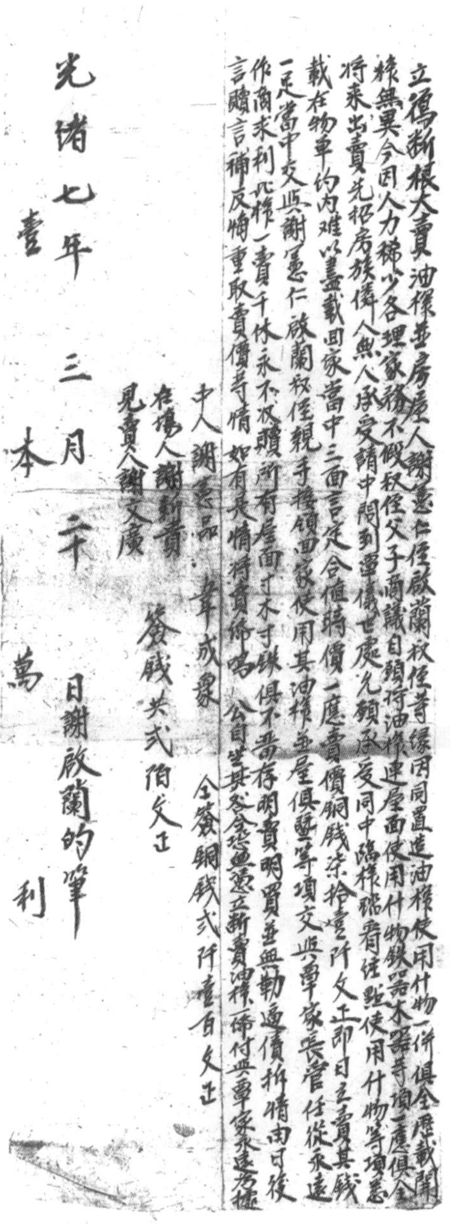

立写断根大卖油榨并房屋人谢宪仁侄啟兰叔侄等缘因同置造油榨使用什物一并俱全历载开榨无异今因人力稀少各理家务不假叔侄父子商议自愿将油榨连屋面使用什物铁器木器等项一应俱全将来出卖先招房族僯（邻）人无人承受请中问到覃仪世处允愿承受同中临榨踏看经点使用什物等项悉载在物单约内难以尽载回家当中三面言定合值时价一应卖价铜钱柒拾壹阡（仟）文正即日立卖其钱一足当中交与谢宪仁啟兰叔侄亲手领回家使用其油榨并屋俱暨等项交与覃家长管任从永远作商求利此榨一卖千休永不收赎所有屋面寸木寸铁俱不留存明卖明买并无勒逼债拆（折）情由日后〈不得〉言赎言补反悔重取卖价等情如有是情将卖纸鸣　公坐其咎今恐无凭立断卖油榨一纸付与覃家永远为据

中人谢宪品韦成象仝签铜钱贰陌（佰）壹百文正

在场人谢新贵

见卖人谢文广

签钱共贰佰文正

光绪七年三月二十日谢啟兰的笔

一本万利

光绪十八年二月二十日韦兴全卖断补山场契

立写断卖断补山场人韦兴全今因迁移父亲无钱使用自愿将父亲遗下山场一处坐落土名塘陆　道亮公祀田右边寨背之塝南至日守山场界止北至日吉山场界止上至岭顶亦系日守山场界止下至田边界止四止清白将来出卖先招亲房无人承受请中问到族弟　兴稲处允肯承受合值今时当中三面言定卖价铜钱伍百文正其钱即日一足清交并无私债准拆（折）其山场交与受主照约所受日后子侄不得异言生端等情今恐无凭立有断卖断补一纸付与族弟子孙为据

中人韦日吉代笔占钱四十文正

光绪十八年二月二十日立

光绪十九年十二月二十五日连卿卖路契

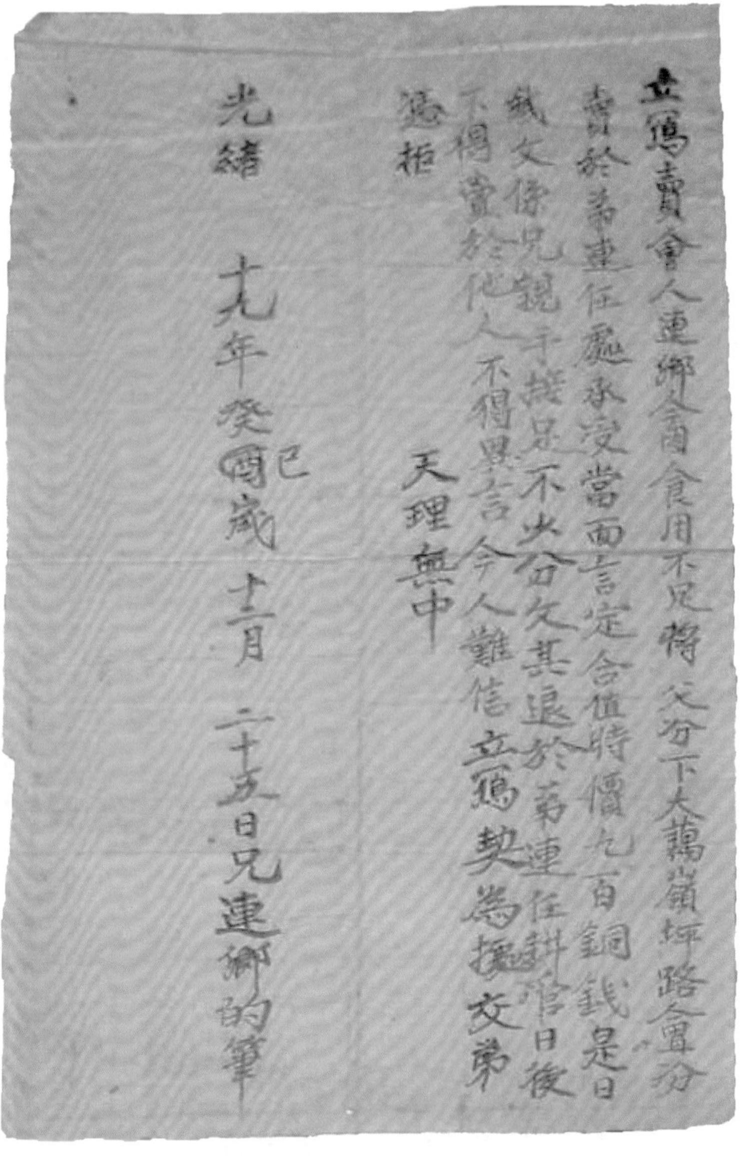

立写卖会人连卿今因食用不足将父汾（份）下大藕岭坪路会汾（份）卖于弟连任处承受当面言定合值时价九百铜钱是日钱文系兄亲手接足不少分文其退于弟连任耕管日后不得卖于他人不得异言今人难信立写契为据交弟凭拒

天理无中

光绪十九年癸巳岁十二月二十五日兄连卿的笔

光绪二十二年六月二十日贤士珍卖山场契

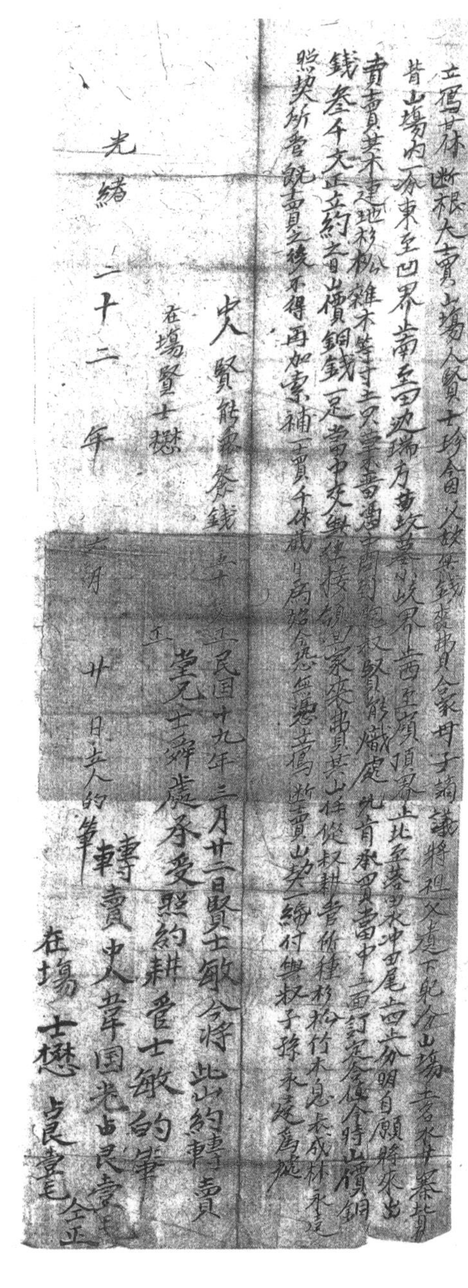

立写甘休断根大卖山场人贤士珍今因父故无钱丧费合家母子謪（商）议将祖父遗下己汾（份）山场土名水井寨背背山场内一汾（份）东至凹界止南至田边瑞方苗坟墓小岐界止西至岭顶界止北至落田水冲田尾止四止分明自愿将来出卖卖其木连地杉松杂木等寸土只草不留凭中问到胞叔贤能炽处允肯承买当中三面订定合值今时山价铜钱叁千文正立约之日山价铜钱一足当中交与姪接领回家丧费其山任从叔耕管所种杉松竹木息长成林永远照契所管既卖之后不得再加索补一卖千休截日为始今恐无凭立写断卖山契一纸付与叔子孙永远为据

中人贤能众签钱五十文正

在场贤士懋【押】

光绪二十二年六月廿日立人的笔

民国十九年三月廿二日贤士敏今将此山约转卖堂兄士舜处承受照约耕管士敏的笔转卖中人韦国光占银一毛在场士懋占银壹毛仝【押】

光绪二十三年三月初三日覃有富贤能站卖生基地契

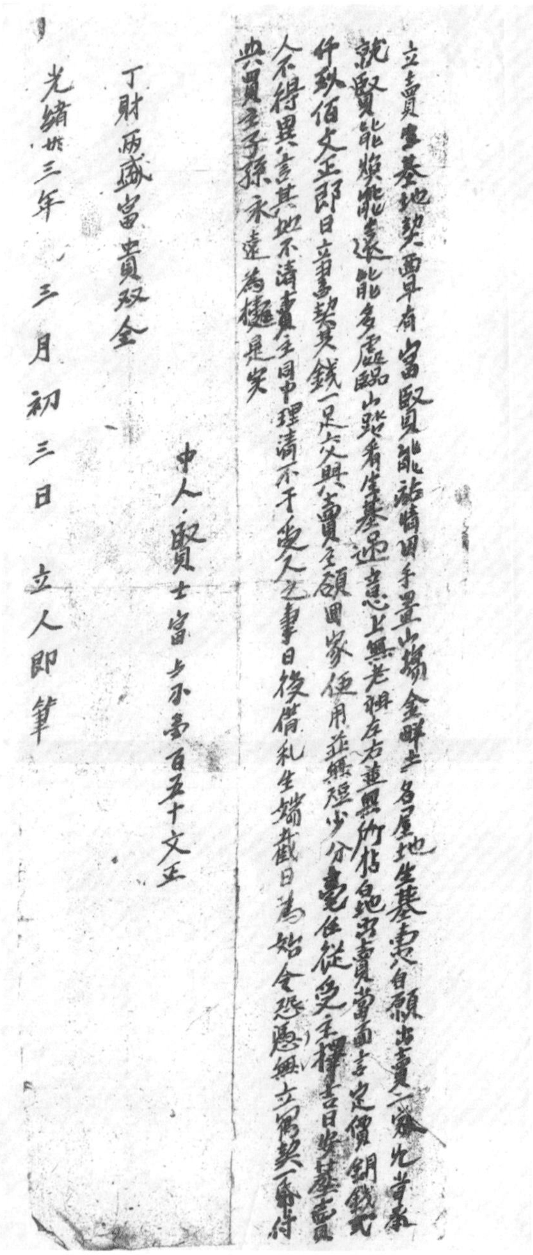

立卖生基地契覃有富贤能站情因手置山场金畔土名屋地生基壹穴自愿出卖二家允肯承就贤能焕能远能多处临山踏看生基过意上无老祖左右并无所拈白地出卖当面言定价铜钱贰仟玖佰文正即日立书契其钱一足交与卖主领回家使用并无短少分毫任从受主择吉日安葬卖人不得异言其地不清卖主同中理清不干受人之事日后借礼（机）生端截日为始今恐无凭立写契一纸付与买主子孙永远为据是实

中人贤士富占钱壹百五十文正

丁财两盛富贵双全

光绪廿三年三月初三日立人即笔

光绪二十四年七月初一日贤能权卖房屋契

立写大卖房屋人贤能权今因家中无钱使用夫妇謪（商）议自愿将祖公遗下房屋一座三间拆卸二间上有一间天面并砖瓦各项木料屋地一概将来出卖凭中问到族侄贤士器处允愿承受当中踏看指清基址水沟街道栅门四至界止分明当中三面言定合值今时卖价铜钱壹拾伍阡（仟）文正即日立约其钱一足当中交与族叔亲手领足回家使用并无少欠少文其房屋并地各项一应交与族侄该管任从择吉监造倘有来历不清卖主同中理清不干受人之事自卖之后业主不得另生枝节等情如有是情特纸付　公自甘不便今恐无凭立大卖房屋一纸付与族侄为据

光绪贰十四年七月初一日立立人笔

中人在场吴经康占铜钱六百文正

光绪二十六年三月十八日士啟卖油榨契

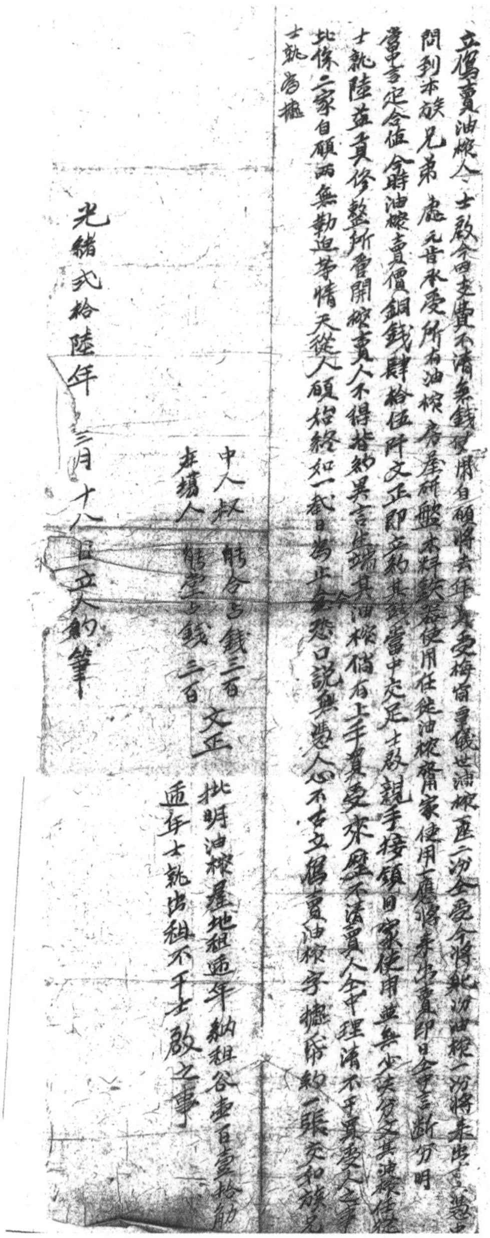

立写卖油榨人士啟今因支费不清无钱使用自愿将去年买受梅嵩覃仪世油榨一座二汾（份）仝受今将己汾（份）油榨一汾（份）将来出〈卖〉凭中问到本族兄弟处允肯承受所有油榨房屋研盘木料铁器使用任从油榨齐家使用一应将来出卖即日仝中言断分明当中言定合值今时油榨卖价铜钱肆拾伍阡（仟）文正即立约其钱当中交足士啟亲手接领回家使用并无少欠分文其油榨任从士就陆益贡修整所管开榨卖人不得背约异言生端其油榨倘有上手买受来历不清卖人仝中理清不干受人之事此系二家自愿两无勒迫等情天从人愿始终如一截日为止今恐口说无凭人心不古立写卖油榨字据纸约一张交如族兄士就为据

中人叔能合占钱三百文正

在场人能堂占钱三百文正

光绪贰拾陆年三月十八日立人的笔

批明油榨屋地租递年纳租谷壹百壹拾斤过年士就出租不干士啟之事

光绪二十六年十二月二十九日谢新桂发批油榨屋地契

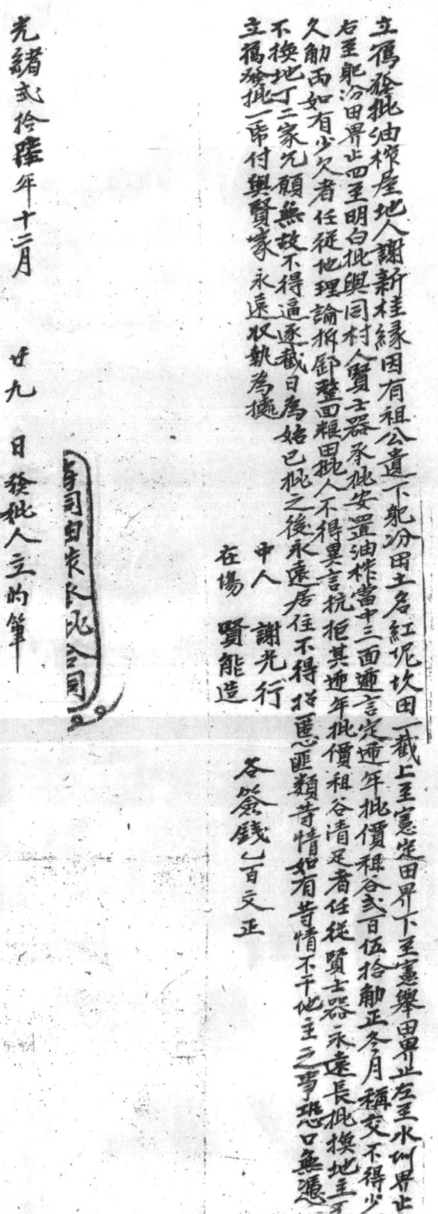

立写发批油榨屋地人谢新桂缘因有祖公遗下己汾（份）田土名红坭坎田一截上至宪定田界下至宪举田界止左至水圳界止右至己汾（份）田界止四至明白批与同村人贤士器承批安置油榨当中三面过言定递年批价租谷贰百伍拾斤正冬月称交不得少欠斤两如有少欠者任从他（地）理论拆卸整回粮田批人不得异言抗拒其过年批价租谷清足者任从贤士器永远长批换地主不换地丁二家允愿无故不得逼逐截日为始已批之后永远居住不得招惹匪类等情如有等情不干他（地）主之事恐口无凭立写发批一纸付与贤家永远收执为据

中人谢光行

在场贤能造

各签钱一百文正

光绪贰陆年十二月二十九日发批人立的笔

光绪二十八年九月初八日贤士器卖油榨契

立写断根大卖油榨人贤士器今因吉事无钱使用父子謪（商）议自愿贰汾（份）油榨天面连间子小屋天面拔帐连间子铁器木料使用物件一应俱并贰份不留将来出卖先招亲房无人承受请中问到回龙寨庚兄谢新出头承买当中三面言定油榨价铜（钱）伍拾阡（仟）文正立约之日其钱当中三面交足并不少欠分文交与庚弟亲手接领清明白回家使用其油榨日后贰分修整守管两相交讫清白自愿明卖明买并无勒逼情由亦无私债准折日后不得另生枝节异言如有反悔多言者将纸付　公自甘不便一卖千休寸土不留其油榨卖出永不归主井水流出永不归源今恐无凭立写大卖一纸并上手约一张付与庚兄手执为据

中人覃凤品签钱贰阡（仟）正

在场父胞叔贤能焕贤能远贤能多各签钱伍百正

光绪二十八年九月初八日立人的笔

光绪三十三年三月初二日贤士懋士舜兄弟卖田契

立写断根大卖文契人贤士懋士舜兄弟等今因家中吉事无钱使用兄弟商议自愿将先祖先父遗下已汾（份）田坐落土名朝春横头田大小三丘该谷肆佰斤正粮税贰分正东至超俗祀典止南至冲边止西至能远田止北至大凹山止四至界止分明坡头水圳共水将来出卖请中问到堂叔贤能堂家处允愿承受同中临田踏看其田过意当中三面言定合值今时价洋银伍佰伍拾毫子正立契之日其银即日当中交与士懋兄弟亲手椄（接）领回家使用并不少欠分毫其田明卖明买并无私债准拆（折）亦无勒逼等情一卖千休寸土丘角不留其田交与受主照契管业价足粮尽粮税共贤象会柱完纳其田清白并无异言等情日后不得称言业重价轻索加找补今欲有凭立写断卖文契一张并上手红契一纸付受主子孙永远为据

中人贤士晋覃怡信签银壹拾陆毫半仝正

在场胞叔贤能炽堂兄贤士珍共签银壹拾陆毫半正

光绪三十三年三月初二日士懋的笔

民国六年闰二月二十九日贤能享卖田契

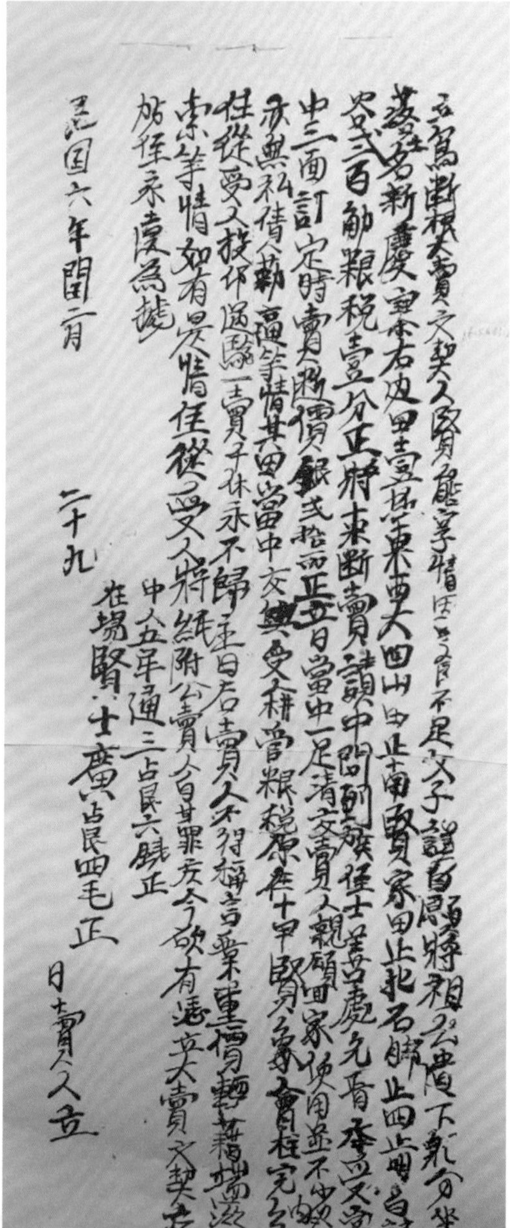

立写断根大卖文契人贤能享情因口食不足父子议自愿将祖公遗下己分坐落土名新庆寨右边田壹丘东西大凹山田止南贤家田止北石脚止四止明白该谷贰百斤粮税壹分正将来断卖请中问到族侄士善处允肯承受当中三面订定时卖断价银贰拾两正立日当中一足清交卖人亲领回家使用并不少欠亦无私债勒逼等情其田当中交与受人耕管粮税原在十甲贤象会柱完纳任从受人投印过验一卖千休永不归主日后卖人不得称言业重价轻藉端滋索等情如有是情佳（任）从受人将纸附（付）公卖人自甘罪戾今欲有凭立大卖文契交族侄永远为据

中人韦通三占银六钱正

在场贤士广占银四毛正

民国六年闰二月二十九日卖人立

民国六年十二月十二日谢光济断卖木山场契

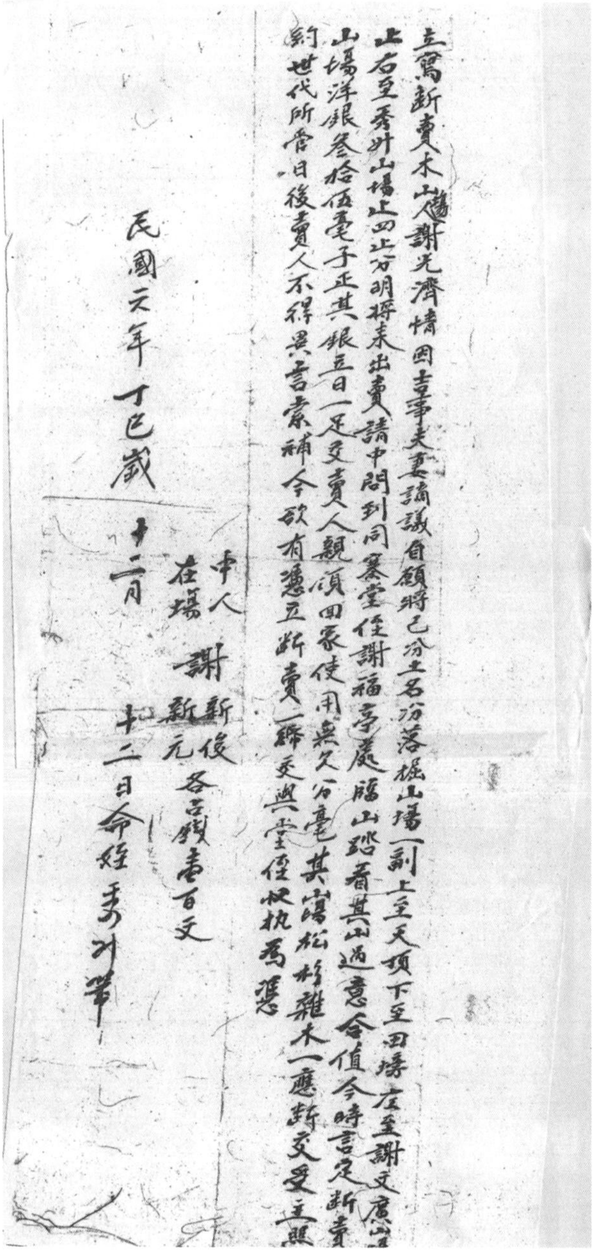

立写断卖木山场人谢光济情因吉事夫妻谪（商）议自愿将己汾（份）土名份落掘山场一副（幅）上至天顶下至田塝左至谢文广山（场）止右至秀州山（场）止四止分明将来出卖请中问到同寨堂侄谢福亭处临山踏看其山过意合值今时言定断卖山场洋银叁拾伍毫子正其银立日一足交卖人亲领回家使用无欠分毫其山场松杉杂木一应断交受主照约世代所管日后卖人不得异言索补今欲有凭立断卖一纸交与堂侄收执为凭

中人谢新俊在场谢新元各占钱壹百文

民国六年丁巳岁十二月十二日命姪秀州笔

民国八年五月初一日黄宏玲卖田契

立寫大賣田人黃宏玲今因家中無錢使用父子謪議將以祖公分下己汾田坐落土名獨井田三該
谷三百斤粮税三厘正出黃國輔柱入韋世盛柱完納東至羅家田正南至領却止西至地平止
北至莫家田止四處明白將來出賣先招房族無人承受請中問到鄰寨韋耀材處出首
承買臨田踏看其田如意當中三面言定今時田價洋銀弍拾两正即日書契其銀乙足交
吃黃家收領並無少欠汾厘亦無私積准析亦無勒迫等情明賣明買自賣以後黃家兄
弟不得稱言祀業亦不得異論業重價輕税足價足今欲有憑立書田契乙張並上手紅
契乙張交與韋家爲據
中人莫源活銀六錢正
在場黃宏琅 姪顯渠 銀十二毛正
民國八年五月初一日立人的筆

立写大卖田人黄宏玲今因家中无钱使用父子謪（商）议将以祖公分下己汾（份）田坐落土名独井田三〈丘〉该谷三百斤粮税三厘正出黄国辅柱入韦世盛柱完纳东至罗家田正南至领（岭）却（脚）止西至地平止北至莫家田止四处明白将来出卖先招房族无人承受请中问到邻寨韦耀材处出首承买临田踏看其田如意当中三面言定今时田价洋银贰拾两正即日书契其银一（已）足交吃（讫）黄家收领并无少欠汾（份）厘亦无私积（债）准析（折）亦无勒迫等情明买明卖自卖以后黄家兄弟不得称言祀业亦不得异论业重价轻税足价足今欲有凭立书田契一张并上手红契一张交与韦家为据

中人莫源活银六钱正

在场黄宏琅黄姪显渠银十二毛正

民国八年五月初一日立人的笔

民国十年二月初二日贤士敏断卖地基契

立写义让地基人贤士敏情因吉事父子謪（商）议自愿将己下踏出土名东下那我山正岐之阳左边龚光烈坟墓止坐坤艮兼申寅向生基一穴将来让于凭中托到族叔能多处允肯踏看承受即日当中议定地金洋银壹拾贰毛正立日其银交足其地任从择吉修整安葬倘有墓邻阻抗以及被侵占拒者卖人理清不干受人之事一卖千休断无异议今欲有凭立书卖纸交族叔永远管照是实

中人韦大儒占银壹毛正

在场父能炽占银壹毛正

民国十年辛酉岁二月初二日立人的笔

民国十年三月初四日贤士敏卖地基契

立卖地基人贤士敏情因吉事父子謫（商）议自愿将已（已）下踏出土名冲莲山正岐之阳生基一穴坐亥巳兼乾巽分针将来出卖凭中托到族叔姪能多姪英春处允肯承受临穴踏看过意即日当中议定经金洋银壹拾肆毫正立日交足其地任从择吉安葬倘有墓邻阻抗以及被侵占拒者卖人裡（理）清不干受人之事一卖千休断无异议今有凭立书卖一纸交族叔永远管照是实

中人韦大儒占银贰毫正

在场父贤能炽占银贰毫正

民国辛酉年三月初四日立人笔

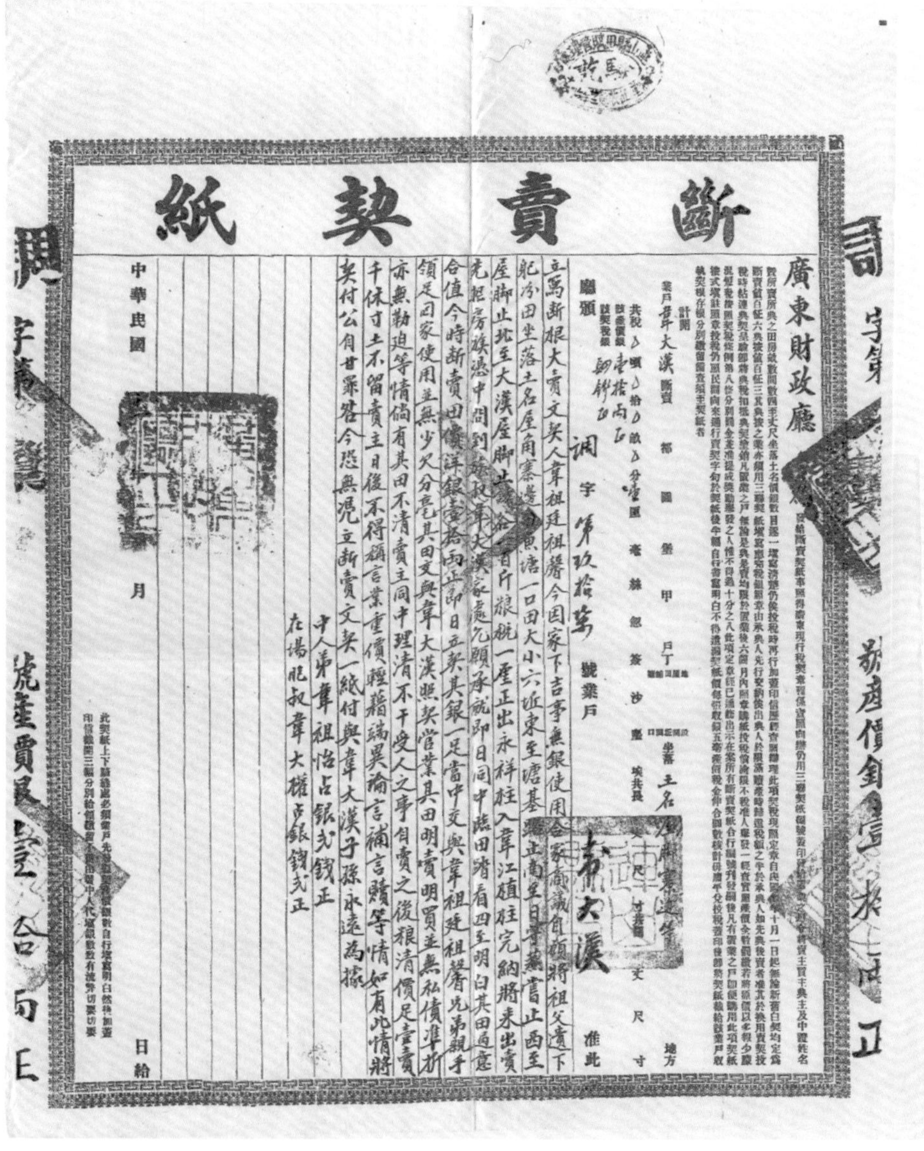

斷賣契紙

廣東財政廳

業戶韋大漢斷買 都 圖 堡 甲 戶丁 坐落土名屋角寨邊等

共稅 厘 給 畝 分 壹拾兩正

調字第玖拾柒號業戶韋大漢 准此

立寫斷根大賣文契人韋祖廷祖馨，今因家下吉事無銀使用，合家商議，自願將祖父遺下祀冷田坐落土名屋角寨邊魚塘一口，田大小六坵，東至塘基，南至日寄藥舊止，西至屋脚止，北至大漢屋脚止，[illegible]拾[illegible]斤粮，[illegible]税一厘正，出永祥柱，入韋江殖柱完納，將來出賣先問房族，憑中問到韋大漢家處允願承就，即日同中踏田睇看，四至明白，其田通意合值，今時斷賣田價洋銀壹拾兩正，即日立契，其銀一足當中交與韋祖廷祖馨兄弟親手領足回家使用，並無少欠分毫，其田交與韋大漢照契管業，其田明賣明買，並無私債準折，亦無勒迫等情，倘有其田不清，賣主同中理清，不干受人之事，自賣之後，粮清價足，壹賣千休，寸土不留，賣主日後不得稱言業重價輕，藉端異論，言補言贖等情，如有此情，將契付公自甘罪咎，今恐無憑，立斷賣文契一紙付與韋大漢子孫永遠為據

中人 弟韋祖怡 占銀弍錢正

在場 胞叔韋大[illegible] 占銀弍錢正

中華民國 年 月 日給

民国十一年韦祖廷祖馨卖田契

断卖契纸

广东财政厅

为发给断卖契纸事照得广东现行契税章程系查照向办仍用三联契纸编号盖印发给置业之户令将卖主买主及中证姓名暨所卖所典之田房亩数间数四至丈尺坐落土名价银数目逐一填写清楚仍俟投税时再行加盖印信历经查照办理此项契税现照定章自民国年十月一日起无论新旧白契均定为断卖值百征六按值百征三其典按之业亦须用三联契纸填写应完税银照章由承典人先行交纳俟出典人于限满赎产时归还税额之半于承典人如先典后卖者准其于换用卖契投税时粘连典契呈验即将典税扣抵典契涂销凡置业之户无论是典是卖均限于置业后六个月内照章购纸投税倘逾限不税准人举发一经查实照产价全数罚缴若将原价以多报少朦混短税接照契税条例第八条分别罚金并准提成奖励举发之人惟不得过十分之八此项定章经已通饬出示在案所有断卖契纸合行编号刊发嗣后凡有置业之户即便购用此项契纸按式填注照章投税仍照民间向来通行卖契字句于契纸后半幅自行书写明白不得遗漏契纸价每张收银五毫产价税金伸合圆数核计毋庸平兑投税盖印后即将契纸截给该业户收执契根存根分别缴留备查须至契纸者

计开

业户韦大汉断卖都圆堡甲户丁塘铺田屋地口间丘间段坐落土名屋脚寨边等地方

共税〇顷〇拾〇亩〇分壹厘毫丝忽签沙尘埃共长丈尺寸共阔丈尺寸

该产价银壹拾两正

该契税银肆钱正

厅颁调字第玖拾柒号业户韦大汉准此【印】

立写断根大卖文契人韦祖廷祖馨今因家下吉事无银使用合家商议自愿将祖父遗下己汾（份）田坐落土名屋脚寨边田鱼塘一口田大小六丘东至塘基路止南至日守蒸尝止西至屋脚止北至大汉屋脚止该谷一百斤粮税一厘正出永祥柱入韦江植柱完纳将来出卖先招房族凭中问到族叔韦大汉家处允愿承就即日同中临田踏看四至明白其田过意合值今时断卖田价洋银壹拾两正即日立契其银一足当中交与韦祖廷祖馨兄弟亲手领足回家使用并无少欠分毫其田交与韦大汉照契管业其田明卖明买并无私债准折亦无勒迫等情倘有其田不清卖主同中理清不干受人之事自卖之后粮清价足一卖千休寸土不留卖主日后不得称言业重价轻藉端异论言补言赎等情如有此情将契付公自甘罪咎今恐无凭立断卖文契一纸付与韦大汉子孙永远为据

中人弟韦祖怡占银贰钱正

在场胞叔韦大权占银钱贰正

中华民国十一年【印】月日给

此契纸上下骑缝处必须业户先将原契价银数自行填写明白然后加盖印信截开三幅分别给领缴留不得由契中人代填银数致有流弊切要

民国十一年韦兴日卖田契

立大卖文契韦兴日今因为无钱债务不清夫妻谪（商）议无路出处自愿将祖公遗下田业分落己汾（份）坐落土名洛墓公冲田壹处东至桂华公岭却（脚）界止南至岭企冲口止西至水冲止北至水边界止该禾四拾把正粮税壹分正现在韦江植柱完纳不入不出东南西北界止分明内田并无收留丘角寸土不留将来出卖先招房族后招四僯（邻）无人承就请中托送同堂兄韦兴月处承受即日仝中到田踏看其田落意当三面言定田价洋银拾四两正即日田价交堂弟领足并无少欠分厘其田交与兴月子孙永远管业一卖千休永不收赎如井水不归源如有上手来历不明卖人同中理明不干受主之事立大卖文契并上手契交与兴月永远管业为据

在场佥卖兄韦兴岁【押】

中人韦兴苗【押】

民国十一年同卷存

民国十四年十月初四日耀传借银契

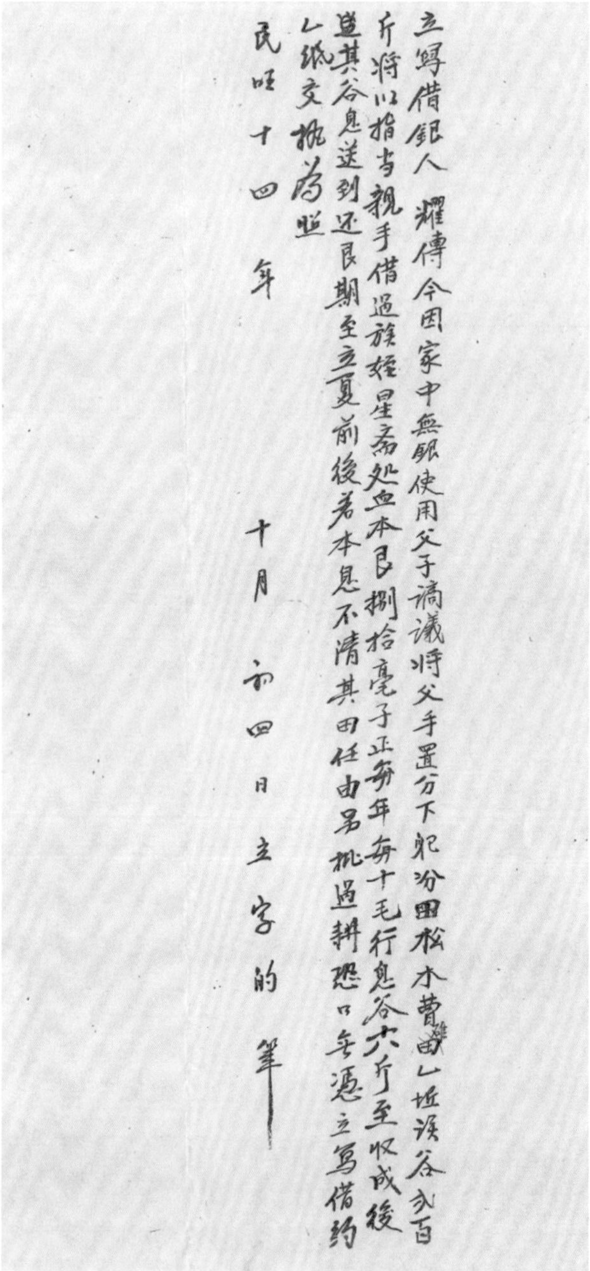

立写借银人耀传今因家中无银使用父子谪（商）议将父手置分下己汾（份）田松木曹碓田乙丘该谷贰百斤将以指当亲手借过族侄星斋处血本银捌拾毫子正每年每十毛行息谷六斤至收成后其谷息送到还银期至立夏前后若本息不清其田任由另批过耕恐口无凭立写借约一纸交执为照

民国十四年十月初四日立字的笔

民国十九年五月初五日贤英春卖房屋并山场畬地契

立写断根大卖房屋并山场畬地文契人贤英春今因被贼捉去要银赎命合家譪（商）议自愿将祖公遗下房屋坐落土名新庆寨屋上座石脚砖桁条楼栿门楼牛栏街巷天井止各占一边南至士晋畬（畲）止西至永熙门前街巷水沟天井止北至英运屋边止山场坐落土名遵那卜山一片下至四边止南至能焕山止西至岭顶止北至石溪士晋山止又屋背畬地一幅东至英达畬南田塝止西至路上止将来出卖先招后托无人承受凭中问到堂弟英运处允肯承受当中三面言定合值今时价洋银陆拾大完（元）正立约之日其银一足当中交与卖人亲手接领回家使用并无少欠分毫明卖明买亦无私债准折亦无勒逼情由其屋并山场畬地交与受人居住耕管其屋任从日后折旧换新起造卖人兄弟不得称言业重价轻言补言赎等情如有等情将纸付公自甘不便凭恐口无凭立写大卖一纸付与堂弟子孙永远为据

中人贤士懋贤英葵占银廿四毛正

在场弟艺廿贰毛正

民国十九年五月初五日立人的笔

民国二十年十二月初九日杨啟浦等当过耕田契

立寫大當過耕田人楊啟浦、啟廷、啟潢、啟榕、昌鳷等兄弟叔侄等，今因言事無銀使用，兄弟叔仝議，自願將先祖遺下田坐土名梅洞倉土主下長田大小四坵，東至郭阮章田止，西至領山田基高堪止，南至白公路下田基止，北至覃宏田止，界止分明，該谷壹千斤，將來大當。先招房族，後請中梅洞章振継、振纓、延光皆承當。當中三面言定，合值今時價洋銀叁佰伍十大元正，即日立約。其銀當中交與楊家兄弟叔侄領足，並無欠分厘。其田交與章家收租管業，田不計租，銀不計利。其田不清，脫耕人仝中理清，其當田人楊家不準按典，日後收贖為難，不干章家之事。但收贖之日，限至清明五日為期，銀還約出。今欲有憑，立書大當一帋，此約契內川連另付郭宏益紅契一張付與章家為拠。

民國弍十一年四月十六日楊啟廷加當洋銀壹佰毫子正，楊啟蕖親筆

民國弍十一年六月十一日楊昌鳷加當洋銀陸元正

中人　郭大澤　公正

民國　廿年　十二月　初九　日　立人親筆

立写大凼（当）过耕田人杨啟浦啟廷啟潢啟榕昌鏕等兄弟叔侄等今因吉事无银使用兄第（弟）叔仝议自愿将先祖遗下田坐落土名梅洞仓土主下长田大小四丘东至郭阮韦田止西至领（岭）山田基高堪止南至白公路下田基止北至覃家田止界止分明该谷壹千斤将来大凼（当）先招房族后请中托梅洞韦振綖振缨处允肯承凼（当）当中三面言定合值今时价洋银叁佰伍十大元正即日立约其银当中交与杨家兄弟叔侄领足并〈无〉少欠分厘其田交与韦家收租管业田不计税银不计利其田不清脱耕人仝中理清其凼（当）田人杨家不准按典日后收赎为难不干韦家之事但收赎之日限至清明五日为期银还约出今欲有凭立书大凼（当）一纸此约契内川连另付郭宏益红契一张付与韦家为据

民国贰十一年四月十六日杨啟廷加当洋银壹佰毫子正杨啟赓笔

民国贰十一年六月十一日杨昌鏕加凼（当）银陆元正

中人郭大泽公【押】

民国廿年十二月初九日立人彪笔

民国二十一年二月十一日郭沛臣卖穴契

立寫賣穴塲字據人郭沛臣今因父子商議自願將先祖穴塚將自願將先祖穴塚將來出賣先招房族後招鄰中托到韋振纓兄弟處合意当中言定弃塚地價洋銀壹拾壹元正賣人親領回家使用不欠賣人并無另行異言中間不留立寫斷賣紙一張付與韋家為據

丁財兩盛

中人大向

民國廿一年　二月　十一日立人笔

立写卖穴☐字据人郭沛臣今因父子商议自愿将先祖穴塚将［自愿将先祖穴塚将］来出卖先招房族后招〈近邻〉凭中托到韦振缨兄弟处合意当中言定弃塚地价洋银壹拾壹元正卖人亲领回家使用不欠〈分毫〉卖人并无另行异言中间不留立写断卖纸一张付与韦家为据

丁财两盛

中人大向

民国廿一年二月十一日立人笔

民国二十一年三月十二日梁世督当过耕粮田契

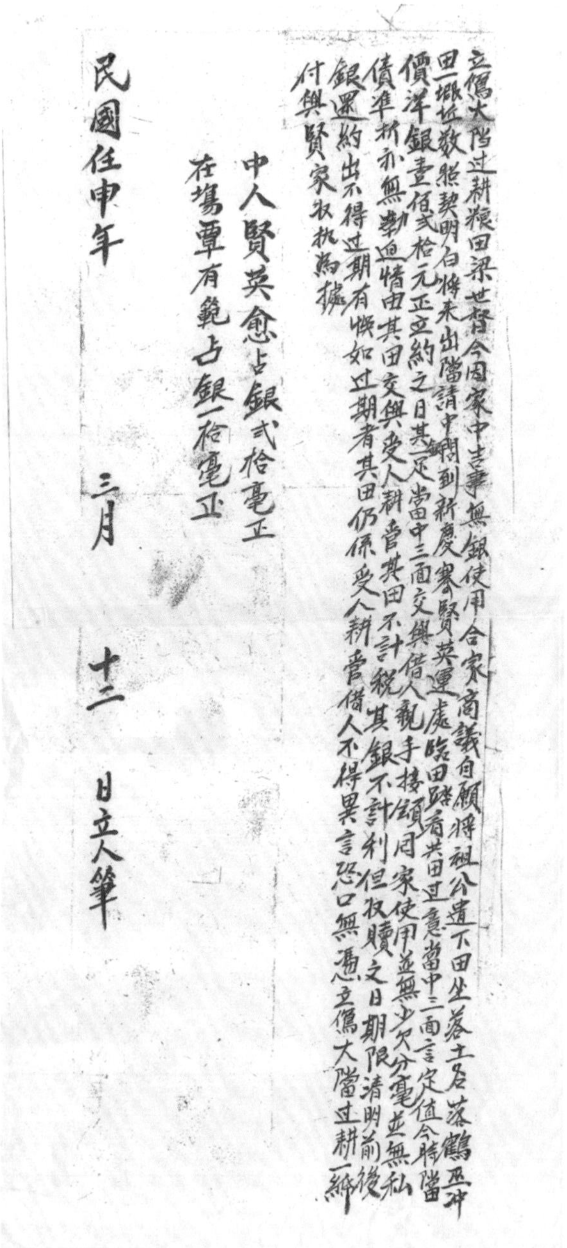

立写大㽉（当）过耕粮田梁世督今因家中吉事无银使用合家商议自愿将祖公遗下田坐落土名落鹤巫冲田一段丘数照契明白将来出㽉（当）请中问到新庆寨贤英运处临田踏看其田过意（境）当中三面言定值今时㽉（当）价洋银壹佰贰㭗（拾）元正立约之日其银一足当中三面交与借人亲手接领回家使用并无少欠分毫并无私债准折亦无勒迫情由其田交与受人耕管其田不计税其银不计利但收赎之日期限清明前后银还约出不得过期有误如过期者其田仍系受人耕管借人不得异言恐口无凭立写大㽉（当）过耕一纸付与贤家收执为据

中人贤英愈占银贰㭗（拾）毫正

在场覃有范占银一㭗（拾）毫正

民国任（壬）申年三月十二日立人笔

民国二十一年八月初十日贤英艺卖菜园契

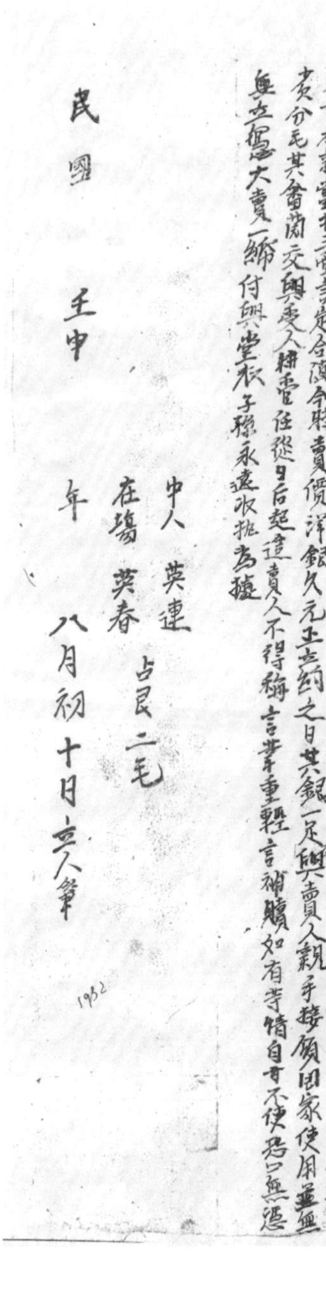

立写断根大卖畬（菜）园人贤英艺今因家中吉事无银使用合家謪（商）议自愿将祖公遗下畬（菜）园一副（幅）坐落（土）名新庆寨背东至英运止南至士朖止西至大绽止北至英葵止四处分明将来出卖请中问到堂叔士谈□允肯承就当中三面言定合值今时卖价洋银久（玖）元正立约之日其银一足交与卖人亲手领回家使用并无少欠分毛其畬（菜）园交与受人耕管任从日后起造卖人不得称言业重轻言补赎如有等情自甘不便恐口无凭无立写大卖一纸付与堂叔子孙永远收执为据

中人英连占银二毛

在场英春占银二毛

民国壬申年八月初十日立人笔

民国二十二年一月梁世督卖田契

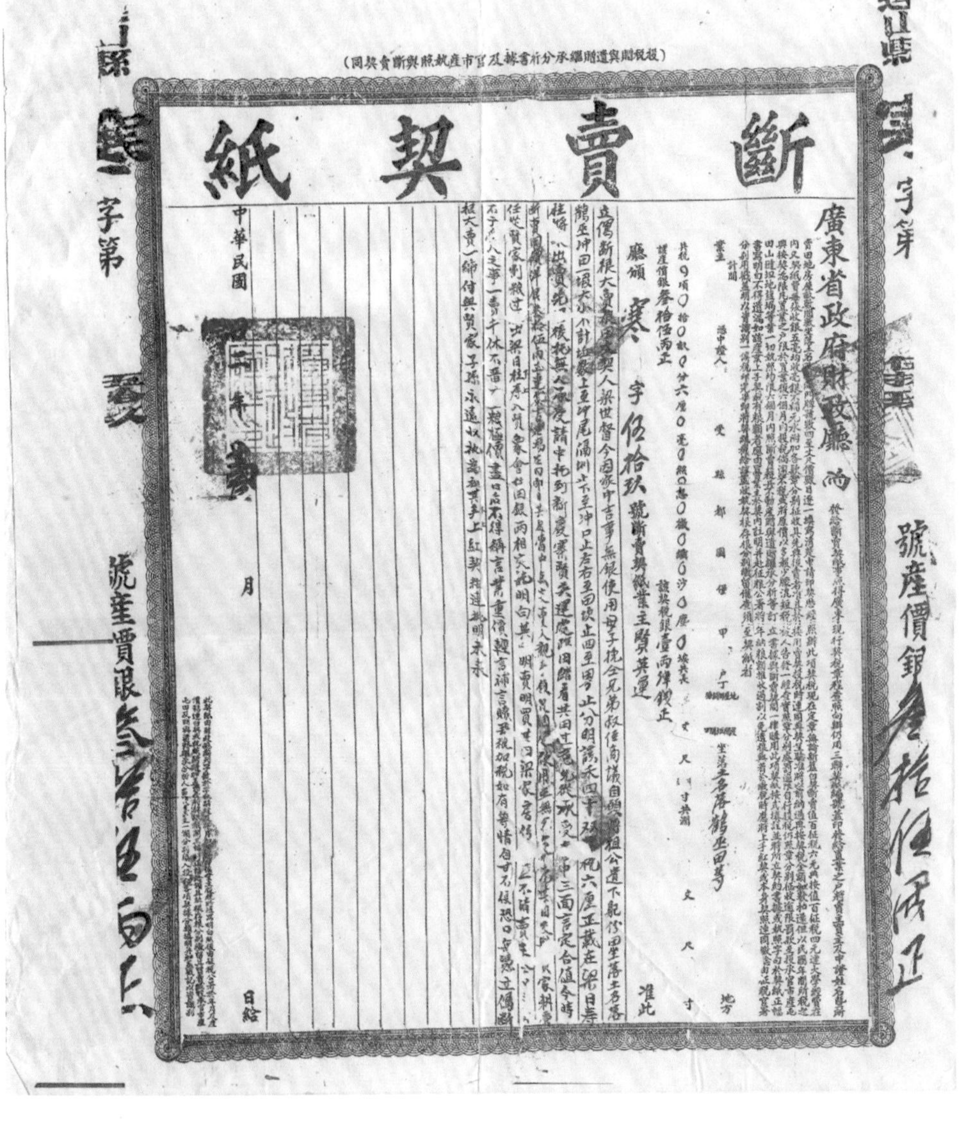

（按照財與遺贈稅承接分行書籍及官市產執照與斷賣契同）

斷賣契紙

廣東省政府財政廳 為

業主 計開 居中證人 受 都 圖 甲 戶

共稅 9 頃 0 拾 0 畝 0 分 六 厘 0 毫 0 絲 0 忽 0 微 0 纖 0 沙 0 塵 0 埃 共長 丈 尺 寸 共闊 丈 尺 寸

謹產價銀叁拾伍兩正　該契稅銀壹兩肆錢正

廳頒 寒 字 伍拾玖 號斷賣契紙業主賢英運

准此

中華民國 年 月 日給

断卖契纸

广东省政府财政厅

为发给断卖契纸事照得广东现行契税章程查照向办仍用三联契纸编号盖印发给置业之户将卖主买主及中证姓名暨所卖田地房屋亩数间数坐落土名及门牌号数四至丈尺价数目逐一填写清楚申请印契历经照办理此项契税现在定章无论新旧白契断卖值百征税六元典按值百征税四元连大学经费在内又契纸费每张收银五毫均收毫银不补元水附加各款章分别征收其先典后卖者准其于换用卖契投税时连同典契呈验准将以前纳过典按契税金额如数扣还但以民国年间所税之典按契为限凡置业之户限于置业后六个月内投税倘逾限不税或将原价以多报少朦混短税被人告发一经查实照章分别处罚逾限自行投税仍照章分别征收逾限罚款至投承官市产屯田山坻坦地监属等业一切执照均限六个月内照断卖投税其不动产赠与遗赠继承分析等订立书据与断卖契同一律购用此项契纸按式填注并将所立契约书据或执照字句于契纸正幅书写明白不得遗漏如该产业上手契载有粮额者应由买卖业主于契内注明并赴征粮公署将年纳粮额推收过割以免遗粮无着于缴税时应将上手红契或本身契照连同缴验由征收税官署分别用戳盖明以资识别一俟税印完毕即将契纸截给该盖收执契根存根分别缴留备查须至契纸者

计开

业主凭中证人受县都圆堡甲户丁塘铺田屋地口间丘间段坐落土名落鹤巫田等地方

共税〇顷〇拾〇亩〇分六厘〇毫〇丝〇忽〇微〇签〇沙〇尘〇埃共长丈尺寸共阔丈尺寸

该产价银叁拾伍两正

该契税银壹两肆钱正

厅颁寒字伍拾玖号断卖契纸业主贤英运准此

立写断根大卖粮田文契人梁世督今因家中吉事无银使用母子挽仝兄弟叔侄商议自愿将祖公遗下己份田坐落土名落鹤巫冲田一段大小不计丘数上至冲尾隔圳止下至冲口止左右至田坎止四至界止分明该禾四十双〈粮〉税六厘正载在梁日寿柱将〈来〉出卖先〈召〉后托无人承受请中托到新庆寨贤英运处临田踏看其田过意〈境〉允从承受〈当〉中三面言定合值今时断卖田价洋银叁拾伍两正连签书在场在内即日其银当中点交卖人亲手领足回家使用并无〈少欠〉分毫其田交与贤家耕管任从贤家割粮过〈柱〉出梁日寿柱入贤象会柱田银两相交讫明白其〈田〉明卖明买其田梁家房份〈来历〉不清卖主仝〈中理清〉不于（干）受人之事一卖千休不留〈寸土〉粮极价尽日后不得称言业重价轻言补言赎飞粮加税如有等情自甘不便恐口无凭立写断根大卖一纸付与贤家子孙永远收执为据其上手红契粘连批明未来

中华民国廿二年【印】壹月日给

此契纸由财政厅编列字号于字纸骑缝及年月加☑俟业主□□□□明白□后由征税公□于年月及产价粘连白契赠与遗赠继承分析人☑分别填入投税各项契据分类填明并加盖戳记以资识别

民国二十二年五月二十七日韦聚本坚本张本当脱耕田契

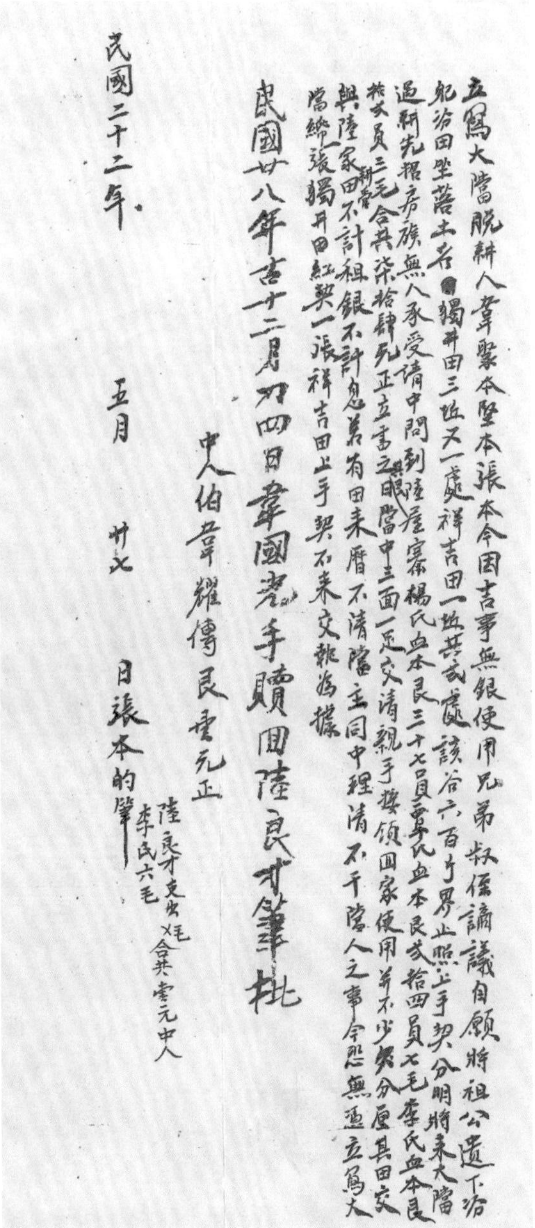

立写大峃（当）脱耕人韦聚本坚本张本今因吉事无银使用兄弟叔侄谪（商）议自愿将祖公遗下汾（份）已汾（份）田坐落土名独井田三丘又一处祥吉田一丘共贰处该谷六百斤界止照上手契分明将来大峃（当）过耕先招房族无人承受请中问到陆屋寨杨氏血本银三十七员（元）覃氏血本银贰拾四员（元）七毛李氏血本银拾贰员（元）三毛合共柒拾肆元正立书之日其银当中三面一足交清亲手接领回家使用并不少欠分厘其田交与陆家耕管田不计租银不计息若有田来历不清峃（当）主同中理清不干当人之事今恐无凭立写大当纸一张独井田红契一张祥吉田上手契不来交执为据

民国廿八年古十二月初四日韦国光手赎回陆良才笔批

中人伯韦耀传银壹元正

陆良才支出四毛李氏六毛合共壹元中人

民国二十二年五月廿七日张本的笔

民国二十二年闰五月初二日韦大将侄振芳等卖山场契

立书断根大卖山场连地人韦大将侄振芳等〈情〉因为忝葬祖墓无银支费叔侄謪（商）自将祖公分洛（落）己下房汾（份）坐洛（落）土名灵坛社隔水木墩耳山场一幅坐东向西上至朝寿山场地得止下至路止外至覃应魁山东止里至小界岐止又一处土名山大将己下塘陆田尾山场一幅上至岭岐止下至田边止外至日吉山止里至田尾日守山场止共贰处界止明白松杉竹木一应将来出卖请中问到族侄韦振绥处允愿承受凼（当）中言定卖价洋银捌拾伍毫正当中一足清交无欠日后房族叔侄不得争论言补言赎等如有是情自甘不便今欲有凭立断卖一纸并上手一张交与受人为炤（照）

中人贤勉臣占银四毫子正

民国癸酉年又（闰）五月初二日立上至等字大将笔下至振芳笔

民国二十五年三月初七日贤英艺当过耕田契

立写大㴪（当）过耕田业人贤英艺情因家中吉事无银支拆（折）［将］自愿将先父遗下坐落土名新庆寨右边屋角秧地田一丘界止照依契明白管业该谷二百斤将来大㴪（当）请中问到回龙寨谢恩宸家处允肯承受即日当中三面言定合值㴪（当）价洋银陆陌（百）毛子正即日当中一足交与㴪（当）人亲领无欠分毛银不计利田不计税（税）其田明㴪（当）明受其田交与受人耕管但收赎之日限至清明前后银还约出不得越期过限如过期者其田仍系受人业㴪（当）人不得异言中问不肯立书大㴪（当）一纸并长手契一张交在谢家为据

民国廿九年英葵在达廷手赎回此约日后收赎照约英艺笔批

中人在场韦国光二毛士广占六毛正

民国廿五年三月初七日立人笔

民国二十八年二月十九日贤达廷在恩宸手赎出此约若日后业主收赎照约㴪（当）主英艺笔批

民国二十五年闰三月十二日贤家有母子卖杉木苗契

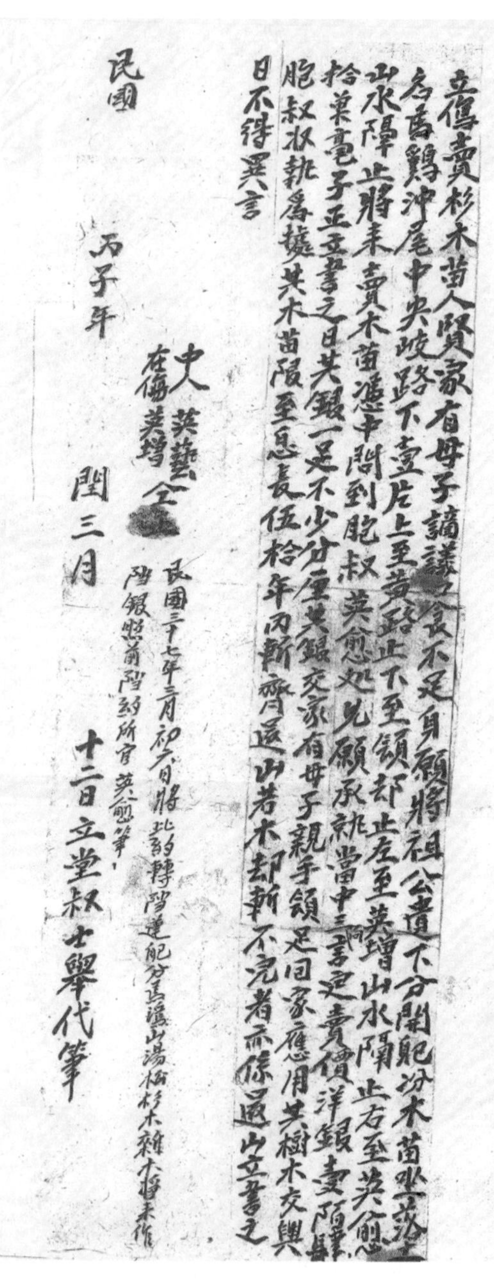

立写卖杉木苗人贤家有母子謪（商）议口食不足身（自）愿将祖公遗下分开己汾（份）木苗坐落土名马鸡冲尾中央岐路下壹片上至黄路止下至领（岭）却（脚）止左至英增山水隔止右至英愈山水隔止将来卖木苗凭中问到胞叔英愈处允愿承就当中三面言定卖价洋银壹陌（佰）肆拾单毫子正立书之日其银一足不少分厘其银交家有母子亲手领足回家应用其树木交与胞叔收执为据其木苗限至息长伍桁（拾）年内斩齐还山若木却（脚）斩不完者亦系还山立书之日不得异言

中人英艺

在场英增仝【押】

民国丙子年闰三月十二日立堂叔士举代笔

民国三十七年三月初六日将此约转凿（当）运已分马溪山汤（场）松木杂木将来作凿（当）银照前当约所官（管）

英愈笔

民国二十八年六月十日韦振前卖田契

立书相让断卖田塘族兄韦振前将先祖遗下屋边下边田一角上横过一丈八尺至路边止下横一丈八尺左右同长三丈九尺左至大汉屋边止右至大泽田边止四面明白父子允愿相让断卖与族弟韦振綎甘愿承受田如意合用补回田价银壹佰毫子正立书之日其银交清振前兄亲领其田交弟振綎日后任由挖坪整屋日后并无异言等情明卖明受恐口无凭立书相让断卖一纸交与振綎为据

兄弟相信无中

在场堂弟韦振怡占银贰元正

中华民国二十八年夏历六月十日振前占名【印】

民国二十八年古九月十五日韦耀傳当过耕田契

立书大咍（当）过耕田人韦耀傳今因吉事需银使用父子謪（商）议将父分下己汾（份）田土名松木寨曹碓田一丘谷一百七斤东至杨家田止西至杨家田止南至杨家田止北至韦家祀田止四至明白将来大咍（当）请中班瓦寨莫自牧处大当过洋银叁拾伍圆正其银当中眼见亲领足回家使用不少欠分文亦不另书足领自省以后其田任从银主批耕收谷不得异言其田清白并无别咍（当）他人如其田不清者借人仝中理清不干咍（当）主之事续约限至三月末旬不得过期银还约出恐口无凭立书大咍（当）田约一张交与大咍（当）约一张交执为据

中人莫自环银七毫正

民国廿八年古九月十五日立人的笔

民国二十八年十二月二十日贤英艺当过耕田契

立书大凼（当）过耕人贤英艺今因无银使用合家父子议自愿手置田业将来作凼（当）坐落土名章监田一处照契所管将来大凼（当）过耕请中问到族兄贤英运处允肯承凼（当）即日仝中监（临）田踏看其田如意当中三面订定合值今时凼（当）价洋银贰佰零贰拾贰千正当中族弟三面领足回家使用并无少欠分文其田〈交〉与族兄耕管田不计税银不计利收赎之日期至清明前后银还约出不得过期若有过期者其田仍系受主耕管一诺千金并不异得其田恐口无凭立书大凼（当）过耕一纸交与族兄受主收执为据并红契一张付与英运为据

中人士广占银贰元四毛

在伤（场）英春占银贰元四毛

民国廿八年十二月廿日立人笔

民国二十九年正月二十九日贤英愈卖杉木苗契

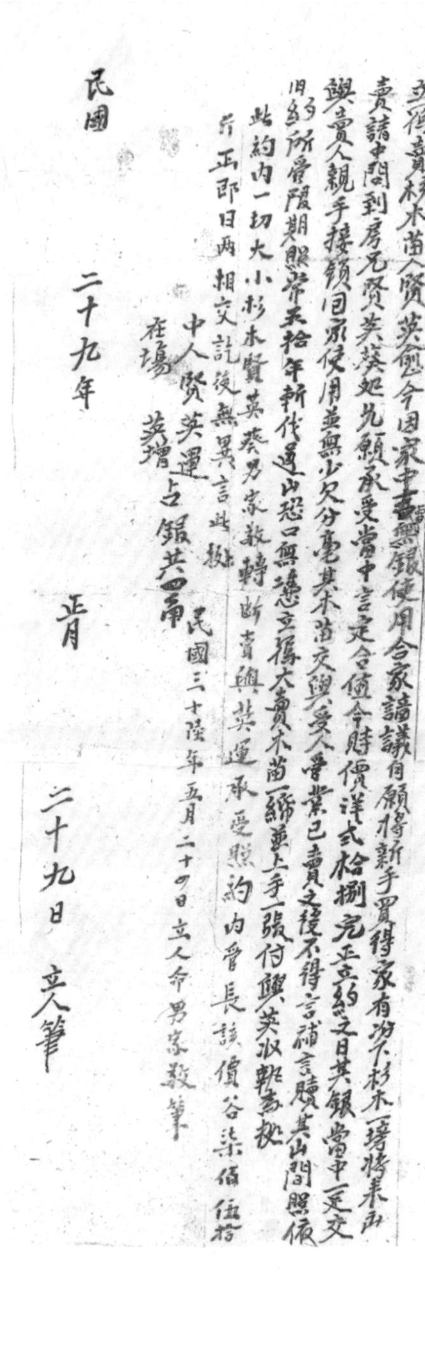

立写卖杉木苗人贤英愈今因家中吉事无银使用合家謪（商）议自愿将新手买得家有汾（份）下杉木一塝将来出卖请中问到房兄贤英葵处允愿承受当中言定合值今时价洋贰恰（拾）捌完（元）正立约之日其银当中一足交与卖人亲手接领回家使用并无少欠分毫其木苗交与受人管业已卖之后不得言补言赎其山间照依旧约所管限期照常五拾年斩伐还山恐口无凭立写大卖木苗一纸并上手一张付与英〈葵〉收执为据

中人贤英运

在场英增占银共四角

民国二十九年正月二十九日立人笔

此约内一切大小杉木贤英葵男家敬转断卖与英运承受照约内管长该价谷柒佰伍拾斤正即日两相交讫后无异言此据

民国三十陆年五月二十四日立人命男家敬笔

民国二十九年三月初八日韦振绳卖山场契

立书断卖山场人韦振绳今因家中吉事支拆不敷合家谪（商）议白（自）愿将先祖分下己份山场土名落客冲右边山场一幅内至坡头小企（岐）止上外至日殿叔祖山东小企（岐）止上至岭企（岐）止下至田边止又一处落墓公冲岭企（岐）田山场一幅内至小企（岐）止外至岭企（岐）止上至岭企（岐）下至田塝止又一处竹洗冲山场一幅内至山塘基直上外至田足岭企（岐）上至岭企（岐）下至田边界止分明山地草木一暨（概）将来断卖寸土不流（留）根自行问到堂兄韦振娫允愿承受二比言定断卖价银大洋柒枱（拾）伍元正立日其银一足交清无欠山场交付堂兄永远该（耕）管卖人兄弟日后并不得异言如有自甘究罚恐口无凭立断卖一纸付交堂兄收执为据

振绳男经錭的笔

中华民国廿九年三月初八日立人的笔

民国二十九年十一月初二日谢日汉发山林契

立发山枇（批）山人谢日汉情因将先祖遗下坐落土名石塘壕山一幅上至陈姓山界止下至田塝止左至陈秀香屋地止右至水隔止四止明白将来发枇（批）与贤英运处临山踏看如意每年其枇（批）钱傢（价）过年清明前后订定枇（批）银六毛自枇（批）以后二比允愿〈承〉枇（批）足任耕截日为始恐口无凭立写发枇（批）纸交与承枇（批）人收执为据

其枇（批）钱依耕锄交收

民国庚辰年十一月初二日立人笔

⍰⍰⍰⍰

民国二十九年韦聚本坚本张本兄弟等卖田契

立写断卖粮田人韦聚本坚本张本兄弟等今因三弟娶妻吉事还数不敷合家兄弟謪（商）议将先祖遗下汾（份）落己分土名落饮冲口独槶井田三〈丘〉东至罗家田止南至领（岭）却（脚）止西至地坪止北至莫家田止现该地税五分正又一处土名祥吉田一丘左路止右冲止上黄家田止下水冲止现纳地税五分正共二处界止分明在永丰乡第九段第一百一十二、一百一十三、一百一十四、一百一十七号共该面积一亩正将来断卖先招房族后招四僯（邻）无人承孰（就）请中托至梅洞韦振纪振绎振绖振缨兄弟处允愿承受临田踏看其田如意当中三面言定合值时价国币银〇〇完（元）正立日一足清交卖人领足无欠分毫其田交与受主管业收租税印割粮过户明卖明买一清百清卖者去也不留丘角倘若其田典啚（当）不清卖人同在场理清不干受人之事卖人兄弟日后不得再生枝节重言勒补等情如有将约付　公自甘究罚今欲有凭立书断卖一纸红契一张交受主收执为据　批明祥吉田一丘契转连未来

中人韦艺本　在场伯耀傅仝公正

中华民国二十九年月日张本笔

民国三十年贤英艺卖田契

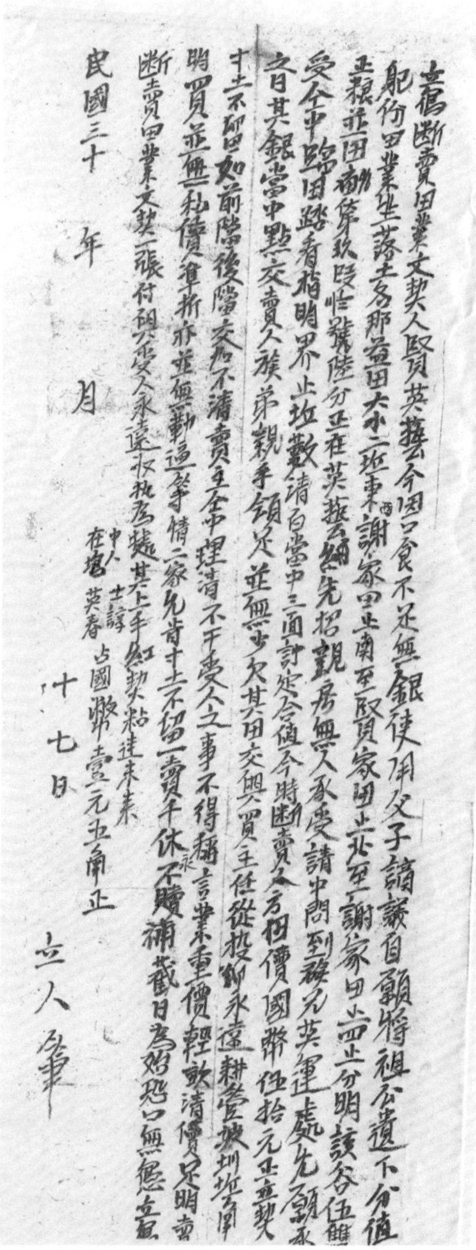

立写断卖田业文契人贤英艺今因口食不足无银使用父子謪（商）议自愿将祖公遗下分值己份田业坐落土名那益田大小二丘东西谢家田止南至贤家田止北至谢家田止四止分明该谷伍双正粮并田亩第玖段三十八号陆分正在英艺纳先招亲房无人承受请中问到族兄英运处允愿承受仝中临田踏看指明界止丘数清白当中三面计定合值今时断卖人方田价国币伍十元正立契之日其银当中点交卖人族弟亲手领足并无少欠其田交与买主任从投印永远耕管坡圳丘角寸土不留如前陷（当）后陷（当）交加不清卖主仝中理清不干受人之事不得称言业重价轻亩清价足明卖明买并无私债准折亦并无勒逼等情二家允肯寸土不留一卖千休永不赎补截日为始恐口无凭立写断卖田业文契一张付与受人永远收执为据其上手红契粘连未来

中人士谆在场英春占国币壹元五角正

民国三十年月十七日立人笔

民国三十一年二月初九日贤英艺借银契

立写借银人贤英艺今因食用不足无银使用自⧄寨右边屋角秧地田上下照契管业四止分明自愿将来⧄允愿承⿰阝当（当）当中三面订定时值⿰阝当（当）价大洋贰佰⧄分文其田每年行息谷贰佰斤正限至收成完满干谷⧄仍系受⿰阝当（当）耕管但收赎者省币国币时使推算⧄出若过期者⍰年行息谷二比不得异言恐口无⧄交与⿰阝当（当）主收执为据

中人士广占十毛

民国三拾一年二月初九日⍰

民国三十一年三月初三日贤英艺当过耕田契

立写大凼（当）过耕人贤英艺今因无银使用合家謪（商）议自愿将父亲田业坐土名新庆寨石边角秧土田一丘照契所管将来大凼（当）过耕请中问到房兄英运处即日仝中临田踏看其田如意允仝承凼（当）当中三面言定合值今时卖價（价）大洋壹仟贰佰元正其银当中亲手领足回家使用并无欠少分文其田付与房兄耕管田不计税银不计利收赎之日腖（期）至清明前后银还约出不得过期若过期者其田仍系受主耕管 一诺千金并无异论恐口无凭立书大凼（当）过耕一纸交与房兄收执为据

家添见卖

中人贤士谆占大洋贰拾四元正

民国三十一年三月初三日立人笔

民国三十一年五月十一日谢日汉卖山场契

立写卖断山场人谢日汉情因口食不足父子讲（商）议自愿将塘塚山一励头口一场上至到天白界止下至到田边界止右至陈秀香山止左至覃家田未（末）尾界止钞（沙）木竹木松木离（篱）木一概将来出卖卖主恩宸钞（沙）木二十枝限至拾年各有不砍者要管理（界）止分明自愿先招房族无人承受请中问到贤英运处允愿承受即日临山踏看其山场合意时值卖断山场地价大洋壹百圆正立写之日当中三面国币大洋亲手领足无分文其山场地典如前挡（当）后挡（当）交加不清卖主合中理清不干受人之事山场價（价）轻明卖明买断无异论恐口无凭立写卖断山场一止纸交与收执为据

中人贤英愈公正占大洋四元

见卖谢荣树大洋二元

中华民国叁十一年伍月十一日立谢荣树第代

民国三十二年正月二十日贤英艺卖田契

立写断根大卖文契人贤英艺今因口食不足无银使用父子謪（商）议自愿将祖公遗下己汾（份）田业坐落土名梅洞乡第四保第四甲那益田二丘第玖段第叁拾捌号又一处新庆寨田一丘第九段第壹陆陆号共二处该谷贰百伍拾斤正田亩面积共捌分正出柱完纳将来出卖先招房族后招四僯（邻）无人承受请中问到族兄英运处即日临田踏看其田合意指明界止丘数分明当中三面言定合值今时断卖田价国币大洋叁陌（佰）圆正立契之日其银一足交与卖人族弟亲手领足并无少欠分文其田交与买主任从投税过户永远管业坡圳丘角寸土不留如有前指后陷（当）交加不清卖主中人理清不干受人之事不得称言业重价轻亩清价足明卖明买并无私债准折亦无勒迫等情二家允愿一卖千休井水流出永不归源截日为始恐口无凭立写断卖田业文契一纸交与族兄收执日后子孙永远为据

丰登大熟

中人族叔士谆在场兄英春仝公证

民国三十二年正月二十日立人笔

民国三十二年三月十二日贤英长英沛英馨当过耕田契

立写大凼（当）过耕田业人贤英长贤英沛贤英馨情因家中吉事无银支折［将］自愿将先父遗下之田业坐落土名朝春头横田梅洞乡第九段第八八号田照依红契所管将来作凼（当）过耕请中问到房兄贤英运处允肯承受即日当中三面言定合值凼（当）价国币大洋壹阡（仟）圆正立约之日其国币当依亲手领足并无少次（欠）分毫其国币不计利其田不计亩税其田明凼（当）明受其田交于受人耕管其赎约限至清明前后国币时使推算国币还回约出不得越期过限如过期者其田仍系受人耕管不得异言恐口无凭立写大凼（当）过耕一纸并红契一张交于受凼（当）人收执为据

中人在场共贤英愈贰拾圆正

民国三拾二年三月十二日立人笔

民国三十三年六月十六日罗昌旺卖空基契

立写卖空基契券人罗昌旺今因合家允议自愿将先父买受山场在广西坐落土名黑石山场一处在冲尾中心正企（岐）亲手挖出有生基一穴坐东向西上有陈姓祖一穴左右下并无生基旧塚将来出卖自行托至梅洞韦振绥振缨兄弟处即日临山踏看其地穴合意合值今时断卖地基价国币壹仟柒佰完（元）正立日一足清交无欠其地基交与韦家兄弟永远管理任由择吉整修安葬在中公内打出左右上下三丈六尺任由整大自卖之后罗家房族亲眷不得称言有基有祖楚葬等情如有罗家卖主一力理清不干受人之事恐口无凭立书地契一纸交与韦家兄弟收执存炤（照）

二家相信明卖明买天理无中

民国三十三年六月十六日立人的笔

民国三十三年十一月初四日谢恩引贤英运谢日东等合同字据

立書合同字拠人謝恩引賢英運謝日東等情因謝新恷甫增賢英運合股建造一間使用鉄器依三股出
資置造開榨油稅依三股匀分收益近年新恷身故其孫玉炳為口食不足自願將祖公遺下油榨二股賣
與謝恩引処承受現下恩引因欵項不敷亦难料理將此油榨房屋鉄器物件轉賣謝日東承受壹股賢英
運壹股等項遺下後裔該應收益三名共有此各項和衷公平爰請族戚到場結過歷清三方意願訂
定每年開榨油稅照依三分匀分該收決不異言天面穿漏水車旱車等項損壞同各修整自然其油
榨地批原有熟田六坵菜園二坵及糞厕一間由住屋人管理其批仍係住屋人輸納不干西家之事此
乃三方合願一本萬利和氣生財口恐無憑立書油榨房屋鉄器等項合同三張各執一張為拠

[illegible]

在場 謝章佐 周 謝炳之 公証

中華民國三十三年十壹月初四日立 命男玉紀筆

立书合同字据人谢恩引贤英运谢日东等情因谢新忲与埍（婿）贤英运合股建造一间使用铁器依三股出资置造开榨油税依三股均分收益近年新忲身故其孙玉炳为口食不足自愿将祖公遗下油榨二股卖与谢恩引处承受现下恩引因款项不敷亦难料理将此油榨房屋铁皿物件转卖谢日东承受壹股贤英运壹股等项遗下后裔该（监）管收益三名共有此各项和衷公平爰请族戚到场经过沥（理）清三方意愿订定每年开榨油税照依三汾（份）匀分该（管）收决不异言天面穿漏水涝旱灾等项损坏同齐修整自然其油榨地批（皮）原有熟田六丘菜园二丘及粪所一间由住屋人管理其批（皮）仍系住屋人输纳不干两家之事此乃三方合愿一本万利和气生财口恐无凭立书油榨房屋铁器等项合同三张各执一张为据

▨

在场覃佐周谢炳之公证

中华民国三十三年十壹月初四日立命男玉纪笔

民国三十三年十二月初七日贤英长断卖弃冢字据

立书〈断〉卖弃塚字据人贤英长今因正用合家挽叔侄商议自愿〈将〉先祖买受有土名广西〈塘〉凸山岭岐荒基一穴坐东北向西南上下左右俱无基塚年深日久亦未根寻可知因此将来出卖自行问至贤朝祥处登山看明允意承受当二比订定该地弃基时值价国币贰百元正即日书字其款点交领足不欠毛厘其地付与受人任从修整安葬决无异言其门房上下断不争执有份前后亦无借题生枝一清百清恐口〈无〉凭立写出卖弃基字据交受人永远为照　前有受纸已失无存但后寻见者作为故纸

天理无中

中华民国三十三年十二月初七日立人的

民国三十四年二月二十二日贤英长英沛英馨当过耕田契

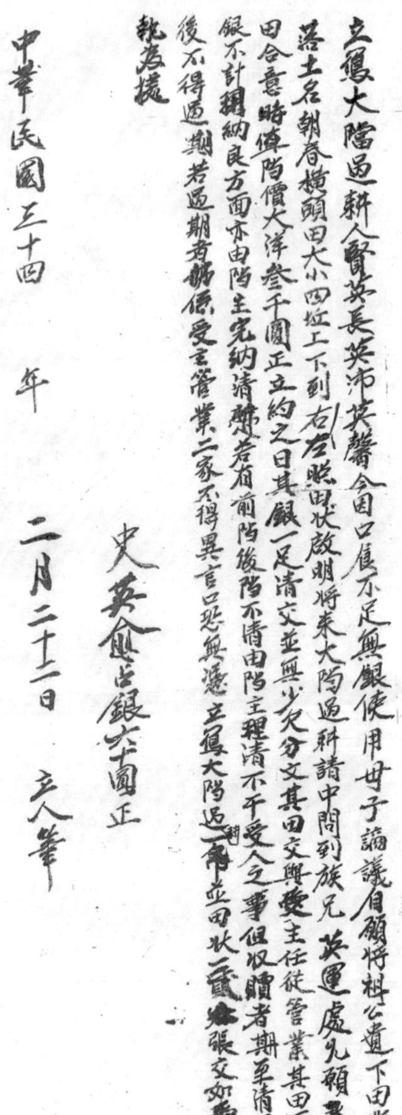

立写大陷（当）过耕田人贤英长英沛英馨今因口食不足无银使用母子謪（商）议自愿将祖公遗下田业坐落土名朝春横头田大小四丘上下到左右照田状啟明将来大陷（当）过耕请中问到族兄英运处允愿承陷（当）其田合意时值陷（当）价大洋叁千圆正立约之日其银一足清交并无少欠分文其田交与受主任从管业其田不计税银不计利纳良（粮）方面亦由陷（当）主完纳清楚若有前陷（当）后陷（当）不清由陷（当）主理清不干受人之事但收赎者期至清明前后不得过期若过期者仍系受主管业二家不得异言口恐无凭立写大陷（当）过耕一纸并田状贰张交如受主收执为据

中人英愈占银六十圆正

中华民国三十四年二月二十二日立人笔

民国三十四年十一月十六日贤英长英沛英馨当过耕田契

立写大𬮿（当）过耕田人贤英长英沛英馨今因吉事无银使用母子谪（商）议自愿将父手置田业坐落土名横头田大小四丘上下左右照契所管将来大𬮿（当）过耕请中问到房兄英运处允愿承受其田合意时值𬮿（当）价大洋贰拾万圆正立约之日其银一足清交并无少欠其田交与受主耕田不计税银不计利但收赎之日期至清明前后五日为期银还约出不得过其（期）若过期者其田仍系受主人耕官（管）一诺千金二家不得异言口恐无凭立写大𬮿（当）过耕一纸田亩单一张权状　张交如（与）受主人收执为据

中人贤英愈四千完（元）正

在场士懋士焱共四仟完（元）正英愈代

民国三十四（年）十一月十六日立人笔

民国三十五年八月十八日贤士舜卖山场与林业契

立书断卖山场与林业文契人贤士舜今因家中口食不足合家兄弟叔侄謪（商）议自愿将　祖公遗下己汾（份）山场坐落土名水井寨山场内一汾（份）东至凹止南至田边止至瑞方坟墓小坟止西至岭顶止北至落田水冲田尾圳口止四至界止分明所有界内地底并松木杉木竹木一应将来断卖先招亲房无人承受请中问到谢恩引处允愿如意允买即日同中临山看明界止当中三面言定合时价干谷肆佰斤正书契之日其谷数接足该山场地底林业不留寸土一株任由受人永远管业此系双方允愿明卖明买并无私债准拆（折）等情一卖千休永不收赎倘有来历不清由出卖人同中在场理清不干买人之事恐口无凭立书断卖契并上手各一张交执为据

中人在场贤勉臣公证占国弊（币）叁阡（千）元正

中华民国三十五年八月十八日立勉臣代笔

民国三十五年十二月十七日贤士广卖阴地弃冢契

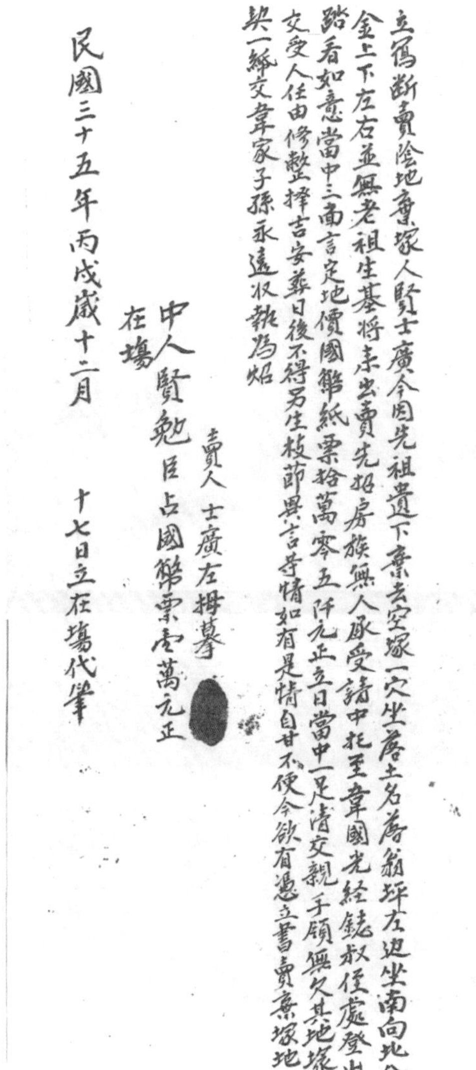

立写断卖阴地弃塚人贤士广今因先祖遗下弃去空塚一穴坐落土名落翁坪左边坐南向北分金上下左右并无老祖生基将来出卖先招房族无人承受请中托至韦国光经鋕叔侄处登山踏看如意当中三面言定地价国币纸票拾万零五阡（仟）元正立日当中一足清交亲手领〈足〉无欠〈分毫〉其地塚交受人任由修整择吉安葬日后不得另生枝节异言等情如有是情自甘不便今欲有凭立书卖弃塚地契一纸交韦家子孙永远收执为炤（照）

卖人士广左拇指摹【押】

在场中人贤勉臣占国币票壹万元正

民国三十五年丙戍（戌）岁十二月十七日立在场代笔

民国三十六年三月初四日谢裕炳卖山场与林业契

立书断卖山场与林业文契人谢裕炳今因家中口食不足合家謪（商）议自愿将祖公买受遗下山场坐落土名掘冲山一幅左至文广止右至新俊止上至岭顶止下至冲底止四止明白所有界内地底并松杉竹木一应将来断卖请中问到叔恩引处如意允买即日同中临山看明界止当中三面言定合值时卖价干谷贰百斤立断之日其山场价〈银〉相亲手楼（接）足无欠斤两该山场地底林业不留寸土一株任由受人永远管业此系双方允愿明卖明买并无私债准折等情一卖千休永不收赎倘有前后来历不清由出卖人同中在场理清不干买人之事恐口无凭立书断卖契一张并上手一张交执为据

在场谢新沛中人谢恩奎各占国币伍百元公证

民国卅六年三月初四日卖人的笔

民国三十六年三月初四日谢裕炳卖田契

立写断根大卖田业文契人谢裕炳今因家中口食不足合家谪（商）议自愿将祖公买受遗下田业坐落土名那冬贰丘东至水边止西至岭却（脚）止南至子华田止北至龚家田止又一处石头田贰丘东至覃家田止南至水边止西至水边止北至龚家田止共四丘四止明白将来断卖请中问到亲房堂叔谢恩引处如意允愿三面言定合值时卖价干谷壹仟贰百斤立断之日其田价当中亲手交足无欠斤两该田石却（脚）丘角不留寸土任由受人永远管业如水流出永不归源日后赴　官印契不得称谓业重价轻再行补索等情此系双方允愿当中明卖明买并无私债准折一卖千休永不收赎倘有前后来历不清由出卖人同中在场理清不干受人人之事恐口无凭立书断卖契一张交执为据

中人谢因德在场谢新沛公证各占大洋壹阡（仟）元

民国卅六年三月初四日卖人的笔

民国三十六年五月二十四日贤英愈男家福情家卖杉木苗契

立写断卖杉木苗人贤英愈男家福情家因家中需谷救用合家譎（商）议自愿将祖父遗下坐落土名马溪山手种杉木苗一幅约木大小有千余株分值己下该管上止界顶止下止冲底止左至英彰杉木止右至英运杉木止四指（止）分明将来断卖自行问及房兄英运处临山看明界止允肯承受二比言定该山内杉木完全时值断卖价谷柒佰伍拾斤立约之日其谷担回家一足清交不少不欠其山内杉木等项交与房兄息长依伍拾年为满砍尽还山双方甘愿此系分下己之木兄弟叔侄不得争论一卖千休永不续补恐口无凭立写断卖杉木苗一纸为据

天理无中

心田封住

中华民国三十六年五月廿四日立人命男福笔

民国三十六年七月十二日龚永富谢玉隆卖杉木契

立书断卖杉木人龚永富谢玉隆情因供前永富卖出恩森买受后恩一森故侄玉隆仝山主转卖坐落土名岑匠山杉木秵一幅约有百余根界止上至□□止下至水冲止左至永秵止右〈至〉永慈止四处明白将来断卖自行问到谢恩引处如意允愿即日临山看明界止合直时价国币贰万园（元）正书契之日其国币入足该山杉木任由受人息长明卖明买一卖千休永不收赎并无私债等情恐口无凭立书断卖一纸交执为据

〈民〉国卅六年七月十二日立人的笔

民国三十六年十一月三日罗庆河显周显芳健生等卖田契

立斷賣根田文契人連山第二區吉田鄉禾根里羅慶河顯周顯芳健生等今因建造祖堂公用不敷四房叔侄兄弟商議自願將大光暖公遺下
田業坐落土名福善鄉黄村小土名黄屋背田一段小田玖坵計谷弍佰觔編列福善鄉第六段地號三弍元号三弍叁○号面積○四八六畝○三一五畝其田東至
田止南至　家田止西至　家田止北至　家田止又一處土名黄村门口田一段計谷陸佰觔編列福善鄉第六段地号弍四七弍号弍四八三号弍四八四号弍四八五号弍四八六
弍四八七号面積○八○畝（○四八○畝）○八三畝○三○○畝○四弍○畝○四六五畝東至　家田止南至　家田止西至　家田止北至　家田止四至明白將來出賣請中送至福善鄉
梅洞村張紀張嫂張緝周兄弟處出頭承受當中三面言定產價肆百萬　元正其款是日由羅慶河房叔侄逐手接足回家並無少欠
分厘其田即日退于受主永遠管業地稅任從受主即割歸户稅在羅光暖柱下先納價足稅足明賣明買並無爭阻糾葛影射情弊
備有不清賣主全中理清不干受主之事恐後無憑立杜絕賣田契乙紙交與受主存照

再者此長手紅契及田畝單因管理不週以至遺失日後若有此紅契及田畝單尋出者作為廢紙

連山縣福善鄉公所

國卅六　十一月　日　監証

中人　伍冠英　公正

在場全賣人　羅顯周　顯芳　興和　全押

中華民國　年　月　日　羅健生親筆

立断卖粮田文契人连山第二区吉田乡木根里罗庆河显周显芳健生等今因建造祖堂公用不敷四房叔侄兄弟谪（商）议自愿将大光腆公遗下田业坐落土名福善乡黄村小土名黄屋背田一段小田玖丘计谷贰佰斤编列福善乡第六段地号三贰一九号三贰贰〇号面积〇四八六亩〇三一五亩其田东至田止南至　家田止西至　家田止北至　家田止又一处土名黄村门口田一段计谷陆百斤编列福善乡第六段地号贰四七贰号贰四八三号贰四八四号贰四八五号贰四八七〈号〉贰四八八号面积〇四八〇亩〇一八〇亩〇〇八三亩〇二一〇〇亩〇四贰〇亩〇四六五亩东至　家田止南至　家田止西至　家田止北至　家田止四至明白将来出卖请中送至福善乡梅洞韦振纪振缨振绎国光兄弟处出头承受当中三面言定产价肆百万　元正其款是日由罗庆河等叔侄经手接足回家并无少欠分厘其田即日退于受主永远管业地税任从受主印割归户税在罗光腆柱下完纳价足税足明卖明买并无争阻纠葛影射情弊倘有不清卖主仝中理清不干受主之事恐后无凭立杜绝卖田契一纸交与受主存照

再者此长手红契及田亩单因管理不周以至遗失日后若有此红契及田亩单寻出者作为废纸

中人阮冠英公正

民国三十六年十一月三日监证【印】

民国三十六年十一月一日监证【印】

在场仝卖人罗显周罗显芳罗兴和仝【押】

民国年月日罗健生亲笔

民国年间贤英艺卖田契

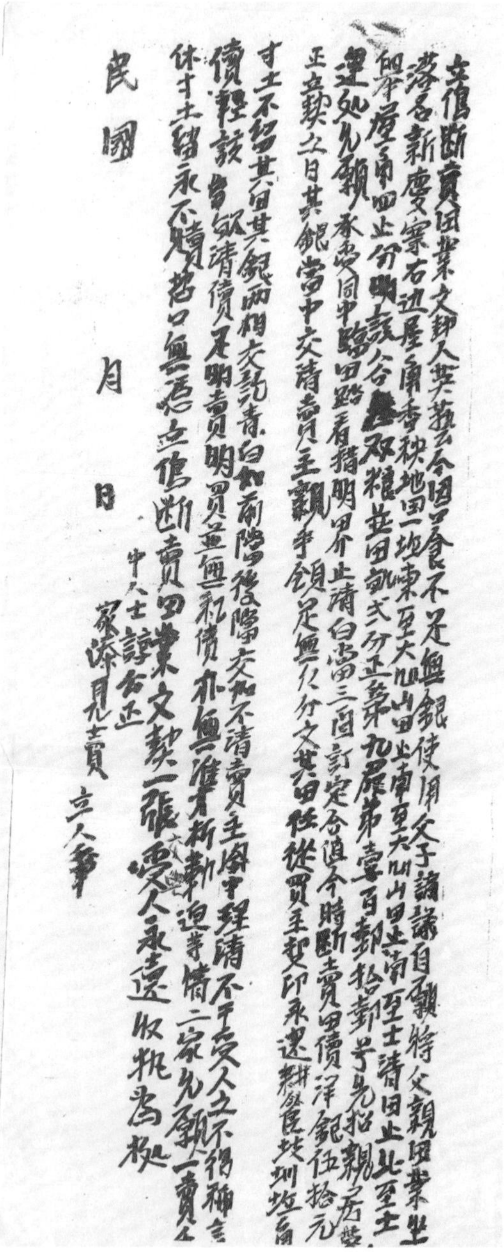

立写断卖田业文契人英艺今因口食不足无银使用父子謪（商）议自愿将父亲田业坐落名新庆寨右边屋角香秧地田一丘东至大凹山田止南至大凹山田止南至士清田止北至士举屋角四止分明该谷□双粮并田亩贰分正第九段第壹百陆拾陆号先招亲房〈英〉运处允愿承受同中临田踏看指明界止清白当〈中〉三面订定合值今时断卖田價（价）洋银伍拾元正立契之日其银当中交清卖主亲手领足无欠分文其田任从买主契印永远耕管坟圳丘角寸土不留其田其银两相交讫青（清）白如前陷（当）后陷（当）交加不清卖主同中理清不干受人之〈事〉不得称言价轻该田亩清價（价）足明卖明买并无私债亦无准析（折）勒迫等情二家允愿一卖千休寸土〈不〉留永不赎〈回〉恐口无凭立写断卖田业文契一张交与受人永远收执为据

中人士谆公正

家添见卖

民国月日立人笔